2020年度企业财务决算报表编制手册

《2020年度企业财务决算报表编制手册》编写组 编

中国财经出版传媒集团
中国财政经济出版社

图书在版编目（CIP）数据

2020年度企业财务决算报表编制手册 /《2020年度企业财务决算报表编制手册》编写组编. ——北京：中国财政经济出版社，2020.12
　ISBN 978 - 7 - 5223 - 0239 - 3

　Ⅰ.①2… Ⅱ.①2… Ⅲ.①企业 - 决算报表 - 编制 - 中国 - 2020 - 手册 Ⅳ.①F275.2 - 62

　中国版本图书馆 CIP 数据核字（2020）第 259970 号

责任编辑：吕小军　谷兴华
封面设计：思梵星尚

中国财政经济出版社 出版

URL：http://www.cfeph.cn
E - mail：cfeph@ cfeph.cn
（版权所有　翻印必究）
社址：北京市海淀区阜成路甲28号　邮政编码：100142
营销中心电话：010 - 88191522
天猫网店：中国财政经济出版社旗舰店
网址：https://zgczjjcbs.tmall.com
北京富生印刷厂印刷　各地新华书店经销
成品尺寸：185mm×260mm　16 开　23.75 印张　761 000 字
2020 年 12 月第 1 版　2020 年 12 月北京第 1 次印刷
定价：56.00 元
ISBN 978 - 7 - 5223 - 0239 - 3
（图书出现印装问题，本社负责调换，电话：010 - 88190548）
本社质量投诉电话：010 - 88190744
打击盗版举报热线：010 - 88191661　QQ：2242791300

目 录

国务院国有资产监督管理委员会关于做好 2020 年度中央企业财务决算管理及报表编制
　工作的通知
　　2020 年 12 月 23 日　国资发财评〔2020〕79 号 …………………………………………（ 1 ）
　　附件：1. 2020 年度企业财务决算报表 ……………………………………………………（ 3 ）
　　　　　　（1）2020 年度企业财务决算报表会计主附表 ……………………………………（ 4 ）
　　　　　　（2）2020 年度企业财务决算报表财务情况表 ……………………………………（ 15 ）
　　　　2. 2020 年度企业财务决算报表编制说明
　　　　　　（1）2020 年度企业财务决算报表会计主附表编制说明 …………………………（ 31 ）
　　　　　　（2）2020 年度企业财务决算报表财务情况表编制说明 …………………………（ 63 ）
　　　　3. 财务报表附注内容提要 ……………………………………………………………（ 80 ）
　　　　4. 财务决算专项说明内容提要 ………………………………………………………（139）
　　　　5. 财务情况说明书内容提要 …………………………………………………………（143）
　　　　6. 2020 年度中央企业监管工作报表 …………………………………………………（145）

国务院国有资产监督管理委员会关于印发 2020 年度中央企业境外子企业财务决算报表
　的通知
　　2020 年 12 月 14 日　国资发财评〔2020〕78 号 ………………………………………（175）
　　附件：1. 2020 年度境外子企业财务决算报表 …………………………………………（177）
　　　　2. 2020 年度境外子企业财务决算报表会计主附表编制说明 ……………………（234）
　　　　3. 2020 年度境外子企业财务情况说明书内容提要 ………………………………（280）

国务院国有资产监督管理委员会关于印发国有建设单位报表并入企业财务决算报表会计
　科目转换参考格式的通知
　　2004 年 10 月 10 日　评价函〔2004〕235 号 …………………………………………（282）
　　附件：1. 国有建设单位报表并入企业财务决算报表会计科目转换对照表 …………（283）
　　　　　2. 工作底稿抵消参考分录 …………………………………………………………（284）

国务院国有资产监督管理委员会关于印发中央企业所属事业单位财务报表转换参考格式
　的通知
　　2014 年 11 月 17 日　评价函〔2014〕113 号 …………………………………………（285）

附件：1. 中央企业所属军工科研事业单位财务报表项目转换参考格式 …………（287）
2. 中央企业所属军工科研事业单位财务报表转换说明 …………（291）
3. 中央企业所属地勘单位财务报表项目转换参考格式 …………（296）
4. 中央企业所属地质勘查单位财务报表转换说明 …………（300）

工业和信息化部 国家统计局 国家发展和改革委员会 财政部关于印发中小企业划型标准规定的通知
　　2011年6月18日　工信部联企业〔2011〕300号 ……………………（303）

国家统计局关于印发统计上大中小微型企业划分办法的通知
　　2011年9月2日　国统字〔2011〕75号 …………………………（305）

国家标准：《国民经济行业分类与代码》GB/T 4754—2017（代替 GB/T 4754—2011）
………………………………………………………………………（307）

国务院国有资产监督管理委员会
关于做好 2020 年度中央企业财务决算管理及报表编制工作的通知

2020 年 12 月 23 日　　国资发财评〔2020〕79 号

各中央企业：

为做好 2020 年度中央企业财务决算管理与报表编制工作，如实反映企业财务状况、经营成果和现金流量等有关会计信息，更好地服务中央企业发展改革监管党建大局，根据《中央企业财务决算报告管理办法》（国资委令第 5 号）及国家有关财务会计制度规定，我们研究制定了《2020 年度企业财务决算报表》及编制说明，现印发给你们，并就有关事项通知如下：

一、规范会计核算和数据统计

各中央企业要严格遵守会计法、统计法、企业会计准则等各项规定，加强各级子企业会计核算管理，认真做好户数清理、资产盘点、往来款项核对等工作，夯实报表编制基础，确保会计信息和统计资料的真实性、准确性和完整性。一是统一集团内同行业、同类型、同板块子企业的会计政策和会计估计。二是全面厘清各级子企业和各类机构的股权架构，以控制为基础确定合并范围。三是严格对照确认的原则和条件计量收入、结转成本，不得跨期确认，不得通过虚构交易、循环交易等方式人为做大收入规模。四是不得通过擅自变更重大会计政策和会计估计、滥用会计差错更正、随意调整合并范围等方式人为调节经营成果，不得通过公允价值计量、资产重分类以及减值准备计提或转回等人为调节利润。五是科学统计研发（R&D）经费投入，按照国家统计局《关于印发〈研究与试验（R&D）投入统计规范（试行）〉的通知》（国统字〔2019〕47 号）的相关标准，严格界定统计范围，真实反映研发投入情况。六是做好历史工资结余清理工作，全面排查工资结余明细项目，按要求认真清理、合理使用；未使用的历史工资结余要严格执行企业公司制改制改建有关应付工资余额财务处理的相关规定，在 2020 年底全部规范转增资本公积。

二、做好全面执行新修订会计准则的准备工作

根据财政部要求，《企业会计准则第 22 号——金融工具确认和计量》《会计准则第 23 号——金融资产转移》《企业会计准则第 24 号——套期会计》《企业会计准则第 37 号——金融工具列报》（上述四个准则以下简称新金融准则）、《企业会计准则第 14 号——收入》（以下简称新收入准则）和《企业会计准则第 21 号——租赁》（以下简称新租赁准则）等六个会计准则，自 2021 年 1 月 1 日起全面实施。各中央企业要做好全面施行新修订会计准则有关工作，及时修订相关会计核算办法和财务管理制度，做好相关会计科目的转换和 2021 年期初数核定工作。

考虑到中央企业集团层面分阶段实施新修订会计准则的实际情况，《2020 年度企业财务决算报表》兼顾了尚未执行、已执行新修订收入准则、新金融准则和新租赁准则企业的填报要求。各中央企业要组织有关子企业按照准则适用要求分类编制财务报告，在编制合并财务报表时，可以将子企业按照新修订会计准则编制的财务报表直接合并，并在附注中予以详细披露。

三、切实加强财务决算工作组织

各中央企业要进一步加强组织领导，强化沟通协调，明确职责分工，改进工作方法，为决算工作提供坚实的组织保障。一是要建立健全"横向到边，纵向到底"的决算组织机构，充分调动各方面力量，深化协同配合，保障决算工作有序开展。二是集团公司财务部门要切实担负起牵头组织责任，加强培训讲解，做好督促指导，确保程序规范、标准统一、口径明晰，不断提高决算工作质量和效率。三是要加大对子企业财务决算审核力度，重点关注报表封面信息、波动异常的财务指标及非财务指标数据填报的准确性、合理性，创新审核方式，提高数据填报质量。四是严格执行审计机构选聘的有关规定，加强与审计机构过程沟通，建立审计质量监控评估机制，用好决算审计工作成果。

四、深化拓展财务决算功能作用

各中央企业要将财务决算与各专项任务紧密结合，充分发挥财务决算促进管理提升、检验工作成效、管控经营风险、落实问题整改等方面的功能作用。一是结合决算编制对提质增效工作进行回顾，总结开源增收成果，检查降本挖潜成效，落实历史工资结余清理工作任务。二是结合决算编制，严格对照工作目标和完成标准，全面评估"处僵治困"、降杠杆减负债、民企清欠等工作成效，确保工作成果经得起检验。三是结合决算编制，认真排查金融衍生业务、贸易业务、高风险新兴业务等风险隐患，完善财务内控机制建设，确保业务风险可控在控。四是结合决算编制，加大各类问题整改落实力度，实施台账式管理、清单式销号，举一反三建立长效机制，确保整改到位见实效。

五、按时报送财务决算相关报告

（一）各中央企业应将财务决算备案报告及电子文档报送国资委，备案报告的内容包括但不限于：新修订准则施行情况、重要会计政策和会计估计变更、合并范围重大变化、影响当期损益或权益的重大事项、中介机构选聘情况等。

（二）各中央企业应于2021年4月20日前将本集团合并财务决算报告和所属子企业分户报告报送国资委。国资委组织开发了网络版报表管理系统，有条件的企业可通过该系统在线报送。

1. 企业集团应报送集团合并财务决算报表（含会计主附表、财务情况表，下同）、财务报表附注、财务决算专项说明、财务情况说明书等材料，以及审计报告、管理建议书和审计情况说明的纸质文件（一式两份）与电子文档。其中，纸质的财务决算报表以"万元"为金额单位。集团合并层面还应当填报财务决算报表软件中的会计附注相关表格。

2. 企业集团所属全部级次子企业均应当报送财务决算报表电子文档，其中：集团所属三级以上（含三级）子企业及所属三级以下重要子企业（如上市公司、金融子企业等）应报送财务决算报表、财务报表附注、财务决算专项说明、财务情况说明书、审计报告和管理建议书的电子文档；其他子企业和重要区域性分公司报送财务决算报表电子文档，有条件的企业可要求全级次报送财务报表附注等材料的电子文档。

3. 企业集团应将报送财政部的厂办大集体企业财务决算报表会计主附表，随财务决算报告抄送国资委（含纸质文件和电子文档）。

各企业在报表编制、软件操作和数据报送过程中，如有疑问或发现问题，请及时与国资委（财管运行局）联系。

附件：1. 2020年度企业财务决算报表
　　　2. 2020年度企业财务决算报表编制说明
　　　3. 财务报表附注内容提要
　　　4. 财务决算专项说明内容提要
　　　5. 财务情况说明书内容提要
　　　6. 2020年度中央企业监管工作报表

附件 1

[单位汇总封面]

2020 年度企业财务决算报表

编制单位名称：_____（公章）

单位负责人：_____（签章）

编报日期：_____年_____月_____日

国务院国有资产监督管理委员会印制

附件（1）

[企业分户录入封面]

2020年度企业财务决算报表

企　业　名　称：_____（公章）

单　位　负　责　人：_____（签章）

主管会计工作负责人
（总　会　计　师）：_____（签章）

会计（财务）机构负责人：_____（签章）

填　表　人：_____

通　讯　地　址：_____

邮　政　编　码：□□□□□□

电　话　号　码：□□□□-□□□□□□□□ □□□□
　　　　　　　　（长途区号）　（电话号）　（分机号）

编　报　日　期：____年__月__日

报　表　审　计　机　构：_____

审计报告签字人：_____

统一社会信用代码	□□□□□□□□□□□□□□□□□□
	本企业代码 □□□□□□
隶属关系	上一级企业 代码 □□□□□□
（国家标准：行政隶属关系代码—部门标识代码）	集团企业（公司）总部代码 □□□□□□
所在地区（国家标准：国家和地区代码—行政区划代码）	□□－□□□□□□
所属行业代码（国家标准：国民经济行业分类与代码）	□□□□
经营规模 1.大型 2.中型 3.小型 4.微型	□
经济类型 10.国有及国有控股（11.国有独资 12.国有控股 13.国有实际控制）20.厂办大集体（21.中央厂办大集体 22.中央下放企业厂办大集体 23.地方企业厂办大集体）30.其他城镇集体	□□
组织形式 10.公司制企业（11.国有独资有限责任公司 12.其他有限责任公司 13.上市股份有限公司 14.非上市股份有限公司 15.法人独资公司）20.股票代码 □□□□□□ 30.企业化管理事业单位 40.其他 22.其他非公司制企业 （41.事业单位 42.基建项目 43.其他）	□□
审计方式 0.未经审计 1.社会中介机构审计 2.内部审计机构审计	□
审计意见类型 1.标准无保留意见 2.非标准无保留意见 3.保留意见 4.否定意见 5.无法表示意见	□
设立年份	□□□□
上年因素 0.连续上报 1.新投资设立 2.资工移交 3.新设合并 4.分立 5.上年应报未报 6.划转 7.收购 9.其他	□
上报类型代码 0.单户表 1.集团差额表 2.金融子企业表 3.境外子企业表 4.事业并企业表 5.基建并企业表 9.集团合并表	□
执行会计准则情况代码	□
执行新收入准则 1.是 2.否	□
执行新租赁准则 1.是 2.否	□
混合所有制企业 1.是 2.否	□
员工持股企业 1.是 2.否	□
文化企业 1.是 2.否	□
执行新金融工具准则 1.是 2.否	□
备用码	□□□□

资产负债表

2020 年 12 月 31 日

编制单位：　　　　　　　　　　　　　　　　　　　　　　　　　企财01表

金额单位：元

项目	行次	期初余额	期末余额	项目	行次	期初余额	期末余额
流动资产：				流动负债：			
货币资金	1			短期借款	75		
△结算备付金	2			△向中央银行借款	76		
△拆出资金	3			△拆入资金	77		
交易性金融资产	4			交易性金融负债	78		
以公允价值计量且其变动计入当期损益的金融资产	5			以公允价值计量且其变动计入当期损益的金融负债	79		
衍生金融资产	6			衍生金融负债	80		
应收票据	7			应付票据	81		
应收账款	8			应付账款	82		
应收款项融资	9			预收款项	83		
预付款项	10			☆合同负债	84		
应收保费	11			☆应付手续费及佣金	85		
△应收分保账款	12			☆应付分保账款	86		
△应收分保合同准备金	13			△保险合同准备金	87		
其他应收款	14			△代理买卖证券款	88		
△买入返售金融资产	15			△代理承销证券款	89		
存货	16			应付职工薪酬	90		
其中：原材料	17			其中：应付工资	91		
在产品（产成品）	18			应付职工奖励及福利基金	92		
☆合同资产	19			应交税费	93		
持有待售资产	20			其他应付款	94		
一年内到期的非流动资产	21			其中：应付利息	95		
其他流动资产	22			应付股利	96		
	23			☆应付分保账款	97		
	24			持有待售负债	98		
流动资产合计	25			一年内到期的非流动负债	99		
非流动资产：	26			其他流动负债	100		
△发放贷款和垫款	27			流动负债合计	101		
☆债权投资	28			非流动负债：	102		
可供出售金融资产	29			△保险合同准备金	103		
持有至到期投资	30			长期借款	104		
☆其他债权投资	31			应付债券	105		
长期应收款	32			其中：优先股	106		
长期股权投资	33			永续债	107		
☆其他权益工具投资	34			租赁负债	108		
☆其他非流动金融资产	35			长期应付款	109		
投资性房地产	36			☆长期应付职工薪酬	110		
固定资产	37			预计负债	111		
其中：固定资产原价	38			递延收益	112		
累计折旧	39			递延所得税负债	113		
固定资产净值	40			其他非流动负债	114		
固定资产减值准备	41			非流动负债合计	115		
在建工程	42			负债合计	116		
生产性生物资产	43			所有者权益（或股东权益）：	117		
油气资产	44			实收资本（或股本）	118		
☆使用权资产	45			其他权益工具	119		
无形资产	46			其中：优先股	120		
开发支出	47			永续债	121		
商誉	48			资本公积	122		
长期待摊费用	49			减：库存股	123		
递延所得税资产	50			其他综合收益	124		
其他非流动资产	51			专项储备	125		
☆准用储备物资	52			盈余公积	126		
	53			△一般风险准备	127		
	54			未分配利润	128		
	55			其中：法定公积金	129		
	56			任意公积金	130		
	57			*#储备基金	131		
	58			*#企业发展基金	132		
	59			*#利润归还投资	133		
	60			其中：外币报表折算差额	134		
	61			归属于母公司所有者权益合计	135		
	62			少数股东权益	136		
	63			所有者权益（或股东权益）合计	137		
	64				138		
	65				139		
	66				140		
	67				141		
	68				142		
	69				143		
	70				144		
	71				145		
	72				146		
非流动资产合计	73				147		
资产总计	74			负债和所有者权益（或股东权益）合计	148		

注：表中带"*"科目仅为合并会计报表专用；带"#"项目为全金融类企业专用；带○项目为外商投资企业专用；加☆项目为执行新收入、新租赁、新金融工具准则企业适用。

利润表

2020 年度

编制单位：　　　　　　　　　　　　　　　　　　　　　　　金额单位：元　　　企财02表

项目	行次	本期金额	上期金额
一、营业总收入	1		
其中：营业收入	2		
☆利息收入	3		
☆已赚保费	4		
☆手续费及佣金收入	5		
二、营业总成本	6		
其中：营业成本	7		
☆利息支出	8		
☆手续费及佣金支出	9		
☆退保金	10		
☆赔付支出净额	11		
☆提取保险责任准备金净额	12		
☆保单红利支出	13		
☆分保费用	14		
税金及附加	15		
销售费用	16		
管理费用	17		
研发费用	18		
财务费用	19		
其中：利息费用	20		
利息收入	21		
其他	22		
加：其他收益	23		
投资收益（损失以"-"号填列）	24		
其中：对联营企业和合营企业的投资收益	25		
☆以摊余成本计量的金融资产终止确认收益	26		
☆汇兑收益（损失以"-"号填列）	27		
☆净敞口套期收益（损失以"-"号填列）	28		
公允价值变动收益（损失以"-"号填列）	29		
☆信用减值损失（损失以"-"号填列）	30		
资产减值损失（损失以"-"号填列）	31		
资产处置收益（损失以"-"号填列）	32		
三、营业利润（亏损以"-"号填列）	33		
加：营业外收入	34		
其中：政府补助	35		
减：营业外支出	36	—	—
四、利润总额（亏损总额以"-"号填列）	37		
减：所得税费用	38		
五、净利润（净亏损以"-"号填列）	39		
（一）按所有权归属分类：	40		
归属于母公司所有者的净利润	41	—	—
*少数股东损益	42		
（二）按经营持续性分类：	43		
持续经营净利润	44		
终止经营净利润	45		
六、其他综合收益的税后净额	46		
归属于母公司所有者的其他综合收益的税后净额	47		
（一）不能重分类进损益的其他综合收益	48		
1. 重新计量设定受益计划变动额	49		
☆2. 权益法下不能转损益的其他综合收益	50		
☆3. 其他权益工具投资公允价值变动	51		
☆4. 企业自身信用风险公允价值变动	52		
5. 其他	53		
（二）将重分类进损益的其他综合收益	54		
☆1. 权益法下可转损益的其他综合收益	55		
☆2. 可供出售金融资产公允价值变动损益	56		
☆3. 金融资产重分类计入其他综合收益的金额	57		
☆4. 持有至到期投资重分类为可供出售金融资产损益	58		
☆5. 其他债权投资公允价值变动	59		
☆6. 其他债权投资信用减值准备	60		
☆7. 现金流量套期重分类（现金流量套期损益的有效部分）	61		
8. 外币财务报表折算差额	62		
9. 其他	63		
*归属于少数股东的其他综合收益的税后净额	64		
七、综合收益总额	65		
归属于母公司所有者的综合收益总额	66		
*归属于少数股东的综合收益总额	67		
八、每股收益：	68		
基本每股收益	69	—	—
稀释每股收益	70		

注：表中带 * 科目为合并会计报表专用；加○楷体项目为金融类企业专用；加☆为执行新收入/新金融工具准则企业适用。

现金流量表

2020 年度

企财 03 表

编制单位：　　　　　　　　　　　　　金额单位：元

项目	行次	本期金额	上期金额
一、经营活动产生的现金流量：	—	—	—
销售商品、提供劳务收到的现金	1		
客户存款和同业存放款项净增加额	2		
向中央银行借款净增加额	3		
向其他金融机构拆入资金净增加额	4		
收到原保险合同保费取得的现金	5		
收到再保险业务现金净额	6		
保户储金及投资款净增加额	7		
收取利息、手续费及佣金的现金	8		
处置以公允价值计量且其变动计入当期损益的金融资产净增加额	9		
拆入资金净增加额	10		
回购业务资金净增加额	11		
代理买卖证券收到的现金净额	12		
收到的税费返还	13		
收到其他与经营活动有关的现金	14		
经营活动现金流入小计	15		
购买商品、接受劳务支付的现金	16		
客户贷款及垫款净增加额	17		
存放中央银行和同业款项净增加额	18		
支付原保险合同赔付款项的现金	19		
支付利息、手续费及佣金的现金	20		
支付保单红利的现金	21		
支付给职工以及为职工支付的现金	22		
支付的各项税费	23		
支付其他与经营活动有关的现金	24		
经营活动现金流出小计	25		
经营活动产生的现金流量净额	26		
二、投资活动产生的现金流量：	—	—	—
收回投资收到的现金	30		
取得投资收益收到的现金	31		
处置固定资产、无形资产和其他长期资产收回的现金净额	32		
处置子公司及其他营业单位收到的现金净额	33		
收到其他与投资活动有关的现金	34		
投资活动现金流入小计	35		
购建固定资产、无形资产和其他长期资产支付的现金	36		
投资支付的现金	37		
质押贷款净增加额	38		
取得子公司及其他营业单位支付的现金净额	39		
支付其他与投资活动有关的现金	40		
投资活动现金流出小计	41		
投资活动产生的现金流量净额	42		
三、筹资活动产生的现金流量：	—	—	—
吸收投资收到的现金	43		
其中：子公司吸收少数股东投资收到的现金	44		
取得借款收到的现金	45		
收到其他与筹资活动有关的现金	46		
筹资活动现金流入小计	47		
偿还债务支付的现金	48		
分配股利、利润或偿付利息支付的现金	49		
其中：子公司支付给少数股东的股利、利润	50		
支付其他与筹资活动有关的现金	51		
筹资活动现金流出小计	52		
筹资活动产生的现金流量净额	53		
四、汇率变动对现金及现金等价物的影响	54		
五、现金及现金等价物净增加额	55		
加：期初现金及现金等价物余额	56		
六、期末现金及现金等价物余额	57		
	58		

注：加△的楷体项目为金融类企业专用。

所有者权益变动表

编制单位：　　　　　　　　　　　　　　　　2020 年度　　　　　　　　　　　　　　　企财04表
金额单位：元

项目	行次	本 年 金 额													上 年 金 额												
		归属于母公司所有者权益											少数股东权益	所有者权益合计	归属于母公司所有者权益											少数股东权益	所有者权益合计
		实收资本（或股本）	其他权益工具			资本公积	减：库存股	其他综合收益	专项储备	盈余公积	△一般风险准备	未分配利润	小计			实收资本（或股本）	其他权益工具			资本公积	减：库存股	其他综合收益	专项储备	盈余公积	△一般风险准备	未分配利润	小计		
			优先股	永续债	其他												优先股	永续债	其他										
栏 次	—	1	2	3	4	5	6	7	8	9	10	11	12	13	14	15	16	17	18	19	20	21	22	23	24	25	26	27	28
一、上年年末余额	1																												
加：会计政策变更	2	—	—	—	—	—	—	—	—	—	—	—	—	—	—														
前期差错更正	3	—	—	—	—	—	—	—	—	—	—	—	—	—	—														
其他	4																												
二、本年年初余额	5																												
三、本年增减变动金额（减少以"—"号填列）	6																												
（一）综合收益总额	7	—	—	—	—	—	—		—	—	—					—	—	—	—	—	—		—	—	—				
（二）所有者投入和减少资本	8																												
1. 所有者投入的普通股	9						—	—	—	—	—	—									—	—	—	—	—	—			
2. 其他权益工具持有者投入资本	10	—					—	—	—	—	—	—				—					—	—	—	—	—	—			
3. 股份支付计入所有者权益的金额	11	—	—	—	—		—	—	—	—	—	—				—	—	—	—		—	—	—	—	—	—			
4. 其他	12																												
（三）专项储备提取和使用	13	—	—	—	—	—	—	—		—	—	—				—	—	—	—	—	—	—		—	—	—			
1. 提取专项储备	14	—	—	—	—	—	—	—		—	—	—				—	—	—	—	—	—	—		—	—	—			
2. 使用专项储备	15	—	—	—	—	—	—	—		—	—	—				—	—	—	—	—	—	—		—	—	—			
（四）利润分配	16																												
1. 提取盈余公积	17	—	—	—	—	—	—	—	—		—					—	—	—	—	—	—	—	—		—				
其中：法定公积金	18	—	—	—	—	—	—	—	—		—					—	—	—	—	—	—	—	—		—				
任意公积金	19	—	—	—	—	—	—	—	—		—					—	—	—	—	—	—	—	—		—				
#储备基金	20	—	—	—	—	—	—	—	—		—					—	—	—	—	—	—	—	—		—				
#企业发展基金	21	—	—	—	—	—	—	—	—		—					—	—	—	—	—	—	—	—		—				
#利润归还投资	22	—	—	—	—	—	—	—	—		—					—	—	—	—	—	—	—	—		—				
△2. 提取一般风险准备	23	—	—	—	—	—	—	—	—	—						—	—	—	—	—	—	—	—	—					
3. 对所有者（或股东）的分配	24	—	—	—	—	—	—	—	—	—	—					—	—	—	—	—	—	—	—	—	—				
4. 其他	25																												
（五）所有者权益内部结转	26																												
1. 资本公积转增资本（或股本）	27		—	—	—		—	—	—	—	—	—					—	—	—		—	—	—	—	—	—			
2. 盈余公积转增资本（或股本）	28		—	—	—	—	—	—	—		—	—					—	—	—	—	—	—	—		—	—			
3. 盈余公积弥补亏损	29	—	—	—	—	—	—	—	—		—					—	—	—	—	—	—	—	—		—				
4. 设定受益计划变动额结转留存收益	30	—	—	—	—	—	—		—	—	—					—	—	—	—	—	—		—	—	—				
☆5. 其他综合收益结转留存收益	31	—	—	—	—	—	—		—	—	—					—	—	—	—	—	—		—	—	—				
6. 其他	32																												
四、本年年末余额	33																												

注：加△借项目为金融类企业专用；加#为执行新金融工具准则企业适用；加☆为执行新金融工具准则企业适用。

国有资本权益变动情况表

2020 年度

编制单位：　　金财单位：元
　　金额单位：元　金财05表

项　目	行次	金　额	项　目	行次	金　额
一、年初国有资本权益总额	1		（一）经国家专项批准核销	17	
二、本年国有资本权益增加	2		（二）无偿划出	18	
（一）国家、国有单位直接或追加投资	3		（三）资产评估减少	19	
（二）无偿划入	4		（四）清产核资减少	20	
（三）资产评估增加	5		（五）产权界定减少	21	
（四）清产核资增加	6		（六）消化以前年度潜亏挂账而减少	22	
（五）产权界定增加	7		（七）因自然灾害等不可抗拒因素减少	23	
（六）资本（股本）溢价	8		（八）因主辅分离减少	24	
（七）接受捐赠	9		（九）企业按规定已上缴利润	25	
（八）债权转股权	10		（十）资本（股本）折价	26	
（九）税收返还	11		（十一）中央和地方政府确定的其他因素	27	
（十）减值准备转回	12		（十二）经营减值	28	
（十一）会计调整	13		四、年末国有资本权益总额	29	
（十二）中央和地方政府确定的其他因素	14		五、年末其他国有资金	30	
（十三）经营积累	15		六、年末合计国有资本总量	31	
三、本年国有资本权益减少	16			32	

资产减值准备情况表

2020年12月31日

编制单位：　　　　　　　　　　　　　　　　　　　　　　　　　　　　　　　　　企财06表

金额单位：元

项目	行次	年初账面余额	本期增加额				本期减少额					期末账面余额
			本期计提额	合并增加额	其他原因增加额	合计	资产价值回转额	转销额	合并减少额	其他原因减少额	合计	
栏次	—	1	2	3	4	5	6	7	8	9	10	11
一、坏账准备	1											
二、存货跌价准备	2											
☆三、合同资产减值准备	3											
四、持有债权投资减值准备	4						—					
☆五、债权投资减值准备	5											
六、可供出售金融资产减值准备	6											
七、持有至到期投资减值准备	7						—					
八、长期股权投资减值准备	8						—					
九、投资性房地产减值准备	9											
十、固定资产减值准备	10											
十一、在建工程减值准备	11											
十二、生产性生物资产减值准备	12											
十三、油气资产减值准备	13											
☆十四、使用权资产减值准备	14											
十五、无形资产减值准备	15											
十六、商誉减值准备	16											
☆十七、合同取得成本减值准备	17											
☆十八、合同履约成本减值准备	18											
十九、其他减值准备	19											
合　计	20											

项目	栏次	金额
	—	12
补充资料：		—
一、政策性挂账	21	
	22	
	23	
二、当年处理以前年度预损失和挂账	24	
其中：在当年损益中处理以前年度预损失挂账	25	
	26	
	27	
	28	
	29	
	30	
	31	
	32	
	33	
	34	
	35	
	36	
	37	
	38	
	39	
	40	

注：加☆项目为执行新收入/新租赁/金融工具准则企业适用。

应上交应弥补款项表

2020 年度

编制单位：

金财07表

金额单位：元

项　　　　目	行次	本年应交数/应补数	本年已交数/已补数	项　　　　目	行次	金　额
一、本年税费总额	1			补充资料：		
（一）增值税	2			一、本年实际支付补充养老保险（含年金）总额	24	
（二）消费税	3			二、本年实际支付补充医疗保险总额	25	
（三）资源税	4			三、出口退税情况：	26	
（四）城建税	5			出口额（美元）	27	
（五）烟叶税	6	—	—	以前年度欠出口退税	28	
（六）关税	7	—	—	本年度应收出口退税	29	
本年已交进口关税	8	—	—	本年度已收出口退税	30	
本年已交出口关税	9	—	—	年末欠出口退税	31	
（七）企业所得税	10			四、本年实际缴纳境外税费总额	32	
（八）教育费附加（含地方教育费附加）	11				33	
（九）石油特别收益金	12				34	
（十）其他税费	13				35	
二、五险一金合计	14				36	
（一）基本养老保险	15				37	
（二）基本医疗保险	16				38	
（三）失业保险	17				39	
（四）工伤保险	18				40	
（五）生育保险	19				41	
（六）住房公积金	20				42	
三、储备粮油差价款	21				43	
四、预算弥补亏损及补贴	22				44	
五、国有资本收益（由企业集团本部填列）	23				45	
					46	

11

基本情况表

2020年12月31日

编制单位：   企财08表
金额单位：元

项　　目	行次	本年数	上年数
一、本年收到的财政性资金	1		
（一）基本建设资金	2		
（二）生产发展性资金	3		
（三）社会保障性资金	4		
（四）其他	5		
二、高质量发展有关情况：	6	—	—
1. 专利情况：	7	—	—
累计期有效专利数（件）	8		
其中：累计拥有效发明专利数	9		
2. 专利申请数（件）	10		
其中：发明专利申请数	11		
3. 专利授权数（件）	12		
其中：发明专利授权数	13		
（二）本年企业提取的安全生产费用	14		
（三）本年支出的安全生产费用	15		
（四）本年科技资金来源合计	16		
其中：政府拨款	17		
企业自筹	18		
其他	19		
（五）企业研发（R&D）经费投入合计	20		
1. 日常性研发（R&D）经费支出	21		
其中：研发人员劳动报酬	22		
2. 购买固定资产、新技术、科研设备等支出	23		
其中：土地与建筑物支出	24		
仪器与设备支出	25		
3. 其他支出	26		
（六）科技人员人数（人）	27		
其中：研发人员人数	28		
三、产值（按现行价格计算）：	29	—	—
（一）工业总产值	30		
（二）劳动生产总值	31		
四、投资收益	32		
其中：长期股权投资	33		
☆交易性金融资产	34		
☆以公允价值计量且其变动计入当期损益的金融资产	35		
☆以公允价值计量且其变动计入当期损益的金融负债	36		
☆债权投资	37		
可供出售金融资产	38		
☆其他股权投资	39		
持有至到期投资	40		
☆其他债权投资	41		
☆其他非流动金融资产	42		
其他项目收益	43		
五、本年固定资产投资额	44		
（一）本年计提的固定资产折旧总额	45		
（二）购置固定资产	46		
（三）基建投资	47		
六、本年计提的固定资产折旧总额	48		
七、本年管理费用项下的业务招待费支出	49		
八、本年管理费用项下的党建工作经费	50		
九、本年企业支付的环境保护及生态恢复支出	51		
其中：本年度上交政府统筹的支出	52		
十、本年企业支出或据实列支的支出	53		
企业本年支出的节能减排费用	54		
十一、本年对外新增境外投资额	55		
十二、本年对扶贫方面的支出	56		
其中：企业对扶贫方面的支出	57		
十三、本年对外捐赠支出（不含上述本年对扶贫方面的支出）	58		
十三、社会贡献总额	59		
	60		

注：加☆项目为执行新金融工具准则企业适用。

人力资源情况表

2020年12月31日

编制单位：　　　　　　　　　　　　　　　　　　　　　　　　　　　　　　　　　　　企财09表

金额单位：元

项　　目	行次	本年数	上年数	项　　目	行次	本年数	上年数
一、企业人数情况（人）：				（一）年初不在岗职工人数（人）	23		
（一）年末从业人员人数	1	—	—	（二）年末不在岗职工人数（人）	24		
（二）本年平均从业人员人数	2			（三）本年累计解除劳动关系人数（人）	25		
（三）年末职工人数	3			其中：需支付经济补偿人数	26		
其中：年末在岗职工人数	4			（四）本年累计支付经济补偿金额	27		
（四）本年平均在岗职工人数	5			其中：财政负担部分	28	—	—
（五）年末劳务派遣人数	6			三、工资及福利情况：			
（六）本年平均劳务派遣人数	7			（一）本年应发职工薪酬总额	29		
（七）年末离休人数	8			（二）本年实际发放职工薪酬总额	30		
（八）年末退休人数	9			其中：本年实际发放在岗职工工资总额	31		
（九）参加基本养老保险的年末职工人数	10			本年提取的工资总额	32		
（十）参加补充养老保险的年末职工人数	11			（三）本年支付的劳务派遣金额	33		
（十一）参加基本医疗保险的年末职工人数	12			1.在工企业工资总额	34		
（十二）参加补充医疗保险的年末职工人数	13			2.工挂企业工资总额	35		
（十三）参加失业保险的年末职工人数	14			（四）本年支付的离退休人员养老金及薪酬补助	36		
（十四）参加工伤保险的年末职工人数	15			（五）本年支付的企业负责人薪酬总额	37		
（十五）参加生育保险的年末职工人数	16			企业负责人人数	38		
（十六）实行社会化管理的离退休人员人数	17			（六）本年支付的职工福利费	39		
（十七）未实行社会化管理的离退休人员人数	18			（七）本年提取的职工教育培训经费	40		
（十八）年末党员人数	19			（八）本年支付的职工教育培训经费	41		
二、企业不在岗职工及劳动关系处理情况：	20				42		
	21	—	—		43		
	22				44	—	—

13

金财 10 表

金额单位：元

带息负债情况表

2020年12月31日

编制单位：

项目	行次	本金				本年应计利息	逾期尚未偿还的借款本金	年末应付利息
		年初余额	本年增加	本年减少	年末余额			
栏次	—	1	2	3	4	5	6	7
一、带息流动负债合计	1	—	—	—				
（一）短期借款	2	—	—	—				
其中：银行借款	3	—	—	—				
非银行金融机构负债	4	—	—	—				
（二）一年内到期的非流动负债	5	—	—	—				
其中：一年内到期的长期借款	6	—	—	—				
一年内到期的应付债券	7	—	—	—				
一年内到期的融资租赁款	8	—	—	—				
☆一年内到期的租赁负债	9							
（三）交易性金融负债	10	—	—	—				
☆（四）以公允价值计量且其变动计入当期损益的金融负债	11							
（五）其他带息流动负债（含超短期融资券）	12	—	—	—				
其中：短期融资券	13	—	—	—				
其他短期债券	14	—	—	—				
二、带息非流动负债合计	15	—	—	—				
（一）长期借款	16	—	—	—				
其中：银行借款	17	—	—	—				
非银行金融机构借款	18	—	—	—				
（二）应付债券	19	—	—	—				
其中：中期票据	20	—	—	—				
企业债券	21	—	—	—				
公司债券	22	—	—	—				
其他非流动负债	23	—	—	—				
其中：融资租赁款	24	—	—	—				
☆租赁负债	25							
带息负债合计	26	—	—	—				

补充资料：

项目	行次	本年金额	上年金额
栏次	—	8	9
一、利息支出情况：	27		
利息支出总额	28	—	—
其中：利息资本化金额	29	—	—
带息负债融资成本率（%）	30	—	—
二、永续债、优先股发行情况：	31		
永续债	32	—	—
已发行永续债	33		
其中：计入负债的永续债	34		
优先股	35	—	—
已发行优先股	36		
其中：计入负债的优先股	37		
三、计入未分配利润的永续债利息	38	—	—
四、发债情况（由集团总部填列）：	39		
（一）境外发行外币债券总额（以人民币填列）	40		
其中：美元债（以美元填列）	41		
欧元债（以欧元填列）	42		
港元债（以港元填列）	43		
（二）境外发行人民币债券总额	44		
	45		
	46		
	47		
	48		
	49		
	50		
	51		
	52		

注：加☆项目为执行新租赁新金融工具准则企业适用。

附件（2）

2020年度企业财务决算报表财务情况表

应收款项情况表

2020年12月31日

编制单位：

企财11表

金额单位：元

项目	行次	年末数				年初数	
		年末余额	坏账/减值准备	按个别认定法计提坏账准备的应收款项	按个别认定法计提的坏账准备	年初余额	坏账/减值准备
栏次	—	1	2	3	4	5	6
一、应收账款	1						
（一）1年以内（含1年）	2						
（二）1-2年（含2年）	3						
（三）2-3年（含3年）	4						
（四）3年以上	5						
二、其他应收款	6						
（一）1年以内（含1年）	7						
（二）1-2年（含2年）	8						
（三）2-3年（含3年）	9						
（四）3年以上	10						
三、长期应收款	11						
四、一年内到期的长期应收款	12						
五、逾期应收款项	13						
其中：逾期3年以上	14						
六、涉及诉讼的应收款项	15			—	—		—
☆七、应收款项融资	16						

项目	行次	年末余额	逾期金额	年初余额
栏次	—	7	8	9
补充资料：				
一、应收款项合计	25		—	—
（一）应收政府部门款项	26			
（二）应收国资委管理的中央企业款项	27			
（三）应收中央部门管理的铁路总公司款项	28			
（四）应收地方国有企业款项	29			
其中：应收地方政府投融资平台款项	30			
（五）应收民营企业款项	31			
其中：应收房地产开发企业款项	32			
（六）其他	33			
二、各类保证金总额	34		—	
（一）质量保证金	35		—	
（二）履约保证金	36		—	
（三）投标保证金	37		—	
（四）其他保证金	38		—	
三、应收账款保理余额	39		—	
其中：无追索权的应收账款保理余额	40		—	
四、应收账款证券化余额	41		—	
五、长账龄应收款项管理情况（按原值填列）	42		—	—
（一）1年（含1年）以上应收款项余额	43		—	
（二）1年（含1年）以上应收款项本年增加额	44		—	—
（三）1年（含1年）以上应收款项本年减少额	45		—	—
其中：本年核销应收款项金额	46		—	—
其中：本年收回应收款项金额	47		—	—

注：加☆项目为执行新收入／新租赁／新金融工具准则企业适用。

存货情况表

2020年12月31日

编制单位：　　　　　　　　　　　　　　　　　　　　　　　　　　　企财12表
金额单位：元

项目	行次	年末数		年初数		项目	栏次	年末数	年初数
栏次		账面余额	跌价准备/减值准备	账面余额	跌价准备/减值准备				
		1	2	3	4			5	6
一、原材料	1					补充资料：	—	—	—
二、自制半成品及在产品	2					一、非正常存货余额（原值）	11		
其中：已完工未结算工程（由执行建造合同准则企业填列）	3					其中：积压的库存商品（产成品）	12		
在建房地产开发产品（由房地产开发企业填列）	4					积压的原材料及在产品等	13		
三、库存商品（产成品）	5					二、非正常存货跌价准备	14		
其中：已完工房地产开发产品（由房地产开发企业填列）	6					三、非正常存货处置利用情况：	15	—	—
四、其他	7					（一）本年转产再利用的非正常存货金额	16	—	—
其中：尚未开发的土地储备（由房地产开发企业填列）	8					（二）本年处置变卖的非正常存货原值	17	—	—
	9					（三）本年处置变卖非正常存货回收资金	18	—	—
合计	10					（四）本年处置非正常存货形成的账面损失	19	—	—
							20	—	—

对外股权投资情况表

2020 年 12 月 31 日

编制单位：　　　　　　　　　　　　　　　　　　　　　　　　　　　　　　　　　　　　　企财 13 表
金额单位：元

序号	投资主体	被投资企业名称	被投资企业代码	被投资企业性质	被投资企业所属行业	被投资企业所在地区	投资成本	本年增加投资	年初股权比例（%）	年末股权比例（%）	年初账面余额	年末账面余额	本年账面投资收益	本年实际收到投资收益	本年计提减值准备金额	减值准备年末余额	核算方法	经营状况	最近三年分红情况	备注
	1	2	3	4	5	6	7	8	9	10	11	12	13	14	15	16	17	18	19	20
	合计	—	—	—	—	—			—	—							—	—	—	—
	一、连续持有																			
	……																			
	二、本年新增																			
	……																			
	三、本年减少																			
	……																			

注：被投资企业性质：1. 国有独资；2. 国有控股；3. 国有实际控制；4. 集体；5. 私营；6. 外商；7. 其他。
被投资企业所属行业：按照国民经济行业分类代码填列。
核算方法：10. 长期股权投资（11. 权益法，12. 成本法）；20. 可供出售金融资产（21. 以公允价值计量，22. 以成本计量）；30. 其他权益工具投资。
经营状况：1. 盈利；2. 亏损；3. 非持续经营；4. 筹建期尚未开展生产经营。
最近三年分红情况：1. 满三年未分红；2. 未满三年无分红；3. 近三年有分红。
备注："年末股权比例" >50%或"年末账面余额"未填列数据的情况，需在此项目中予以说明；以成本法核算的长期股权投资，需在此项目中予以说明；其他权益工具投资需在此项目中予以说明。

投资并购企业情况表

2020 年度

企财 14 表

编制单位：　　　　　　　　　　　　　　　　　　　　金额单位：元

序号	并购主体			被并购企业名称	企业代码	企业性质	原隶属关系	所属行业	所在地区	并购方式	是否属主业	净资产价值（审计/评估）	支付对价					形成商誉	当年计提商誉减值准备	所占股权比例（%）	被并购企业并购日净资产总额	被并购企业上一年度利润总额
	企业名称	管理级次	产权级次											自有资金	银行贷款	股权	其他					
	栏次	1	2	3	4	5	6	7	8	9	10	11	12	13	14	15	16	17	18	19	20	21
一	合计	—	—	—	—	—	—	—	—	—	—	—	—	—	—	—	—	—	—	—	—	—

注：企业性质：1. 国有独资；2. 国有控股；3. 国有实际控制；4. 集体；5. 私营；6. 外商；7. 其他。
原隶属关系：1. 中央企业；2. 地方企业；3. 其他。
所属行业：依照国民经济行业分类代码填列。
并购方式：1. 无偿划转；2. 现金收购；3. 资产置换；4. 增资扩股；5. 其他方式。
是否属主业：1. 主业；2. 非主业。按照经国资委批准的集团主业范围选择填列。

子企业及股权处置情况表

2020年12月31日

编制单位:　　　企财15表
金额单位：元

序号	被处置企业名称	被处置企业代码	受让方	处置方式	账面净值（净资产）	评估净值（净资产）	处置价格	处置损益	原持股比例（%）	处置股权比例（%）
	栏　次	1	2	3	4	5	6	7	8	9
	合　计	—	—	—					—	—
	一、子企业处置情况									
	……									
	二、参股企业处置情况	—	—	—					—	—
	……									

注：处置方式：10. 出售转让（11. 进场交易，12. 经国资委批准的协议转让，13. 经中央企业批准的协议转让）；20. 无偿划出；30. 清算，注销，破产；40. 其他。

金融投资及风险业务情况表

编制单位：　　　　　　　　2020年12月31日

企财16表
金额单位：元

项目	行次	金额 1	境外投资 2
一、股票投资情况：	—	—	—
（一）原始投资成本	1		
（二）年末市值	2		
（三）浮动盈亏（浮动亏损用"-"号表示）	3		
（四）当年累计交易金额	4		
（五）当年实际盈亏（亏损用"-"号表示）	5		
二、基金投资情况：	—	—	—
（一）原始投资成本	6		
（二）年末市值	7		
（三）浮动盈亏（浮动亏损用"-"号表示）	8		
（四）当年实际盈亏（亏损用"-"号表示）	9		
三、债券投资情况：	—	—	—
（一）国债原始投资年末成本	10		
（二）年末市值	11		
其中：金融债原始投资年末成本	12		
其中：原始投资年末市值	13		
（三）企业债原始投资年末成本	14		
其中：原始投资年末市值	15		
（四）浮动盈亏（浮动亏损用"-"号表示）	16		
（五）当年累计交易金额	17		
（六）当年实际盈亏（亏损用"-"号表示）	18		
四、金融期货（权）及衍生品投资情况：	—	—	—
（一）保证金账户余额	19		
（二）年末持仓合约金额	20		
（三）浮动盈亏（浮动亏损用"-"号表示）	21		
（四）当年实际盈亏（亏损用"-"号表示）	22		
（五）当年累计交易金额	23		
五、商品期货（权）及衍生品投资情况：	—	—	—
（一）保证金账户余额	24		
（二）年末持仓合约金额	25		
（三）浮动盈亏（浮动亏损用"-"号表示）	26		
（四）当年实际盈亏（亏损用"-"号表示）	27		
（五）当年累计交易金额	28		

项目	行次	金额 3
六、委托理财投资情况：	34	—
（一）原始投资成本	35	
其中：购买的信托产品金额	36	
（二）年末余额	37	
其中：到期未偿付的信托产品金额	38	
（三）当年实际盈亏（亏损用"-"号表示）	39	
（四）预计盈亏（预计亏损用"-"号表示）	40	
（五）计提减值准备年末余额	41	
其中：当年计提减值准备金额	42	
七、委托贷款情况：	43	—
其中：当年新增委托贷款年末余额	44	
八、已抵押资产情况：	45	—
其中：委托贷款年末余额	46	
其中：为集团外单位担保已抵押资产账面价值	47	
九、已质押资产情况：	48	
其中：为集团外单位担保已质押资产账面价值	49	
十、或有负债	50	
其中：已贴现商业承兑汇票形成的或有负债	51	
对其他单位提供债务担保形成的或有负债	52	
十一、涉及诉讼或仲裁情况：	53	—
未决诉讼或仲裁年末余额	54	
其中：涉及诉讼案件个数	55	
涉及诉讼案件金额	56	
被诉诉讼案件涉案个数	57	
被诉诉讼案件涉案金额	58	
十二、融资性贸易风险敞口处置情况：（由企业集团本部填列）	59	—
融资性贸易风险敞口本年初余额	60	
融资性贸易风险敞口本年末余额	61	
其中：收回的现金和资产的实际价值金额	62	
获得的抵债权等风险敞口形成的实际价值金额	63	
核销的贸易风险敞口形成的实质性损失金额	64	
融资性贸易风险敞口年末余额	66	

资金集中管理情况表

编制单位：　　　　　　　　　　2020 年 12 月 31 日　　　　　　　　　企财 17 表
　　　　　　　　　　　　　　　　　　　　　　　　　　　　　　　　　　金额单位：元

项　　　目	行次	本年金额	上年金额
一、年末资金集中余额	1		
其中：通过财务公司	2		
通过结算中心	3		
通过其他资金管理平台	4		
二、集团年末资金余额	5		
三、资金管理平台年末资金余额	6		
其中：财务公司	7		
结算中心	8		
其他资金管理平台	9		
四、归集受限资金余额	10		
其中：专项账户资金	11		
保证金账户资金	12		
金融企业管制资金	13		
外汇管制资金	14		
五、全口径资金集中度（%）	15		
六、剔除受限资金口径资金集中度（%）	16		
七、集团内部借款余额	17		
其中：通过财务公司	18		
通过结算中心	19		
通过其他资金管理平台	20		
八、存贷比（%）	21		

编制单位：

提供担保情况表

2020 年 12 月 31 日

企财 18 表
金额单位：元

序号	担保单位	担保对象 名称	企业性质	是否为上市公司	经营现状	资产负债率(%)	担保方式	担保种类	反担保方式	实际担保金额	本年新增担保金额	是否逾期	是否被诉	代偿损失金额	已计入预计负债金额	本期计入预计负债金额	是否按股权比例担保	备注
	栏 次	1	2	3	4	5	6	7	8	9	10	11	12	13	14	15	16	17
	合 计	—	—	—	—	—	—	—	—	—	—	—	—	—	—	—	—	—
一	一、对子企业																	
	……																	
二	二、对参股企业																	
	……																	
三	三、对集团外企业																	
	……																	

注：企业性质：1. 国有独资；2. 国有控股；3. 国有实际控制；4. 集体；5. 私营；6. 外商；7. 其他。
经营现状：1. 正常经营；2. 非持续经营。
是否为上市公司：1. 是；2. 否。
担保方式：1. 一般保证；2. 连带责任保证；3. 抵押；4. 质押。
担保种类：1. 贷款担保；2. 履约担保；3. 贸易融资担保；4. 其他担保。
反担保方式：1. 无反担保；2. 一般保证；3. 连带责任保证；4. 抵押；5. 质押。
是否逾期：1. 是；2. 否。
是否被诉：1. 是；2. 否。
是否按股权比例担保：1. 是；2. 否。

主要业务情况表

2020 年度

企财 19 表
金额单位：元

编制单位：

序号	业务代码	业务项目明细分类	营业总收入				营业成本				毛利				利润总额				资产总额		年初余额	
			本年数		上年数		本年数		上年数		本年数		上年数		本年数		上年数		年末余额			
			金额	比重(%)	金额	比重(%)	金额	比重(%)	金额	比重(%)	金额	比重(%)	金额	比重(%)	金额	比重(%)	金额	比重(%)	金额	比重(%)	金额	比重(%)
	栏次	1	2	3	4	5	6	7	8	9	10	11	12	13	14	15	16	17	18	19	20	21
	合计	—																				
一	一、主业	—																				
	……																					
二	二、非主业	—																				
	……																					

成本费用情况表

2020 年度

编制单位：　　　　　　　　　　　　　　　　　　　金额单位：元

企财 20 表

项　目	行次	本年数	上年数	项　目	行次	本年数	上年数
一、营业成本	1			（二）管理费用	24		
其中：原材料费用（采购成本）	2			1. 职工薪酬	25		
人工成本	3			2. 保险费	26		
折旧费	4			3. 折旧费	27		
二、金融企业营业成本	5			4. 修理费	28		
三、税金及附加	6			5. 无形资产摊销	29		
四、期间费用	7			6. 存货盘亏	30		
（一）销售费用	8			7. 业务招待费	31		
1. 包装费	9			8. 差旅费	32		
2. 运输费	10			9. 办公费	33		
3. 装卸费	11			10. 会议费	34		
4. 仓储保管费	12			11. 诉讼费	35		
5. 保险费	13			12. 聘请中介机构费	36		
6. 展览费	14			其中：年度决算审计费用	37		
7. 广告费	15			13. 咨询费	38		
8. 销售服务费	16			14. 技术转让费	39		
9. 职工薪酬	17			15. 董事会费	40		
10. 业务经费	18			16. 排污费	41		
11. 委托代销手续费	19			17. 其他	42		
12. 折旧费	20			（三）研发费用	43		
13. 修理费	21			（四）财务费用	44		
14. 样品及产品损耗	22			五、勘探费用	45		
15. 其他	23			成本费用总额	46		
				补充资料：			
				一、集中采购情况：	47	—	—
				（一）采购总额	48	—	—
				（二）集中采购额	49		
				1. 集团总部集中采购额	50		
				2. 企业自行组织集中采购额	51		
				（三）集中采购比例（%）	52		
				（四）集中采购节约金额	53		
				二、科技收入情况：	54	—	—
				（一）取得的科技创新收入	55		
				1. 四技收入	56		
				2. 新产品销售收入	57		
				3. 其他收入	58		
				（二）确认为无形资产的开发支出	59		
				（三）加计扣除研究开发费用	60		

企业集团基本情况表

2020 年度

编制单位：
企财 21 表
金额单位：元

项目	行次	本年数	上年数
一、企业户数（户）：			
（一）集团全部企业户数	1		—
总部及二级子企业户数	2		—
三级子企业户数	3		—
四级子企业户数	4		—
五级及五级以下子企业户数	5		—
（二）集团所属上市公司户数	6		—
其中：境内上市公司户数	7		—
境外上市公司户数	8		—
（三）集团所属金融子企业户数	9		—
其中：财务公司户数	10		—
证券类公司户数	11		—
保险类公司户数	12		—
信托公司户数	13		—
期货公司户数	14		—
（四）集团所属事业法人单位户数	15		—
（五）集团纳入合并范围企业户数	16		—
总部及二级子企业户数	17		—
三级子企业户数	18		—
四级子企业户数	19		—
五级及五级以下子企业户数	20		—
（六）集团总部所属法人单位户数	21		—
（七）集团所属管理级次	22		—
（八）境外子企业及机构户数（户）：	23		—
（一）集团所属境外子企业总户数	24		—
（二）集团纳入合并范围境外子企业户数	25		—
（三）集团所属纯境外子企业户数	26		—
（四）集团所属纳入合并范围纯境外子企业户数	27		—
（五）集团所属境外机构户数	28		—
三、盈利结构情况：	29		—
（一）集团本年来自子集团外利润	30		
（二）集团所属上市公司股外利润	31		
其中：金融业务来自集团外利润	32		
资产处置形成的利润	33		
其中：出售所属上市公司股权收益	34		
转让所属非上市公司股权（产权）收益	35		
股票处置资产收益	36		
转让土地资产收益	37		
重大会计政策、会计估计变更增加当期利润	38		
四、国际化经营情况：	39		—
（一）国际化经营收入	40		
其中：境内企业境外业务收入	41		
纯境外经营企业营业收入	42		
（二）国际化经营收入占比（%）	43		
（三）境外从业人数占比（%）	44		
（四）境外投资产占比（%）	45		
五、特殊管理的资产（金）	46		
（一）代管住房公积金	47		
（二）代管的社保资金	48		
（三）职工持股经营管理的资金	49		
（四）职工互助基金	50		
（五）工会管理资产（金）	51		
（六）企业慈善基金会管理的资金	52		
（七）其他	53		
六、表外资产	54		—
（一）国有划拨土地	55		
（二）探矿权	56		
（三）采矿权	57		
（四）账销案存资产	58		
（五）售后租回经营资产	59		
（六）其他表外资产	60		
七、信托管理资产	61		
八、股权投资基金情况：	62		—
（一）已设立基金规模合计	63		
其中：自有资金出资额	64		
（二）已投资项目投资规模	65		
其中：基金投资额	66		
九、垫付业务情况：	67		—
（一）BT 项目垫资余额	68		
其中：已通期资余额	69		
（二）BOT 项目垫资余额	70		
十、外币资币性项目情况（以外币填列）：	71		—
（一）货币资金	72		
其中：美元	73		
欧元	74		
港币	75		
（二）应收账款	76		
其中：美元	77		
欧元	78		
港币	79		
（三）短期借款	80		
其中：美元	81		
欧元	82		
港币	83		
（四）长期借款	84		
其中：美元	85		
欧元	86		
港币	87		
（五）应付债券	88		
其中：美元	89		
欧元	90		
港币	91		
十一、对外捐赠支出总额	92		
（一）向定点扶贫地区捐赠	93		
其中：向定点援助地区捐赠	94		
救济性捐赠	95		
援藏	96		
援疆	97		
（二）公益性捐赠	98		
	99		

未纳入合并范围子企业（资产）主要指标表

2020 年 12 月 31 日

编制单位：　　　　　　　　　　　　　　　　　　　　　　　　　　　企财 22 表

金额单位：元

序号	子企业（资产）名称	企业（资产）类别	子企业代码	级次	投资成本	年末股权比例（%）	年末账面余额	年末已计提投资减值准备	本年账面投资收益	资产总额	负债总额	净资产	营业总收入	利润总额	年末职工人数（人）	实发职工工资总额	资产损失及挂账	未纳入合并报表范围原因	备注
栏次		1	2	3	4	5	6	7	8	9	10	11	12	13	14	15	16	17	18
一	合计	—	—	—	—	—												—	—

注：企业（资产）类别：1. 境内子企业；2. 境外企业；3. 事业单位；4. 基建项目；5. 受托管理资产；6. 委托管理资产。

未纳入合并报表范围原因：1. 已进入破产程序；2. 已进入清理整顿程序；3. 其他原因（备注说明）。

企业股权结构表

2020年12月31日

编制单位：
企财23表
金额单位：元

序号	股东名称	统一社会信用代码	股东性质	集团内/集团外	境内/境外	截至本年末实际出资额	截至上年末实际出资额	本年实际出资占比（%）	上年实际出资占比（%）
—	栏次	1	2	3	4	5	6	7	8
—	实收资本（总股本）	—	—	—	—			—	—
—	一、前十大股东小计	—	—	—	—				
1									
2									
3									
4									
5									
6									
7									
8									
9									
10									
—	二、其他股东小计	—	—	—	—				
—	其中：国家资本	—		—	—				
—	国有法人资本	—		—	—				
—	集体资本	—		—	—				
—	民营资本	—		—	—				
—	外商资本	—		—	—				

注：本表填列前十大股东相关信息及其他股东出资额合计数，前十大股东按股权比例降序填列。

股东性质：1. 国家资本；2. 国有资本；3. 集体资本；4. 民营资本（21. 国有独资企业 22. 国有控股企业 23. 国有实际控制企业 24. 事业单位 25. 其他）；5. 外商资本。

营企业 42. 本企业员工 43. 其他自然人 44. 其他（41. 民营企业）。

企财24表

金额单位：元

企业期初数调整情况表

2020 年度

编制单位：

项目	行次	上年年末数	本年年初数	差额及原因														备注
				合计	增加						减少							
					合并范围变化	清产核资调整	重要前期差错更正	会计政策变更	公司制改建计提三类人员费用调整	其他	小计	合并范围变化	清产核资调整	重要前期差错更正	会计政策变更	公司制改建计提三类人员费用调整	其他	小计	
栏次	—	1	2	3	4	5	6	7	8	9	10	11	12	13	14	15	16	17	18
一、所有者权益总额	1																		
二、归属于母公司所有者权益总额	2																		
其中：实收资本（股本）	3																		
资本公积	4																		
盈余公积	5																		
未分配利润	6																		
三、少数股东权益	7																		
四、营业总收入	8																		
五、利润总额	9																		
六、净利润	10																		
七、归属于母公司所有者的净利润	11																		
八、少数股东损益	12																		

29

主要分析指标表（计算机自动生成）

2020 年度

编制单位：　　　　　　　　　　　　　　　　　　　　　　　　　　　　　　　　　金额单位：元

指标名称	行次	本年数	上年数	指标名称	行次	本年数	上年数
一、绩效指标：				1. 营业总收入增长率（%）	31		
（一）盈利能力指标：				2. 营业利润增长率（%）	32		
1. 净资产收益率（%）	1	—		3. 利润总额增长率（%）	33		
2. 国有资本回报率（%）	2	—		4. 国有资本保值增值率（%）	34		
3. 总资产报酬率（%）	3			5. 资本积累率（%）	35		
4. 毛利率（%）	4			6. 资产增长率（%）	36		
5. 营业收入利润率（%）	5			7. 研发（R&D）经费投入强度（%）	37		
6. 成本费用利润率（%）	6			二、人均指标：			
7. 盈余现金保障倍数	7			（一）人均资产（元/人）	38		
8. 成本费用总额占营业总收入的比率（%）	8			（二）人均利润（元/人）	39		
（二）资产质量指标：				（三）职工人均工资	40		
1. 总资产周转率（次）	9			（四）人均上交税费（元/人）	41		
2. 流动资产周转率（次）	10			（五）全员劳动生产率（元/人）	42		
3. 存货周转率（次）	11			三、其他指标：			
4. 应收账款周转率（次）	12			（一）长期股权投资占净资产比率（%）	43		
5. 资产现金回收率（%）	13			（二）固定资产投资占营业总收入的比率（%）	44		
6. 应收账款占全部借款的比率（%）	14			（三）职工薪酬占成本费用总额的比率（%）	45		
7. 存货增长率（%）	15			（四）职工薪酬占营业总收入的比率（%）	46		
（三）债务风险指标：				（五）新产品销售率（%）	47		
1. 资产负债率（%）	16			（六）年末法定盈余公积占实收资本的比率（%）	48		
2. 已获利息倍数	17			（七）社会贡献率（%）	49		
3. 流动比率	18			补充资料：			
4. 速动比率	19			一、纳入合并范围二级子企业户数（户）	50		
5. 现金流动负债比率（%）	20			二、纳入合并范围三级子企业户数（户）	51		
6. 短期借款占全部借款的比率（%）	21			三、纳入合并范围企业总户数（户）	52	—	—
7. 抵押（质押）资产占总资产比率（%）	22			四、纳入合并范围盈利企业户数（户）	53		
8. 担保金额占净资产比率（%）	23			五、纳入合并范围盈利企业盈利额	54		
9. 带息负债比率（%）	24			六、纳入合并范围亏损企业户数（户）	55		
10. 或有负债比率（%）	25			七、纳入合并范围亏损企业亏损额	56		
（四）经营增长指标：							

附件2（1）

2020年度企业财务决算报表
会计主附表编制说明

一、填报范围

本套报表适用于具有法人资格、独立核算并能够编制完整会计报表的所有国有及国有控股企业，以及事业单位、基建项目和独立核算的重要区域性分公司。

二、报表组成

本套报表包括：

（一）报表封面。

（二）会计主附表：是反映企业主要财务状况、经营成果以及现金流量等情况的报表，包括：资产负债表（企财01表）、利润表（企财02表）、现金流量表（企财03表）、所有者权益变动表（企财04表）、国有资本权益变动情况表（企财05表）、资产减值准备情况表（企财06表）、应上交应弥补款项表（企财07表）、基本情况表（企财08表）、人力资源情况表（企财09表）、带息负债情况表（企财10表）。

（三）财务情况表：是反映企业生产经营基本情况和重要财务事项的报表，包括应收款项情况表、存货情况表、对外股权投资情况表、投资并购企业情况表、子企业及股权处置情况表、金融投资及风险业务情况表、资金集中管理情况表、提供担保情况表、主要业务情况表、成本费用情况表、企业集团基本情况表、未纳入合并范围子企业（资产）主要指标表、股权结构情况表、企业期初数调整情况表等14张报表。

三、分户报表封面

（一）封面左边

1. 企业名称：指在工商行政管理部门登记注册的企业全称。

2. 单位负责人：指在工商行政管理部门登记的法定代表人。凡企业正在更换法定代表人，但尚未办理变更登记手续的，由实际负责人签字盖章。

3. 主管会计工作负责人（总会计师）：指按照国家规定担任总会计师职务的企业领导人。尚未设置总会计师职务及总会计师未分管财务决算工作的企业，由实际分管财务决算工作的企业负责人签字盖章。

4. 会计（财务）机构负责人：指企业内部承担财务会计职能的专职机构的部门负责人。

5. 填表人：指具体负责编制报表的工作人员。

6. 编报日期：指财务决算报表通过企业董事会或经理办公会（凡设立董事会的按照通过董事会，未设立董事会的按照通过经理办公会），或类似决策机构审核签发的日期。

7. 报表审计机构：指对企业年度财务决算报表实施审计并发表审计意见的会计师事务所名称或企业内部审计机构名称。

8. 审计报告签字人：指在企业年度财务决算报表审计报告上签字的注册会计师或内部审计机构负责人。

（二）封面右边

1. 统一社会信用代码：根据《国务院办公厅关于加快推进"五证合一""一照一码"登记制度改革的通知》（国办发〔2016〕53号），2016年10月1日起正式实施"五证合一""一照一码"登记制度；一律使用统一社会信用代码（18位）。

尚未取得统一社会信用代码的企业（单位），需要自行编码，具体规则如下：

中央自编企业、单位18位码（如：没有统一信用代码的、独立核算单独报送决算的境外单位、分公司、项目部等）：

第1位：#，自编单位标识。

第2—4位：部门标识，3位码。

第5—8位：隶属关系代码前4位，中央企业统一为"0000"。

第9—16位：原9位码中的前8位码，原有自编码企业与原企业代码一致，保持连续；新增自编码企业按照自定规则编码，确保内部不重复。

第17—18位：校验位，按照《法人和其他组织社会信用代码编码规则》中的校验码计算方法生成，可使用报表软件中的IDC单位代码生成工具自动生成，其中第17位按照原9位码校验规则进行校验。

本代码由本企业代码、上一级企业（单位）代码、集团企业（公司）总部代码三部分组成，具体填报方法如下：

（1）非集团型企业只需填列"本企业代码"，"上一级企业（单位）代码"和"集团企业（公司）总部代码"不填。

（2）集团型企业需区别以下情况填列：

①集团公司总部（一级）在填报集团企业合并报表时，"本企业代码"和"集团企业（公司）总部代码"均按集团公司代码填列，"上一级企业（单位）代码"不填。

②当本企业为集团公司二级企业时，按要求填列"本企业代码""上一级企业（单位）代码"和"集团企业（公司）总部代码"。其中"上一级企业（单位）代码"与"集团企业（公司）总部代码"相同。集团公司本部填列方法同集团公司二级企业，差额表比照集团本部填列。

③当本企业为集团三级企业时，应按实际情况填列"本企业代码""上一级企业（单位）代码"及"集团企业（公司）总部代码"。集团公司二级企业本部视同集团公司三级企业填列，差额表比照二级企业本部填列。

④当本企业为集团三级以下企业时，比照三级企业填列。

⑤各级企业"集团企业（公司）总部代码"均按集团公司代码填列。

2. 隶属关系：本代码由"行政隶属关系代码"和"部门标识代码"两部分组成。具体填报方法如下：

（1）中央企业（不论级次和所在地区）："行政隶属关系代码"均填零，"部门标识代码"根据国家标准《中央党政机关、人民团体及其他机构名称代码》（GB/T4657—2009）编制。

（2）地方企业：

①"行政隶属关系代码"根据国家标准《中华人民共和国行政区划代码》（GB/T2260—2007）编制。具体编制方法：

A. 省级企业以行政区划代码的前两位数字后加四个零表示。如：山东省省属企业一律填列"370000"；

B. 地市级企业以行政区划代码的前四位数字后加两个零表示。如：山东省济南市市属企业一律填列"370100"；

C. 县级（市辖区）企业以行政区划代码的本身六位数表示。如：山东省济南市长清区区级企业一律填列"370113"。

②"部门标识代码"根据企业财务或产权归口管理的部门、机构或企业集团，比照国家标准《中央党政机关、人民团体及其他机构名称代码》（GB/T4657—2009）填报。如：隶属各省"民政厅（局）"管理的企业，填报"民政部"代码"314"。无行政主管部门的企业，填行业对口部门（协会）的代码。机构设置与中央对口的各地方部门均应按国家标准填列。

3. 所在国家和地区：根据实际经营所在地并结合注册地，按照《世界各国和地区名称代码》（GB/T2659—2000）和《中华人民共和国行政区划代码》（GB/T2260—2007）选择填列。其中：实际经营所在地为香港、澳门的企业，国家代码分别填列"344""446"。

4. 所属行业码：依据国家标准《国民经济行业分类》（GB/T4754—2017），结合企业主要从事的社会经济活动性质，按"小类"划分填列。

5. 经营规模：按照工信部、国家统计局、国家发改委和财政部联合发布的《关于印发中小企业划型标准规定的通知》（工信部联企业〔2011〕300号）、国家统计局《统计上大中小微型企业划分办法（2017）》规定的分类标准填列，具体分为：1 大型，2 中型，3 小型，4 微型。

6. 经济类型：按照所有制形式划分的企业类型。

国有控股是指国有出资持股比例超过50%的企业；国有实际控制是指国有出资持股比例未达50%，但通过股东协议、公司章程等拥有对被投资企业的权利、可以实质控制的企业。

根据《国务院关于同意东北地区厂办大集体改革试点工作指导意见的批复》（国函〔2005〕88号），厂办大集体是指20世纪七八十年代，为安置回城知识青年和国有企业职工子女就业，一些国有企业批准并资助兴办了一批劳动服务公司或其他形式工商登记注册的集体所有制企业。厂办大集体主要依附于主办国有企业从事生产经营活动，向主办国有企业提供配套产品或劳务服务。其中：

中央企业厂办大集体是指各类中央企业（含国务院有关部门所属企业）批准并资助兴办的集体所有制企业。

中央下放企业厂办大集体是指中央下放的煤炭、有色、军工等企业批准并资助兴办的集体所有制企业。

地方企业厂办大集体是指地方国有企业批准并资助兴办的集体所有制企业。

7. 组织形式：根据企业在工商行政管理部门注册登记的类型及有关性质填列。具体包括：10 公司制企业（11 国有独资公司，12 其他有限责任公司，13 上市股份有限公司，14 非上市股份有限公司，15 法人独资公司），20 非公司制企业（21 非公司制独资企业，22 其他非公司制企业），30 企业化管理事业单位，40 其他。国有独资的有限责任公司选"公司制企业"中的"11 国有独资公司"填列，一人有限责任公司选"15 法人独资公司"填列。

上市股份有限公司还应选择填报股票类别及其股票代码。多地上市企业的股票类别和股票代码均须分别填列，股票代码以";"作为分隔符。（如果只在境外发行股票，则该代码填"000000"。）

8. 审计方式：指企业年度财务决算报表具体审计方式，包括：0 未经审计，1 社会中介机构审计，2 内部审计机构审计。

9. 审计意见类型：指注册会计师或内部审计机构对企业年度财务决算报表出具的审计报告意见类型，具体包括：1 标准无保留意见，2 非标准无保留意见，3 保留意见，4 否定意见，5 无法表示意见。非标准无保留意见是指带强调事项段和其他事项段的无保留意见。

10. 设立年份：指企业（单位）工商注册登记或批准成立的具体年份。

11. 上年企业代码：由本企业上一年度填报本套报表时，录入的"组织机构代码—本企业代码"和上年"报表类型码"共19位码组成。如为新报单位，此代码不填。

12. 上报因素：反映企业连续上报情况，或以前年度未填报企业财务决算报表、从本年度起纳入企业财务决算报表填报范围的新报原因。具体标识含义如下：

（1）0 连续上报：指上年度填报企业财务决算报表的企业（单位）。

（2）1 新投资设立：指本年新投资注册设立并正式营业的企业（不含竣工移交、新设合并、分立）。

（3）2 竣工移交：指建设项目竣工后从基本建设单位转为生产经营的企业。

（4）3 新设合并：指两个或两个以上企业（单位）合并成一个新企业（单位），原企业（单位）均不再具有法人资格。

（5）4 分立：指经批准由企业分立而成立的新企业（单位）。

（6）5 上年应报未报：指上年漏报或因客观原因未填报本报表，从本年度起按规定单独报送的企业（单位）。

（7）6 划转：指因管理体制改革、组织形式调整和资产重组等原因引起的整建制划入而新增且上年未作单户填报企业财务决算报表的企业（单位）。

（8）7 收购：指因购入而新增的上年未作单户填报本报表的企业（单位）。

（9）9 其他：指上述各项原因中未包括的上报原因。

13. 报表类型码：指企业根据实际情况选择的报表类型码，具体包括：
0 单户表，1 集团差额表，2 金融子企业表，3 境外子企业表，4 事业并企业表，5 基建并企业表，9 集团合并表。境外金融企业应选择"2 金融子企业表"填列。

14. 执行会计准则情况代码：根据企业目前所执行会计核算制度的实际情况填列。具体代码为：企业会计准则——00，企业会计制度——13，小企业会计准则——14，其他——99。同时，报表类型码为"0""2""3""4"或"5"的企业，还应根据实际情况，勾选"执行新收入准则""执行新金融工具准则""执行新租赁准则"选项。

15. 混合所有制企业：指本企业资本构成含有非公成分。非公成分包括除公司职工之外的自然人、私营企业或民营企业、外资企业、投资基金等。

16. 员工持股企业：指存在本企业职工持有本企业股权情况的企业。

17. 文化企业：财政部文化司履行出资人职能的文化企业选"1 是"，其他单位选"2 否"。

18. 备用码：根据实际需要可自行规定填报内容。

注：若企业为连续上报单位，则"统一社会信用代码""隶属关系""所在地区""所属行业码""经营规模""经济类型""组织形式""设立年份""报表类型码"等信息应与上年衔接。

四、资产负债表［企财01表］

（一）编制方法

1. 表内"期末余额"指标以企业年终财务决算有关指标填列。

2. 表内"期初余额"指标根据企业上年度财务决算中资产负债表的"期末余额"结合本年度调整数填列。已执行新租赁准则、新金融工具准则或新收入准则的企业，需将上年度财务决算中资产负债表的"期末余额"按照新准则规定转化后，结合本年度调整数填列。

3. 表内"△结算备付金""△拆出资金""△应收保费""△应收分保账款""△应收分保合同准备金""△买入返售金融资产""△发放贷款和垫款""△向中央银行借款""△拆入资金""△卖出回购金融资产款""△吸收存款及同业存放""△代理买卖证券款""△代理承销证券款""△应付手续费及佣金""△应付分保账款""△保险合同准备金""△一般风险准备"等指标仅由金融企业填列。

4. 表内"☆合同资产"和"☆合同负债"指标仅由执行新收入准则的企业填列。

5. 表内"☆交易性金融资产""☆应收款项融资""☆债权投资""☆其他债权投资""☆其他权益工具投资""☆其他非流动金融资产""☆交易性金融负债"指标仅由执行新金融工具准则的企业填列。

6. 表内"☆使用权资产""☆租赁负债"指标仅由执行新租赁准则的企业填列。

7. 表内"以公允价值计量且其变动计入当期损益的金融资产""可供出售金融资产""持有至到期投资""以公允价值计量且其变动计入当期损益的金融负债"指标，执行新金融工具准则的企业不需填列。

8. 表内"＊少数股东权益"由集团型企业在编制合并财务报表时填列。

9. 企业应依据本编制说明要求填列表中各项指标，编制说明中未作解释的内容以企业目前所执行的会计核算制度为依据填报。

（二）表内有关指标解释

1. △结算备付金：反映企业为证券交易的资金清算与交收而存入指定清算代理机构的款项，应根据"结算备付金"科目的期末余额填列。仅由金融企业填报。

2. △拆出资金：反映企业拆借给境内、境外其他金融机构的款项，应根据"拆出资金"科目的期末余额，减去"贷款损失准备"科目所属相关明细科目期末余额后的金额分析计算填列。仅由金融企业填报。

3. ☆交易性金融资产：反映资产负债表日企业分类为以公允价值计量且其变动计入当期损益的金融资产，以及企业持有的直接指定为以公允价值计量且其变动计入当期损益的金融资产的期末账面价值。该项目应根据"交易性金融资产"科目的相关明细科目期末余额分析填列。自资产负债表日起超过一年到期且预期持有超过一年的以公允价值计量且其变动计入当期损益的非流动金融资产的期末账面价值，在"其他非流动金融资产"项目反映。执行新金融工具准则企业填列。

4. 以公允价值计量且其变动计入当期损益的金融资产：反映企业持有的以公允价值计量，且其变动计入当期损益的以交易为目的的债券投资、股票投资、基金投资、权证投资等金融资产。未执行新金融工具准则企业填列。

5. 衍生金融资产：反映企业衍生工具形成资产的期末余额。

6. 应收票据：反映资产负债表日以摊余成本计量的、企业因销售商品、提供服务等收到的商业汇票，包括银行承兑汇票和商业承兑汇票，应根据"应收票据"科目的期末余额，减去"坏账准备"科目中相关坏账准备期末余额后的金额填列。

7. 应收账款：反映资产负债表日以摊余成本计量的、企业因销售商品、提供服务等经营活动应收取的款项，应根据"应收账款"科目的期末余额，减去"坏账准备"科目中相关坏账准备期末余额后的金额分析填列。

8. ☆应收款项融资：反映资产负债表日以公允价值计量且其变动计入其他综合收益的应收票据和应收账款等。执行新金融工具准则企业填列。

9. △应收保费：反映按照原保险合同约定应向投保人收取的保费，应根据期末余额减去"坏账准备"科目中有关坏账准备期末余额后的净额填列。仅由金融企业填报。

10. △应收分保账款：反映企业从事再保险业务应收取的款项，应根据期末余额减去"坏账准备"科目中有关坏账准备期末余额后的净额填列。仅由金融企业填报。

11. △应收分保合同准备金：反映再保险分出人从事再保险业务确认的应收分保未到期责任准备金以及应向再保险接受人摊回的保险责任准备金，应根据期末余额减去"坏账准备"科目中有关坏账准备期末余额后的净额填列。仅由金融企业填报。

12. 其他应收款：应根据"应收利息""应收股利"和"其他应收款"科目的期末余额合计数，减去"坏账准备"科目中相关坏账准备期末余额后的金额填列。其中的"应收利息"仅反映相关金融工具已到期可收取但于资产负债表日尚未收到的利息。基于实际利率法计提的金融工具的利息应包含在相应金融工具的账面余额中。应收股利单独列示。

13. △买入返售金融资产：反映按照返售协议约定先买入再按固定价格返售的票据、证券、贷款等金融资产所融出资金，应根据"买入返售金融资产"科目的期末余额减去"坏账准备"科目所属相关明细科目的期末余额填列。仅由金融企业填报。

14. 存货：企业应根据存货相关科目的期末余额合计，减去"存货跌价准备"或"商品削价准备""代销商品款"科目的期末余额后的净额填列。

15. ☆合同资产：应根据"合同资产"科目的相关明细科目期末余额分析填列，同一合同下的合同资产应当以净额列示，其中净额为借方余额的，应根据其流动性在"合同资产"或"其他非流动资产"项目中填列，已计提减值准备的，还应减去"合同资产减值准备"科目中相关的期末余额后的金额填列。执行新收入准则企业填列。

按照《企业会计准则第14号——收入》的相关规定确认为资产的合同取得成本，应根据"合同取得成本"科目的明细科目初始确认时摊销期限是否超过一年或一个正常营业周期，在"其他流动资产"或"其他非流动资产"项目中填列，已计提减值准备的，还应减去"合同取得成本减值准备"科目中相关的期末余额后的金额填列。

按照《企业会计准则第14号——收入》的相关规定确认为资产的合同履约成本，应根据"合同履约成本"科目的明细科目初始确认时摊销期限是否超过一年或一个正常营业周期，在"存货"或"其他非流动资产"项目中填列，已计提减值准备的，还应减去"合同履约成本减值准备"科目中相关的期末余额后的金额填列。

按照《企业会计准则第14号——收入》的相关规定确认为资产的应收退货成本，应根据"应收退货成本"科目是否在一年或一个正常营业周期内出售，在"其他流动资产"或"其他非流动资产"项目中填列。

16. 持有待售资产：反映企业资产负债表日划分为持有待售类别的非流动资产及划分为持有待售类别的处置组中的流动资产和非流动资产的期末账面价值。该项目应根据"持有待售资产"科目的期末余额，减去"持有待售资产减值准备"科目的期末余额后的金额填列。

17. 一年内到期的非流动资产:反映企业将于一年内到期的非流动资产项目净额,本项目应根据有关科目的期末净额填列。对于按照相关会计准则采用折旧(或摊销、折耗)方法进行后续计量的固定资产、无形资产和长期待摊费用等非流动资产,折旧(或摊销、折耗)年限(或期限)只剩一年或不足一年的,或预计在一年内(含一年)进行折旧(或摊销、折耗)的部分,不得归类为流动资产,仍在各该非流动资产项目中填列,不转入"一年内到期的非流动资产"项目。

18. 其他流动资产:反映企业除货币资金、交易性金融资产、应收票据、应收账款、存货等流动资产以外的其他流动资产。

19. △发放贷款和垫款:反映企业发放的贷款和贴现资产扣减贷款损失准备期末余额后的金额,应根据"贷款""贴现资产"等科目的期末借方余额合计,减去"贷款损失准备"科目所属明细科目期末余额后的净额分析填列。仅由金融企业填报。

20. ☆债权投资:反映资产负债表日企业分类为以摊余成本计量的长期债权投资的期末账面价值。该项目应根据"债权投资"科目的相关明细科目期末余额,减去"债权投资减值准备"科目中相关减值准备的期末余额后的金额分析填列。自资产负债表日起一年内到期的长期债权投资的期末账面价值,在"一年内到期的非流动资产"项目反映。企业购入的以摊余成本计量的一年内到期的债权投资的期末账面价值,在"其他流动资产"项目反映。执行新金融工具准则企业填列。

21. 可供出售金融资产:反映企业持有的以公允价值计量的可供出售的股票投资、债券投资以及不具有控制、共同控制和重大影响的股权投资等金融资产,应根据"可供出售金融资产"科目的期末余额,减去"可供出售金融资产减值准备"科目期末余额后的净额填列。未执行新金融工具准则企业填列。

22. ☆其他债权投资:反映资产负债表日企业分类为以公允价值计量且其变动计入其他综合收益的长期债权投资的期末账面价值。该项目应根据"其他债权投资"科目的相关明细科目期末余额分析填列。自资产负债表日起一年内到期的长期债权投资的期末账面价值,在"一年内到期的非流动资产"项目反映。企业购入的以公允价值计量且其变动计入其他综合收益的一年内到期的债权投资的期末账面价值,在"其他流动资产"项目反映。执行新金融工具准则企业填列。

23. 持有至到期投资:反映企业持有至到期日投资的摊余成本,即到期日固定、回收金额固定或可确定,且企业有明确意图和能力持有至到期的非衍生金融资产的摊余成本,应根据"持有至到期投资"科目的期末余额,减去"持有至到期投资减值准备"科目余额后的净额填列。未执行新金融工具准则企业填列。

24. 长期应收款:企业应根据"长期应收款"科目的期末余额,减去相应的"未实现融资收益"科目和"坏账准备"科目所属相关科目期末余额后的净额填列。

25. 长期股权投资:企业应根据"长期股权投资"科目账面余额,减去相应"长期股权投资减值准备"科目期末余额后的净额填列。

26. ☆其他权益工具投资:反映资产负债表日企业指定为以公允价值计量且其变动计入其他综合收益的非交易性权益工具投资的期末账面价值。该项目应根据"其他权益工具投资"科目的期末余额填列。执行新金融工具准则企业填列。

27. ☆其他非流动金融资产:反映自资产负债表日起超过一年到期且预期持有超过一年的以公允价值计量且其变动计入当期损益的非流动金融资产的期末账面价值,应根据"交易性金融资产"科目的相关明细科目期末余额分析填列。执行新金融工具准则企业填列。

28. 投资性房地产:反映企业持有的投资性房地产。采用成本模式计量投资性房地产的,应根据"投资性房地产"科目的期末余额,减去"投资性房地产累计折旧(摊销)"和"投资性房地产减值准备"科目期末余额后的净额填列;采用公允价值模式计量投资性房地产的,应根据"投资性房地产"科目的期末余额填列。

29. 固定资产:反映资产负债表日企业固定资产的期末账面价值和企业尚未清理完毕的固定资产清理净损益,应根据"固定资产"科目的期末余额,减去"累计折旧"和"固定资产减值准备"科目的期末余额后的金额,加上"固定资产清理"科目的期末余额填列。其中:"固定资产原价""累计折旧""固定资产减值准备"单独列示。

30. 在建工程：反映资产负债表日企业尚未达到预定可使用状态的在建工程的期末账面价值和企业为在建工程准备的各种物资的期末账面价值。该项目应根据"在建工程"科目的期末余额，减去"在建工程减值准备"科目的期末余额后的金额，以及"工程物资"科目的期末余额，减去"工程物资减值准备"科目的期末余额后的金额填列。

31. 生产性生物资产：反映企业持有的为产出农产品、提供劳务或出租等目的而持有的生物资产，应根据"生产性生物资产"科目的期末余额，减去"生产性生物资产累计折旧"和"生产性生物资产减值准备"科目期末余额后的净额填列。

32. 油气资产：反映企业持有的矿区权益和油气井及相关设施的原价减去累计折耗和累计减值准备后的净额，应根据"油气资产"科目期末余额，减去"累计折耗"科目期末余额和相应减值准备后的净额填列。

33. ☆使用权资产：反映资产负债表日承租人企业持有的使用权资产的期末账面价值。该项目应根据"使用权资产"科目的期末余额，减去"使用权资产累计折旧"和"使用权资产减值准备"科目的期末余额后的金额填列。执行新租赁准则企业填列。

34. 无形资产：反映企业持有无形资产的账面价值，包括专利权、非专利技术、商标权、著作权、土地使用权等，应根据"无形资产"科目的期末余额，减去相应的"无形资产减值准备""累计摊销"科目期末余额后的净额填列。

35. 开发支出：反映企业开发无形资产过程中能够资本化形成无形资产成本的支出部分，应根据"研发支出"科目中所属的"资本化支出"明细科目期末余额填列。

36. 商誉：反映企业合并中形成商誉的价值，应根据"商誉"科目期末余额，减去相应减值准备后的净额填列。

37. 长期待摊费用：反映企业已经发生但应由本期和以后各期负担的分摊期限在一年以上的各项费用，应根据"长期待摊费用"科目的期末余额减去将于一年内（含一年）摊销的数额后的余额填列。

38. 递延所得税资产：反映企业确认的可抵扣暂时性差异产生的递延所得税资产，应根据"递延所得税资产"科目期末余额填列。

39. 其他非流动资产：反映企业除以上资产以外的其他长期资产。其中，特准储备物资主要反映企业按照国家和上级规定储备的用于防汛、战备等特定用途的物资年末结存成本，应单独列示。

40. △向中央银行借款：反映企业向中国人民银行借入的款项，应根据"向中央银行借款"科目的期末余额填列。仅由金融企业填报。

41. △拆入资金：反映企业从境内、境外金融机构拆入的款项，应根据"拆入资金"科目的期末余额填列。仅由金融企业填报。

42. ☆交易性金融负债：反映资产负债表日企业承担的交易性金融负债，以及企业持有的直接指定为以公允价值计量且其变动计入当期损益的金融负债的期末账面价值。该项目应根据"交易性金融负债"科目的相关明细科目期末余额填列。执行新金融工具准则企业填列。

43. 以公允价值计量且其变动计入当期损益的金融负债：反映企业承担的以公允价值计量且其变动计入当期损益的以交易为目的所持有的金融负债。未执行新金融工具准则企业填列。

44. 衍生金融负债：反映企业衍生工具形成负债的期末余额。

45. 应付票据：反映资产负债表日以摊余成本计量的、企业因购买材料、商品和接受服务等开出、承兑的商业汇票，包括银行承兑汇票和商业承兑汇票。该项目应根据"应付票据"科目的期末余额填列。

46. 应付账款：反映资产负债表日以摊余成本计量的、企业因购买材料、商品和接受服务等经营活动应支付的款项。该项目应根据"应付账款"和"预付账款"科目所属的相关明细科目的期末贷方余额合计数填列。

47. ☆合同负债：应根据"合同负债"科目的相关明细科目期末余额分析填列，同一合同下的合同负债应当以净额列示，其中净额为贷方余额的，应根据其流动性在"合同负债"或"其他非流动负债"项目中填列。执行新收入准则企业填列。

按照《企业会计准则第14号——收入》的相关规定确认为预计负债的应付退货款，应根据"预计负债"科目下的"应付退货款"明细科目是否在一年或一个正常营业周期内清偿,在"其他流动负债"或"预计负债"项目中填列。

48. △卖出回购金融资产款:反映企业按照回购协议先卖出再按固定价格买入的票据、证券、贷款等金融资产所融入的资金,应根据"卖出回购金融资产款"科目的期末余额填列。仅由金融企业填报。

49. △吸收存款及同业存放:反映企业吸收的各种存款和境内、境外金融机构的存款,应根据"同业存放""吸收存款"等科目的期末余额填列。仅由金融企业填报。

50. △代理买卖证券款:反映企业接受客户委托,代理客户买卖股票、债券和基金等有价证券而收到的款项,应根据"代理买卖证券款"科目的期末贷方余额填列。仅由金融企业填报。

51. △代理承销证券款:反映企业接受委托,采用承购包销方式或代销方式承销证券所形成的、应付证券发行人的承销资金,应根据"代理承销证券款"科目的期末贷方余额填列。仅由金融企业填报。

52. 应付职工薪酬:反映企业根据有关规定应付给职工的工资、职工福利、社会保险费、住房公积金、工会经费、职工教育经费、非货币性福利、辞退福利等各种薪酬,应根据"应付职工薪酬"科目的期末余额填列。其中:应付工资和应付福利费应单独列示。外商投资企业按规定从净利润中提取的职工奖励及福利基金,应在"应付福利费"项下单独列示。

53. 应交税费:反映企业按照税法规定计算应缴纳的各种税费,包括增值税、消费税、所得税、资源税、土地增值税、城市维护建设税、房产税、土地使用税、车船使用税、教育费附加、矿产资源补偿费等。应根据"应交税费"科目下的"未交增值税""简易计税""转让金融商品应交增值税""代扣代交增值税"等科目贷方余额填列,其中:应交税金应单独列示。应交增值税、未交增值税、待抵扣进项税额、待认证进项税额、增值税留抵税额等明细科目期末借方余额应根据情况,重分类至其他流动资产或其他非流动资产填列;"应交税费——待转销税额"等科目期末贷方余额应根据情况,在其他流动负债或其非流动负债列示。

54. 其他应付款:应根据"应付利息""应付股利"和"其他应付款"科目的期末余额合计数填列。其中的"应付利息"仅反映相关金融工具已到期应支付但于资产负债表日尚未支付的利息。基于实际利率法计提的金融工具的利息应包含在相应金融工具的账面余额中。其中,应付股利单独列示。

55. △应付手续费及佣金:反映企业从事再保险业务应向再保险分出人或再保险接受人支付但尚未支付的款项,应根据相关科目的期末余额填列。仅由金融企业填报。

56. △应付分保账款:反映从事再保险业务应付未付的款项,应根据"应付分保账款"科目期末贷方余额填列。仅由金融企业填报。

57. 持有待售负债:反映资产负债表日处置组中与划分为持有待售类别的资产直接相关的负债的期末账面价值。该项目应根据"持有待售负债"科目的期末余额填列。

58. 其他流动负债:反映除短期借款、交易性金融负债、以公允价值计量且其变动计入当期损益的金融负债、应付票据及应付账款、预收账款、应付职工薪酬、应交税费、其他应付款、一年内到期的非流动负债项目以外的流动负债。短期融资券和超短期融资券应在本项目反映。

59. △保险合同准备金:反映企业提取的保险合同准备金,企业应根据"未到期责任准备金""未决赔款准备金"科目期末贷方余额填列。仅由金融企业填报。

60. ☆租赁负债:反映资产负债表日承租人企业尚未支付的租赁付款额的期末账面价值。该项目应根据"租赁负债"科目的期末余额填列。自资产负债表日起一年内到期应予以清偿的租赁负债的期末账面价值,在"一年内到期的非流动负债"项目反映。执行新租赁准则企业填列。

61. 长期应付款:反映资产负债表日企业除长期借款和应付债券以外的其他各种长期应付款项的期末账面价值,企业应根据"长期应付款"科目余额,减去"未确认融资费用"科目期末余额后的金额,以及"专项应付款"科目的期末余额填列。

62. 长期应付职工薪酬:反映企业辞退福利中将于资产负债表日起十二个月之后支付的部分、离职后福利中设定受益计划净负债、其他长期职工福利中符合设定受益计划条件的净负债。

63. 预计负债:反映企业各项预计的负债,包括对外提供担保、商业承兑票据贴现、未决诉讼、产品质量保证、重组义务、亏损合同、应付退货款等,应根据"预计负债"科目期末余额填列。

64. 递延收益：反映企业应在以后期间确认的收入或收益，包括尚待确认的政府补助、劳务收入和未实现融资收益等。其中：摊销期限只剩一年或不足一年的，或预计在一年内（含一年）进行摊销的部分，不得归类为流动负债，仍在该项目中填列，不转入"一年内到期的非流动负债"项目。

65. 递延所得税负债：反映企业确认的应纳税暂时性差异产生的递延所得税负债，应根据"递延所得税负债"科目期末余额填列。

66. 特准储备基金：反映国家拨给企业的特准储备基金的余额。

67. 实收资本（或股本）：反映企业各投资者实际投入的资本（或股本）总额。其中：中外合作经营企业"实收资本净额"按"实收资本"扣除"已归还投资"后的余额填列。

（1）国家资本：指有权代表国家投资的政府部门或机构、直属事业单位对企业投资形成的资本金。

（2）国有法人资本：指具有独立法人地位的国有企业（单位）或国有独资、控股、控制公司对企业投资形成的资本金。

（3）集体资本：指由本企业职工等自然人集体投资或各种机构对企业进行扶持形成的集体性质的资本金，以及具有独立法人地位的集体企业对企业投资形成的资本金。

（4）民营资本：指除国有资本、集体资本、外商资本以外的其他资本。

（5）外商资本：指外国和我国香港、澳门及台湾地区投资者实际投入企业的资本金。

68. #已归还投资：反映中外合作经营企业按合同规定在合作期间归还投资者的投资。本项目应根据"已归还投资"科目的期末借方余额填列。非中外合作经营企业不填。

69. 其他权益工具：反映资产负债表日企业发行在外的除普通股以外分类为权益工具的金融工具的期末账面价值。对于资产负债表日企业发行的金融工具，分类为金融负债的，应在"应付债券"项目填列，对于优先股和永续债，还应在"应付债券"项目下的"优先股"项目和"永续债"项目分别填列；分类为权益工具的，应在"其他权益工具"项目填列，对于优先股和永续债，还应在"其他权益工具"项目下的"优先股"项目和"永续债"项目分别填列。

70. 库存股：反映企业持有尚未转让或注销的本企业股份金额，应根据"库存股"科目期末余额分析填列。

71. 其他综合收益：反映企业未在当期损益中确认的各项利得和损失，应根据"其他综合收益"科目期末余额分析填列。其中：外币报表折算差额反映企业将外币表示的资产负债表折算成记账本位币表示的资产负债表时，由于报表项目采用不同的折算汇率所产生的差额，应单独示。

72. 专项储备：反映高危行业企业按照国家规定提取的安全生产费的期末账面价值，该项目应根据"专项储备"科目的期末余额填列。

73. 盈余公积：反映企业盈余公积的期末余额。本项目应根据"盈余公积"科目的期末余额填列。其中，"法定盈余公积"反映企业按照规定的比例从净利润中提取的盈余公积；"任意盈余公积"反映企业经股东大会或类似机构批准按照规定的比例从净利润中提取的盈余公积。"储备基金"反映外商投资企业按照法律、行政法规规定从净利润中提取的、经批准用于弥补亏损和增加资本的储备基金；"企业发展基金"反映外商投资企业按照法律、行政法规规定从净利润中提取的、用于企业生产发展和经批准用于增加资本的企业发展基金；"利润归还投资"反映中外合作经营企业按照规定在合作期间以利润归还投资者的投资。

74. △一般风险准备：反映企业按规定从净利润中提取的一般风险准备。仅由金融企业填报。

75. 未分配利润：反映尚未分配的利润，未弥补的亏损在本项目内以"－"号填列。

76. *少数股东权益：反映编制合并报表时，除母公司以外的其他投资者在子公司中拥有的权益数额。

（三）执行《企业会计准则》金融企业报表项目对照表

行次	金融企业报表项目	企业财务会计决算报表项目
1	现金及存放中央银行款项	货币资金
2	货币资金	货币资金

续表

行次	金融企业报表项目	企业财务会计决算报表项目
3	结算备付金	△结算备付金
4	存放同业款项	△拆出资金
5	贵金属	其他流动资产
6	拆出资金	△拆出资金
7	融出资金	△拆出资金
8	衍生金融资产	衍生金融资产
9	存出保证金	其他流动资产
10	应收款项	应收票据 应收账款 应收款项融资
11	合同资产	合同资产
12	应收保费	△应收保费
13	应收代位追偿款	其他流动资产
14	应收分保账款	△应收分保账款
15	应收分保未到期责任准备金	△应收分保合同准备金
16	应收分保未决赔款准备金	△应收分保合同准备金
17	应收分保寿险责任准备金	△应收分保合同准备金
18	应收分保长期健康险责任准备金	△应收分保合同准备金
19	保户质押贷款（期限在一年以内的部分）	一年内到期的非流动资产
20	保户质押贷款（期限在一年以上的部分）	其他非流动资产
21	买入返售金融资产	△买入返售金融资产
22	持有待售资产	持有待售资产
23	发放贷款及垫款（期限在一年以内的部分）	一年内到期的非流动资产
24	发放贷款及垫款（期限在一年以上的部分）	△发放贷款及垫款
25	交易性金融资产	交易性金融资产、以公允价值计量且其变动计入当期损益的金融资产、其他非流动金融资产
26	债权投资	债权投资
27	其他债权投资	其他债权投资
28	其他权益工具投资	其他权益工具投资
29	可供出售金融资产	可供出售金融资产、持有至到期投资、其他债权投资、其他权益工具投资、交易性金融资产
30	持有至到期投资	持有至到期投资、债权投资
31	长期股权投资	长期股权投资
32	存出资本保证金	其他非流动资产
33	投资性房地产	投资性房地产
34	固定资产	固定资产

续表

行次	金融企业报表项目	企业财务会计决算报表项目
35	在建工程	在建工程
36	无形资产	无形资产
37	独立账户资产	其他非流动资产
38	递延所得税资产	递延所得税资产
39	其他资产（属于流动资产的部分）	其他流动资产
40	其他资产（属于非流动资产的部分）	其他非流动资产
41	短期借款	短期借款
42	向中央银行借款	△向中央银行借款
43	应付短期融资款	短期借款
44	同业及其他金融机构存放款项	△吸收存款及同业存放
45	拆入资金	△拆入资金
46	交易性金融负债	交易性金融负债、以公允价值计量且其变动计入当期损益的金融负债
47	衍生金融负债	衍生金融负债
48	卖出回购金融资产款	△卖出回购金融资产款
49	吸收存款	△吸收存款及同业存放
50	代理买卖证券款	△代理买卖证券款
51	代理承销证券款	△代理承销证券款
52	预收保费	预收账款
53	应付手续费及佣金	应付手续费及佣金
54	应付分保账款	应付分保账款
55	应付职工薪酬	应付职工薪酬
56	应交税费	应交税费
57	应付款项	应付账款 应付票据
58	合同负债	合同负债
59	持有待售负债	持有待售负债
60	应付赔付款	应付账款
61	应付保单红利	其他应付款
62	保户储金及投资款	其他流动负债
63	未到期责任准备金	△保险合同准备金
64	未决赔款准备金	△保险合同准备金
65	寿险责任准备金	△保险合同准备金
66	长期健康险责任准备金	△保险合同准备金
67	预计负债	预计负债
68	长期借款	长期借款

续表

行次	金融企业报表项目	企业财务会计决算报表项目
69	应付债券	应付债券
70	独立账户负债	其他非流动负债
71	递延所得税负债	递延所得税负债
72	其他负债（偿还期限在一年以内的部分）	一年内到期的非流动负债
73	其他负债（偿还期限在一年以上的部分）	其他非流动负债
74	实收资本	实收资本（或股本）
75	其他权益工具	其他权益工具
76	资本公积	资本公积
77	库存股	库存股
78	其他综合收益	其他综合收益
79	盈余公积	盈余公积
80	一般风险准备	△一般风险准备
81	未分配利润	未分配利润

（四）表内公式

15 行≥16 行；18 行≥(19+20) 行（合理性）；25 行 = (2+3+4+5+6+7+8+9+10+11+12+13+14+15+17+18+21+22+23+24) 行；50 行≥51 行；52 行 = (27+28+29+30+31+32+33+34+35+36+37+41+42+43+44+45+46+47+48+49+50) 行；74 行 = (25+52) 行；90 行≥(91+92) 行；92 行≥93 行；94 行≥95 行≥0（合理性）；96 行≥97 行；103 行 = (76+77+78+79+80+81+82+83+84+85+86+87+88+89+90+94+96+98+99+100+101+102) 行；107 行≥(108+109) 行；116 行≥117 行；118 行 = (105+106+107+110+111+112+113+114+115+116) 行；119 行 = (103+118) 行；121 行 = (122+123+124+125+126) 行；128 行 = (121-127) 行；129 行≥(130+131) 行；137 行≥(138+139+140+141+142) 行；145 行 = (128+129+132-133+134+136+137+143+144) 行；147 行 = (145+146) 行；148 行 = (119+147) 行；148 行 = 74 行；若封面"组织形式"为 11 或 21 且"报表类型码"为 0 或 2 或 3 或 4 或 5，则 121 行期末余额 = 122 行期末余额；若封面"组织形式"为 15 且"报表类型码"为 0 或 2 或 3 或 4 或 5，则 121 行期末余额 = 123 行期末余额；若封面"上报因素"为 0 或 5 或 6 或 7 或 9，则 74 行期初余额 > 0（合理性）；若封面"报表类型码"为 0 或 2 或 3 或 4 或 5，则 146 行 = 0（合理性）；若封面"报表类型码"为 0 或 3 或 4 或 5，则 3 行 = 0、4 行 = 0、12 行 = 0、13 行 = 0、14 行 = 0、17 行 = 0、27 行 = 0、77 行 = 0、78 行 = 0、86 行 = 0、87 行 = 0、88 行 = 0、89 行 = 0、98 行 = 0、99 行 = 0、105 行 = 0、143 行 = 0；若封面"报表类型码"为 0 或 2 或 3 或 4 或 5，且封面"执行新准则"中是否执行新收入准则为 2，则 21 行 = 0、85 行 = 0；若封面"报表类型码"为 0 或 2 或 3 或 4 或 5，且封面"执行新准则"中是否执行新金融工具准则为 2，则 5 行 = 0、10 行 = 0、28 行 = 0、30 行 = 0、34 行 = 0、35 行 = 0、79 行 = 0；若封面"报表类型码"为 0 或 2 或 3 或 4 或 5，且封面"执行新准则"中是否执行新租赁准则为 2，则 44 行 = 0、110 行 = 0；若封面"报表类型码"为 0 或 2 或 3 或 4 或 5，且封面"执行新准则"中是否执行新金融工具准则为 1，则 6 行 = 0、29 行 = 0、31 行 = 0、80 行 = 0。

五、利润表［企财02表］

（一）编制方法

1. 本表反映企业在一年或一个会计期间内的经营成果。企业应根据损益类账户及其有关明细账户的上年累计实际发生数和本年累计实际发生数分析填列。如果上年度利润表与本年度该表的项目名称和内容不相一致，应按本年度口径调整后填列。

2. 表内"△利息收入""△已赚保费""△手续费及佣金收入""△利息支出""△手续费及佣金支出""△退保金""△赔付支出净额""△提取保险责任准备金净额""△保单红利支出""△分保费用""△汇兑收益"等指标仅由金融企业填列。

3. 表内"＊少数股东损益""＊归属于少数股东的其他综合收益的税后净额"和"＊归属于少数股东的综合收益总额"仅由编制合并财务报表的集团企业填报。

4. 表内"☆信用减值损失""☆净敞口套期收益""☆其他权益工具投资公允价值变动""☆企业自身信用风险公允价值变动""☆其他债权投资公允价值变动""☆金融资产重分类计入其他综合收益的金额""☆其他债权投资信用减值准备""☆以摊余成本计量的金融资产终止确认收益"指标仅由执行新金融工具准则的企业填列。

5. 企业应依据本编制说明要求和相关项目填列表中各项指标，编制说明中未作解释的内容以目前企业所执行的会计核算制度为依据。

（二）表内有关指标解释

1. 营业总收入：包括营业收入、△利息收入、已赚保费和△手续费及佣金收入四部分内容。

2. 营业收入：反映企业经营主要业务和其他业务所确认的收入总额，应根据"主营业务收入"和"其他业务收入"科目的发生额分析填列。

3. △利息收入：反映企业经营贷款业务等确认的利息收入，应根据"利息收入"科目的发生额分析填列。仅由金融企业填报。

4. △已赚保费：反映"保险业务收入"项目金额减去"分出保费""提取未到期责任准备金"项目金额后的余额。仅由金融企业填报。

5. △手续费及佣金收入：反映企业确认的包括办理结算业务等在内的手续费、佣金收入，应根据"手续费及佣金收入"等科目的发生额分析填列。仅由金融企业填报。

6. 营业总成本：包括营业成本、△利息支出、△手续费及佣金支出、△退保金、△赔付支出净额、△提取保险责任准备金净额、△保单红利支出、△分保费用、税金及附加、销售费用、管理费用、研发费用、财务费用和其他共十四部分内容。

7. 营业成本：反映企业经营主要业务和其他业务所确认的成本总额，应根据"主营业务成本"和"其他业务成本"科目的发生额分析填列。

8. △利息支出：反映企业经营存款业务等确认的利息支出，应根据"利息支出"科目的发生额分析填列。仅由金融企业填报。

9. △手续费及佣金支出：反映企业确认的包括办理结算业务等在内发生的手续费、佣金支出，应根据"手续费及佣金支出"等科目的发生额分析填列。仅由金融企业填报。

10. △退保金：反映企业寿险原保险合同提前解除时按照约定退还投保人的保单现金价值，应根据"退保金"科目的发生额分析填列。仅由金融企业填报。

11. △赔付支出净额：反映企业支付的原保险合同赔付款项和再保险合同赔付款项。仅由金融企业填报。

12. △提取保险责任准备金净额：反映企业提取的保险责任准备金，包括未决赔款准备金、寿险责任准备金、长期健康险责任准备金，应根据"提取保险责任准备金"科目的发生额分析填列。仅由金融企业填报。

13. △保单红利支出：反映企业按原保险合同约定支付给投保人的红利。仅由金融企业填报。

14. △分保费用：反映企业从事再保险业务支付的分保费用，依据"分保费用"扣减"摊回分保费用"的净额填列。仅由金融企业填报。

15. 税金及附加：反映企业经营活动发生的消费税、城市维护建设税、资源税、教育费附加及房产税、土地使用税、车船使用税、印花税等相关税费，应根据"税金及附加"科目的发生额填列。

16. 销售费用：反映企业在销售过程中发生的包装费、广告费等相关费用，以及专设销售机构的职工薪酬、业务费等经营费用，应根据"销售费用"科目的发生额分析填列。

17. 研发费用：反映企业进行研究与开发过程中发生的费用化支出，以及计入管理费用的自行开发无形资产的摊销。该项目应根据"管理费用"科目下的"研究费用"明细科目的发生额，以及"管理费用"科目下的"无形资产摊销"明细科目的发生额分析填列。

18. 财务费用：反映企业为筹集生产经营所需资金等发生的费用，其中：利息费用、利息收入、汇兑净损失项目需单独列示，"利息费用""利息收入""汇兑净损失"项目均以正数填列。其中，"利息费用"反映企业为筹集生产经营所需资金而发生的应予费用化的利息支出；"汇兑净损失"科目反映企业外币货币性项目因汇率变动形成的损失，若为汇兑净收益，则在"汇兑净损失"以负数列示。

19. 其他：反映石油石化企业勘探费用。

20. 其他收益：反映计入其他收益的政府补助，以及其他与日常活动相关且计入其他收益的项目。该项目应根据"其他收益"科目的发生额分析填列。企业作为个人所得税的扣缴义务人，根据《中华人民共和国个人所得税法》收到的扣缴税款手续费，应作为其他与日常活动相关的收益在该项目中填列。

21. 投资收益：反映企业以各种方式对外投资所取得的收益，应根据"投资收益"科目的发生额分析填列；如为投资损失以"-"号填列。其中，"对联营企业和合营企业的投资收益"和"☆以摊余成本计量的金融资产终止确认收益"单独列示。

"☆以摊余成本计量的金融资产终止确认收益"项目，反映企业因转让等情形导致终止确认以摊余成本计量的金融资产而产生的利得或损失。该项目应根据"投资收益"科目的相关明细科目的发生额分析填列；如为损失，以"-"号填列。

22. △汇兑收益：反映企业外币货币性项目因汇率变动形成的净收益，应根据"汇兑损益"科目的发生额分析填列；如为净损失以"-"号填列。仅由金融企业填列。

23. ☆净敞口套期收益：反映净敞口套期下被套期项目累计公允价值变动转入当期损益的金额或现金流量套期储备转入当期损益的金额，应根据"净敞口套期收益"科目发生额分析填列；如为套期损失，以"-"号填列。

24. 公允价值变动收益：反映企业应当计入当期损益的资产或负债公允价值变动收益，应根据"公允价值变动损益"科目发生额分析填列；如为净损失以"-"号填列。

25. ☆信用减值损失：反映企业按照《企业会计准则第22号——金融工具确认和计量》（财会〔2017〕7号）的要求计提的各项金融工具减值准备所形成的预期信用损失，应根据"信用减值损失"科目发生额分析填列；如为减值损失，以"-"号填列。

26. 资产减值损失：反映除按照《企业会计准则第22号——金融工具确认和计量》（财会〔2017〕7号）要求计提的各项预期信用损失外，企业针对其他资产计提减值准备所形成的各项减值损失；如为减值损失，以"-"号填列。

27. 资产处置收益：反映企业出售划分为持有待售的非流动资产（金融工具、长期股权投资和投资性房地产除外）或处置组（子公司和业务除外）时确认的处置利得或损失，以及处置未划分为持有待售的固定资产、在建工程、生产性生物资产及无形资产而产生的处置利得或损失。债务重组中因处置非流动资产产生的利得或损失和非货币性资产交换中换出非流动资产产生的利得或损失也包括在本项目内。本项目应根据"资产处置损益"科目的发生额分析填列；如为处置损失，以"-"号填列。

28. 营业外收入：反映企业发生的除营业利润以外的收益，主要包括与企业日常活动无关的政府补助、盘盈利得、捐赠利得（企业接受股东或股东的子公司直接或间接的捐赠，经济实质属于股东对企业的资本性投入的除外）等。该项目应根据"营业外收入"科目的发生额分析填列。

29. 营业外支出：反映企业发生的除营业利润以外的支出，主要包括公益性捐赠支出、非常损失、盘亏损失、非流动资产毁损报废损失等。该项目应根据"营业外支出"科目的发生额分析填列。"非流动资产毁损报废损失"通常包括因自然灾害发生毁损、已丧失使用功能等原因而报废清理产生的损失。企业在不同交易中形成的非流动资产毁损报废利得和损失不得相互抵销，应分别在"营业外收入"项目和"营业外支出"项目进行填列。

30. 所得税费用：反映企业应从当期利润总额中扣除的所得税费用，包括当期所得税和递延所得税两个部分。

31. 净利润：按归属分，包括归属于母公司所有者的净利润和少数股东损益两部分内容；按经营的持续性分，包括持续经营净利润和终止经营净利润两部分内容。不符合终止经营定义的持有待售的非流动资产或处置组，其减值损失和转回金额及处置损益应当作为持续经营净利润列报。企业终止经营的减值损失和转回金额等经营损益及处置损益应当作为终止经营净利润列报。

32. 其他综合收益的税后净额：反映企业根据企业会计准则规定未在当期损益中确认的各项利得和损失扣除所得税影响后的净额。其中归属于母公司所有者的其他综合收益的税后净额须按照能否重分类进损益单独列示以下项目：

（1）不能重分类进损益的其他综合收益项目，主要包括：重新计量设定受益计划变动额、权益法下不能转损益的其他综合收益、其他权益工具投资公允价值变动、企业自身信用风险公允价值变动。其中：

"☆其他权益工具投资公允价值变动"项目，反映企业指定为以公允价值计量且其变动计入其他综合收益的非交易性权益工具投资发生的公允价值变动；

"☆企业自身信用风险公允价值变动"项目，反映企业指定为以公允价值计量且其变动计入当期损益的金融负债，由企业自身信用风险变动引起的公允价值变动而计入其他综合收益的金额。

（2）将重分类进损益的其他综合收益项目，主要包括：权益法下可重分类进损益的其他综合收益、其他债权投资公允价值变动、可供出售金融资产公允价值变动损益、金融资产重分类计入其他综合收益的金额、持有至到期投资重分类为可供出售金融资产损益、其他债权投资信用减值准备、现金流量套期储备（现金流量套期损益的有效部分）、外币财务报表折算差额。其中：

"☆其他债权投资公允价值变动"项目，反映企业分类为以公允价值计量且其变动计入其他综合收益的债权投资发生的公允价值变动。企业将一项以公允价值计量且其变动计入其他综合收益的金融资产重分类为以摊余成本计量的金融资产，或重分类为以公允价值计量且其变动计入当期损益的金融资产时，之前计入其他综合收益的累计利得或损失从其他综合收益中转出的金额作为该项目的减项。

"可供出售金融资产公允价值变动损益"项目，反映企业可供出售金融资产的公允价值变动形成的利得或损失。

"☆金融资产重分类计入其他综合收益的金额"项目，反映企业将一项以摊余成本计量的金融资产重分类为以公允价值计量且其变动计入其他综合收益的金融资产时，计入其他综合收益的原账面价值与公允价值之间的差额。

"持有至到期投资重分类为可供出售金融资产损益"项目，反映企业持有至到期投资重分类为可供出售金融资产形成的利得和损失。

"☆其他债权投资信用减值准备"项目，反映企业按照《企业会计准则第22号——金融工具确认和计量》（财会〔2017〕7号）第十八条分类为以公允价值计量且其变动计入其他综合收益的金融资产的减值准备。

"现金流量套期储备（现金流量套期损益的有效部分）"项目，反映企业套期工具产生的利得或损失中属于套期有效的部分。

33. 综合收益总额：反映企业在当期除与所有者以其所有者身份进行的交易之外的其他交易或事项所引起的所有者权益变动。综合收益总额项目反映净利润和其他综合收益扣除所得税影响后的净额相加后的合计金额。

34. 每股收益：反映普通股股东每持有一股所能享有的企业利润或承担的亏损，包括基本每股收益和稀释每股收益。仅由普通股或潜在普通股已公开交易的企业，以及正处于公开发行普通股或潜在普通股过程中的企业填列。

基本每股收益：反映股份有限公司仅考虑当期实际发行在外的普通股股份计算的每股收益，按照归属于普通股股东的当期净利润，除以当期实际发行在外普通股的加权平均数计算确定。

稀释每股收益：反映股份有限公司以基本每股收益为基础，假设企业所有发行在外的稀释性潜在普通股均已转换为普通股，从而分别调整归属于普通股股东的当期净利润以及发行在外普通股的加权平均数而计算的每股收益。

(三) 执行《企业会计准则》金融企业报表项目对照表

行次	金融企业报表项目	企业财务会计决算报表项目
1	其他业务收入	营业收入
2	其他业务成本	营业成本
3	利息收入	△利息收入
4	手续费及佣金收入	△手续费及佣金收入
5	已赚保费	△已赚保费
6	利息支出	△利息支出
7	手续费及佣金支出	△手续费及佣金支出
8	退保金	△退保金
9	赔付支出减"摊回赔付支出"	△赔付支出净额
10	保单红利支出	△保单红利支出
11	分保费用	△分保费用
12	业务及管理费减"摊回分保费用"	管理费用
13	提取保险责任准备金减"摊回保险责任准备金"	△提取保险责任准备金净额
14	营业税金及附加	税金及附加
15	业务及管理费	销售费用、管理费用、研发费用
16	汇兑收益	△汇兑收益
17	信用减值损失	信用减值损失
18	其他资产减值损失	资产减值损失
19	其他收益	其他收益
20	投资收益	投资收益
21	对联营企业和合营企业的投资收益	对联营企业和合营企业的投资收益
22	以摊余成本计量的金融资产终止确认产生的收益	以摊余成本计量的金融资产终止确认收益
23	净敞口套期收益	净敞口套期收益
24	公允价值变动收益	公允价值变动收益
25	资产处置收益	资产处置收益
26	营业外收入	营业外收入
27	营业外支出	营业外支出
28	每股收益	每股收益
29	基本每股收益	基本每股收益
30	稀释每股收益	稀释每股收益

(四) 表内公式

1 行 = (2 + 3 + 4 + 5) 行；6 行 = (7 + 8 + 9 + 10 + 11 + 12 + 13 + 14 + 15 + 16 + 17 + 18 + 19 + 23) 行；19 行 ≥ (20 − 21 + 22) 行 (合理性)；25 行 ≥ (26 + 27) 行 (合理性)；34 行 = (1 − 6 + 24 + 25 + 28 + 29 + 30 + 31 + 32 + 33) 行；35 行 ≥ 36 行；38 行 = (34 + 35 − 37) 行；40 行 = (38 − 39) 行；40 行 = (42 + 43) 行；40 行 = (45 + 46) 行；47 行 = (48 + 65) 行；48 行 = (49 + 55) 行；49 行 = (50 + 51 + 52 + 53 + 54) 行；55 行 =

(56 + 57 + 58 + 59 + 60 + 61 + 62 + 63 + 64) 行；66 行 =（40 + 47）行；66 行 =（67 + 68）行；67 行 =（42 + 48）行；68 行 =（43 + 65）行。若封面"组织形式"为13，或"股票代码"不为空，则70、71行不为0（合理性）；若70行、71行不为0，则封面"组织形式"为13，且"股票代码"不为空（合理性）；若封面"报表类型码"为0或2或3或4或5，则43行 = 0、65行 = 0、68行 = 0（合理性）。若封面"报表类型码"为0或2或3或4或5，且封面"执行新准则"中是否执行新金融工具准则为2，则27行 = 0、29行 = 0、31行 = 0、52行 = 0、53行 = 0、57行 = 0、59行 = 0、61行 = 0；若封面"报表类型码"为0或2或3或4或5，且封面"执行新准则"中是否执行新金融工具准则为1，则58行 = 0、60行 = 0；若封面"报表类型码"不为1，则3行≥0、8行≥0（合理性）；20行≥0、21行≥0（合理性）；若封面"报表类型"不为1或9，且封面"行业分类与代码"不为0700下属明细项目，则23行 = 0；若"报表类型码"为0或3或4或5，则3行 = 0、4行 = 0、5行 = 0、8行 = 0、9行 = 0、10行 = 0、11行 = 0、12行 = 0、13行 = 0、14行 = 0、28行 = 0（合理性）。

（五）表间公式

(67 – 42) 行 = 企财01表134行期末余额 – 期初余额（合理性）。

六、现金流量表［企财03表］

（一）编制方法

1. 本表反映企业在一年或一个会计期间内有关现金和现金等价物的流入和流出的情况。企业采用直接法报告经营活动的现金流量时，有关现金流量的信息可以从会计记录中直接获得，也可以在利润表营业收入、营业成本等数据的基础上，通过调整存货和经营性应收应付项目的变动，以及固定资产折旧、无形资产摊销等项目后获得。

2. 企业应根据本编制说明要求填列表中各项指标，编制说明中未作解释的内容以目前企业所执行的会计核算制度为依据。

（二）表内有关指标解释

1. 销售商品、提供劳务收到的现金：反映企业销售商品、提供劳务实际收到的现金（含销售收入和应向购买者收取的增值税额），包括本期销售商品、提供劳务收到的现金，以及前期销售和前期提供劳务本期收到的现金和本期预收的账款，减去本期退回本期销售的商品和前期销售本期退回的商品支付的现金。企业销售材料和代购代销业务收到的现金也在本项目反映。本项目可根据"库存现金""银行存款""应收账款""应收票据""预收账款""主营业务收入""其他业务收入"等科目的记录分析填列。

2. △客户存款和同业存放款项净增加额：反映财务公司和商业银行本期客户存款和同业存放款项的净增加额。仅由金融企业填报。

3. △向中央银行借款净增加额：反映财务公司和商业银行本期向中央银行借入款项的净增加额。仅由金融企业填报。

4. △向其他金融机构拆入资金净增加额：反映商业银行和财务公司本期从境内外金融机构拆入款项的净增加额。仅由金融企业填报。

5. △收到原保险合同保费取得的现金：反映保险公司本期收到的原保险合同保费取得的现金净额。包括本期收到的原保险合同收入、本期收到的前期应收原保险合同保费、本期预售的原保险合同保费和本期代其他企业收取的原保险合同保费，扣除本期保险合同提前结束以现金支付的退保费。仅由金融企业填报。

6. △收到再保业务现金净额：反映保险公司本期从事再保业务实际收支的现金净额。仅由金融企业填报。

7. △保户储金及投资款净增加额：反映保险公司向投保人收取的以储金利息作为保费收入的储金，以及以投资收益作为保费收入的投资保障性保险业务的投资本金，减去保险公司向投保人返还的储金和投资本金后的净额。仅由金融企业填报。

8. △处置以公允价值计量且其变动计入当期损益的金融资产净增加额：反映金融企业本期自行买卖以公允价值计量且其变动计入当期损益的金融资产所取得的现金净增加额。仅由金融企业填报。

9. △收取利息、手续费及佣金的现金：反映金融企业本期收到的利息、手续费及佣金。仅由金融企业填报。

10. △拆入资金净增加额：反映金融企业本期从境内外金融机构拆入款项所取得的现金，减去拆借给境内外金融机构所支付的现金后的净额。仅由金融企业填报。

11. △回购业务资金净增加额：反映金融企业本期按回购协议卖出票据、证券、贷款等金融资产所融入的现金，减去按返售协议约定先买入再按固定价格返售给卖出方的票据、证券、贷款等金融资产所融出的现金后的现金增加额。仅由金融企业填报。

12. △代理买卖证券收到的现金净额：反映企业接受客户委托，代理客户买卖股票、债券和基金等有价证券而收到的款项净额。仅由金融企业填报。

13. 收到的税费返还：反映企业收到返还的各种税费，如收到的增值税、消费税、所得税、教育费附加返还等。本项目可根据"库存现金""银行存款""税金及附加""营业外收入""补贴收入""应收补贴款""其他应收款"等科目的记录分析填列。

14. 收到其他与经营活动有关的现金：反映企业除上述各项目外，收到的其他与经营活动有关的现金，如罚款收入、流动资产损失中由个人赔偿的现金收入等。其他现金流入如价值较大的，应在报表附注中披露。本项目可根据"库存现金""银行存款""其他收益""营业外收入"等科目的记录分析填列。其中：企业实际收到的政府补助，无论是与资产相关还是与收益相关，均作为经营活动产生的现金流量填列。

15. 购买商品、接受劳务支付的现金：反映企业购买材料、商品、接受劳务实际支付的现金，包括本期购入材料、商品、接受劳务支付的现金（包括增值税进项税额），以及本期支付前期购入商品、接受劳务的未付款项和本期预付款项。本期发生的购货退回收到的现金应从本项目中扣除。本项目可根据"库存现金""银行存款""应付票据""应付账款""预付款项""主营业务成本""其他业务成本"等科目的记录分析填列。

16. △客户贷款及垫款净增加额：反映财务公司和商业银行本期发放的各种客户贷款，以及办理商业票据贴现、转贴现融出及融入资金等业务的款项的净增加额。仅由金融企业填报。

17. △存放中央银行和同业款项净增加额：反映财务公司和商业银行本期存放于中央银行以及境内外金融机构款项的净增加额，仅由金融企业填报。

18. △支付原保险合同赔付款项的现金：反映保险公司本期实际支付原保险合同赔付的现金。仅由金融企业填报。

19. △拆出资金净增加额：反映金融企业本期拆出款项给境内外金融机构所支付的现金，减去从境内外金融机构所取得的现金后的净额。仅由金融企业填报。

20. △支付利息、手续费及佣金的现金：反映金融企业本期支付的利息、手续费及佣金。仅由金融企业填报。

21. △支付保单红利的现金：反映保险公司本期支付保单红利所支付的现金。仅由金融企业填报。

22. 支付给职工及为职工支付的现金：反映企业实际支付给职工，以及为职工支付的现金，包括本期实际支付给职工的工资、奖金、各种津贴和补贴、为职工代扣代缴的个人所得税等，以及为职工支付的其他费用。不包括支付的离退休人员的各项费用和支付给在建工程人员的工资等。企业为职工支付的养老、失业等社会保险基金、补充养老保险、住房公积金，支付给职工的住房困难补助，以及企业支付给职工或为职工支付的其他福利费等，应按职工的工作性质和服务对象，分别在本项目和"购建固定资产、无形资产和其他长期资产所支付的现金"项目反映。本项目可根据"应付职工薪酬""库存现金""银行存款"等科目的记录分析填列。企业支付给离退休人员的费用，在"支付的其他与经营活动有关的现金"项目中反映。

23. 支付的各项税费：反映企业按规定支付的各种税费，包括本期发生并支付的税费，以及本期支付以前各期发生的税费和预交的税金。本项目可根据"应交税费""库存现金""银行存款"等科目的记录分析填列，不包括企业代扣代缴的个人所得税。

24. 支付其他与经营活动有关的现金：反映企业除上述各项目外，支付的其他与经营活动有关的现金，如罚款支出、支付的差旅费、业务招待费现金支出、支付的保险费、支付的工会经费及签发银行承兑汇票、保函时缴纳的保证金等。金融企业现金流量表中"一、经营活动产生的现金流量"下的"返售业务资金净增加额"行项目（银行、证券公司专用）在本行项目中列示。

25. 收回投资收到的现金：本项目反映企业出售、转让或到期收回现金等价物以外的交易性金融资产、以公允价值计量且其变动计入当期损益的金融资产、债权投资、可供出售金融资产、其他债权投资、持有至到期投资、长期股权投资、其他权益工具投资等而收到的现金。不包括债权性投资收回的利息、收回的非现金资产，以及处置子公司及其他营业单位收到的现金净额。本项目可根据"交易性金融资产""以公允价值计量且其变动计入当期损益的金融资产""债权投资""可供出售金融资产""其他债权投资""持有至到期投资""长期股权投资""其他权益工具投资""现金""银行存款"等科目的记录分析填列。

26. 取得投资收益收到的现金：反映企业因权益性投资和债权性投资而取得的现金股利、利息，以及从子公司、联营企业和合营企业分回利润收到的现金。不包括股票股利。包括在现金等价物范围内的债权性投资，其利息收入在本项目中反映。本项目可根据"应收股利""应收利息""库存现金""银行存款""投资收益"等科目的记录分析填列。

27. 处置固定资产、无形资产和其他长期资产收回的现金净额：反映企业处置固定资产、无形资产和其他长期资产取得的现金，减去为处置这些资产而支付的有关费用后的净额。由于自然灾害所造成的固定资产等长期资产损失而收到的保险赔偿收入，也在本项目反映。如处置固定资产、无形资产和其他长期资产收回的现金净额为负数，则应作为投资活动产生的现金流量，在"支付的其他与投资活动有关的现金"项目中反映。本项目可根据"固定资产清理""库存现金""银行存款"等科目的记录分析填列。

28. 处置子公司及其他营业单位收到的现金净额：反映企业处置子公司及其他营业单位所取得的现金减去子公司或其他营业单位持有的现金和现金等价物以及相关处置费用后的净额。本项目可以根据有关科目的记录分析填列。如净额为负数，应将该金额填列至"支付其他与投资活动有关的现金"项目中。

29. 收到其他与投资活动有关的现金：反映企业除上述各项外，收到的其他与投资活动有关的现金流入。本项目可根据有关科目的记录分析填列。

30. 购建固定资产、无形资产和其他长期资产所支付的现金：反映企业购买、建造固定资产，取得无形资产和其他长期资产所支付的现金。包括购买机器设备所支付的现金及增值税款、建造工程支付的现金、支付在建工程人员的工资等现金支出，不包括为购建固定资产、无形资产和其他长期资产而发生的借款利息资本化的部分，以及融资租入固定资产所支付的租赁费。为购建固定资产、无形资产和其他长期资产而发生的借款利息资本化部分，在"分配股利、利润或偿付利息支付的现金"项目中反映；融资租入固定资产所支付的租赁费，在"支付其他与筹资活动有关的现金"项目中反映。本项目可根据"固定资产""在建工程""无形资产""库存现金""银行存款"等科目的记录分析填列。

31. 投资支付的现金：反映企业进行权益性投资和债权性投资所支付的现金，包括企业取得的除现金等价物以外的交易性金融资产、以公允价值计量且其变动计入当期损益的金融资产、债权投资、可供出售金融资产、其他债权投资、持有至到期投资、长期股权投资、其他权益工具投资等而支付的现金，以及支付的佣金、手续费等交易费用。本项目可根据"交易性金融资产""以公允价值计量且其变动计入当期损益的金融资产""债权投资""可供出售金融资产""持有至到期投资""其他权益工具投资""投资性房地产""长期股权投资""现金""银行存款"等科目的记录分析填列。其中，取得子公司及其他营业单位支付的现金净额应在"取得子公司及其他营业单位支付的现金净额"项目中反映。

32. △质押贷款净增加额：反映保险公司本期发放保户质押贷款的现金净额。仅由金融企业填报。

33. 取得子公司及其他营业单位支付的现金净额：反映企业取得子公司及其他营业单位购买出价中以现金支付的部分，减去子公司或其他营业单位持有的现金和现金等价物后的净额，可根据有关科目的记录分析填列。如净额为负数，应将该金额填列至"支付其他与投资活动有关的现金"项目中。

34. 支付其他与投资活动有关的现金：反映企业除上述各项目外，支付的其他与投资活动有关的现金。本项目可根据有关科目的记录分析填列。金融企业现金流量表中"二、投资活动产生的现金流量"下的

"返售业务资金净增加额"行项目（保险公司专用）在本行项目中列示。

35. 吸收投资收到的现金：反映企业以发行股票等方式筹集资金实际收到款项净额（发行收入减去支付的佣金等发行费用后的净额）。以发行股票等方式筹集资金而由企业直接支付的审计、咨询等费用不在本项目反映，在"支付的其他与筹资活动有关的现金"项目反映，不在本项目内减去。本项目可根据"实收资本（或股本）""库存现金""银行存款"等科目的记录分析填列。

36. 子公司吸收少数股东投资收到的现金：反映子公司以发行股票等方式筹集来自少数股东资金实际收到的款项净额。

37. 取得借款收到的现金：本项目反映企业举借各种短期、长期借款而收到的现金，以及发行债券实际收到的款项净额（发行收入减去直接支付的佣金等发行费用后的净额）。本项目可以根据"短期借款""长期借款""交易性金融负债""应付债券""库存现金""银行存款"等科目的记录分析填列。

38. 收到其他与筹资活动有关的现金：反映企业除上述各项目外，收到的其他与筹资活动有关的现金，如接受现金捐赠等。金融企业现金流量表中"回购业务资金净增加额"行项目（保险公司专用）在本行项目中列示。

39. 偿还债务支付的现金：反映企业偿还债务本金而支付的现金，包括偿还金融企业的借款本金、偿还债券本金等。本项目可根据"短期借款""长期借款""库存现金""银行存款"等科目的记录分析填列。

40. 分配股利、利润或偿付利息支付的现金：反映企业实际支付的现金股利、以现金支付给其他投资单位的利润以及支付的借款利息、债券利息等。本项目可根据"应付股利""应付利息""财务费用""长期借款""库存现金""银行存款"等科目的记录分析填列。

41. 子公司支付给少数股东的股利、利润：反映子公司实际支付给少数股东的现金股利、利润等。

42. 支付其他与筹资活动有关的现金：反映企业除上述各项外，支付的其他与筹资活动有关的现金，如捐赠现金支出、融资租入固定资产支付的租赁费、发生筹资费用所支付的现金、融资租赁所支付的现金、减少注册资本所支付的现金等。企业以分期付款方式购建的固定资产、无形资产等各期支付的现金，在本项目中反映。

43. 汇率变动对现金及现金等价物的影响：反映企业外币现金流量折算为人民币时，所采用的现金流量发生日的即期汇率折算为人民币金额与"现金及现金等价物净增加额"中外币现金净增加额按资产负债表日的即期汇率折算的人民币金额之间的差额。

44. 现金及现金等价物净增加额：现金是指企业库存现金以及可以随时用于支付的存款。不能随时支取的定期存款等不应作为现金，提前通知金融机构便可支取的定期存款则应包含在现金范围内。现金等价物是指企业持有的期限短、流动性强、易于转换为已知金额现金、价值变动风险很小的投资，其中"期限短"一般是指从购买日起3个月内到期。

（三）表内公式

16行=(2+3+4+5+6+7+8+9+10+11+12+13+14+15)行；27行=(17+18+19+20+21+22+23+24+25+26)行；28行=(16-27)行；35行=(30+31+32+33+34)行；41行=(36+37+38+39+40)行；42行=(35-41)行；44行≥45行；48行=(44+46+47)行；50行≥51行；53行=(49+50+52)行；54行=(48-53)行；56行=(28+42+54+55)行；58行=(56+57)行；57行本期金额=58行上期金额；若封面"报表类型码"为0或3或4或5，则3行=0、4行=0、5行=0、6行=0、7行=0、8行=0、9行=0、10行=0、11行=0、12行=0、13行=0、18行=0、19行=0、20行=0、21行=0、22行=0、23行=0、38行=0。

七、所有者权益变动表［企财04表］

（一）基本内容

本表反映企业所有者权益的各组成部分本年和上年年初调整及本年和上年增减变动的情况，不仅包括所有者权益总量的增减变动，还包括所有者权益增减变动的重要结构性信息。"少数股东权益"栏目用于反映合并报表中少数股东权益变动的情况。

（二）编制方法

1. 本表各项目应根据"实收资本（或股本）""其他权益工具""资本公积""其他综合收益""库存股""专项储备""盈余公积""未分配利润"等科目本年和上年的年初余额、年末余额、当年发生额等分析填列。编制合并财务报表的企业，应按照合并报表口径填报本表中的有关项目。

2. 表内"☆其他综合收益结转留存收益"仅由执行新金融工具准则企业填列。

（三）表内有关指标解释

1. 上年年末余额：反映企业上上年资产负债表中的年末所有者权益金额。

2. 会计政策变更和前期差错更正：反映企业本年和上年会计政策变更和重要前期会计差错更正等对上上年及以前年度所有者权益的累积影响金额。企业执行新租赁准则、新金融工具准则与新收入准则影响的金额不填列于此项。

（1）会计政策变更：反映企业采用追溯调整法处理的会计政策变更的累积影响金额。企业执行新金融工具准则与新收入准则引起的影响金额不填列于此项。

（2）前期差错更正：反映企业采用追溯重述法处理的重要前期会计差错更正的累积影响金额。

3. 其他：反映企业本年和上年同一控制下企业合并、清产核资、执行新准则（新租赁准则、新金融工具准则与新收入准则）等影响的金额。

4. 本年年初余额：本年金额反映企业考虑本年会计政策变更及重要前期会计差错更正等对以前年度的影响调整后得出的本年年初所有者权益金额。

上年金额反映企业在上上年年末所有者权益金额的基础上，考虑本年和上年会计政策变更和重要前期会计差错更正等对上上年及以前年度所有者权益的累积影响调整后的上年年初所有者权益金额。

5. 本年增减变动金额：

（1）净利润：反映企业当年实现的净利润（或净亏损）金额，对应列在"未分配利润"栏。

（2）其他综合收益：反映企业根据企业会计准则规定未在损益中确认而直接计入所有者权益的各项利得和损失扣除所得税影响后的净额。

（3）综合收益总额：反映企业当年的综合收益总额，应根据当年利润表中"其他综合收益的税后净额"和"净利润"项目填列，对应列在"其他综合收益"和"未分配利润"栏。

（4）所有者投入和减少资本：反映企业当年所有者投入的资本和减少的资本。其中：

①所有者投入的普通股：反映企业接受普通股投资者投入形成的实收资本（或股本）和资本公积，应根据"实收资本""资本公积"等科目发生额分析填列。

②其他权益工具持有者投入资本：反映企业发行的除普通股以外分类为权益工具的金融工具的持有者投入资本的金额，应根据金融工具类科目的相关明细科目的发生额分析填列。

③股份支付计入所有者权益的金额：反映企业处于等待期中的权益结算的股份支付当年计入资本公积的金额，对应列在"资本公积"栏。

（5）专项储备提取和使用：反映企业当年专项储备的提取和使用情况。

①提取专项储备：反映企业当年依照国家有关规定提取的安全费用以及具有类似性质的各项费用，对应列在"专项储备"栏。

②使用专项储备：反映企业当年按规定使用安全生产储备用于购建安全防护设备或与安全生产相关的费用性支出情况，对应列在"专项储备"栏，以"－"号填列。

（6）利润分配：反映企业当年对所有者（或股东）分配的利润（或股利）金额和按照规定提取的盈余公积金额，对应列在"盈余公积"和"未分配利润"栏。其中：

①提取盈余公积：反映企业按照规定提取的盈余公积、储备基金、企业发展基金项目、中外合作经营在合作期间归还投资者的投资等项目。

②对所有者（或股东）的分配：反映企业对所有者（或股东）分配的利润（或股利）金额。

（7）所有者权益内部结转：反映不影响当年所有者权益总额的所有者权益各组成部分之间当年的增减

变动。其中：

①资本公积转增资本（或股本）：反映企业以资本公积转增资本或股本的金额。

②盈余公积转增资本（或股本）：反映企业以盈余公积转增资本或股本的金额。

③盈余公积弥补亏损：反映企业以盈余公积弥补亏损的金额。

④设定受益计划变动额结转留存收益：反映按年计算的设定收益计划增减变动结转所有者权益的数额。

⑤☆其他综合收益结转留存收益：企业指定为以公允价值计量且其变动计入其他综合收益的非交易性权益工具投资终止确认时，之前计入其他综合收益的累计利得或损失从其他综合收益中转入留存收益的金额；企业指定为以公允价值计量且其变动计入当期损益的金融负债终止确认时，之前由企业自身信用风险变动引起而计入其他综合收益的累计利得或损失从其他综合收益中转入留存收益的金额等。该项目应根据"其他综合收益"科目的相关明细科目的发生额分析填列。

6. 本年年末余额：本年金额反映企业本年年末所有者权益金额。

上年金额反映企业考虑本年会计政策变更及重要前期会计差错更正等对以前年度的影响调整后得出的上年年末所有者权益金额。

（四）表内公式

1. 行次：1 行本年金额 = 33 行上年金额；5 行本年金额 = (1 + 4) 行本年金额；5 行上年金额 = (1 + 2 + 3 + 4) 行上年金额；6 行 = (7 + 8 + 13 + 16 + 26) 行；8 行 = (9 + 10 + 11 + 12) 行；13 行 = (14 + 15)；16 行 = (17 + 23 + 24 + 25)；17 行 ≥ (18 + 19 + 20 + 21 + 22) 行；26 行 = (27 + 28 + 29 + 30 + 31 + 32) 行；33 行 = (5 + 6) 行。

2. 栏间：12 栏 = (1 + 2 + 3 + 4 + 5 - 6 + 7 + 8 + 9 + 10 + 11) 栏；14 栏 = (12 + 13) 栏；26 栏 = (15 + 16 + 17 + 18 + 19 - 20 + 21 + 22 + 23 + 24 + 25) 栏；28 栏 = (26 + 27) 栏；17 行、18 行、19 行、20 行、21 行、22 行、26 行、27 行、28 行、29 行、30 行、31 行、32 行 12 栏、14 栏、26 栏、28 栏 = 0（合理性）；32 行 12 栏不为 0，则 32 行（12 + 13）栏 = 0；32 行 26 栏不为 0，则 32 行（26 + 27）栏 = 0。

（五）表间公式

5 行 1 栏 = 企财 01 表 128 行期初余额；5 行 2 栏 = 企财 01 表 130 行期初余额；5 行 3 栏 = 企财 01 表 131 行期初余额；5 行（2 + 3 + 4）栏 = 企财 01 表 129 行期初余额；5 行 5 栏 = 企财 01 表 132 行期初余额；5 行 6 栏 = 企财 01 表 133 行期初余额；5 行 7 栏 = 企财 01 表 134 行期初余额；5 行 8 栏 = 企财 01 表 136 行期初余额；5 行 9 栏 = 企财 01 表 137 行期初余额；5 行 10 栏 = 企财 01 表 143 行期初余额；5 行 11 栏 = 企财 01 表 144 行期初余额；5 行 12 栏 = 企财 01 表 145 行期初余额；5 行 13 栏 = 企财 01 表 146 行期初余额；5 行 14 栏 = 企财 01 表 147 行期初余额；7 行 7 栏 = 企财 02 表 48 行本期金额；7 行 12 栏 = 企财 02 表 67 行本期金额；7 行 11 栏 = 企财 02 表 42 行本期金额；7 行 13 栏 = 企财 02 表 68 行本期金额；7 行 14 栏 = 企财 02 表 66 行本期金额；7 行 21 栏 = 企财 02 表 48 行上期金额；7 行 25 栏 = 企财 02 表 42 行上期金额；7 行 26 栏 = 企财 02 表 67 行上期金额；7 行 27 栏 = 企财 02 表 68 行上期金额；7 行 28 栏 = 企财 02 表 66 行上期金额；33 行 1 栏 = 企财 01 表 128 行期末余额；33 行 2 栏 = 企财 01 表 130 行期末余额；33 行 3 栏 = 企财 01 表 131 行期末余额；33 行（2 + 3 + 4）栏 = 企财 01 表 129 行期末余额；33 行 5 栏 = 企财 01 表 132 行期末余额；33 行 6 栏 = 企财 01 表 133 行期末余额；33 行 7 栏 = 企财 01 表 134 行期末余额；33 行 8 栏 = 企财 01 表 136 行期末余额；33 行 9 栏 = 企财 01 表 137 行期末余额；33 行 10 栏 = 企财 01 表 143 行期末余额；33 行 11 栏 = 企财 01 表 144 行期末余额；33 行 12 栏 = 企财 01 表 145 行期末余额；33 行 13 栏 = 企财 01 表 146 行期末余额；33 行 14 栏 = 企财 01 表 147 行期末余额。

若封面"报表类型码"为 0 或 2 或 3 或 4 或 5，且封面"执行新准则"中是否执行新金融工具准则为 2，则 31 行（7、11、12、14、21、25、26、28）栏 = 0。

八、国有资本权益变动情况表 [企财 05 表]

（一）基本内容

本表反映企业占用国有资本总量以及由于各种原因影响国有资本权益增减变动的情况。

（二）编制方法

本表应根据企业本年企财04表等相关科目数据分析填列。编制合并财务报表的企业，应按照合并报表口径填报本表中的有关项目。

（三）表内有关指标解释

1. 国有资本权益总额：指企业所有者权益中，国有实收资本及其享有的权益额。属于合资、合作、股份制等多元投资主体性质的企业，国有资本享有的权益年初、年末余额按以下公式计算填列：

（资本公积＋盈余公积＋未分配利润＋其他综合收益＋专项储备＋一般风险准备－国有独享部分）×（国有实收资本/实收资本）＋国有独享部分

国有独享部分包括国家专项拨款、各项基金转入、土地估价入账、税收返还或专项减免、国家拨付流动资本等政策因素形成的国家独享权益数额。

2. 年初国有资本权益总额：反映企业根据国家财务会计制度有关规定，对上年年末国有资本及权益总额追溯调整后形成的本年年初国有资本权益总额。

3. 国家、国有单位直接或追加投资：反映有权代表国家投资的部门或机构本年投资设立企业或对原企业追加投入所增加的国家资本；国有企、事业单位本年投资设立企业或对原企业增加投入所增加的国有法人资本。

4. 无偿划入、无偿划出：分别反映企业当年按国家有关规定将其他企业（单位）的国有资产全部或部分划入、划出本企业（单位）而造成国有资本权益增加、减少的数额。按规定已经进行追溯调整的不在本项目反映。

5. 资产评估增加、减少：分别反映企业当年因改制、上市等原因按国家规定进行资产评估而造成国有资本权益增加、减少的数额。

6. 清产核资增加、减少：分别反映企业按规定程序进行清产核资后，经国有资产监管（财政）部门批复而当年增加、减少国有资本权益的数额。按规定已经进行追溯调整的不在本项目反映。

7. 产权界定增加、减少：分别反映企业因产权界定增加、减少国有资本权益的数额。

8. 资本（股本）溢价：反映由于资本（股本）溢价而影响国有资本权益增减变动的数额。

9. 接受捐赠：反映企业当年接受其他企业、单位和个人捐赠的资产而增加的国有资本权益。

10. 债权转股权：反映企业按国家规定，将银行债权转为金融资产管理公司、国有资本投资运营公司等投资而增加的国有资本权益。

11. 税收返还：反映企业按国家有关规定，收到返还的所得税、增值税等而直接增加的国有资本权益。企业享受行业性的税收返回政策，不在本项目中反映。

12. 减值准备转回：反映企业经营期间因资产价值回升等原因转回已计提减值准备影响当期损益而增加的国有资本权益。

13. 会计调整：反映企业经营期间因会计政策和会计估计发生重大变更、前期差错调整以及其他会计调整事项影响当期损益而增加的国有资本权益。涉及减值准备会计政策与估计变更以及差错调整事项影响当期损益而增加的国有资本权益在"减值准备转回"项目中反映。

14. 经营积累、经营减值：反映企业当期生产经营实现的净利润（或亏损）扣除因客观原因影响当期损益而增加（或减少）国有资本及权益的数额，应根据企财02表分析填列。企业当期无法支付的应付款项、未确认的投资损失、外币报表折算差额、专项储备作为企业当期经营因素，在"经营积累"或"经营减值"填列。

15. 消化以前年度潜亏和挂账而减少：反映企业当年消化的以前年度发生的潜亏挂账而造成国有权益减少的数额，不包括非国有权益减少部分。该项目须经中介机构逐户、分明细项审计确认，并在审计报告中加以详细披露或作专项审计说明。

16. 因自然灾害等不可抗拒因素减少：反映企业因自然灾害等不可抗拒因素而发生的国有资本权益减少。不可抗拒因素指不能预见、不能避免并不能克服的客观情况，一般情况下指地震、台风、火灾、水灾、雷击等自然灾害。

17. 因主辅分离减少：反映企业按照《关于国有大中型企业主辅分离辅业改制分流安置富余人员的实施办法》（国经贸企改〔2002〕859号）开展主辅分离、辅业改制工作，本年度减少的国有资本权益数额。

18. 企业按规定已上缴利润：反映企业按照有关政策、制度规定分配给投资者利润而减少的国有资本权益。

19. 资本（股本）折价：反映企业以全部或主要资产折价发行股票或配股而减少的国有资本权益。

20. 中央和地方政府确定的其他因素：反映经中央和地方政府确定，未在上述客观因素中反映的增加或减少国有资本权益的金额。增加额和减少额应在表中分别填列。

21. 年末其他国有资金：反映年末不列入企业所有者权益，但由企业管理、使用的具有权益性质的国家所有的资金，如保险保障基金、特准储备基金、股份制改造剥离权益、国家专用拨款等。

22. 年末合计国有资本总量：反映企业国有资本权益和其他国有资金的年末合计数。

（四）表内公式

2 行 =（3 + 4 + 5 + 6 + 7 + 8 + 9 + 10 + 11 + 12 + 13 + 14 + 15）行；16 行 =（17 + 18 + 19 + 20 + 21 + 22 + 23 + 24 + 25 + 26 + 27 + 28）行；若封面"报表类型码"不为 1，则 2 行至 28 行各项指标应为 ≥ 0；29 行 =（1 + 2 – 16）行；31 行 =（29 + 30）行。

（五）表间公式

1 行 = 企财 01 表 [（122 行 + 123 行）/121 行 × 145 行] 期初余额（合理性）；29 行 = 企财 01 表 [（122 行 + 123 行）/121 行 × 145 行] 期末余额（合理性）。

九、资产减值准备情况表 [企财 06 表]

（一）基本内容

本表反映企业各项资产减值准备的年初账面余额、本期增减变动和期末账面余额，以及政策性挂账和当年处理以前年度损失和挂账等情况。其中，首次执行新金融工具准则、新收入准则、新租赁准则以及发生其他期初数调整事项的企业，"年初账面余额"按照调整后金额进行填列。

（二）编制方法

1. 本表各项目应根据各项资产减值准备以及相关资产和损益明细科目分析填列。

2. 编制合并财务报表的企业，应按照合并报表口径填报本表中的有关项目。

3. 表内"☆合同资产减值准备""☆合同取得成本减值准备""☆合同履约成本减值准备"仅由执行新收入准则企业填列。

4. 表内"☆使用权资产减值准备"仅由执行新租赁准则企业填列。

5. 表内"☆债权投资减值准备"仅由执行新金融工具准则企业填列。

6. 表内"可供出售金融资产减值准备""持有至到期投资减值准备"指标，执行新金融工具准则的企业不需填列。

（三）表内有关指标解释

1. 坏账准备：反映企业应收款项的坏账准备，此项目不包括执行新准则企业合同资产的坏账准备。按账龄计提坏账准备当期应冲减的金额在"本期计提额"中反映。金融企业计提的"△应收款项类金融资产减值准备"填列此处。

2. 存货跌价准备：反映企业按照成本高于可变现净值的差额计提的存货跌价准备。

3. ☆合同资产减值准备：反映企业遵循《企业会计准则第 14 号——收入》《企业会计准则第 22 号——金融工具确认和计量》和《企业会计准则第 8 号——资产减值》等准则，以预期信用损失为基础，对合同资产项目进行减值会计处理并确认损失准备。

4. 持有待售资产减值准备：反映企业遵循《企业会计准则第 42 号——持有待售的非流动资产、处置组和终止经营》规定计提的持有待售资产减值准备。

5. ☆债权投资减值准备：反映企业遵循《企业会计准则第 22 号——金融工具确认和计量》和《企业会计准则第 8 号——资产减值》等准则，以预期信用损失为基础，对分类为以摊余成本计量的金融资产和以公允价值计量且其变动计入其他综合收益的金融资产进行会计处理并确认损失准备。

6. 可供出售金融资产减值准备：反映企业在期末对各项可供出售的金融资产进行全面检查，有客观证据表明该金融资产发生减值的，所计提的减值准备。

7. 持有至到期投资减值准备：反映企业计提的持有至到期投资减值准备。

8. 长期股权投资减值准备：反映企业按照可收回金额低于账面价值的差额计提的长期股权投资减值准备。

9. 投资性房地产减值准备：采用成本模式计量的投资性房地产的减值，适用《企业会计准则第 8 号——资产减值》的规定。

10. 固定资产减值准备：反映企业按照可收回金额低于账面价值的差额计提的固定资产减值准备。

11. 在建工程减值准备：反映企业遵循《企业会计准则第 15 号——建造合同》等规定计提的资产减值准备。

12. 生产性生物资产减值准备：反映企业遵循《企业会计准则第 5 号——生物资产》和《企业会计准则第 8 号——资产减值》准则，根据生产性生物资产的可收回金额低于账面价值的差额计提的资产减值准备。

13. 油气资产减值准备：反映企业遵循《企业会计准则第 27 号——石油天然气开采》和《企业会计准则第 8 号——资产减值》等准则，按照可收回金额低于账面价值的差额提取的油气资产减值损失。

14. ☆使用权资产减值准备：反映企业遵循《企业会计准则第 21 号——租赁》准则，根据使用权资产的可收回金额低于账面价值的差额提取的资产减值准备。

15. 无形资产减值准备：反映企业按照可收回金额低于账面价值的差额计提的无形资产减值准备。

16. 商誉减值准备：反映企业遵循《企业会计准则第 20 号——企业合并》和《企业会计准则第 8 号——资产减值》等准则，根据购买方企业合并成本大于合并中取得的被购买方可辨认资产公允价值的部分作为商誉确认，于每一个会计年度进行测试，商誉发生减值的，计入商誉减值准备。

17. ☆合同取得成本减值准备：反映企业遵循《企业会计准则第 14 号——收入》和《企业会计准则第 8 号——资产减值》准则，与合同取得成本有关的资产，其账面价值高于企业因转让与该资产相关的商品预期能够取得的剩余对价和为转让该相关商品估计将要发生的成本两项的差额的，超出部分应当计提减值准备，并确认为资产减值损失。

18. ☆合同履约成本减值准备：反映企业遵循《企业会计准则第 14 号——收入》和《企业会计准则第 8 号——资产减值》准则，与合同履约成本有关的资产，其账面价值高于企业因转让与该资产相关的商品预期能够取得的剩余对价和为转让该相关商品估计将要发生的成本两项的差额的，超出部分应当计提减值准备，并确认为资产减值损失。

19. 其他减值准备：反映企业其他减值准备。未执行《企业会计准则》的企业核算的短期投资减值准备及长期债权投资减值准备扣除划分至可供出售金融资产减值准备及持有至到期投资减值准备后的余额填列在本项目反映。金融企业计提的"△贷款减值准备"填列此处。

20. 资产减值准备合计：反映企业各项资产减值准备的年初余额、本年增加额、本年转回（减少）额和年末余额。

21. 合并增加额、合并减少额：反映企业（集团）因合并范围变化而增加或减少的减值准备金额。执行新会计准则的企业，因同一控制下企业合并增加的子公司，应调整合并期初数，不在本项目下反映。

22. 资产价值回升转回额：反映企业在以前会计期间计提的减值准备，在本期期末因资产价值回升而转回的金额。

23. 转销额：反映企业在以前会计期间计提的减值准备，在本期因资产处置、核销等因素，转销的减值准备金额。

24. 当年处理以前年度损失和挂账：反映企业在权益和当期损益中处理的以前未处理的各类损失和潜亏挂账。其中：在当年损益中消化以前年度损失挂账反映企业在当年损益中消化处理的各类损失和潜亏挂账，包括无法收回的应收款项、积压存货、应提未提和应摊未摊费用，以及历史遗留问题挂账等。该项目须经中介机构逐户、分明细项审计确认，并在审计报告中加以详细披露或作专项审计说明。

（四）表内公式

1. 行次：20 行 =（1+2+3+4+5+6+7+8+9+10+11+12+13+14+15+16+17+18+19）行。
2. 栏间：5 栏 =（2+3+4）栏；10 栏 =（6+7+8+9）栏；11 栏 =（1+5-10）栏。

（五）表间公式

10 行（1 栏、11 栏）= 企财 01 表 40 行（期初、期末余额）；20 行 10 栏 ≥ 企财 05 表 12 行；若企财 05 表 12 行不为 0，则 20 行 6 栏不为 0。

若封面"报表类型码"为 0 或 2 或 3 或 4 或 5，且封面"执行新准则"中是否执行新收入准则为 2，则 3 行 =0，17 行 =0，18 行 =0。

若封面"报表类型码"为 0 或 2 或 3 或 4 或 5，且封面"执行新准则"中是否执行新金融工具准则为 1，则 6 行 =0，7 行 =0；若封面"报表类型码"为 0 或 2 或 3 或 4 或 5，且封面"执行新准则"中是否执行新金融工具准则为 2，则 5 行 =0。

若封面"报表类型码"为 0 或 2 或 3 或 4 或 5，且封面"执行新准则"中是否执行新租赁工具准则为 2，则 14 行 =0。

十、应上交应弥补款项表［企财07表］

（一）基本内容

本表反映企业各项税金、保险等款项的负担及上交情况。本表一至五项以及补充资料一至三项反映企业本年度在中国境内地区承担或缴纳的税费金额，不包括企业代扣代缴的应由个人承担部分；补充资料第四项反映企业本年度实际向境外地区（含港澳台地区）缴纳的税费金额。

（二）编制方法

本表应根据企业当年基础会计资料及其他有关资料分析填列。企业填报时应注意与财政、税务等部门批准、认可的有关数据衔接一致。

（三）表内有关指标解释

1. 本年应交税费总额：反映企业本年应交的增值税、消费税、资源税、城建税、烟叶税、企业所得税、教育费附加、石油特别收益金及其他税费的合计金额。

2. 本年实际上交税费总额：反映企业本年实际上交的增值税、消费税、资源税、城建税、烟叶税、关税、企业所得税、教育费附加、石油特别收益金及其他税费的合计金额。

3. 石油特别收益金：反映根据财政部《关于印发〈石油特别收益金征收管理办法〉的通知》（财企〔2006〕72号）规定，由在中华人民共和国陆地领域和所辖海域独立开采并销售原油的企业缴纳的石油特别收益金。

4. 其他税费：反映除表中所列各项税费外，企业应缴纳的城镇土地使用税、土地增值税、契税、印花税、土地使用税、房产税、车船税等所有其他各项税费的缴纳情况。地方教育费附加应填列在"教育费附加"项目中，不在本项目反映。进口增值税应填列在"增值税"项目中，不在本项目反映。

5. 基本养老保险、基本医疗保险、失业保险、工伤保险、生育保险、住房公积金：指企业按国家规定为职工缴纳的"五险一金"情况，只反映由企业承担的部分。

6. 国有资本收益：反映企业根据《中央企业国有资本收益收取管理暂行办法》（财企〔2007〕309号）等规定，本年应交和本年已交的国有资本收益情况。本项目仅由企业集团本部填列，不包含国有及国有控股企业向投资者分配的红利。

7. 本年实际支付补充养老保险（含年金）总额：反映企业本年按照财政部关于《企业为职工购买保险有关财务处理问题的通知》（财企〔2003〕61号）、《企业财务通则》（财政部令第41号）、《财政部关于企业新旧财务制度衔接有关问题的通知》（财企〔2008〕34号）的有关规定实际支付的补充养老保险（含年金）金额，只反映由企业承担的部分。

8. 本年实际支付补充医疗保险总额：反映企业本年按照财政部关于《企业为职工购买保险有关财务处理问题的通知》（财企〔2003〕61号），《企业财务通则》（财政部令第41号）的有关规定为职工实际支付的补充医疗保险总额，只反映由企业承担的部分。

9. 出口退税情况：由外贸公司或有出口经营权的企业填列，包括未设置"应收出口退税"科目核算的工业生产企业、外商投资企业、委托代理出口企业、外轮供应企业等按要求填列相关指标。

（1）出口额（美元）：反映本年度企业出口产品（商品）收入额（含自营出口和代理出口）按加权平均汇率折算为美元的金额，本项目填列数应与海关报关数保持一致。

（2）以前年度欠出口退税：反映企业以前年度应退未退的出口退税，按上年末"应收出口退税"借方余额填列。

（3）本年度应收出口退税：企业按"应收出口退税"科目本期借方发生额合计填列。

（4）本年度已收出口退税：反映企业本期实际已收到的出口退税额，按"应收出口退税"本期贷方发生额合计填列。

10. 本年实际缴纳境外税费总额：反映企业在境外（含港澳台地区）实际缴纳的各项税费总额。

（四）表内公式

行次：1 行 =（2 + 3 + 4 + 5 + 6 + 7 + 10 + 11 + 12 + 13）行；7 行 =（8 + 9）行；14 行 =（15 + 16 + 17 + 18 + 19 + 20）行；32 行 =（29 + 30 − 31）行。

十一、基本情况表［企财08表］

（一）基本内容

本表主要反映企业的本年收到的财政性资金、高质量发展、产值、投资收益、固定资产投资、境外投资、环境保护及生态恢复支出、扶贫及捐赠等情况。

（二）编制方法

本表应根据企业当年基础会计资料及其他相关资料分析填列。表内"☆交易性金融资产""☆债权投资""☆其他债权投资""☆其他权益工具投资""☆其他非流动金融资产"指标仅由执行新金融工具准则的企业填列。

（三）表内有关指标解释

1. 本年收到的财政性资金：反映企业本年实际收到的各项财政性资金，按性质划分，主要包括基本建设性资金、生产发展性资金、社会保障性资金和其他资金。企业实际收到的财政部门以外的其他部门、机构转拨的财政性质资金也应当在本项目中反映。

基本建设性资金：反映企业实际收到的按规定用于基本建设的各项财政资金，包括基建有偿使用支出、基建拨款支出、国家资本金、基建贷款贴息支出、国债专项基建拨款和其他基建支出等。

生产发展性资金：反映企业实际收到的由国家预算拨款用于企业挖潜、革新和改造方面的资金（包括经济战备动员费）和反映新产品试制费、中间试验费、重要科学研究补助费等科学技术三项费用以及支持企业各项事业发展的专项资金，如宣传文化发展专项资金、国家电影事业发展专项资金等。

社会保障性资金：反映企业实际收到的用于下岗补助、救济等社会保障性支出的财政资金。

其他：反映企业实际收到的其他政策性补贴、税收返还等其他财政性资金。

2. 高质量发展有关情况：

（1）专利情况：

累计拥有有效专利数：截至报告期末处于专利权维持状态的专利数量，包括发明专利、实用新型专利和外观设计专利。

（2）本年科技资金来源与支出情况：

①本年科技资金来源合计按来源分为政府拨款、企业自筹和其他。

政府拨款：反映政府有关部门本年对本企业拨款到账的资金总额。

企业自筹：反映本企业用于科技的自有资金、借入资金总额。

②本年研发（R&D）经费投入合计：参照国家统计局《关于印发〈研究与试验（R&D）投入统计规范（试行）〉的通知》（国统字〔2019〕47 号）的相关标准，结合中央企业实际情况，研发（R&D）经费投入

是指为实施科学研究与试验发展，而实际发生的全部经费支出，具体包括：日常性支出。包括为实施研发活动以货币或实物形式直接或间接支付给研发人员的劳动报酬（工资、奖金以及所有相关费用和福利），购置的原材料、燃料、动力、工器具等低值易耗品，以及各种相关直接或间接的管理和服务等支出。资产性支出。包括为实施研发活动而进行固定资产建造、购置、改扩建以及大修理等的支出（不含固定资产折旧）、土地与建筑物支出、仪器与设备支出、资本化的计算机软件支出、专利和专有技术支出等。对于研发活动与非研发活动的共用部分，应按使用面积、时间等进行合理分摊。外部支出。包括委托其他单位或与其他单位合作开展研发活动而支付给其他单位的全部经费。

（3）科技人员：反映直接从事科技活动以及专门从事科技活动管理和为科技活动提供直接服务，累计从事科技活动的实际工作时间占全年制度工作时间10%及以上的人员。

研发人员：反映参与研究与试验发展项目研究、管理和辅助工作的人员，包括项目（课题）组人员、企业科技行政管理人员和直接为项目（课题）活动提供服务的辅助人员。

3. 产值（按现行价格计算）：

（1）工业总产值：按报告期内实际销售价格计算的工业产品总量。仅由工业企业填列。

（2）劳动生产总值：指各种生产活动所创造的新增价值，是企业总产出与中间投入之差。增加值为劳动者报酬、固定资产折旧、生产税净额和营业盈余四个部分之和。各部分与会计指标的基本对应关系如下：

劳动者报酬：指劳动者为企业提供服务获得的全部报酬。主要包括本年在成本费用中列支的工资（薪金）所得、职工福利费、社会保险费、公益金以及其他各种费用中含有和列支的个人报酬部分。

固定资产折旧：指企业本年提取的固定资产折旧。

生产税净额：指国家对企业生产、销售产品和从事生产经营活动所征收的各种税金、附加和规费扣除生产补贴后的净额。各种税费主要有：本年应交的增值税、所得税、主营业务（产品销售）税金及附加等。扣除内容主要有：国家财政对企业的政策性亏损补贴、价格补贴和外贸企业的出口退税等生产补贴。

营业盈余：指企业本年的营业利润加补贴，主要包括：企业营业利润、补贴收入等。

4. 投资收益：反映企业确认的投资收益或投资损失。指企业长期股权投资、交易性金融资产、以公允价值计量且其变动计入当期损益的金融资产或金融负债、债权投资、可供出售金融资产、其他债权投资、持有至到期投资、其他权益工具投资、其他非流动金融资产、其他项目收益等在持有期间取得的投资收益；以及长期股权投资、交易性金融资产、以公允价值计量且其变动计入当期损益的金融资产或金融负债、债权投资、可供出售金融资产、其他债权投资、持有至到期投资、其他权益工具投资、其他非流动金融资产、其他项目收益等在处置时实现的损益。项目填报按照相关科目的会计规定分析填列。未执行新准则的企业按照投资持有和处置的性质分析填列。

5. 本年固定资产投资额：反映企业本年度新增固定资产投资总额，不包括企业以非货币交易换入和债务重组等方式取得的固定资产。本项目应根据"固定资产""在建工程""工程物资"等科目的借方发生额分析填列。

6. 本年管理费用项下的党建工作经费：反映企业按照《中共中央组织部　财政部　国务院国资委党委　国家税务总局关于国有企业党组织工作经费问题的通知》（组通字〔2017〕38 号）要求，按照上年度职工工资总额的一定比例安排，纳入企业管理费用税前列支的党建工作经费。

7. 本年企业支付的环境保护及生态恢复支出：反映企业履行保护环境义务及生态恢复所发生的支出，具体包括：生产过程直接降低环境负荷的成本、生产过程间接降低环境负荷的成本、销售及回收过程降低环境负荷的成本、企业环保系统的研究开发成本、企业配合社会地域的环保支援成本、由于企业活动而造成对土壤污染、自然破坏的修复成本及公害诉讼赔偿金、罚金等方面的支出。其中，本年度上交政府统筹的支出，反映企业按规定上缴的可持续发展基金、提取的生态环境治理保证金以及其他直接列支的环境治理与生态恢复支出；本年度企业提取或据实列支的支出，反映已提取但实际未完全支出的，以提取统计。

本年企业支出的节能减排费用：反映企业用于节约能源，减少废水、废气、废渣等排放的全部支出。

8. 企业累计向境外投资额：反映企业期末累计向境外的投资金额，但应剔除返还境内投资部分。其中，企业本年新增向境外投资额单独列示。

境外投资指投资主体通过投入货币、有价证券、实物、知识产权或技术、股权、债权等资产和权益或提供担保，获得境外所有权、经营管理权及其他相关权益的活动。

9. 本年对扶贫方面的支出：指本企业直接或间接（包括向扶贫类基金注资）用于国家扶贫开发工作重点县和集中连片特殊困难县产业扶持、基础设施建设、建档立卡贫困村和贫困人口帮扶等方面的支出。

10. 本年对外捐赠支出总额（不含上述"本年对扶贫方面的支出"中救济性、公益性及其他社会公共福利事业等）：反映本年发生的救济性、公益性及其他社会公共福利事业等捐赠支出总额。

11. 社会贡献总额：反映企业工资、劳保退休统筹、其他社会福利支出、利息支出、应交增值税、应交销售税金及附加、应交所得税、关税、其他税收、净利润和企业对外捐赠等。各部分与会计指标的基本对应关系如下：

工资：反映企业本年度应发放的从业人员人工成本支出总额。

劳保退休统筹：反映企业在管理费用中列支的劳动保险费和失业保险费。

劳动保险费：反映企业离退休人员的养老金、价格补贴、离退休人员的医疗保险和工伤保险、职工退职金、6个月以上病假人员工资、职工死亡丧葬补助费、抚恤金、按规定支付给离退休干部的各项经费。

其他社会福利支出：反映企业的福利费、职工教育经费、工会经费、公益性捐赠等，但不包括盈余公积金中公益金部分。

利息支出：反映企业本年全部利息支出金额，含利息费用化和资本化金额。

关税：反映企业在经营进出口业务中交纳和代为交纳的关税。

其他税收：反映企业本年列支的印花税、土地使用税、车船牌照使用税和房产税以及其他新增税种等。

对外捐赠：反映本年发生的救济性、公益性及其他社会公共福利事业等捐赠支出总额。

如为负数请填"0"。

（四）表内公式

1 行 =（2 + 3 + 4 + 5）行；8 行≥9 行；8 行≥12 行；9 行≥13 行；10 行≥11 行；12 行≥13 行；16 行 =（17 + 18 + 19）行；20 行 =（21 + 23 + 26）行；21 行≥22 行；23 行≥（24 + 25）行；27 行≥28 行；30 行≥0（合理性）；32 行 =（33 + 34 + 35 + 36 + 37 + 38 + 39 + 40 + 41 + 42 + 43）行；44 行 =（45 + 46 + 47）行；51 行≥（52 + 53 + 54）行；55 行≥56 行。若封面"报表类型码"为 0 或 2 或 3 或 4 或 5，且封面"执行新准则"中是否执行新金融工具准则为 2，则 34 行 = 0、37 行 = 0、39 行 = 0、41 行 = 0、42 行 = 0；若封面"报表类型码"为 0 或 2 或 3 或 4 或 5，且封面"执行新准则"中是否执行新金融工具准则为 1，则 35 行 = 0、36 行 = 0、38 行 = 0、40 行 = 0。

（五）表间公式（适用于封面"报表类型码"不为 1 时）

32 行 = 企财02表25行；31 行 = 企财08表48行本期金额 + 企财09表30行本期金额 + 企财02表（34 + 36 − 29 − 30）行本期金额 + 企财07表（1行应交数 − 10行应交数 − 21行应补数 − 22行应补数 − 30行）（合理性）；14 行本年数 = 企财04表14行14栏；14 行上年数 = 企财04表14行28栏；15 行本年数 = 企财04表15行14栏；15 行上年数 = 企财04表15行28栏。59 行≥企财08表（57 + 58）行 + 企财09表（27 − 28 + 30 + 38）行 + 企财02表40行 + 企财07表1行应交数 + 企财10表29行（合理性）。若通过数据计算得出"社会贡献总额"为负数，则"社会贡献总额"填列"0"。

十二、人力资源情况表 [企财09表]

（一）基本内容

本表主要反映企业的职工、不在岗职工及劳动关系处理、工资及福利等情况。

（二）编制方法

本表应根据企业当年基础会计资料及其他相关资料分析填列。本表涉及职工人数情况，应按照人员与工资相匹配、"人随工资走"的原则填列，并与企业人事部门的口径衔接一致。

（三）表内有关指标解释

1. 企业人数情况（人）：

(1) 年末从业人员人数：反映年末在本企业实际从事生产经营活动的全部人员。包括：在岗的职工（合同制职工）、临时工及其他聘用、留用的人员，以及与法人单位签订劳务派遣合同的人员。

(2) 本年平均从业人员人数：反映企业本年12个月从业人员人数的算术平均值。

(3) 年末职工人数：反映企业年末人事关系或工资关系在本单位的职工及劳动合同制职工，不包括离休、退休人员等，但包含内退下岗人员。企业"年末在岗职工人数"单独列示。

(4) 本年平均职工人数：反映企业本年12个月职工人数的算术平均值。企业"本年平均在岗职工人数"单独列示。

(5) 年末劳务派遣人数：反映年末企业已履行劳务派遣合同实际提供就业人员（该类就业人员的劳动合同由劳务承包单位与其签订，并由承包单位负责发放工资、办理社会保险等事宜）的人数。

(6) 本年平均劳务派遣人数：反映企业本年已履行劳务派遣合同全年实际提供就业人次（1人工作1天为1个就业人次）除以年制度工作日数（250天）计算填列。

(7) 年末离休人数：反映企业年末已办理离休手续的职工人数。

(8) 年末退休人数：反映企业年末已办理退休手续的职工人数。

(9) 未实行社会化管理的离退休人员人数：根据《中共中央办公厅　国务院办公厅印发〈关于国有企业退休人员社会化管理的指导意见〉的通知》(厅字〔2019〕19号)，将尚未实行社会化管理的国有企业已退休人员移交街道和社区实行社会化管理，实行社会化管理后国有企业新办理退休人员管理服务工作与原企业分离。不符合上述要求的离退休人员应纳入此项统计。

(10) 年末党员人数：反映企业年末已加入中国共产党的职工人数，按照党组织关系进行填报。其中，离退休干部职工党员组织关系转到居住地社区党组织的，不反映在年末党员人数中；将党员组织关系保留在原单位的离退休干部职工，反映在年末党员人数中。

2. 企业不在岗职工及劳动关系处理情况：

(1) 年初不在岗职工人数（人）：反映年初档案关系在本企业或与企业签订劳动合同关系尚未到期的人员实际不在岗人数。

(2) 年末不在岗职工人数（人）：反映年末档案关系在本企业或与企业签订劳动合同关系尚未到期的人员实际不在岗人数。

(3) 本年累计解除劳动关系人数：反映企业按规定与职工解除劳动关系人数。"其中：需支付经济补偿人数"单独列示，反映按照《中华人民共和国劳动合同法》、《违反和解除劳动合同的经济补偿办法》(劳部发〔1994〕481号)等规定需支付经济补偿的人数。

(4) 本年累计支付经济补偿金额：反映企业按规定与职工解除劳动关系所支付经济补偿金额，其中财政负担部分单列。

3. 工资及福利情况：

(1) 本年应发职工薪酬总额：反映企业本年实际承担的为获取职工提供的服务或解除劳动关系而给予的各种形式的报酬或补偿（含劳务派遣费用），根据"应付职工薪酬"科目及其他相关科目的本年发生额分析填列。

(2) 本年实际发放职工薪酬总额：反映企业本年度实际发放的为获取职工提供的服务或解除劳动关系而给予的各种形式的报酬或补偿。其中"全年实际发放职工工资总额""本年支付的劳务派遣金额"单独填列。工资总额含按月发放的住房补贴。

(3) 本年支付的劳务派遣金额：反映企业为将有关工作（如服务性工作）以劳务形式整体外包给其他单位或个人签订的劳务派遣合同中本年实际履行的合同金额。

(4) 本年支付的离退休人员养老金及福利性补助：反映企业本年度实际发放的离退休人员养老金及各项补助，不包括离退休人员通过社会养老保险机构领取的工资和补助以及企业支付给离退休人员的医药费。

(5) 本年支付的企业负责人薪酬总额：按照企业负责人本年实际收到的薪酬总额填列。企业负责人薪酬主要由基本年薪、绩效年薪、中长期激励收益组成，按照本年实际发放数填报。本年实际发放数应包括本年的基本年薪、上年度绩效年薪当期兑现部分、上一任期绩效年薪当期延期兑现部分、当年兑现的中长期激励收益等。基本年薪是指企业负责人年度基本收入，绩效年薪是指与企业负责人经营业绩考核结果相联系的收入，当年兑现的中长期激励收益是指根据经薪酬审核部门批准的股权激励计划，负责人行权或兑现取得的收益。未实行年薪制的企业，负责人薪酬主要由工资、奖金、津贴、补贴组成。负责人当年取得的其他货币收入，一并填报。

企业负责人人数：按照企业本年的负责人人数填列。企业负责人是指企业的董事长、党委书记（党组书记）、总经理（总裁）、监事长以及其他企业领导班子成员（包括副董事长、党委副书记、副总经理、总会计师、总经济师、执行董事等）。本项目不包括在企业兼职不兼酬的企业负责人人数。合并报表按汇总口径填列。

（6）本年支付的职工福利费：反映企业本年度实际支付的职工福利费总额，包含支付给离退休人员的统筹外费用。

（7）本年提取的职工教育培训经费：反映企业在本年度按规定比例提取的专项用于职工教育和培训的费用。

（8）本年支付的职工教育培训经费：反映企业在本年度对本单位职工教育和培训方面实际发生的全部支出。

（四）表内公式

2 行≥(5＋8) 行；4 行≥5 行；4 行≥(5＋24) 行；4 行≥12 行；4 行≥13 行；4 行≥14 行；4 行≥15 行；4 行≥16 行；4 行≥17 行；4 行≥18 行；(4＋10＋11) 行≥21 行（合理性）；6 行≥7 行；10 行本年数≤上年数；(10＋11) 行≥20 行；25 行≥26 行；27 行≥28 行；31 行≥(32＋34) 行；32 行≥33 行；35 行≥(36＋37) 行；39 行、40 行必填（合理性）；若 9 行＞0，则 34 行＞0；若 26 行＞0，则 27 行＞0；若 27 行＞0，则 26 行＞0；若 39 行＞0，则 40 行＞0；若 40 行＞0，则 39 行＞0；若 40 行＞0，则 21 行＞0（合理性）。

（五）表间公式（适用于封面"报表类型码"不为 1 时）

若企财 07 表 15 行应交数＞0，则 12 行＞0；若企财 07 表 25 行应交数＞0，则 13 行＞0；若企财 07 表 16 行应交数＞0，则 14 行＞0；若企财 07 表 26 行＞0，则 15 行＞0；若企财 07 表 17 行应交数＞0，则 16 行＞0；若企财 07 表 18 行应交数＞0，则 17 行＞0；若企财 07 表 19 行应交数＞0，则 18 行＞0；若 12 行＞0，则企财 07 表 15 行应交数＞0；若 13 行＞0，则企财 07 表 25 行＞0；若 14 行＞0，则企财 07 表 16 行应交数＞0；若 15 行＞0，则企财 07 表 26 行＞0；若 16 行＞0，则企财 07 表 17 行应交数＞0；若 17 行＞0，则企财 07 表 18 行应交数＞0；若 18 行＞0，则企财 07 表 19 行应交数＞0。

十三、带息负债情况表［企财 10 表］

（一）基本内容

本表主要反映企业（包括金融企业）各项带息负债本金、利息、逾期本金以及累计欠息情况。补充资料反映企业的带息负债成本情况、永续债和优先股发行情况以及境外发债情况。

（二）编制方法

企业应根据"短期借款""☆交易性金融负债""以公允价值计量且其变动计入当期损益的金融负债""其他流动负债""长期借款""应付债券""长期应付款""其他非流动负债""☆租赁负债"等科目所属各明细科目分析填列，企业持有的外币带息负债，应按照外币折人民币的金额填列，外币折人民币时应当以期末 12 月 31 日中国人民银行公布的人民币与相应币种汇率的中间价折算。编制说明中未作解释的内容以企业目前所执行的会计核算制度为依据。

（三）表内有关指标解释

1. 本年应计利息：反映相关带息负债本年度应计提的利息。

2. 逾期尚未偿还的借款本金：反映企业期末尚未偿还的带息负债累计逾期本金总额。

3. 年末应付利息：反映年末累计应付未付的相关带息负债的利息。

4. 短期融资券（含超短期融资券）：反映企业在银行间债券市场发行和交易的一年内还本付息的短期债券，包括短期融资券和超短期融资券。

5. 应付债券：反映剩余期限一年以上的各类债券，包含归类为金融负债的永续债、优先股。

6. 中期票据、企业债券、公司债券：分别反映剩余期限一年以上的各类债券。

7. 融资租赁款：反映企业通过融资租赁的方式对外筹资的情况。本金根据"长期应付款"与"未确认筹资费用"的差额填列。

8. ☆租赁负债：反映资产负债表日承租人企业尚未支付的租赁付款额的期末账面价值。该项目应根据"租赁负债"科目的期末余额填列。自资产负债表日起一年内到期应予以清偿的租赁负债的期末账面价值，在"一年内到期的非流动负债"项目反映。

9. 利息支出总额：反映企业当年全部利息支出金额，包括利息费用化和资本化金额，包括计入负债的永续债利息、优先股股利。

10. 利息资本化金额：反映企业本年度符合资本化确认条件并计入相关资产成本的全部借款利息。

11. 带息负债融资成本率：反映企业当年带息负债平均融资成本，由利息支出总额除以平均带息负债余额（按月平均）计算。

12. 已发行永续债、优先股：反映企业期末发行在外的永续债、优先股的本金（股本）余额。归类为权益的永续债、优先股，既包括归属于母公司所有者权益的，也包括归属于少数股东权益的；归类为负债的永续债、优先股单独列示。

13. 计入未分配利润的永续债利息：反映企业当年计入权益的永续债所发生的利息。

14. 境外发行外币债券总额：反映企业集团所属境内外子企业本年度在境外累计发行外币债券的票面本金总额，以人民币填列。各明细项按各类债券的实际币种填列。

15. 境外发行人民币债券总额：反映企业集团所属境内外子企业本年度在境外累计发行人民币债券票面本金总额。

（四）表内公式

1. 行次：1 行 =（2 + 5 + 10 + 11 + 12）行；2 行 ≥（3 + 4）行；5 行 ≥（6 + 7 + 8 + 9）行；12 行 ≥（13 + 14）行；15 行 =（16 + 19 + 23）行；16 行 ≥（17 + 18）行；19 行 ≥（20 + 21 + 22）行；23 行 ≥（24 + 25）行；26 行 =（1 + 15）行；29 行 ≥ 30 行；33 行 ≥ 34 行；35 行 ≥ 36 行；若 1 栏 > 0，则 5 栏 > 0（合理性）。若封面"报表类型码"为 0 或 2 或 3 或 4 或 5，且封面"执行新准则"中是否执行新金融工具准则为 2，则 10 行 = 0；若封面"报表类型码"为 0 或 2 或 3 或 4 或 5，且封面"执行新准则"中是否执行新金融工具准则为 1，则 11 行 = 0。若封面"报表类型码"为 0 或 2 或 3 或 4 或 5，且封面"执行新准则"中是否执行新租赁准则为 2，则 25 行 = 0。

2. 栏间：4 栏 =（1 + 2 − 3）栏。

（五）表间公式

（1 行、2 行、5 行、10 行、11 行、15 行、16 行、19 行、25 行、26 行、34 行、36 行）年初余额、年末余额 ≤ 企财 01 表（103 行、76 行、101 行、79 行、80 行、118 行、106 行、107 行、110 行、119 行、109 行、108 行）期初余额、期末余额；(29 − 30) 行 = 企财 02 表 20 行。

附件2（2）

2020年度企业财务决算报表
财务情况表编制说明

一、填报范围

本表适用于国资委依法履行出资人职责的企业（以下简称企业）。

二、填报要求

表中指标应以企业2020年末或2020年度的有关数据分析填列，具体指标的填报口径按有关会计核算制度和财务制度等规定执行，表中与会计主附表相同的指标应当保持前后数据一致。

三、应收款项情况表［企财11表］

（一）基本内容

本表反映企业按账龄分类的应收账款、其他应收款、长期应收款、一年内到期的长期应收款、逾期应收款项、涉及诉讼的应收款项、☆应收款项融资中原计入应收账款的部分，以及主要欠款对象、各类保证金、应收账款保理、长账龄应收款项增减变动等情况。

（二）编制方法

1. 企业应按照应收款项的科目余额及所属明细科目分析填列表中各项指标，编制说明中未作解释的内容以目前企业所执行的会计核算制度为依据。

2. 编制合并财务报表的企业，应按照合并报表口径填报本表中的有关项目。

3. 表内"☆应收款项融资"指标仅由执行新金融工具准则的企业填列。

（三）表内有关指标解释

1. 年初余额、年末余额：指应收账款、其他应收款、长期应收款、一年内到期的长期应收款、☆应收款项融资中原计入应收账款的部分等指标的年初和年末账面余额，不扣除已计提的坏账准备或减值准备。根据会计政策采用个别认定法计提坏账准备的应收账款、其他应收款、长期应收款、一年内到期的长期应收款年末余额单独列示。

2. ☆应收款项融资：反映资产负债表日以公允价值计量且其变动计入其他综合收益的应收票据和应收账款等。

3. 逾期应收款项：指超过收款期限仍未收回的应收账款、其他应收款、长期应收款、一年内到期的长期应收款和☆应收款项融资，按账面余额填列。

4. 补充资料"应收款项"均包括应收账款、其他应收款、长期应收款、一年内到期的长期应收款和☆应收款项融资。执行新收入准则的企业，按照新收入准则下应收账款的口径填列，不包含计入合同资产中原属于应收账款的部分。

5. 应收政府部门款项：指应收各级政府部门直接欠款。对中央部门下属企业欠款、地方政府下属企业欠款等，应分别填报在应收中央部门管理企业款项和应收地方国有企业款项中。

6. 应收国资委管理的中央企业款项：指应收国务院国资委履行出资人职责的中央企业及其子企业款项，

由集团汇总分析填列。除在本表填列应收其他中央企业金额总数外，还应在财务情况专项说明中，按对方集团合计口径填报前十大应收单位及金额情况。

7. 应收政府投融资平台款项：反映应收各类政府投融资平台的款项。其中："政府投融资平台公司"是指由地方政府及其部门和机构、所属事业单位等通过财政拨款或注入土地、股权等资产设立，具有政府公益性项目投融资功能，并拥有独立法人资格的经济实体，包括各类综合性投资公司，如建设投资公司、建设开发公司、投资开发公司、投资控股公司、投资发展公司、投资集团公司、国有资产运营公司、国有资本经营管理中心等，以及行业性投资公司，如交通投资公司等。

8. 质量保证金：反映企业销售产品或提供劳务时，按照协议或合同规定预留一定比例货款以保证产品或服务质量的金额。

9. 履约保证金：反映企业在合同执行过程中，应客户或业主要求缴纳的保证金，包括保兑支票、银行汇票或现金支票等。

10. 投标保证金：反映企业在投标过程中，缴纳给招标人的投标责任担保金。

11. 应收账款保理：反映企业与集团外金融机构开展的应收账款保理总体情况，按在手保理合同标的余额填列，其中："无追索权的应收账款保理余额"单独列示。

12. 长账龄应收款项管理情况：反映账期1年以上应收款项年初、年末余额、本年增减变动额等，集团合并报表增减变动额由集团统计分析填列。

（四）表内公式

1. 行次：1行=（2+3+4+5）行；6行=（7+8+9+10）行；（1+6+11+12）行≥13行；（1+6+11+12）行≥15行；13行≥14行；26行=（27+28+29+31+33+35）行；29行≥30行；31行≥32行；33行≥34行；36行=（37+38+39+40）行；41行≥42行；47行≥48行。

2. 栏间：1栏≥2栏；1栏≥3栏；2栏≥4栏；3栏≥4栏；5栏≥6栏；26行7栏=（1+6+11+12+16）行1栏；26行8栏=13行1栏；26行9栏=（1+6+11+12+16）行5栏。

3. 若封面"报表类型码"为0或2或3或4或5，且封面"执行新准则"中是否执行新金融工具准则为2，16行=0。

（五）表间公式

1行（1-3）栏=企财01表9行期末余额；1行（5-6）栏=企财01表9行期初余额；6行（1-3）栏=企财01表15行期末余额；6行（5-6）栏=企财01表15行期初余额；11行（1-3）栏=企财01表32行期末余额；11行（5-6）栏=企财01表32行期初余额；16行1栏=企财01表10行期末余额；16行5栏=企财01表10行期初余额；（1+6+11+12）行6栏=企财06表1行1栏；（1+6+11+12）行3栏=企财06表1行11栏。

四、存货情况表［企财12表］

（一）基本内容

本表主要反映企业原材料、自制半成品及在产品、库存商品（产成品）、执行建造合同准则的企业和房地产开发企业的存货等主要存货的质量情况。

（二）编制方法

1. 企业应按照存货相关科目及所属明细科目分析填列表中各项指标，编制说明中未作解释的内容以企业所执行的会计核算制度为依据。

2. 编制合并财务报表的企业，应按照合并报表口径填报本表中的有关项目。

（三）表内有关指标解释

1. 已完工未结算工程：指企业已完成工程施工，但未办理结算的工程。本项目根据建造合同准则要求分析填列。执行新收入准则的单位，根据企业实际情况填列。

2. 在建房地产开发产品：房地产开发企业构成房地产商品售出条件的全部投入及分摊的相关费用，包括土地出让金、土地征用及拆迁安置补偿款、前期工程费、建安工程费、基础设施费、公共配套设施费和开发期间税费等费用。本项目由房地产开发企业根据"开发成本"科目的年末余额分析填列。执行新收入准则的单位，根据企业实际情况填列。

3. 已完工房地产开发产品：房地产开发企业已经完成全部开发建设过程，并已验收合格，符合国家建设标准和设计要求，可以按照合同规定的条件移交订购单位，或者作为对外销售、出租的产品，包括土地（建设场地）、房屋、配套设施和代建工程。本项目由房地产开发企业按照"开发产品"科目的年末余额分析填列。执行新收入准则的单位，根据企业实际情况填列。

4. 尚未开发的土地储备：房地产开发企业为开发房地产项目储备的土地资产，包括企业为取得土地支付的土地出让金、交易费、土地契税、办理土地证的费用等。本项目由房地产开发企业根据开发成本的有关明细科目的年末余额分析填列。

5. 非正常存货：指由于物理质量、性能发生恶化或由于技术进步、外部市场环境变化等原因导致价值贬值，并在可预计的未来不可能再恢复到原始价值的存货，如技术淘汰、残损变质、积压呆滞等。

6. 非正常存货处置利用情况：主要反映企业盘活处置非正常存货有关情况，以及因处置非正常存货对当期损益形成的影响等。

（四）表内公式

1. 行次：2 行≥(3＋4) 行；5 行≥6 行；7 行≥8 行；9 行＝(1＋2＋5＋7) 行；12 行≥(13＋14) 行。
2. 栏间：1 栏≥2 栏；3 栏≥4 栏；9 行 1 栏≥12 行 5 栏；9 行 3 栏≥12 行 6 栏；12 行 6 栏≥17 行 5 栏；12 行 6 栏≥18 行 5 栏；12 行 6 栏≥20 行 5 栏；12 行 5 栏≥15 行 5 栏；12 行 6 栏≥15 行 6 栏。

（五）表间公式

1 行（1－2）栏 = 企财 01 表 19 行期末余额；1 行（3－4）栏 = 企财 01 表 19 行期初余额；5 行（1－2）栏 = 企财 01 表 20 行期末余额；5 行（3－4）栏 = 企财 01 表 20 行期初余额；9 行（1－2）栏 = 企财 01 表 18 行期末余额；9 行（3－4）栏 = 企财 01 表 18 行期初余额。

五、对外股权投资情况表 ［企财 13 表］

（一）基本内容

本表主要反映年末企业对合并范围外的长期股权投资和在金融资产项目中核算的股权投资基本情况，包括对联营合营企业投资、未纳入合并范围的子企业投资以及不具有控制、共同控制和重大影响的各类参股投资，不包括在资本市场上取得的财务投资。

（二）编制方法

1. 企业应根据"长期股权投资""长期股权投资减值准备""可供出售金融资产""☆其他权益工具投资""投资收益"等科目及所属各明细科目及被投资企业实际情况分析填列，编制说明中未作解释的内容以企业目前所执行的会计核算制度为依据。

2. 企业应将对集团外的股权投资按照连续持有、本年新增和本年减少逐项填列。其中：本年追加投资以及因新增合并范围带来的对外股权投资，均作为连续持有项目填列；年初持有、至年末已清理的股权投资作为本年减少项目填列。

（三）表内有关指标解释

1. 投资主体：填列对外股权投资的直接投资企业（单位）名称。

2. 被投资企业性质：企业应分别按国有独资、国有控股、国有实际控制、集体、私营、外商、其他等七项内容选择填列。若被投资企业外商股权比例超过25%，但国有股权比例仍大于外商股权比例，则按国有控股填列。

3. 被投资企业所属行业：按照国民经济行业分类与代码选择填列。

4. 投资成本：反映企业取得对外股权投资时支付的全部价款，或放弃非现金资产的公允价值，或取得股权投资的公允价值，包括直接相关的费用、税金及其他必要支出，包括取得时的投资成本和持有期间发生的投资成本，即反映截至期末的累计投资成本。

5. 本年账面投资收益：反映企业当年实际确认的投资收益或损失情况。

6. 核算方法：企业应分别按权益法核算的长期股权投资、成本法核算的长期股权投资、以公允价值计量的可供出售金融资产、以成本计量的可供出售金融资产和以公允价值计量且其变动计入其他综合收益的其他权益工具投资等项目选择填列。

7. 经营状况：企业应分别按盈利、亏损、非持续经营、筹建期尚未开展生产经营等内容选择填列。

8. 最近三年分红情况：反映企业最近三年内的分红情况，按照最近三年是否分红选择填列。

9. 被投资企业代码：一律使用统一社会信用代码证书编号（18位），无统一社会信用代码证书的企业（境外公司等）使用统一的编码规则生成18位代码填报。

10. 备注：对于"年末股权比例"超过50%或"年末账面余额"未填列数据的情况，需在此项目中予以说明；以成本法核算的长期股权投资需在此予以说明。

（四）表内公式

7、8、13、14、15栏1行＝2行＋4行＋6行；12、16栏1行＝2行＋4行；11栏1行＝2行＋6行；7、8、11、12、13、14、15、16栏合计＝浮动行合计；若10栏＞50或12栏＝0，则20栏不为空。

六、投资并购企业情况表［企财14表］

（一）基本内容

本表主要反映企业本年度以无偿划转、协议转让以及其他收购兼并方式取得其他企业控制权的情况，不包括集团内部企业之间的购并、置换以及无偿划转等行为。

（二）编制方法

企业应根据收购、兼并合同与无偿划转等协议和文件，以及相关会计处理、资产评估报告等资料逐项分析填列。

（三）表内有关指标解释

1. 管理级次：反映并购主体在集团实际管理架构中的级次。

2. 企业性质：应按国有独资、国有控股、国有实际控制、集体、私营、外商、其他选择填列。

3. 所在地区：反映被并购企业所在的地区，按"境内、港澳台、洲别"等枚举填列。

4. 并购方式：应按无偿划转、现金收购、资产置换、增资扩股和其他选择填列。

5. 是否属主业：按照主业和非主业选择填列。主业的界定以国资委对集团批复的主业范围为依据。

6. 净资产价值（审计/评估）：被并购企业因无偿划入等原因未经评估的，净资产价值按并购日被并购企业经审计的净资产账面价值填列。

7. 支付对价：指并购主体在收购兼并中支付的交易对价，应根据资金来源以自有资金、银行贷款、股权及其他进行分析填列。

8. 形成商誉：指企业收购兼并支付的对价超过合并中取得被收购企业可辨认净资产公允价值份额的差额。

9. 当年计提商誉减值准备：反映企业对当年并购或无偿划入形成的商誉计提的减值准备。

10. 企业代码：一律使用统一社会信用代码证书编号（18位），无统一社会信用代码证书的企业（境外公司等）使用统一的编码规则生成18位代码填报。

（四）表内公式

11、12、13、14、15、16、17、18、20、21栏合计＝浮动行合计；若12栏－11栏×19栏＞0，则除合计行外，浮动行17栏＝12栏－11栏×19栏；若12栏－11栏×19栏≤0，则17栏＝0。

七、子企业及股权处置情况表［企财15表］

（一）基本内容

本表主要反映企业本年度对所属子企业及参股企业的清理、处置情况，不包括集团内部企业之间的子企业及股权出售、转让或无偿划转行为。

（二）编制方法

企业应根据本年度发生的子企业处置情况、参股企业处置情况或无偿划转文件，以及"长期股权投资"等科目所属各个明细科目等资料逐项分析填列。向外商转让国有股权应当填报本表。

（三）表内有关指标解释

1. 子企业处置情况：反映企业本年度对所属子企业的转让、无偿划出、清算、注销、破产等处置情况，包括处置部分股权和全部股权。

2. 参股企业处置情况：反映企业本年度对参股投资项目的转让、无偿划出等处置情况，包括处置部分股权和全部股权。

3. 处置方式：应按进场交易、经国资委批准的协议转让、经中央企业批准的协议转让、无偿划出、清算、注销、破产、其他选择填列。

4. 账面净值（净资产）：反映股权处置行为基准日相关子企业及对外参股投资企业的账面净资产余额。

5. 评估净值（净资产）：反映股权处置行为评估基准日相关子企业及对外参股投资企业净资产的评估金额。

6. 处置损益：反映企业处置子企业及股权的收益或损失情况。

7. 被处置企业代码：一律使用统一社会信用代码证书编号（18位），无统一社会信用代码证书的企业（境外公司等）使用统一的编码规则生成18位代码填报。

（四）表内公式

4、5、6、7栏合计 = 浮动行合计，4、5、6、7栏合计 = 子企业处置情况 + 参股企业处置情况。

八、金融投资及风险业务情况表　[企财16表]

（一）基本内容

本表反映企业的股票、基金、期货（权）及衍生品、委托理财、委托贷款等金融投资业务及其实现的投资收益情况，以及抵押、质押、或有事项、诉讼、融资性贸易风险敞口等情况。

（二）编制方法

1. 企业应按照"以公允价值计量且其变动计入当期损益的金融资产""☆交易性金融资产""可供出售金融资产""持有至到期投资""委托贷款""投资收益""公允价值变动损益"等科目及所属各明细科目分析填列表中各项指标。

2. 编制合并财务报表的企业，应按照合并报表口径填报本表中的有关项目。

（三）表内有关指标解释

1. 股票投资情况：反映企业在境内、外证券市场上买卖上市公司的流通股，不包括企业以参股、控股为目的在可供出售金融资产或长期投资科目核算的股权投资。其中在境外（含港、澳、台地区）从事的股票投资情况单独反映。委托他人进行的股票投资业务通过"委托理财情况"反映，不在本项目填列。

（1）原始投资成本：反映企业年末12月31日所持有的股票原始投资账面价值，分多次买入的按加权平均计算投资成本。

（2）年末市值：反映企业年末12月31日所持有股票的市场价值。

（3）浮动盈亏：反映企业截至年末12月31日所持股票市值与投资成本之间的差额。

（4）当年累计交易金额：反映企业当年所有股票投资及交易活动的累计金额。

（5）当年实际盈亏：反映企业当年进行股票投资实际产生的盈亏额。

2. 基金投资情况：反映企业在境内、外市场投资各类基金的情况。其中在境外（含港、澳、台地区）从事的基金投资情况单独反映。委托他人进行的基金投资业务通过"委托理财情况"反映，不在本项目填列。

（1）原始投资成本：反映企业年末12月31日所持有的基金原始投资账面价值，分多次买入的按加权平均计算投资成本。

（2）年末市值：反映企业年末12月31日所持有基金的市场价值。

（3）浮动盈亏：反映企业截至年末12月31日所持基金市值与投资成本的差额。

（4）当年实际盈亏：反映企业当年进行基金投资实际产生的盈亏额。

3. 债券投资情况：反映企业投资国债、金融债券、企业债券等各种债券的情况。

（1）原始投资成本：反映企业年末12月31日所持有的债券原始投资账面价值，分多次买入的按加权平均计算投资成本。

（2）年末市值：反映企业年末12月31日所持有债券投资的市场价值。

4. 商品或金融期货（权）及衍生品投资情况：反映企业在境内、外期货交易所，证券交易所或场外市场从事的自营、代理、委托期货经纪公司等形式的期货（权）及衍生品交易的情况。其中在境外（含港、澳、台地区）从事的期货（权）及衍生品投资情况单独反映。

（1）保证金账户余额：反映企业年末12月31日商品或金融期货（权）及衍生品保证金账户的实际余额。

（2）年末持仓合约金额：反映企业年末12月31日累计持有的所有商品或金融期货（权）及衍生品合约约定的总价值。

（3）当年实际盈亏：反映企业当年进行商品或金融期货（权）及衍生品投资实际形成的盈亏额。

（4）浮动盈亏：反映企业截至年末12月31日商品或金融期货（权）及衍生品交易可能发生的收益或亏损情况。

（5）当年累计交易金额：反映企业当年所有商品或金融期货（权）及衍生品投资及交易活动的累计金额。

5. 委托理财投资情况：反映企业将资金、证券等金融性资产通过合约委托其他单位开展投资业务的有关情况。

（1）委托理财本金年末余额：反映企业委托其他单位开展委托理财业务的账面余额。

（2）当年实际盈亏：反映企业当年进行委托理财投资实际形成的盈亏额。

（3）预计盈亏：反映企业截至年末12月31日委托理财投资可能发生的收益或亏损情况。

（4）计提减值准备年末余额：反映企业截至年末12月31日对因受托机构高危、托管、破产清算等原因导致的可能发生损失的委托理财计提的减值准备的账面余额。

（5）当年新增委托金额：反映企业当年新增的所有委托理财投资活动的累计金额。

（6）购买的信托产品金额：反映企业年末持有的各类信托产品的账面余额。

（7）到期未偿付的信托产品金额：反映企业年末持有的各类信托产品中，已经逾期未收回投资的金额。

6. 委托贷款情况：反映企业提供资金，由金融机构根据企业确定的贷款对象、用途、金额、期限、利率等而代理发放、监督使用并协助收回的贷款情况。

7. 已抵押资产账面价值：反映企业年末已抵押的资产账面净值，包括企业为他人和自己担保尚未解除担保责任的已抵押资产账面净值，其中"为集团外单位担保已抵押资产账面价值"应单独填列。

8. 已质押资产账面价值：反映企业年末已质押的资产账面净值，包括企业为他人和自己担保尚未解除担保责任的已质押资产账面净值，其中"为集团外单位担保已质押资产账面价值"应单独填列。

9. 或有负债：反映企业年末或有负债的总金额。其中已贴现商业承兑汇票形成的或有负债，为其他单位提供债务担保形成的或有负债以及未决诉讼或仲裁形成的或有负债应单独填列。

10. 涉及诉讼案件情况：反映企业年末未决诉讼的个数和金额情况。

11. 融资性贸易风险敞口处置情况：反映企业在2019年决算审核时报送国资委的截至2019年末融资性贸易风险敞口余额及2020年处置情况，由企业集团本部填列。本年新认定和新发现的以前年度发生的融资性贸易业务以及本年新发生的融资性贸易业务风险敞口有关情况不在该表反映，应当在《财务决算专项说明》中详细描述。

融资性贸易风险敞口年初余额：企业在2019年决算审核时报送国资委的截至2019年末的融资性贸易风险敞口余额。

融资性贸易风险敞口本年处置金额：年初融资性贸易风险敞口余额在本年的处置金额，包括：（1）收回的现金和资产的实际价值金额,填报当年收回的资金总额(包括偿债资金、保险赔付资金、直接处置对方资产收回的资金等)和已取得的尚未处置的抵债资产的实际价值或评估价值金额;(2)获得的抵质押物的实际价值金额,填报当年获得的土地、房产、股权、机械设备、矿权等抵质押物的实际价值或评估价值金额;(3)核销债权等风险敞口形成的实质性损失金额,填报根据《中央企业资产减值准备财务核销工作规则》等规定当年核销债权等风险敞口形成的实质性损失金额。

融资性贸易风险敞口年末余额:年初融资性贸易风险敞口余额扣除本年处置金额后的余额。

(四)表内公式

1. 行次:4 行=(3-2)行;10 行=(9-8)行;35 行≥36 行;36 行≥37 行;40 行≥41 行;42 行≥43 行;47 行≥48 行;49 行≥50 行;51 行≥(52+53+54)行;56 行≥57 行;58 行≥59 行;66 行=(61-62)行;62 行=(63+64+65)行。

2. 栏间:1 栏≥2 栏(2、3、5、8、9、13、14、15、16、17、18、20、21、24、26、27、30 行)。

九、资金集中情况表[企财 17 表]

(一)基本内容

本表主要反映企业期末资金集中管理、资金集中受限及资金集中度情况,企业在各级子公司、境外设置的资金管理平台归集资金视同资金集中。

(二)编制方法

本表由集团总部根据财务公司、结算中心、资金管理平台"吸收存款""货币资金"等科目余额分析填列。

(三)表内有关指标解释

1. 年末资金集中余额:反映资金管理机构在集团范围内归集资金余额。

2. 归集受限资金余额:反映企业年末因政策、法规限制无法在资金管理机构集中的资金余额,其中:专项账户资金反映财政拨款、上市募集资金等需"专款专用""专户管理"的各类资金;金融企业管制资金反映商业银行、证券、期货、信托等金融企业受到金融业监管限制,不能归集的资金;外汇管制资金反映受资金所在国外汇政策限制,不能跨境归集的境外资金。受关联交易规模限制不能归集的上市公司资金不属于归集受限资金。

3. 集团内部借款余额:反映企业集团将内部集中的资金通过财务公司、结算中心、其他资金管理平台等方式出借给成员单位的借款余额(不含成员单位间通过上述方式的委托贷款)。

4. 存贷比:反映集团内部借款余额占资金集中总额的比重。

(四)表内公式

行次:1 行=(2+3+4)行;6 行=(7+8+9)行;10 行≥(11+12+13+14)行;15 行=1 行/(1+5-6)行×100;100≥15 行≥0;100≥16 行≥0;16 行=1 行/(1+5-6-10)行×100;17 行≥(18+19+20)行;21 行=17 行/1 行×100。

十、提供担保情况表[企财 18 表]

(一)基本内容

本表主要反映企业为子企业、参股企业、集团外单位提供担保的具体情况,不包括企业作为债务人为自己提供的担保。

(二)编制方法

企业应根据期末为子企业、参股企业、集团外单位提供担保情况、担保合同,以及被担保企业资料,逐笔逐项填列,集团内部企业之间的互保不得抵销。子企业是指纳入合并范围的企业,参股企业是指有股权关系但未纳入合并范围的企业,集团外单位是指无股权关系的单位。

(三)表内有关指标解释

1. 担保单位:反映与担保对象和债权人签订担保合同、为担保对象提供履约担保的第三方,应填列单位全称。

2. 担保对象：反映接受担保的债务人，应填列单位全称。担保对象的企业性质应按1. 国有独资、2. 国有控股、3. 国有实际控制、4. 集体、5. 私营、6. 外商、7. 其他选择填列；担保对象是否为上市公司应按1. 是、2. 否选择填列；担保对象的经营现状，反映担保对象截至年末的经营状况，应按1. 正常经营、2. 非持续经营选择填列。

3. 担保方式：反映担保方向担保对象提供担保的形式，应按1. 一般保证、2. 连带责任保证、3. 抵押、4. 质押选择填列。

4. 担保种类：指担保方为担保对象提供担保的品种，应按1. 贷款担保、2. 履约担保、3. 贸易融资担保、4. 其他担保选择填列。

5. 反担保方式：反担保是担保方为担保对象向债权人提供担保时，要求担保对象或其他人向担保人提供的担保，按照1. 无反担保、2. 一般保证、3. 连带责任保证、4. 抵押、5. 质押选择填列。

6. 实际担保金额：反映企业截至年末按照担保合同尚未解除担保责任的担保总金额。其中："本年度新增的担保金额"应单独填列。

7. 是否逾期：反映超过担保合同规定的期限仍未解除担保责任的担保事项，按1. 是、2. 否选择填列。

8. 代偿损失金额：反映担保方由于提供该笔担保事项发生的代偿损失金额，应按担保方由于提供该笔担保事项累计发生的代偿损失金额填列。

9. 已计入预计负债金额：反映实际担保事项因存在较大的担保风险等原因，按规定已确认为预计负债的金额。其中："本期计入预计负债金额"应单独填列。

10. 是否按股权比例担保：反映担保方是否按照持有担保对象的股权比例承担债务担保责任，按1. 是、2. 否选择填列。

（四）表内公式

1. 行次：9、10、13、14、15栏合计 = 对子企业 + 对参股企业 + 对集团外企业。

2. 栏间：9栏≥10栏；9栏≥13栏（合理性）；9栏≥14栏；14栏≥15栏。

十一、主要业务情况表 ［企财19表］

（一）基本内容

本表主要按照分部信息反映企业主业、非主业的收入、成本、毛利、利润及资产等情况。

（二）编制方法

1. 企业应根据各业务的性质按照"主业""非主业"进行分析填列。主业应与上一级单位沟通确认。

2. 企业应根据各业务的"营业收入""营业成本""利润总额""资产总额"等科目所属明细项目，以及金融企业"△利息收入""△已赚保费""△手续费及佣金收入""△利息支出""△手续费及佣金支出""△退保金""△赔付支出净额""△提取保险责任准备金净额""△保单红利支出""△分保费用"等专用科目分析、计算填列。

3. 业务项目明细分类：按企业业务板块的明细分类填列。

4. 编制合并财务报表的企业，原则上按合并口径填列，如合并口径无法体现真实业务情况，应与上一级单位沟通确认。

（三）表内公式

1. 行次：合计行 = 浮动行的和。

2. 栏间：10栏 =（2 - 6）栏；12栏 =（4 - 8）栏。

（四）表间公式

（合理性公式）合计行2栏 = 企财02表1行本期金额；合计行4栏 = 企财02表1行上期金额；合计行6栏 = 企财02表（7 + 8 + 9 + 10 + 11 + 12 + 13 + 14）行本期金额；合计行8栏 = 企财02表（7 + 8 + 9 + 10 + 11 + 12 + 13 + 14）行上期金额。

十二、成本费用情况表［企财 20 表］

（一）基本内容

本表主要反映企业本年度发生的成本费用总额、构成以及物资采购及研发费用等情况。

（二）编制方法

1. 企业应按照"营业成本""税金及附加""销售费用""管理费用""研发费用""财务费用"所属明细科目，以及金融企业"利息支出""手续费及佣金支出"等成本科目分析填列。

2. "营业成本"由非金融企业填列，"金融企业营业成本"仅由金融企业填列，其他企业不填。

3. 编制合并财务报表的企业，应按照合并报表口径填报本表中的有关项目。

（三）表内有关指标解释

1. 原材料费用（采购成本）：原材料费用反映直接构成企业销售产品实体或主要部分的原料、材料和燃料等成本；采购成本反映商贸企业销售库存商品的实际采购成本（包括买价、税费、运输装卸费、保险及其他采购费用等）。

2. 人工成本：反映企业销售产品或提供劳务所直接耗用的人工费用的总和。

3. 勘探费用：由石油天然气开采企业根据油气勘探过程中发生的地质调查、物理化学勘探各项支出和非成功探井等支出分析填列。

4. 采购总额：反映企业本年度生产经营、工程建设、科研开发以及发放非货币性职工福利等所采购的各类物资及服务总额。

5. 集中采购额：反映企业整合一段时间内多个同类项目的需求，由采购部门同意组织实施集中采购的集中金额，包括集团总部集中采购金额和所属企业集中采购金额，具体按本年度实际签订的合同金额填列。

6. 集团总部集中采购额：反映企业本年列入集团总部集中采购范围内的物资及服务采购金额，包括集团总部直接集中采购、总部组织集中采购、总部授权集中采购等形式。具体按本年度实际签订的合同金额填列。

7. 企业自行组织集中采购额：反映除集团总部集中采购外，由集团所属企业自行组织集中采购的金额，具体按本年度实际签订的合同金额填列。

8. 集中采购比例：反映企业集中采购额占集团各类对外采购金额的比重。集中采购比例＝集中采购额/采购总额×100%

9. 集中采购节约金额：反映企业本年执行的所有集中采购业务节约资金的总和，集中采购业务节约金额计算公式为：节约金额＝概算（预算）金额－成交金额，或节约金额＝市场价－成交价

10. 科技创新收入：综合反映企业科技创新与转化能力，包括企业"四技收入"与企业承担省部级以上项目（课题）到款额之和。其中："四技收入"指技术开发收入、技术转让收入、技术咨询收入及技术服务收入。

11. 新产品销售收入：反映企业在营业收入中销售新产品实现的收入。新产品是经政府有关部门认定并在有效期内的产品；也包括企业自行研制开发，未经政府有关部门认定，从投产之日起一定时期（一般为一年）内的新产品。新产品是指采用新技术原理、新设计构思研制生产，或结构、材质、工艺等某一方面有所突破或较原产品有明显改进，从而显著提高了产品性能或扩大了使用功能，对提高经济效益具有一定作用的产品，并且在一定区域或行业范围内具有先进性、新颖性和适用性的产品。

12. 确认为无形资产的开发支出：反映企业当年度发生的资本化研究开发支出金额，根据"研发支出——资本化支出"科目贷方发生额分析填列。

13. 加计扣除研究开发费用：反映企业按照财政部、税务总局、科技部《关于提高研究开发费用税前加计扣除比例的通知》（财税〔2018〕99号）规定，在计算应纳税所得额时可予以加计扣除的研究开发费用，应根据年度"企业所得税纳税申报表"中纳税调整项下列示的研究开发费用附加扣除额填列。"本年数"根据企业按相关规定预计金额填列；"上年数"根据税务部门确认金额填列。

（四）表内公式

1 行≥（2+3+4）行；7 行=（8+24+43+44）行；8 行=（9+10+11+12+13+14+15+16+17+18+19+20+21+22+23）行；24 行=（25+26+27+28+29+30+31+32+33+34+35+36+38+39+40+41+42）行；36 行≥37 行；46 行=（1+5+6+7+45）行；49 行≥50 行；50 行=（51+52）行；53 行=50 行/49 行×100%；56 行≥（57+59+60）行；57 行≥58 行。

（五）表间公式

1 行本年数、上年数=企财 02 表 7 行本期金额、上期金额；5 行本年数、上年数=企财 02 表（8+9+10+11+12+13+14）行本期金额、上期金额；6 行本年数、上年数=企财 02 表 15 行本期金额、上期金额；8 行本年数、上年数=企财 02 表 16 行本期金额、上期金额；24 行本年数、上年数=企财 02 表 17 行本期金额、上期金额；43 行本年数、上年数=企财 02 表 18 行本期金额、上期金额；44 行本年数、上年数=企财 02 表 19 行本期金额、上期金额；45 行本年数、上年数=企财 02 表 23 行本期金额、上期金额；31 行本年数、上年数=企财 08 表 49 行本期金额、上期金额。

十三、企业集团基本情况表［企财 21 表］

（一）基本内容

本表主要反映集团所属企业户数、境外子企业及机构户数、企业盈利结构、国际化经营情况、特殊管理的资产（金）、表外资产、信托管理资产、股权投资基金情况、垫资业务、外币货币性项目、对外捐赠支出等情况。

（二）编制方法

企业户数应当以集团股权结构为依据填列，对于股权结构复杂、存在较多虚拟控股层次、BVI 等离岸公司的集团应当以国资委批复的合并报表树型结构作为户数统计基础。

"外币货币性项目情况"应当以列示项目的实际币种填列。

（三）表内有关指标解释

1. 集团所属法人级次：反映集团所属股权架构中最末级的具有法人资格、独立会计核算的子企业的层级。

2. 集团所属管理级次：反映集团实际管理架构中最末级企业（单位）的层级，包括不具备法人资格的分公司、板块管理模式的部门及 BVI 等离岸公司。

3. 境外子企业及机构户数：

（1）集团所属境外子企业总户数：反映企业集团所属按照产权投资关系设立的境外具有独立法人资格的全资及控股子企业户数，包括红筹股公司及其控制的子企业、境外企业返回境内投资企业。

（2）集团所属纳入决算合并范围境外子企业户数：反映企业集团纳入决算合并范围内的所属按照产权投资关系设立的境外具有独立法人资格的全资及控股子企业户数，包括红筹股公司及其控制的子企业、境外企业返回境内投资企业。

（3）集团所属纯境外子企业户数：反映企业注册地在境外、经营地也在境外的具有独立法人资格的全资及控股子企业户数。

（4）集团所属纳入决算合并范围纯境外子企业户数：反映企业集团纳入决算合并范围内的注册地在境外、经营地也在境外的具有独立法人资格的全资及控股子企业户数。

（5）集团所属全部境外机构户数：反映企业集团所属在境外设立的全部分公司、办事处（代表处）、项目组和经理部等非法人独立核算单位的户数情况。

4. 盈利结构情况：

（1）金融业务来自于集团外的利润：反映企业与集团外单位开展金融业务形成的利润总额，包括银行、财务公司、保险及保险经纪、证券及证券经纪、信托与管理、期货、金融租赁等金融活动。

（2）出售所属上市公司股权收益：反映企业减持具有实质控制权的所属上市公司股权取得的收益，损失以"-"号填列。

（3）股票处置收益：反映企业在境内、外证券市场上买卖流通股取得的收益，损失以"－"号填列，不包括所属金融子企业自营证券投资收益和出售所属上市公司股权收益。

5. 国际化经营情况：

（1）国际化经营收入：反映集团内各类企业开展境外商品贸易、工程建设、技术转让等业务实现的收入，包括"境内企业境外业务收入"和"纯境外子企业营业收入"两部分。其中，"境内企业境外业务收入"不含境内企业与境外集团内企业开展商品贸易、工程建设、技术转让等业务实现的收入。

（2）国际化经营收入比重（％）：指国际化经营收入占集团营业总收入的比重。

（3）境外从业人数占比（％）：指纯境外子企业全年平均从业人数占集团全年平均从业人数的比重。

（4）境外资产占比（％）：指纯境外企业资产总额占集团资产总额的比重。

（5）本表纯境外子企业相关数据按纯境外子企业数据库相关数据分析填列，填列口径要与纯境外子企业数据库口径保持一致。

6. 特殊管理的资产（金）：

（1）代管的社保资金：反映企业按照国家有关规定为本企业职工建立的、并由本企业代为管理（含委托企业年金管理委员会等专业机构）的养老保险、医疗保险、失业保险、工伤保险、生育保险、企业年金、补充医疗保险等保险资金。

（2）职工持股会管理的资金：反映本企业代职工管理的职工持股会实际持有的货币资金、公司股权、有价证券等各种形式的资产。如果公司股票已经上市，则应按相应时点的市场价格统计计算。

（3）职工互助基金：反映企业代为管理的内部职工帮困互助基金等。

（4）工会管理资产（金）：反映企业代为管理的按照工会法等有关规定按职工工资总额一定比例提取的工会经费。

（5）企业慈善基金会管理的资金：反映企业作为主要出资人组织设立的慈善基金会所拥有或者管理的资金、有价证券、固定资产等资产总额。

7. 表外资产：反映企业拥有的未在财务决算报表列示的与企业生产经营紧密相关的重要资产的详细情况。国有划拨土地价值可参考同样地块政府土地储备中心土地收购价确定，矿权和其他重要资产价值可参照同类资产招拍挂的交易价格确定，可采用预估值填列。

售后租回经营性资产：反映企业将自制或外购的资产出售后再向买方通过经营租赁租回使用的资产的原值。

8. 信托管理资产：反映因受信托而取得的资产，以及因信托资产管理、处分或其他情形而取得的资产。

9. 已设立基金规模合计（认缴额）：反映投资管理类公司已设立的股权投资基金由投资者认缴的资金总额。

10. 已投资项目资产规模：反映股权投资基金参与投资项目的总资产规模，其中：基金投资金额反映股权投资基金对投资项目的出资额。

11. 对外捐赠支出总额：反映企业当年发生的救济性、公益性及其他社会公共福利事业等捐赠支出总额。本指标由负责对外捐赠管理的部门根据企业当年对外捐赠的实际支出情况填列，财务部门负责审核。

（1）救济性捐赠：指企业向受灾或国家确认的定点扶贫地区、定点援助地区以及慈善协会、企业慈善基金会、红十字会、残疾人联合会、青少年基金会等社会团体或者困难的社会弱势群体和个人提供的用于生产、生活救济、救助的捐赠。

（2）公益性捐赠：指企业通过公益性社会团体或者县级以上人民政府及其部门，用于《中华人民共和国公益事业捐赠法》规定的公益事业的捐赠，包括向教育、科学、文化、卫生医疗、体育事业和环境保护、节能减排、社会公共设施建设的捐赠。

（四）表内公式

2 行 =（3 + 4 + 5 + 6）行；2 行 ≥ 7 行；2 行 ≥ 9 行；2 行 ≥ 15 行；2 行 ≥ 16 行；2 行 ≥ 25 行；7 行 ≥ 8 行；9 行 ≥（10 + 11 + 12 + 13 + 14）行；16 行 =（17 + 18 + 19 + 20）行；25 行 ≥ 26 行；25 行 ≥ 27 行 ≥ 28 行；32 行 ≥（33 + 34 + 35 + 36 + 37）行；40 行 =（41 + 42）行；46 行 =（47 + 48 + 49 + 50 + 51 + 52 + 53）行；54 行 =（55 +

56 +57 +58 +59 +60) 行; 63 行≥64 行; 65 行≥66 行; 68 行≥69 行; 92 行≥(93 +98) 行; 93 行≥(94 +95) 行; 95 行≥(96 +97) 行。

（五）表间公式

43 行 =（40 行/企财 02 表 1 行）×100; 92 行≤企财 08 表（57 +58) 行; 92 行≥企财 08 表 58 行。

十四、未纳入合并范围子企业（资产）主要指标表［企财 22 表］

（一）基本内容

本表主要反映企业未纳入合并范围的境内外子企业、事业单位、基建项目以及重要资产的情况。

（二）编制方法

企业应根据未纳入合并范围境内外子企业、事业单位及基建项目的会计报表分析填列。本表应逐级进行填报，集团公司在合并本表时，应将所属企业重复填列的子企业及相关指标进行剔除。

（三）表内有关指标解释

1. 企业（资产）类别：应按境内子企业、境外子企业、事业单位、基建项目、受托管理资产、委托管理资产选择填列。其中：受托管理资产是指受有关政府机构和部门委托管理的资产，其产权不归受托管理企业所有；委托管理资产是指企业委托其他企业或机构管理的资产，其产权仍归委托企业所有，不包括经国资委批准委托其他中央企业管理但仍上报财务决算的企业。

2. 资产损失及挂账：指企业各项待处理或未处理的资产损失净额及资金挂账、亏损挂账等，包括企业有确凿证据表明已发生的各类资产损失，或者虽无确凿证据，但根据外部相关信息资料结合会计人员专业判断确认的资产减值金额。

3. 未纳入合并报表范围原因：企业应按已进入破产程序、已进入清理整顿程序、其他原因选择填列，选择"其他原因"需在备注中简要说明。

4. 子企业代码：一律使用统一社会信用代码证书编号（18 位），无统一社会信用代码证书的企业（境外公司等）使用统一的编码规则生成 18 位代码填报。

（四）表内公式

4、6、7、8、9、10、11、12、13、14、15、16 栏合计 = 浮动行合计; 6 栏≥7 栏; 11 栏 =（9 -10）栏。

十五、股权结构情况表［企财 23 表］

（一）基本内容

本表主要反映企业的股权结构，包括股东名称、统一社会信用代码（18 位）、股东性质、集团内/集团外、境内/境外、截至本年末实际出资额、截至上年末实际出资额、本年股权比例、上年股权比例等。

（二）编制方法

企业应将持有其股权比例前十大的股东分项填列，其他股东出资额合计填列。

（三）表内有关指标解释

1. 股东性质：指股东的组织形式，包括国家资本、国有法人资本（国有独资企业、国有控股企业、国有实际控制企业、事业单位、其他）、集体资本、民营资本（民营企业、本企业人员、其他自然人、其他）、外商资本。

2. 集团内/集团外：指股东与编制单位是否同为一家集团内的企业。

3. 境内/境外：指股东生产经营所在地。

4. 截至本年末实际出资额：指截至本年资产负债表日，股东累计已出资的金额。

5. 截至上年末实际出资额：指截至上年资产负债表日，股东累计已出资的金额。

6. 本年股权比例：指截至本年资产负债表日，股东持有的股权比例。

7. 本年股权比例：指截至上年资产负债表日，股东持有的股权比例。

8. 统一社会信用代码：一律使用统一社会信用代码证书编号（18 位），无统一社会信用代码证书的企业（境外公司等）使用统一的编码规则生成 18 位代码填报。

（四）表内公式

年末实际出资额合计 = 前十大股东小计 + 其他股东小计；前十大股东小计 = 前十大股东之和；7 栏 = 5 栏/截止本年末实际出资额合计；8 栏 = 6 栏/截止上年末实际出资额合计；其他股东小计 = 国家资本 + 国有法人资本 + 集体资本 + 民营资本 + 外商资本

（五）表间公式

股东性质为国家资本的，截至本年末实际出资合计 = 企财 01 表 122 行期末余额；股东性质为国有法人资本的，截至本年末实际出资合计 = 企财 01 表 123 行期末余额；股东性质为集体资本的，截至本年末实际出资合计 = 企财 01 表 124 行期末余额；股东性质为民营资本的，截至本年末实际出资合计 = 企财 01 表 125 行期末余额；股东性质为外商资本的，截至本年末实际出资合计 = 企财 01 表 126 行期末余额。

十六、企业期初数调整情况表［企财 24 表］

（一）编制方法

为便于上年数据与本年数据进行核对，在计算机软件自动提取两年主要指标及数据的基础上，逐级（含合并、汇总及差额单位）分析填列差额形成的原因及影响金额。

（二）表内有关指标解释

1. 合并范围变化：反映企业因年度间合并范围变化，按照企业会计准则调整本年年初数而导致的主要指标本年年初数与上年年末数的差异额。

2. 清产核资调整：反映企业按照国有资产监督管理机构批准的清产核资结果调整本年年初数而导致的主要指标本年年初数与上年年末数的差异额。

3. 重要前期差错更正：反映企业按照企业会计准则进行前期会计差错更正而导致的主要指标本年年初数与上年年末数的差异额。

4. 会计政策变更：反映企业变更会计政策，按照企业会计准则调整本年年初数而导致的主要指标本年年初数与上年年末数的差异额。

5. 公司制改建计提三类人员费用调整：反映企业实施公司制改建，按照国有资产监督管理机构批准的金额计提三类人员费用调整本年年初数而导致的主要指标本年年初数与上年年末数的差异额。

6. 备注：简要说明重大期初数调整事项及其他项主要内容。

（三）表内公式

1. 行次：1 行 = （2 + 7）行。

2. 栏间：3 栏 = （10 − 17）栏；3 栏 = （2 − 1）栏；10 栏 = （4 + 5 + 6 + 7 + 8 + 9）栏；17 栏 = （11 + 12 + 13 + 14 + 15 + 16）栏。

（四）表间公式

1 行本年年初数 = 企财 01 表 147 行期初余额；2 行本年年初数 = 企财 01 表 145 行期初余额；3 行本年年初数 = 企财 01 表 128 行期初余额；4 行本年年初数 = 企财 01 表 132 行期初余额；5 行本年年初数 = 企财 01 表 137 行期初余额；6 行本年年初数 = 企财 01 表 144 行期初余额；7 行本年年初数 = 企财 01 表 146 行期初余额；8 行本年年初数 = 企财 02 表 1 行上期金额；9 行本年年初数 = 企财 02 表 38 行上期金额；10 行本年年初数 = 企财 02 表 40 行上期金额；11 行本年年初数 = 企财 02 表 42 行上期金额；12 行本年年初数 = 企财 02 表 43 行上期金额。

十七、分地区主要指标表（计算机自动生成）

本表主要反映企业所属子企业地区分布情况，包括资产、负债、营业总收入、利润、净利润、应交税费以及成本费用、职工人数等。

本表由单户企业自动计算生成，集团按所属子企业所在地区进行汇总并核对。

十八、主要分析指标表（计算机自动生成）

（一）本表由计算机生成，反映企业综合绩效评价指标以及其他各项财务指标情况
（二）本表随同企业财务决算报表一并上报
（三）指标说明
1. 绩效指标。
（1）净资产收益率（%）：
净资产收益率＝净利润/平均所有者权益×100%
平均所有者权益＝（年初所有者权益合计＋年末所有者权益合计）/2
（2）国有资本回报率（%）：
国有资本回报率＝归属于母公司所有者的净利润/平均归属于母公司所有者权益×100%
平均归属于母公司所有者权益＝（年初归属于母公司所有者权益合计＋年末归属于母公司所有者权益合计）/2
（3）总资产报酬率（%）：
总资产报酬率＝息税前利润/平均资产总额×100%
平均资产总额＝（年初资产总额＋年末资产总额）/2
息税前利润＝利润总额＋财务费用下的利息费用
（4）毛利率（%）：
毛利率＝（营业总收入－营业成本－金融企业营业成本）/营业总收入×100%
（5）营业收入利润率（%）：
营业收入利润率＝营业利润/营业总收入×100%
（6）成本费用利润率（%）：
成本费用利润率＝利润总额/成本费用总额×100%
成本费用总额＝营业成本＋（△利息支出＋△手续费及佣金支出＋△退保金＋△赔付支出净额＋△提取保险合同责任金净额＋△保单红利支出＋△分保费用）＋税金及附加＋销售费用＋管理费用＋研发费用＋财务费用＋其他
（7）盈余现金保障倍数：
盈余现金保障倍数＝经营活动产生的现金流量净额/净利润
（8）成本费用总额占营业总收入的比率（%）：
成本费用总额占营业总收入的比率＝成本费用总额/营业总收入×100%
（9）总资产周转率（次）：
总资产周转率＝营业总收入/平均资产总额
（10）流动资产周转率（次）：
流动资产周转率＝营业总收入/平均流动资产总额
平均流动资产总额＝（年初流动资产＋年末流动资产）/2
（11）存货周转率（次）：
存货周转率＝营业成本/平均存货余额
平均存货余额＝（年初存货余额＋年末存货余额）/2
存货余额＝存货＋存货跌价准备
（12）应收账款周转率（次）：
应收账款周转率＝营业收入/平均应收账款余额
平均应收账款余额＝（年初应收账款余额＋年末应收账款余额）/2
应收账款余额＝应收账款＋应收账款坏账准备
（13）资产现金回收率（%）：

资产现金回收率 = 经营活动产生的现金流量净额/平均资产总额×100%

（14）应收账款增长率（%）：

应收账款增长率 = 本年应收账款增长额/年初应收账款余额×100%

本年应收账款增长额 = 年末应收账款余额 – 年初应收账款余额

（15）存货增长率（%）：

存货增长率 = 本年存货增长额/年初存货余额×100%

本年存货增长额 = 年末存货余额 – 年初存货余额

（16）资产负债率（%）：

资产负债率 = 负债总额/资产总额×100%

（17）已获利息倍数：

已获利息倍数 = 息税前利润/财务费用下的利息费用

（18）流动比率：

流动比率 = 流动资产/流动负债

（19）速动比率：

速动比率 = 速动资产/流动负债

速动资产 = 流动资产 – 存货

（20）现金流动负债比率（%）：

现金流动负债比率 = 经营活动产生的现金流量净额/年末流动负债×100%

（21）短期借款占全部借款的比率（%）：

短期借款占全部借款的比率 = 年末短期借款余额/年末借款合计数×100%

年末借款合计数 = 年末短期借款余额 + 年末长期借款余额 + 一年内到期的长期借款

（22）抵押（质押）资产占总资产比率（%）：

抵押（质押）资产占总资产比率 = 年末抵押（质押）资产额/年末资产总额×100%

（23）担保金额占净资产比率（%）：

担保金额占净资产比率 = 年末担保金额/年末所有者权益合计×100%

（24）带息负债比率（%）：

带息负债比率 = 年末带息负债总额/负债总额×100%

（25）或有负债比率（%）：

或有负债比率 = 或有负债总额/所有者权益总额×100%

（26）营业总收入增长率（%）：

营业总收入增长率 = 本年营业总收入增长额/上年营业总收入×100%

本年营业总收入增长额 = 本年营业总收入 – 上年营业总收入

（27）营业利润增长率（上年营业利润>0时成立）（%）：

营业利润增长率 = 营业利润增长额/上年营业利润×100%

营业利润增长额 = 本年营业利润 – 上年营业利润

（28）利润总额增长率（上年利润总额>0时成立）（%）：

利润总额增长率 = 利润总额增长额/上年利润总额×100%

利润总额增长额 = 本年利润总额 – 上年利润总额

（29）国有资本保值增值率（%）：

国有资本保值增值率 = 扣除客观因素后的年末国有资本及权益/年初国有资本及权益总额×100%

（30）资本积累率（%）：

资本积累率 = 所有者权益增长额/年初所有者权益×100%

所有者权益增长额 = 年末所有者权益合计 – 年初所有者权益合计

（31）资产增长率（%）：

资产增长率=(年末资产总额−年初资产总额)/年初资产总额×100%

（32）研发（R&D）经费投入强度（%）：

研发（R&D）经费投入强度=本年研发（R&D）经费投入合计/营业总收入×100%

2．人均指标。

（1）人均资产（元/人）：

人均资产=年末资产总额/年末从业人员人数

（2）人均利润（元/人）：

人均利润=利润总额/本年平均从业人员人数

（3）人均职工薪酬（元/人）：

人均职工薪酬=本年实际发放职工薪酬总额/本年平均职工人数

（4）职工人均工资（元/人）：

职工人均工资=本年实际发放职工工资总额/本年平均职工人数

（5）人均上交税费（元/人）：

人均上交税费=本年实际上交税费总额/本年平均从业人员人数

（6）全员劳动生产率（元/人）：

全员劳动生产率=劳动生产总值/本年平均从业人员人数

3．其他指标。

（1）长期股权投资占净资产比率（%）：

长期股权投资占净资产比率=年末长期股权投资余额/年末所有者权益合计×100%

长期股权投资余额=长期股权投资净额+长期股权投资减值准备

（2）固定资产投资占营业总收入的比率（%）：

固定资产投资占营业总收入的比率=本年固定资产投资总额/营业总收入本年数×100%

（3）职工薪酬占成本费用总额的比率（%）：

职工薪酬占成本费用总额的比率=本年实际发放职工薪酬总额/成本费用总额×100%

（4）职工薪酬占营业总收入的比率（%）：

职工薪酬占营业总收入的比率=本年实际发放职工薪酬总额/营业总收入×100%

（5）新产品销售率（%）：

新产品销售率=新产品销售收入/营业总收入×100%

（6）年末法定盈余公积占实收资本的比率（%）：

年末法定盈余公积占实收资本的比率=法定盈余公积/实收资本×100%

（7）社会贡献率（%）：

社会贡献率=社会贡献总额/平均资产总额×100%

（四）表间公式

3行本年数=企财02表40行本期金额/[（企财01表147行期初余额+期末余额）/2]×100%

4行本年数=企财02表42行本期金额/[（企财01表145行期初余额+期末余额）/2]×100%

5行本年数=（企财02表38行本期金额+20行本期金额）/[（企财01表74行期初余额+期末余额）/2]×100%

6行本年数=企财02表（1−7−8−9−10−11−12−13−14）行本期金额/企财02表1行本期金额×100%

7行本年数=企财02表34行本期金额/企财02表1行本期金额×100%

8行本年数=企财02表38行本期金额/[企财02表(7+8+9+10+11+12+13+14+15+16+17+18+19+23)行本期金额]×100%

9行本年数=企财03表28行本期金额/企财02表40行本期金额

10行本年数=[企财02表（7+8+9+10+11+12+13+14+15+16+17+18+19+23）行本期金额]/企财02表1行本期金额×100%

12 行本年数 = 企财 02 表 1 行本期金额/[(企财 01 表 74 行期初余额 + 期末余额)/2]

13 行本年数 = 企财 02 表 1 行本期金额/[(企财 01 表 25 行期初余额 + 期末余额)/2]

14 行本年数 = 企财 02 表 7 行本期金额/[(企财 01 表 18 行期初余额 + 企财 06 表 2 行 1 栏 + 企财 01 表 18 行期末余额 + 企财 06 表 2 行 11 栏)/2]

15 行本年数 = 企财 02 表 2 行本期金额/[(企财 11 表 1 行 1 栏 + 企财 11 表 1 行 5 栏)/2]

16 行本年数 = 企财 03 表 28 行本期金额/[(企财 01 表 74 行期初余额 + 期末余额)/2]×100%

17 行本年数 = (企财 11 表 1 行 1 栏 − 企财 11 表 1 行 5 栏)/(企财 11 表 1 行 5 栏)×100%

18 行本年数 = (企财 01 表 18 行期末余额 + 企财 06 表 2 行 11 栏 − 企财 01 表 18 行期初余额 − 企财 06 表 2 行 1 栏)/(企财 01 表 18 行期初余额 + 企财 06 表 2 行 1 栏)×100%

20 行本年数 = 企财 01 表 119 行期末余额/企财 01 表 74 行期末余额×100%

21 行本年数 = (企财 02 表 38 行本期金额 + 20 行本期金额)/企财 02 表 20 行本期金额

22 行本年数 = 企财 01 表 25 行期末余额/企财 01 表 103 行期末余额

23 行本年数 = 企财 01 表（25 − 18）行期末余额/企财 01 表 103 行期末余额

24 行本年数 = 企财 03 表 28 行本期金额/企财 01 表 103 行期末余额×100%

25 行本年数 = 企财 01 表 76 行期末余额/(企财 01 表 76 行期末余额 + 企财 01 表 106 行期末余额 + 企财 10 表 6 行 4 栏)×100%

26 行本年数 = 企财 16 表（47 + 49）行/企财 01 表 74 行期末余额×100%

27 行本年数 = 企财 18 表合计行 9 栏/企财 01 表 147 行期末余额×100%

28 行本年数 = 企财 10 表 26 行 4 栏/企财 01 表 119 行期末余额×100%

29 行本年数 = 企财 16 表 51 行/企财 01 表 147 行期末余额×100%

31 行本年数 = (企财 02 表 1 行本期金额 − 上期金额)/企财 02 表 1 行上期金额×100%

32 行本年数 = (企财 02 表 34 行本期金额 − 上期金额)/企财 02 表 34 行上期金额×100%（当企财 02 表 34 行上期金额 > 0 时成立）

33 行本年数 = (企财 02 表 38 行本期金额 − 上期金额)/企财 02 表 38 行上期金额×100%（当企财 02 表 38 行上期金额 > 0 时成立）

34 行本年数 = [企财 05 表 29 行 + 企财 05 表（17 + 18 + 19 + 20 + 21 + 22 + 23 + 24 + 25 + 26 + 27）行 − 企财 05 表（3 + 4 + 5 + 6 + 7 + 8 + 9 + 10 + 11 + 12 + 13 + 14）行]/企财 05 表 1 行×100%

35 行本年数 = (企财 01 表 147 行期末余额 − 期初余额)/企财 01 表 147 行期初余额×100%

36 行本年数 = (企财 01 表 74 行期末余额 − 期初余额)/企财 01 表 74 行期初余额×100%

37 行本年数 = 企财 08 表 20 行本年数/企财 02 表 1 行本期金额×100%

39 行本年数 = 企财 01 表 74 行期末余额/企财 09 表 2 行本年数

40 行本年数 = 企财 02 表 38 行本期金额/企财 09 表 3 行本年数

41 行本年数 = 企财 09 表 31 行本年数/企财 09 表 6 行本年数

42 行本年数 = 企财 09 表 32 行本年数/企财 09 表 6 行本年数

43 行本年数 = 企财 07 表 1 行本年已交数/企财 09 表 3 行本年数

44 行本年数 = 企财 08 表 31 行本年数/企财 09 表 3 行本年数

46 行本年数 = (企财 01 表 33 行期末余额 + 企财 06 表 8 行 11 栏)/企财 01 表 147 行期末余额×100%

47 行本年数 = 企财 08 表 44 行本年数/企财 02 表 1 行本期金额×100%

48 行本年数 = 企财 09 表 31 行本年数/[企财 02 表（7 + 8 + 9 + 10 + 11 + 12 + 13 + 14 + 15 + 16 + 17 + 18 + 19 + 23）行本期金额]×100%

49 行本年数 = 企财 09 表 31 行本年数/企财 02 表 1 行本期金额×100%

50 行本年数 = 企财 20 表 63 行本年数/企财 02 表 1 行本期金额×100%

51 行本年数 = 企财 01 表 138 行期末余额/企财 01 表 121 行期末余额×100%

52 行本年数 = 企财 08 表 59 行本年数/[(企财 01 表 74 行期初余额 + 期末余额)/2]×100%

附件 3

财务报表附注内容提要

附注是对在资产负债表、利润表、现金流量表和所有者权益变动表等报表中列示项目的文字描述或明细资料，以及未能在这些报表中列示项目的说明等，企业应当按照规定披露附注信息，主要包括下列内容：

一、企业的基本情况

（一）企业历史沿革、注册地、组织形式和总部地址。

（二）企业的业务性质和主要经营活动。如企业所处的行业、所提供的主要产品或服务、客户的性质、销售策略、监管环境的性质等。

（三）母公司以及集团总部的名称。

（四）财务报告的批准报出者和财务报告批准报出日。

（五）营业期限有限的企业，还应当披露有关其营业期限的信息。

二、财务报表的编制基础

企业应评价自报告期末起 12 个月的持续经营能力。如果评价结果表明对持续能力产生重大怀疑的，企业应说明导致对持续经营能力产生重大怀疑的因素以及企业拟采取的改善措施。

三、遵循企业会计准则的声明

企业应当声明编制的财务报表符合企业会计准则的要求，真实、完整地反映了企业的财务状况、经营成果和现金流量等有关信息。

四、重要会计政策和会计估计

企业应当披露采用的重要会计政策和会计估计，并结合企业的具体实际披露其重要会计政策的确定依据和财务报表项目的计量基础，及其会计估计所采用的关键假设和不确定因素。

（一）会计期间

企业设立不足一个会计年度的，应说明其财务报表实际编制期间；子公司如采用的会计期间与我国会计制度规定不一致的，需说明是否进行调整。

（二）记账本位币

若记账本位币为人民币以外的其他货币，说明选定记账本位币的考虑因素及折算成人民币时的折算方法。

（三）记账基础和计价原则

如果子公司的计价原则与母公司不一致的，需单独披露。

（四）企业合并

说明企业合并的处理方法，即企业合并的分类、合并日的会计处理以及合并财务报表的编制方法，并且披露非同一控制下企业合并中商誉/负商誉的确定方法。若发生非同一控制下的购买、出售股权而增加或减少子公司的，说明购买日或出售日的确定方法。说明合并日相关交易公允价值的确定方法。

（五）合并财务报表的编制方法

说明合并财务报表的编制方法，即合并范围的确定原则、合并报表编制的原则、程序及方法。

（六）合营安排的分类及共同经营的会计处理方法

（七）现金及现金等价物的确定标准

（八）外币业务和外币报表折算

说明发生外币交易时折算汇率的确定方法；在资产负债表日外币项目采用的折算方法；汇兑损益的处理方法；外币报表折算的会计处理方法。

（九）金融工具

说明金融工具的分类、确认依据（包括指定标准）和计量方法；金融资产减值测试方法、减值准备计提方法及核销原则；金融资产和金融负债的利得和损失的计量基础；金融资产转移的确认依据和计量方法；金融资产和金融负债的终止确认条件；金融资产和金融负债的抵消；金融负债与权益工具的区分及相关处理等。

（十）套期工具

说明套期工具的会计处理方法。

（十一）应收款项

说明单项金额重大并单项计提减值准备的应收款项，应披露金额重大的判断依据或金额标准；对按组合计提减值准备的应收款项，应披露确定组合的依据、按组合计提减值准备采用的计提方法；对单项金额虽不重大但单项计提减值准备的应收款项，应披露单项计提的理由、计提方法等。

（十二）存货

说明存货的分类、取得和发出的计价方法，存货的盘存制度以及周转材料（包括低值易耗品和包装物等）的摊销方法，存货跌价准备的确认标准和计提方法、可变现净值的确定依据。

（十三）长期股权投资

说明长期股权投资成本确定、后续计量及损益确认方法，确定对被投资单位具有控制、共同控制或重大影响的重大判断和假设及其变更情况；长期股权投资的处置；长期股权投资减值准备的确认标准、计提方法。

（十四）投资性房地产

采用成本模式的，披露投资性房地产的折旧或摊销方法以及减值准备计提依据；采用公允价值模式的，应披露采用该项会计政策的依据，包括认定投资性房地产所在地有活跃的房地产交易市场的依据；企业能够从房地产交易市场取得同类或类似房地产的市场价格及其他相关信息，从而对投资性房地产的公允价值进行估计的依据；同时说明对投资性房地产的公允价值进行估计时涉及的关键假设和主要不确定因素。

（十五）固定资产

说明固定资产的确认条件、分类、计价方法和折旧方法，固定资产后续支出的会计处理方法，各类固定资产的折旧年限、估计净残值率和年折旧率；固定资产减值准备的确认标准、计提方法。融资租入固定资产的认定依据、计价方法、折旧方法。

（十六）在建工程

说明在建工程的初始计量和在建工程结转为固定资产的标准，在建工程减值准备的确认标准、计提方法。

（十七）借款费用

说明借款费用资本化与费用化的原则、条件，资本化金额的确定方法。

（十八）生物资产

说明各类生产性生物资产的使用寿命和预计净残值及其确定依据、折旧方法。采用公允价值模式的，披露选择公允价值计量的依据。

（十九）油气资产

说明各类油气资产相关支出的资本化标准，各类油气资产的折耗或摊销方法、减值测试方法及会计处理方法，采矿许可证等执照费用的会计处理方法以及油气储量估计的判断依据等。

（二十）无形资产

说明无形资产的确认、计价方法、摊销方法、摊销年限，无形资产减值准备的确认标准、计提方法，说明研究开发项目研究阶段支出与开发阶段支出的划分标准，开发阶段支出符合资本化的确认条件以及与研发相关的无形资产确认、计量的具体会计政策。

（二十一）长期待摊费用

说明长期待摊费用的内容、摊销方法、摊销年限。

（二十二）职工薪酬

说明职工薪酬的内容，短期薪酬、设定提存计划、设定受益计划等各类职工薪酬的确认原则、标准与计量方法以及会计处理方法。

（二十三）股份支付

说明股份支付的类别，权益工具公允价值的确定方法，确认可行权权益工具最佳估计的依据及相关会计处理，实施、修改、终止股份支付计划的相关会计处理。

（二十四）应付债券

说明应付债券的计价及债券溢价或折价的摊销方法。

（二十五）预计负债

说明产生预计负债原因，预计负债确认标准和计量方法。

（二十六）优先股、永续债等其他金融工具

（二十七）收入

说明收入的确认原则和计量方法。

（二十八）建造合同

说明建造合同收入、成本的确认原则和会计处理方法，说明确定合同完工进度的方法，说明合同预计损失的确认标准和计提方法。

（二十九）政府补助

说明政府补助的分类、取得政府补助的初始计量、后续计量及终止确认、政府补助的返还的会计处理方法。

（三十）递延所得税资产和递延所得税负债

说明确认递延所得税资产和递延所得税负债的依据。

（三十一）租赁

说明租赁的分类、经营租赁会计处理方法、融资租赁的判断标准和会计处理方法。

（三十二）持有待售

说明划分为持有待售的依据及会计处理方法。

（三十三）公允价值计量

说明公允价值计量的资产和负债范围、可选择的估值技术及会计处理方法等。

（三十四）资产证券化业务

说明资产证券化的会计处理方法。

五、会计政策和会计估计变更以及差错更正的说明

企业应当按照《企业会计准则第28号——会计政策、会计估计变更和差错更正》的规定，披露会计政策和会计估计变更以及差错更正的情况，内容包括：

（一）企业应当在附注中披露与会计政策变更有关的下列信息

1. 会计政策变更的性质、内容和原因。

2. 当期和各个列报前期财务报表中受影响的项目名称和调整金额。

3. 无法进行追溯调整的,说明该事实和原因以及开始应用变更后的会计政策的时点、具体应用情况。

(二)企业应当在附注中披露与会计估计变更有关的下列信息

1. 会计估计变更的内容和原因。

2. 会计估计变更对当期和未来期间的影响数。

3. 会计估计变更的影响数不能确定的,披露这一事实和原因。

(三)企业应当在附注中披露与重要前期差错更正有关的下列信息

1. 重要前期差错的性质。

2. 各个列报前期财务报表中受影响的项目名称和更正金额。

3. 无法进行追溯重述的,说明该事实和原因以及对重要前期差错开始进行更正的时点、具体更正情况。

六、税项

说明企业适用的主要税种、计税依据及税率,以及具体的纳税情况,涉及税收优惠的,还需说明优惠税负情况及相关批文。

七、企业合并及合并财务报表

(一)子企业情况

企业应当按下列格式披露纳入报表合并范围的全部子企业主要情况;大型企业集团合并报表范围可以披露到二级子企业,集团所属重要子企业不分级次全部披露:

序号	企业名称	级次	企业类型	注册地	主要经营地	业务性质	实收资本	持股比例	享有的表决权	投资额	取得方式

注:企业类型:1. 境内非金融子企业;2. 境内金融子企业;3. 境外子企业;4. 事业单位;5. 基建单位。
取得方式:1. 投资设立;2. 同一控制下的企业合并;3. 非同一控制下的企业合并;4. 其他。

子公司的持股比例不同于表决权比例的,应说明表决权比例及差异原因。

(二)母公司拥有被投资单位表决权不足半数但能对被投资单位形成控制的原因

序号	企业名称	持股比例	享有的表决权	注册资本	投资额	级次	纳入合并范围原因

(三)母公司直接或通过其他子公司间接拥有被投资单位半数以上的表决权但未能对其形成控制的原因

序号	企业名称	持股比例	享有的表决权	注册资本	投资额	级次	未纳入合并范围原因

（四）重要非全资子企业情况

1. 少数股东：

序号	企业名称	少数股东持股比例	当期归属于少数股东的损益	当期向少数股东支付的股利	期末累计少数股东权益

2. 主要财务信息：

项 目	本期数			上年数		
	企业1	企业2	……	企业1	企业2	……
流动资产						
非流动资产						
资产合计						
流动负债						
非流动负债						
负债合计						
营业收入						
净利润						
综合收益总额						
经营活动现金流量						

（五）子公司与母公司会计期间不一致的，母公司编制合并财务报表的处理方法

（六）本年不再纳入合并范围的原子公司

说明原子公司的名称、注册地、业务性质、母公司的持股比例和表决权比例，本年不再成为子公司的原因。

原子公司在处置日和上一会计期间资产负债表日资产、负债和所有者权益的金额以及本年年初至处置日的收入、费用和利润的金额。

（七）本年新纳入合并范围的主体

说明本年新纳入合并范围子公司、特殊目的主体、通过受托经营或承租等方式形成控制权的经营实体名称及其年末净资产、本年净利润。

（八）本期发生的同一控制下企业合并情况

说明合并日的确定依据、支付的对价及被合并方的账面净资产、并披露被合并方自合并当年年初至合并日的收入、净利润、现金流量等情况。

公司名称	合并日	账面净资产	交易对价	实际控制人	本年初至合并日的相关情况			
					收入	净利润	现金净增加额	经营活动现金流量净额

（九）本期发生的非同一控制下企业合并情况

公司名称	合并日	账面净资产	可辨认净资产公允价值		交易对价	商誉		购买日至期末被购买方的收入	购买日至期末被购买方的净利润
			金额	确定方法		金额	确定方法		

注：说明企业合并中取得的被购买方的权益比例；购买日的确定依据；或有对价的安排、购买日确认的或有对价的金额及其确定方法和依据，购买日后或有对价的变动及原因，被购买方未达到业绩承诺的，应说明该事项对相关商誉减值测试的影响。分步实现企业合并且在本期取得控制权的交易，应分别说明前期和本期取得股权的时点、成本、比例及方式等。

（十）本期发生的反向购买

说明判断构成反向购买的依据、企业合并成本的确定方法、交易中确认的商誉或计入当期的损益或调整权益的金额及其计算过程。

购买方（借壳方）	判断构成反向购买的依据	合并成本的确定方法	合并中确认的商誉或计入当期的损益或调整权益的计算方法

（十一）本期发生的吸收合并

应分别同一控制下和非同一控制下的吸收合并，披露并入的主要资产、负债项目及其金额。

（十二）子企业使用企业集团资产和清偿企业集团债务的重大限制

（十三）纳入合并财务报表范围的结构化主体的相关信息

（十四）母公司在子企业的所有者权益份额发生变化的情况

（十五）子公司向母公司转移资金的能力受到严格限制的情况

八、合并财务报表重要项目的说明

企业对报表重要项目的说明，应当按照资产负债表、利润表、现金流量表、所有者权益变动表及其项目列示的顺序，采用文字和数字描述相结合的方式进行披露。报表重要项目的明细金额合计，应当与报表项目金额相衔接。金融企业还应当按照规定披露金融企业专用的报表项目（除另有注明外，所有金额均以人民币元为货币单位）。

（一）货币资金

项目	期末余额	年初余额
库存现金		
银行存款		
其他货币资金		
合计		
其中：存放在境外的款项总额		

注：如有因抵押、质押或冻结等对使用有限制、存放在境外、有潜在回收风险的款项应单独说明。

受限制的货币资金明细如下：

项　目	期末余额	年初余额
银行承兑汇票保证金		
信用证保证金		
履约保证金		
用于担保的定期存款或通知存款		
放在境外且资金汇回受到限制的款项		
……		
合　计		

（二）交易性金融资产（适用新准则）

项　目	期末公允价值	年初公允价值
分类以公允价值计量且其变动计入当期损益的金融资产		
其中：债务工具投资		
权益工具投资		
其他		
指定为以公允价值计量且其变动计入当期损益的金融资产		
其中：债务工具投资		
其他		
合　计		

（三）以公允价值计量且其变动计入当期损益的金融资产（适用旧准则）

项　目	期末公允价值	年初公允价值
交易性金融资产		
其中：债务工具投资		
权益工具投资		
其他		
指定以公允价值计量且其变动计入当期损益的金融资产		
其中：债务工具投资		
权益工具投资		
其他		
合　计		

（四）衍生金融资产

项　目	期末余额	年初余额
合　计		

注：披露金额较大的前十项及其产生的原因，其余汇总填列。

（五）应收票据

1. 应收票据分类。

种类	期末数			年初数		
	账面余额	坏账准备	账面价值	账面余额	坏账准备	账面价值
银行承兑汇票						
商业承兑汇票						
合计						

2. 期末已质押的应收票据。

种类	期末已质押金额
银行承兑汇票	
商业承兑汇票	
合计	

3. 期末已背书或贴现且资产负债表日尚未到期的应收票据。

种类	期末终止确认金额	期末未终止确认金额
银行承兑汇票		
商业承兑汇票		
合计		

4. 期末因出票人未履约而转为应收账款的票据。

种类	期末转应收账款金额
银行承兑汇票	
商业承兑汇票	
合计	

5. 应收票据坏账准备（新准则适用）。

如企业执行新金融工具准则有需要计提坏账准备的应收票据，可比照应收账款的处理方式进行坏账准备的计提和有关信息的披露。

类别	期末数				年初数			
	账面余额		坏账准备		账面余额		坏账准备	
	金额	比例（%）	金额	预期信用损失率（%）	金额	比例（%）	金额	预期信用损失率（%）
按单项计提坏账准备								
按组合计提坏账准备								
合计		—				—		

（1）按单项计提坏账准备的应收票据。

名称	期末数			
	账面余额	坏账准备	预期信用损失率（%）	计提理由
合计				

（2）按组合计提坏账准备的应收票据。

名称	期末数		
	应收票据	坏账准备	预期信用损失率（%）
商业承兑汇票小计			
……			
银行承兑汇票小计			
……			
合计			

（3）本期计提、收回或转回的应收票据坏账准备情况。

类别	期初余额	本期变动情况				期末余额
		计提	收回或转回	核销	其他变动	
单项计提预期信用损失的应收票据						
按组合计提预期信用损失的应收票据						
其中：						
……						
合计						

其中：本期转回或收回金额重要的应收票据坏账准备。

单位名称	转回或收回金额	转回或收回方式	备注
合计			

（六）应收账款

类别	期末数				年初数			
	账面余额		坏账准备		账面余额		坏账准备	
	金额	比例（%）	金额	比例（%）	金额	比例（%）	金额	比例（%）
单项金额重大并单项计提坏账准备的应收账款								
按信用风险特征组合计提坏账准备的应收账款								

续表

类别	期末数				年初数			
	账面余额		坏账准备		账面余额		坏账准备	
	金额	比例（%）	金额	比例（%）	金额	比例（%）	金额	比例（%）
单项金额虽不重大但单项计提坏账准备的应收账款								
单项计提坏账准备的应收账款（新准则适用）								
合　计		—				—		

注：账面余额中的比例按年末该类应收账款除以应收账款合计数计算，坏账准备比例按该类应收账款年末已计提坏账准备除以年末该类应收账款金额计算。

已执行新金融工具准则的公司按账龄披露应收账款（新准则适用）：

账　龄	期末数	年初数
1年以内（含1年）		
1至2年		
2至3年		
3至4年		
4至5年		
5年以上		
小　计		
减：坏账准备		
合　计		

按坏账准备计提方法分类披露应收账款（新准则适用）：

类别	期末数					期初数				
	账面余额		坏账准备		账面价值	账面余额		坏账准备		账面价值
	金额	比例（%）	金额	预期信用损失率（%）		金额	比例（%）	金额	预期信用损失率（%）	
按单项计提坏账准备的应收账款										
按组合计提坏账准备的应收账款										
其中：										
……										
合　计										

1. 期末单项金额重大并单项计提坏账准备的应收账款。

债务人名称	账面余额	坏账准备	账龄	计提比例	计提理由
合　计			—	—	—

2. 按信用风险特征组合计提坏账准备的应收账款（新旧准则均适用）。

采用账龄分析法计提坏账准备的应收账款。

账　龄	期末数			年初数		
	账面余额		坏账准备	账面余额		坏账准备
	金额	比例（%）		金额	比例（%）	
1年以内（含1年）						
1至2年						
2至3年						
3年以上						
合　计		—			—	

注：账龄划分可根据企业具体情况确定。

采用余额百分比法或其他组合方法计提坏账准备的应收账款参照以下格式披露。

组合名称	期末数			年初数		
	账面余额	计提比例（%）	坏账准备	账面余额	计提比例（%）	坏账准备
合　计						

注：填写具体组合名称。

3. 期末单项金额虽不重大但单项计提坏账准备的应收账款。

债务人名称	账面余额	坏账准备	账龄	计提比例	计提理由
合　计			—	—	—

4. 单项计提坏账准备的应收账款（新准则适用）。

债务人名称	账面余额	坏账准备	预期信用损失率（%）	计提理由
合　计			—	—

注：金额重大的应单独披露，金额不重大的可以汇总披露。

5. 收回或转回的坏账准备情况。

债务人名称	转回或收回金额	转回或收回前累计已计提坏账准备金额	转回或收回原因、方式
合 计			—

注：本表列报本报告期前已全额计提坏账准备，或计提减值准备的比例较大，但在本期又全额收回或转回，或在本期收回或转回比例较大的应收账款。对本期通过重组等方式收回的金额重大的应收账款，则应逐笔列报，金额不重大的，可汇总列报。

6. 本报告期实际核销的应收账款情况。

债务人名称	应收账款性质	核销金额	核销原因	履行的核销程序	是否因关联交易产生
合 计	—		—	—	—

7. 按欠款方归集的期末余额前五名的应收账款情况。

债务人名称	账面余额	占应收账款合计的比例（％）	坏账准备
合 计			

8. 由金融资产转移而终止确认的应收账款。

债务人名称	终止确认金额	与终止确认相关的利得和损失（损失以"－"号填列）
合 计		

9. 应收账款转移，如证券化、保理等，继续涉入形成的资产、负债的金额。

项 目	期末金额
资产：	
……	
资产小计	
负债：	
……	
负债小计	

（七）应收款项融资（适用新准则）

种　类	期末余额	年初余额
应收票据		
应收账款		
合　计		

（八）预付款项

1. 预付款项按账龄列示。

账　龄	期末数			年初数		
	账面余额		坏账准备	账面余额		坏账准备
	金额	比例（%）		金额	比例（%）	
1年以内（含1年）						
1至2年						
2至3年						
3年以上						
合　计			—			—

2. 账龄超过一年的大额预付款项情况。

债权单位	债务单位	期末余额	账龄	未结算的原因
合　计			—	—

3. 按欠款方归集的期末余额前五名的预付款项情况。

债务人名称	账面余额	占预付款项合计的比例（%）	坏账准备
合　计			

（九）其他应收款

项　目	期末余额	年初余额
应收利息		
应收股利		
其他应收款项		
合计		

1. 应收利息。

（1）应收利息分类。

项　目	期末余额	年初余额
定期存款		
委托贷款		

续表

项　目	期末余额	年初余额
债券投资		
其他		
合　计		

（2）重要逾期利息。

借款单位	期末余额	逾期时间（月）	逾期原因	是否发生减值及其判断依据
合　计				

2. 应收股利。

项　目	期末余额	年初余额	未收回的原因	是否发生减值及其判断依据
账龄一年以内的应收股利				
其中：（1）				
（2）				
……				
账龄一年以上的应收股利				
其中：（1）				
（2）				
……				
合　计		—		—

3. 其他应收款项。

种　类	期末数				年初数			
	账面余额		坏账准备		账面余额		坏账准备	
	金额	比例（％）	金额	比例（％）	金额	比例（％）	金额	比例（％）
单项金额重大并单项计提坏账准备的其他应收款项								
按信用风险特征组合计提坏账准备的其他应收款项								
单项金额虽不重大但单项计提坏账准备的其他应收款项								
单项计提坏账准则的其他应收款项（新准则适用）								
合　计		—				—		

注：账面余额中的比例按年末该类其他应收款项除以其他应收款项合计数计算，坏账准备比例按该类其他应收款项年末已计提坏账准备除以年末该类其他应收款项金额计算。

已执行新金融工具准则的公司按账龄披露其他应收款项（新准则适用）。

账　龄	期末数	年初数
1年以内（含1年）		
1至2年		
2至3年		
3至4年		
4至5年		
5年以上		
小　计		
减：坏账准备		
合　计		

坏账准备计提情况（新准则适用）。

坏账准备	第一阶段 未来12个月预期信用损失	第二阶段 整个存续期预期信用损失（未发生信用减值）	第三阶段 整个存续期预期信用损失（已发生信用减值）	合计
期初余额				
期初余额在本期				
——转入第二阶段				
——转入第三阶段				
——转回第二阶段				
——转回第一阶段				
本期计提				
本期转回				
本期转销				
本期核销				
其他变动				
期末余额				

（1）期末单项金额重大并单项计提坏账准备的其他应收款项。

债务人名称	账面余额	坏账准备	账龄	计提比例	计提理由
合　计			—	—	—

（2）按信用风险特征组合计提坏账准备的其他应收款项。

采用账龄分析法计提坏账准备的其他应收款项。

账　龄	期末数			年初数		
	账面余额		坏账准备	账面余额		坏账准备
	金额	比例（%）		金额	比例（%）	
1年以内（含1年）						
1至2年						
2至3年						
3年以上						
合　计		—			—	

注：账龄划分可根据企业具体情况确定。

采用余额百分比法或其他组合方法计提坏账准备的其他应收款项参照以下格式披露。

组合名称	期末数			年初数		
	账面余额	计提比例（%）	坏账准备	账面余额	计提比例（%）	坏账准备
合　计		—			—	

注：填写具体组合名称。

（3）期末单项金额虽不重大但单项计提坏账准备的其他应收款项。

债务人名称	账面余额	坏账准备	账龄	计提比例	计提理由
合　计			—	—	—

（4）单项计提坏账准备的其他应收款项（新准则适用）。

债务人名称	账面余额	坏账准备	账龄	计提比例	计提理由
合　计			—	—	—

（5）收回或转回的坏账准备情况。

债务人名称	转回或收回金额	转回或收回前累计已计提坏账准备金额	转回或收回原因、方式
合　计		—	

注：本表列报本报告期前已全额计提坏账准备，或计提减值准备的比例较大，但在本期又全额收回或转回，或在本期收回或转回比例较大的其他应收款项。对本期通过重组等方式收回的金额重大的其他应收款项，则应逐笔列报，金额不重大的，可汇总列报。

(6) 本报告期实际核销的其他应收款项情况。

债务人名称	其他应收款项性质	核销金额	核销原因	履行的核销程序	是否因关联交易产生
合　计	—		—		

(7) 按欠款方归集的期末余额前五名的其他应收款项情况。

债务人名称	款项性质	账面余额	账龄	占其他应收款项合计的比例（%）	坏账准备
合　计	—		—		

(8) 由金融资产转移而终止确认的其他应收款项。

债务人名称	终止确认金额	与终止确认相关的利得和损失（损失以"－"号填列）
合　计		

(9) 其他应收款项转移，如证券化、保理等，继续涉入形成的资产、负债的金额。

项　目	期末金额
资产：	
……	
资产小计	
负债：	
……	
负债小计	

(10) 企业应披露涉及政府补助的应收款项。

(十) 存货

1. 存货分类。

项　目	期末数			年初数		
	账面余额	跌价准备	账面价值	账面余额	跌价准备	账面价值
原材料						
自制半成品及在产品						
其中：已完工未结算工程（由执行建造合同准则企业填列）						

续表

项 目	期末数			年初数		
	账面余额	跌价准备	账面价值	账面余额	跌价准备	账面价值
开发成本（由房地产开发企业填列）						
库存商品（产成品）						
其中：开发产品（由房地产开发企业填列）						
周转材料（包装物、低值易耗品等）						
消耗性生物资产						
其他						
其中：尚未开发的土地储备（由房地产开发企业填列）						
合 计						

注：其他项中应说明房地产企业土地储备的情况，包括土地储备的面积、本期增加及土地储备期末余额。

2. 存货期末余额中含有借款费用资本化金额的，应予以披露。

3. 期末建造合同形成的已完工未结算资产情况（适用旧准则）。

项 目	期末余额
累计已发生成本	
累计已确认毛利	
减：预计损失	
已办理结算的金额	
建造合同形成的已完工未结算资产	

（十一）合同资产（适用新准则）

1. 合同资产情况。

项 目	年末余额			年初余额		
	账面余额	减值准备	账面价值	账面余额	减值准备	账面价值
合 计						

2. 合同资产减值准备。

项 目	年初余额	本年增加	本年减少	年末余额
合 计				

(十二)持有待售资产

项 目	期末账面价值	期末公允价值	预计处置费用	时间安排
合 计				—

注:1. 应披露划分为持有待售的非流动资产或处置组的出售原因和方式;
  2. 应披露持有待售的非流动资产或处置组的分部信息;
  3. 应披露持有待售的非流动资产或持有待售的处置组中的资产确认的减值损失及其转回金额;
  4. 应披露与持有待售的非流动资产或处置组有关的其他综合收益累计金额。

(十三)一年内到期的非流动资产

项 目	期末余额	年初余额
合 计		

(十四)其他流动资产

项 目	期末余额	年初余额
待抵扣进项税		
预缴税金		
合同取得成本(新准则)		
应收退货成本(新准则)		
合 计		

(十五)债权投资(适用新准则)

1. 债权投资情况。

项 目	期末余额			年初余额		
	账面余额	减值准备	账面价值	账面余额	减值准备	账面价值
合 计						

2. 期末重要的债权投资情况。

债券项目	面值	票面利率	实际利率	到期日
合 计			—	—

（十六）可供出售金融资产

1. 可供出售金融资产情况（适用旧准则）。

项 目	期末余额			年初余额		
	账面余额	减值准备	账面价值	账面余额	减值准备	账面价值
可供出售债务工具						
可供出售权益工具						
按公允价值计量的						
按成本计量的						
其他						
合　计						

2. 期末按公允价值计量的可供出售金融资产（适用旧准则）。

项 目	可供出售权益工具	可供出售债务工具	其他	合计
权益工具的成本/债务工具的摊余成本				
公允价值				
累计计入其他综合收益的公允价值变动金额				
已计提减值金额				

3. 可供出售权益工具期末公允价值严重下跌或非暂时性下跌但未计提减值准备的相关说明（适用旧准则）。

可供出售权益工具项目	投资成本	期末公允价值	公允价值相对于成本的下跌幅度（%）	持续下跌时间（个月）	已计提减值金额	未计提减值原因
合　计				—		—

注：对于期末公允价值相对于成本的下跌幅度已达到或超过50%，或者持续下跌时间已达到或超过12个月，尚未根据成本与期末公允价值差额计提减值的可供出售权益工具，应披露公允价值确认依据，详细说明各项投资的成本和公允价值的金额、公允价值相对于成本的下跌幅度、持续下跌时间、已计提减值金额，以及未根据成本与期末公允价值的差额计提减值的理由。

（十七）其他债权投资情况（适用新准则）

1. 其他债权投资情况。

项 目	期末余额	年初余额
合　计		

2. 期末重要的其他债权投资情况。

其他债权投资项目	面值	摊余成本	公允价值	累计计入其他综合收益的公允价值变动金额	已计提减值准备金额
合　计					

（十八）持有至到期投资

1. 持有至到期投资情况。

项　目	期末余额			年初余额		
	账面余额	减值准备	账面价值	账面余额	减值准备	账面价值
合　计						

2. 期末重要的持有至到期投资。

债券项目	面值	票面利率	实际利率	到期日
……				
合　计			—	—

注：本期重分类的持有至到期投资应详细说明重分类的原因和具体情况。

（十九）长期应收款

项　目	期末余额			年初余额			期末折现率区间
	账面余额	坏账准备	账面价值	账面余额	坏账准备	账面价值	
融资租赁款							
其中：未实现融资收益							
分期收款销售商品							
分期收款提供劳务							
其他							
合　计							—

注：报告期内应披露：（1）因金融资产转移而终止确认的长期应收款，资产转移的方式、终止确认的长期应收款金额，以及与终止确认相关的利得或损失。（2）转移长期应收款且继续涉入形成的资产、负债金额。

（二十）长期股权投资

1. 长期股权投资分类。

项　目	年初余额	本期增加	本期减少	期末余额
对子公司投资				
对合营企业投资				

续表

项 目	年初余额	本期增加	本期减少	期末余额
对联营企业投资				
小 计				
减：长期股权投资减值准备				
合 计				

2. 长期股权投资明细。

被投资单位	投资成本	年初余额	本期增减变动								期末余额	减值准备期末余额
			追加投资	减少投资	权益法下确认的投资损益	其他综合收益调整	其他权益变动	宣告发放现金股利或利润	计提减值准备	其他		
合 计												
一、合营企业												
……												
二、联营企业												
……												

注：若对被投资单位持股比例与其在被投资单位表决权比例不一致，应说明原因。

3. 重要合营企业的主要财务信息。

项 目	本期数			上年数		
	企业1	企业2	……	企业1	企业2	……
流动资产						
非流动资产						
资产合计						
流动负债						
非流动负债						
负债合计						
净资产						
按持股比例计算的净资产份额						
调整事项						
对合营企业权益投资的账面价值						
存在公开报价的权益投资的公允价值						
营业收入						
财务费用						
所得税费用						

续表

项目	本期数			上年数		
	企业1	企业2	……	企业1	企业2	……
净利润						
其他综合收益						
综合收益总额						
企业本期收到的来自合营企业的股利						

注：存在终止经营的净利润的，应在本表中单列项目披露。

4. 重要联营企业的主要财务信息。

项目	本期数			上年数		
	企业1	企业2	……	企业1	企业2	……
流动资产						
非流动资产						
资产合计						
流动负债						
非流动负债						
负债合计						
净资产						
按持股比例计算的净资产份额						
调整事项						
对联营企业权益投资的账面价值						
存在公开报价的权益投资的公允价值						
营业收入						
净利润						
其他综合收益						
综合收益总额						
企业本期收到的来自联营企业的股利						

注：存在终止经营的净利润的，应在本表中单列项目披露。

5. 不重要合营企业和联营企业的汇总信息。

项目	本期数	上年数
合营企业：	—	—
投资账面价值合计		
下列各项按持股比例计算的合计数		
净利润		
其他综合收益		

续表

项 目	本期数	上年数
综合收益总额		
联营企业：	—	—
投资账面价值合计		
下列各项按持股比例计算的合计数		
净利润		
其他综合收益		
综合收益总额		

6. 在合营企业和联营企业中权益的相关风险，包括对转移资金能力的重大限制，超额亏损，对合营企业投资相关的未确认承诺，或有负债等。

7. 未纳入合并财务报表范围的结构化主体的相关信息。

在未纳入合并财务报表范围的结构化主体中有权益的，应披露在财务报表中确认的与权益相关资产和负债的账面价值及其列报项目，最大损失敞口及确认方法，提供财务支持或其他支持的类型金额及原因或意图。

发起设立未纳入合并财务报表范围的结构化主体，在该结构化主体中没有权益的，应披露作为该结构化主体发起人的认定依据，分类披露当期从该结构化主体获得的收益及其类型，当期转移至该结构化主体的所有资产的账面价值。

（二十一）其他权益工具投资（适用新准则）

1. 其他权益工具投资情况。

项 目	期末余额	年初余额
合 计		

2. 期末其他权益工具情况。

项目名称	本期确认的股利收入	累计利得	累计损失	其他综合收益转入留存收益的金额	指定为以公允价值计量且其变动计入其他综合收益的原因	其他综合收益转入留存收益的原因

（二十二）其他非流动金融资产（适用新准则）

项 目	期末公允价值	年初公允价值
合 计		

(二十三) 投资性房地产

1. 以成本计量。

项 目	年初余额	本期增加	本期减少	期末余额
一、账面原值合计				
其中：房屋、建筑物				
土地使用权				
二、累计折旧和累计摊销合计				
其中：房屋、建筑物				
土地使用权				
三、投资性房地产账面净值合计		—	—	
其中：房屋、建筑物		—	—	
土地使用权		—	—	
四、投资性房地产减值准备累计金额合计				
其中：房屋、建筑物				
土地使用权				
五、投资性房地产账面价值合计		—	—	
其中：房屋、建筑物		—	—	
土地使用权		—	—	

2. 以公允价值计量。

项 目	年初公允价值	本期增加			本期减少		期末公允价值
		购置	自用房地产或存货转入	公允价值变动损益	处置	转为自用房地产	
一、成本合计				—			
其中：房屋、建筑物				—			
土地使用权				—			
二、公允价值变动合计							
其中：房屋、建筑物							
土地使用权							
三、投资性房地产账面价值合计							
其中：房屋、建筑物							
土地使用权							

注：应披露公允价值确认依据。说明报告期内改变计量模式的投资性房地产转换的原因及其影响。

3. 披露未办妥产权证书的投资性房地产账面价值及原因。

(二十四) 固定资产

项 目	期末账面价值	年初期末账面价值
固定资产		
固定资产清理		
合计		

1. 固定资产情况。

项　目	年初余额	本期增加	本期减少	期末余额
一、账面原值合计：				
其中：土地资产				
房屋及建筑物				
机器设备				
运输工具				
电子设备				
办公设备				
酒店业家具				
其他				
二、累计折旧合计：				
其中：土地资产	—	—	—	—
房屋及建筑物				
机器设备				
运输工具				
电子设备				
办公设备				
酒店业家具				
其他				
三、固定资产账面净值合计		—	—	
其中：土地资产		—	—	
房屋及建筑物		—	—	
机器设备		—	—	
运输工具		—	—	
电子设备		—	—	
办公设备		—	—	
酒店业家具		—	—	
其他		—	—	
四、减值准备合计				
其中：土地资产	—	—	—	—
房屋及建筑物				
机器设备				
运输工具				
电子设备				
办公设备				
酒店业家具				
其他				
五、固定资产账面价值合计		—	—	
其中：土地资产		—	—	

续表

项 目	年初余额	本期增加	本期减少	期末余额
房屋及建筑物			—	
机器设备			—	
运输工具			—	
电子设备			—	
办公设备			—	
酒店业家具			—	
其他			—	

2. 暂时闲置的固定资产情况。

项目	账面原值	累计折旧	减值准备	账面价值	备注

3. 应披露未办妥产权证书的固定资产情况。
4. 固定资产清理情况。

项 目	期末账面价值	年初账面价值	转入清理的原因
合 计			—

(二十五) 在建工程

项 目	期末余额			年初余额		
	账面余额	减值准备	账面价值	账面余额	减值准备	账面价值
……						
工程物资						
合 计						

1. 重要在建工程项目本期变动情况。

项目名称	预算数	年初余额	本期增加额	本期转入固定资产金额	本期其他减少金额	期末余额	工程累计投入占预算比例(%)	工程进度	利息资本化累计金额	其中：本期利息资本化金额	本期利息资本化率(%)	资金来源
合 计							—				—	

2. 本期计提在建工程减值准备情况。

项　目	本期计提金额	计提原因
合　计		

3. 工程物资。

项　目	期末余额	年初余额
合　计		

(二十六) 生产性生物资产

1. 以成本计量。

项　目	年初账面价值	本期增加额	本期减少额	期末账面价值
一、种植业				
其中：1.				
……				
二、畜牧养殖业				
其中：1.				
……				
三、林业				
其中：1.				
……				
四、水产业				
其中：1.				
……				
合　计				

注：1. 说明各类生物资产的年末实物数量，如有天然起源的生物资产，还应披露该资产的类别、取得方式和数量等。
　　2. 说明各类生产性生物资产的预计使用寿命、预计净残值、折旧方法、累计折旧和减值准备累计金额。

2. 以公允价值计量。

项　目	年初账面价值	本期增加额	本期减少额	期末账面价值
一、种植业				
其中：1.				
……				
二、畜牧养殖业				
其中：1.				
……				
三、林业				

续表

项 目	年初账面价值	本期增加额	本期减少额	期末账面价值
其中：1.				
……				
四、水产业				
其中：1.				
……				
合 计				

注：应披露公允价值确认依据。

3. 说明生产性生物资产相关的风险情况与管理措施。

（二十七）油气资产

1. 当期在国内和国外发生的取得矿区权益、油气勘探和油气开发各项支出的总额。
2. 油气资产分类。

项 目	年初余额	本期增加额	本期减少额	期末余额
一、原价合计				
其中：探明矿区权益				
未探明矿区权益				
井及相关设施				
二、累计折耗合计				
其中：探明矿区权益				
井及相关设施				
三、油气资产减值准备累计金额合计				
其中：探明矿区权益				
未探明矿区权益				
井及相关设施				
四、油气资产账面价值合计		—	—	
其中：探明矿区权益		—	—	
未探明矿区权益		—	—	
井及相关设施		—	—	

（二十八）使用权资产（适用新准则）

项 目	年初余额	本期增加	本期减少	期末余额
一、账面原值合计：				
其中：土地				
房屋及建筑物				
机器运输办公设备				
其他				

续表

项 目	年初余额	本期增加	本期减少	期末余额
二、累计折旧合计：				
其中：土地				
房屋及建筑物				
机器运输办公设备				
其他				
三、使用权资产账面净值合计		—	—	
其中：土地		—	—	
房屋及建筑物		—	—	
机器运输办公设备		—	—	
其他		—	—	
四、减值准备合计				
其中：土地	—	—	—	—
房屋及建筑物				
机器运输办公设备				
其他				
五、使用权资产账面价值合计		—	—	
其中：土地		—	—	
房屋及建筑物		—	—	
机器运输办公设备		—	—	
其他		—	—	

（二十九）无形资产

项 目	年初余额	本期增加额	本期减少额	期末余额
一、原价合计				
其中：软件				
土地使用权				
专利权				
非专利技术				
商标权				
著作权				
特许权				
……				
二、累计摊销合计				
其中：软件				

续表

项　目	年初余额	本期增加额	本期减少额	期末余额
土地使用权				
专利权				
非专利技术				
商标权				
著作权				
特许权				
……				
三、无形资产减值准备合计				
其中：软件				
土地使用权				
专利权				
非专利技术				
商标权				
著作权				
特许权				
……				
四、账面价值合计		—	—	
其中：软件		—	—	
土地使用权		—	—	
专利权		—	—	
非专利技术		—	—	
商标权		—	—	
著作权		—	—	
特许权		—	—	
……		—	—	

注：报告期应披露未办妥产权证书的土地使用权情况。

（三十）开发支出

项　目	年初余额	本期增加金额		本期减少金额			期末余额
		内部开发支出	其他	确认为无形资产	转入当期损益	其他	
合　计							

注：报告期应披露资本化开始时点、资本化的具体依据、截至期末的研发进度等。

(三十一) 商誉

1. 商誉账面价值。

被投资单位名称或形成商誉的事项	年初余额	本期增加	本期减少	期末余额
合　计				

2. 商誉减值准备。

被投资单位名称或形成商誉的事项	年初余额	本期增加	本期减少	期末余额
合　计				

注：说明商誉的减值测试方法和减值准备计提方法，详细说明减值原因、减值金额确认依据。

(三十二) 长期待摊费用

项　目	年初余额	本期增加额	本期摊销额	其他减少额	期末余额	其他减少的原因
合　计						

(三十三) 递延所得税资产和递延所得税负债

递延所得税资产和递延所得税负债不以抵销后的净额列示的，按1披露；若递延所得税资产和递延所得税负债以抵销后的净额列示的，按2披露。

1. 递延所得税资产和递延所得税负债不以抵销后的净额列示。

项目	期末余额		年初余额	
	递延所得税资产/负债	可抵扣/应纳税暂时性差异	递延所得税资产/负债	可抵扣/应纳税暂时性差异
一、递延所得税资产				
资产减值准备				
开办费				
可抵扣亏损				
……				
二、递延所得税负债				
交易性金融工具、衍生金融工具的估值				
计入其他综合收益的可供出售金融资产公允价值变动				

续表

项目	期末余额		年初余额	
	递延所得税资产/负债	可抵扣/应纳税暂时性差异	递延所得税资产/负债	可抵扣/应纳税暂时性差异
计入其他综合收益的其他金融资产公允价值变动（新准则适用）				
……				

注：计入其他综合收益的其他金融资产为计入其他综合收益的其他债权投资、其他权益工具投资。

2. 递延所得税资产和递延所得税负债以抵销后的净额列示。

（1）互抵后的递延所得税资产或负债及对应的互抵后可抵扣或应纳税暂时性差异。

项　目	报告期末互抵后的递延所得税资产或负债	报告期末互抵后的可抵扣或应纳税暂时性差异	报告年初互抵后的递延所得税资产或负债	报告年初互抵后的可抵扣或应纳税暂时性差异
一、递延所得税资产				
资产减值准备				
开办费				
可抵扣亏损				
……				
二、递延所得税负债				
交易性金融工具、衍生金融工具的估值				
计入其他综合收益的可供出售金融资产公允价值变动				
计入其他综合收益的其他金融资产公允价值变动（新准则适用）				
……				

（2）递延所得税资产和递延所得税负债互抵明细。

项　目	本期互抵金额

3. 未确认递延所得税资产明细。

项　目	期末余额	年初余额
可抵扣暂时性差异		
可抵扣亏损		
合　计		

4. 未确认递延所得税资产的可抵扣亏损将于以下年度到期。

年 份	期末余额	年初余额	备 注
……			
合 计			

注：无法在资产负债表日确定全部可抵扣亏损情况的，可只填写能确定部分的金额及其到期年度，并在备注栏予以说明。

（三十四）其他非流动资产

项 目	期末余额	年初余额
合 计		

（三十五）短期借款

1. 短期借款分类。

项 目	期末余额	年初余额
质押借款		
抵押借款		
保证借款		
信用借款		
合 计		

2. 已逾期未偿还的短期借款情况。

债权单位	期末余额	借款利率（%）	逾期时间（月）	逾期利率
合 计		—	—	—

（三十六）交易性金融负债（适用新准则）

项 目	期末公允价值	年初公允价值
交易性金融负债		
其中：发行的交易性债券		
指定为以公允价值计量且其变动计入当期损益的金融负债		
其他		
合 计		

（三十七）以公允价值计量且其变动计入当期损益的金融负债（适用旧准则）

项 目	期末公允价值	年初公允价值
交易性金融负债		

续表

项 目	期末公允价值	年初公允价值
其中：发行的交易性债券		
指定为以公允价值计量且其变动计入当期损益的金融负债		
其他		
合 计		

（三十八）衍生金融负债

项 目	期末余额	年初余额
合 计		

注：披露金额较大的前十项及其产生的原因，其余汇总填列。

（三十九）应付票据

种 类	期末余额	年初余额
商业承兑汇票		
银行承兑汇票		
合 计		

注：企业应说明本期末已到期未支付的应付票据总金额。

（四十）应付账款

账 龄	期末余额	年初余额
1年以内（含1年）		
1—2年		
2—3年		
3年以上		
合 计		

账龄超过1年的重要应付账款：

债权单位名称	期末余额	未偿还原因
合 计		—

（四十一）预收款项

账 龄	期末余额	年初余额
1年以内（含1年）		
1年以上		
合 计		

账龄超过1年的重要预收款项：

债权单位名称	期末余额	未结转原因
合　计		—

（四十二）合同负债情况（适用新准则）

项　目	期末余额	年初余额
合　计		

（四十三）应付职工薪酬

1. 应付职工薪酬列示。

项　目	年初余额	本期增加	本期减少	期末余额
一、短期薪酬				
二、离职后福利——设定提存计划				
三、辞退福利				
四、一年内到期的其他福利				
五、其他				
合　计				

2. 短期薪酬列示。

项　目	年初余额	本期增加额	本期减少额	期末余额
一、工资、奖金、津贴和补贴				
二、职工福利费				
三、社会保险费				
其中：医疗保险费				
工伤保险费				
生育保险费				
其他				
四、住房公积金				
五、工会经费和职工教育经费				
六、短期带薪缺勤				
七、短期利润分享计划				
八、其他短期薪酬				
合　计				

3. 设定提存计划列示。

项　目	年初余额	本期增加	本期减少	期末余额
一、基本养老保险				
二、失业保险费				
三、企业年金缴费				
……				
合　计				

（四十四）应交税费

项　目	年初余额	本期应交	本期已交	期末余额
增值税				
消费税				
资源税				
企业所得税				
城市维护建设税				
房产税				
土地使用税				
个人所得税				
教育费附加（含地方教育费附加）				
其他税费				
合　计				

（四十五）其他应付款

项　目	期末余额	年初余额
应付利息		
应付股利		
其他应付款项		
合　计	—	

1. 应付利息情况。

项　目	期末余额	年初余额
分期付息到期还本的长期借款利息		
企业债券利息		
短期借款应付利息		
划分为金融负债的优先股\永续债利息		
其他利息		
合　计		

重要的已逾期未支付的利息情况。

债权单位	逾期金额	逾期原因
合　计		—

2. 应付股利情况。

项　目	期末余额	年初余额
普通股股利		
划分为权益工具的优先股\永续债股利		
其他		
合　计		

注：重要的超过1年未支付的应付股利，应披露未支付原因。

3. 其他应付款项。

（1）按款项性质列示其他应付款项。

项　目	期末余额	年初余额
合　计		

（2）账龄超过1年的重要其他应付款项。

债权单位名称	期末余额	未偿还原因
合　计		—

（四十六）持有待售负债

项　目	期末账面价值	期末公允价值	预计处置费用	时间安排
合　计				

1. 应披露划分为持有待售的非流动负债或处置组的出售原因、方式和时间安排。
2. 应披露持有待售的非流动负债或处置组的分部信息。
3. 应披露与持有待售的非流动负债或处置组有关的其他综合收益累计金额。

（四十七）一年内到期的非流动负债

项　目	期末余额	年初余额
1年内到期的长期借款		
1年内到期的应付债券		
1年内到期的长期应付款		
1年内到期的其他长期负债		
合　计		

(四十八) 其他流动负债

项 目	期末余额	年初余额
短期应付债券		
……		
合 计		

注：发行债券应披露债券名称，债券面值，发行日期，债券期限，发行金额，年初余额，本期发行金额，按面值计提利息，溢折价摊销，本期偿还的金额，期末余额等相关信息。

(四十九) 长期借款

项 目	期末余额	年初余额	期末利率区间（%）
质押借款			
抵押借款			
保证借款			
信用借款			
合 计			

(五十) 应付债券

1. 应付债券。

项 目	期末余额	年初余额
合 计		

2. 应付债券的增减变动（不包括划分为金融负债的优先股、永续债等其他金融工具）。

债券名称	面值	发行日期	债券期限	发行金额	年初余额	本期发行	按面值计提利息	溢折价摊销	本期偿还	期末余额
合 计	—	—								

注：可转换公司债券的转股条件、转股时间说明应详细披露。

(五十一) 优先股、永续债等金融工具

1. 期末发行在外的优先股、永续债等金融工具情况。

发行在外的金融工具	发行时间	会计分类	股利率或利息率	发行价格	数量	金额	到期日或续期情况	转股条件	转换情况
工具1									
工具2									
……									
合 计	—								

2. 分项说明金融工具的主要条款。

3. 发行在外的优先股、永续债等金融工具变动情况。

发行在外的金融工具	年初数		本期增加		本期减少		期末余额	
	数量	账面价值	数量	账面价值	数量	账面价值	数量	账面价值
工具1								
……								
合 计	—		—		—		—	

4. 股利（或利息）的设定机制。

5. 归属于权益工具持有者的信息。

项 目	期末数	年初数
1. 归属于母公司所有者的权益（股东权益）		
（1）归属于母公司普通股持有者的权益		
（2）归属于母公司其他权益持有者的权益		
其中：净利润		
综合收益总额		
当期已分配股利		
累计未分配股利		
2. 归属于少数股东的权益		
（1）归属于普通股少数股东的权益		
（2）归属于少数股东其他权益工具持有者的权益		

（五十二）租赁负债（适用新准则）

项 目	期末余额	年初余额
租赁付款额		
未确认的融资费用		
重分类至一年内到期的非流动负债		
……		
租赁负债净额		

（五十三）长期应付款

项 目	年初余额	本期增加	本期减少	期末余额
长期应付款项				
专项应付款				
合 计				

1. 长期应付款项期末余额最大的前5项。

项　目	期末余额	年初余额
合　计		

2. 专项应付款期末余额最大的前5项。

项　目	年初余额	本期增加	本期减少	期末余额
合　计				

（五十四）长期应付职工薪酬

项　目	年初余额	本期增加	本期减少	期末余额
一、离职后福利——设定受益计划净负债				
二、辞退福利				
三、其他长期福利				
合　计				

（五十五）预计负债

项　目	期末余额	年初余额
弃置费用		
对外提供担保		
未决诉讼		
产品质量保证		
重组义务		
待执行的亏损合同		
其他		
合　计		

注：应逐项说明未决诉讼、待执行的亏损合同的形成原因和进展。

（五十六）递延收益

项　目	年初余额	本期增加	本期减少	期末余额
政府补助				
合　计				

注：企业还应当披露与政府补助有关的下列信息：1. 政府补助的种类及金额；2. 计入当期损益的政府补助金额；3. 本期返还的政府补助金额及原因。

（五十七）其他非流动负债

项 目	期末余额	年初余额
合 计		

（五十八）实收资本

投资者名称	年初余额		本期增加	本期减少	期末余额	
	投资金额	所占比例（%）			投资金额	所占比例（%）
合 计						
……						

注：如果报告期内有增减变动行为的，应披露执行验资的会计师事务所名称和验资报告文号。

（五十九）其他权益工具

发行在外的金融工具	年初		本期增加		本期减少		期末	
	数量	账面价值	数量	账面价值	数量	账面价值	数量	账面价值
……								
合 计								

注：企业应详细说明期末发行在外的优先股、永续债等其他金融工具基本情况。

（六十）资本公积

项 目	年初余额	本期增加	本期减少	期末余额
一、资本（或股本）溢价				
二、其他资本公积				
合 计				
其中：国有独享资本公积				

注：1. 逐项说明资本公积增加、减少的原因、依据以及金额；

2. "国有独享资本公积"是国有资本经营预算资金暂时计入"资本公积"，未来再择机转为"实收资本"的资金，企业应说明具体内容及金额。

（六十一）专项储备

项 目	年初余额	本期增加	本期减少	期末余额	备 注
安全生产费					
维简费					
其他					
合 计					—

注：说明对少数股东权益的影响。

(六十二) 盈余公积

项 目	年初余额	本期增加	本期减少	期末余额
法定盈余公积金				
任意盈余公积金				
储备基金				
企业发展基金				
其他				
合 计				

注：逐项说明盈余公积增加、减少的原因、依据及金额。

(六十三) 未分配利润

项 目	本期金额	上期金额
本期年初余额		
本期增加额		
其中：本期净利润转入		
其他调整因素		
本期减少额		
其中：本期提取盈余公积数		
本期提取一般风险准备		
本期分配现金股利数		
转增资本		
其他减少		
本期期末余额		

注：企业应详细披露各项调整原因。

(六十四) 营业收入、营业成本

项 目	本期发生额		上期发生额	
	收入	成本	收入	成本
1. 主营业务小计				
……				
2. 其他业务小计				
……				
合 计				

建造合同当期确认收入金额最大的前10项（旧准则适用）：

合同项目	合同总金额	合同总成本	完工进度（%）	累计确认的合同收入	累计确认的合同成本	累计已确认毛利	已办理结算价款	累计收款数	当期确认的合同收入	当期确认的合同成本
一、固定造价合同										
其中：1.										
2.										
……										
10.										
二、成本加成合同										
其中：1.										
2.										
……										
10.										

注：如果企业建造合同发生预计损失，企业应当披露建造合同当期预计损失原因和金额。

（六十五）销售费用、管理费用、研发费用、财务费用

说明各费用明细项目本期和上期发生额。

（六十六）其他收益

项 目	本期发生额	上期发生额
合 计		

（六十七）投资收益

产生投资收益的来源	本期发生额	上期发生额
权益法核算的长期股权投资收益		
处置长期股权投资产生的投资收益		
持有交易性金融资产期间取得的投资收益（新准则适用）		
处置交易性金融资产取得的投资收益（新准则适用）		
以公允价值计量且其变动计入当期损益的金融资产在持有期间的投资收益		
处置以公允价值计量且其变动计入当期损益的金融资产取得的投资收益		
持有至到期投资在持有期间的投资收益		
处置持有至到期投资取得的投资收益		
可供出售金融资产等取得的投资收益		
处置可供出售金融资产取得的投资收益		
债权投资持有期间的利息收益（新准则适用）		
其他债权投资持有期间的利息收益（新准则适用）		

续表

产生投资收益的来源	本期发生额	上期发生额
债权投资处置收益（新准则适用）		
其他债权投资处置收益（新准则适用）		
持有其他非流动金融资产期间取得的投资收益（新准则适用）		
处置其他非流动金融资产取得的投资收益（新准则适用）		
取得控制权时，股权按公允价值重新计量产生的利得		
丧失控制权后，剩余股权按公允价值重新计量产生的利得		
持有其他权益工具投资期间取得的股利收入（新准则适用）		
其他		
合计		

（六十八）净敞口套期收益（适用新准则）

产生净敞口套期收益的来源	本期发生额	上期发生额
净敞口套期下被套期项目累计公允价值变动转入当期损益的金额		
净敞口套期下现金流量套期储备转入当期损益的金额		
合计		

（六十九）公允价值变动收益

产生公允价值变动收益的来源	本期发生额	上期发生额
交易性金融资产（新准则适用）		
以公允价值计量且其变动计入当期损益的金融资产（旧准则适用）		
衍生金融资产		
其他非流动金融资产		
交易性金融负债（新准则适用）		
以公允价值计量且其变动计入当期损益的金融负债（旧准则适用）		
衍生金融负债		
按公允价值计量的投资性房地产		
其他		
合计		

（七十）信用减值损失（适用新准则）

项目	本年发生额	上年发生额
坏账损失		
债权投资信用减值损失		
其他债权投资减值损失		
其他		
合计		

(七十一) 资产减值损失

项 目	本年发生额	上年发生额
坏账损失（旧金融资产准则适用）		
存货跌价损失		
持有待售资产减值损失		
可供出售金融资产减值损失（旧金融资产准则适用）		
合同取得成本相关资产减值损失（新收入准则适用）		
合同履约成本相关资产减值损失（新收入准则适用）		
持有至到期投资减值损失（旧金融工具准则适用）		
长期股权投资减值损失		
投资性房地产减值损失		
固定资产减值损失		
工程物资减值损失		
在建工程减值损失		
生产性生物资产减值损失		
油气资产减值损失		
无形资产减值损失		
商誉减值损失		
使用权资产减值损失（新租赁准则适用）		
合同资产减值损失		
其他		
合 计		

(七十二) 资产处置收益

项 目	本期发生额	上期发生额	计入当年非经常性损益的金额
合 计			

(七十三) 营业外收入

项 目	本期发生额	上期发生额	计入当期非经常性损益的金额
非流动资产毁损报废利得			
接受捐赠			

续表

项 目	本期发生额	上期发生额	计入当期非经常性损益的金额
与企业日常活动无关的政府补助			
……			
合 计			

注：企业可根据实际情况，单独披露金额较大的项目。

政府补助明细：

项 目	本期发生额	上期发生额
合 计		

（七十四）营业外支出

项 目	本期发生额	上期发生额	计入当期非经常性损益的金额
非流动资产毁损报废损失			
对外捐赠支出			
……			
合 计			

注：企业可根据实际情况，单独披露金额较大的项目。

（七十五）所得税费用

1. 所得税费用。

项 目	本期发生额	上期发生额
当期所得税费用		
递延所得税调整		
其他		
合 计		

2. 会计利润与所得税费用调整过程。

项 目	本期发生额
利润总额	
按适定/适用税率计算的所得税费用	
子公司适用不同税率的影响	
调整以前期间所得税的影响	
非应税收入的影响	
不可抵扣的成本、费用和损失的影响	

续表

项 目	本期发生额
使用前期未确认递延所得税资产的可抵扣亏损的影响	
本期未确认递延所得税资产的可抵扣暂时性差异或可抵扣亏损的影响	
其他	
所得税费用	

（七十六）归属于母公司所有者的其他综合收益

1. 其他综合收益各项目及其所得税影响和转入损益情况。

项 目	本期发生额			上期发生额		
	税前金额	所得税	税后净额	税前金额	所得税	税后净额
一、以后不能重分类进损益的其他综合收益						
1. 重新计量设定受益计划净负债或净资产的变动						
2. 权益法下在被投资单位不能重分类进损益的其他综合收益中享有的份额						
3. 其他权益工具投资公允价值变动（新准则适用）						
4. 企业自身信用风险公允价值变动（新准则适用）						
5. 其他						
二、以后将重分类进损益的其他综合收益						
1. 权益法下在被投资单位以后将重分类进损益的其他综合收益中享有的份额						
减：前期计入其他综合收益当期转入损益						
小 计						
2. 其他债权投资公允价值变动（新准则适用）						
减：前期计入其他综合收益当期转入损益						
小 计						
3. 可供出售金融资产公允价值变动损益（旧准则适用）						

续表

项 目	本期发生额			上期发生额		
	税前金额	所得税	税后净额	税前金额	所得税	税后净额
减：前期计入其他综合收益当期转入损益						
小 计						
4. 金融资产重分类计入其他综合收益的金额（新准则适用）						
减：前期计入其他综合收益当期转入损益						
小 计						
5. 持有至到期投资重分类为可供出售金融资产损益（旧准则适用）						
减：前期计入其他综合收益当期转入损益						
小 计						
6. 其他债权投资信用减值准备（新准则适用）						
减：前期计入其他综合收益当期转入损益						
小 计						
7. 现金流量套期储备（现金流量套期损益的有效部分）						
减：转为被套期项目初始确认金额的调整额						
前期计入其他综合收益当期转入损益						
小 计						
8. 外币财务报表折算差额						
减：前期计入其他综合收益当期转入损益						
小 计						
9. 其他						
减：前期计入其他综合收益当期转入损益						
小 计						
三、其他综合收益合计						

2. 其他综合收益各项目的调节情况。

项目	重新计量设定受益计划变动额	权益法下不能转损益的其他综合收益	其他权益工具投资公允价值变动	企业自身信用风险公允价值变动	权益法下可转损益的其他综合收益	其他债权投资公允价值变动	可供出售金融资产公允价值变动损益	金融资产重分类计入其他综合收益的金额	持有至到期投资重分类为可供出售金融资产损益	其他债权投资信用减值准备	现金流量套期储备（现金流量套期损益的有效部分）	外币财务报表折算差额	其他	小计
一、上年年初余额														
二、上年增减变动金额（减少以"－"号填列）														
三、本年年初余额														
四、本年增减变动金额（减少以"－"号填列）														
五、本年年末余额														

（七十七）每股收益（仅限于上市公司和证监会已经明确复函企业同意发行股票的拟上市公司披露）

1. 基本每股收益和稀释每股收益分子、分母的计算过程。
2. 列报期间不具有稀释性但以后期间很可能具有稀释性的潜在普通股。
3. 在资产负债表日至财务报告批准报出日之间，企业发行在外普通股或潜在普通股股数发生重大变化的情况，如股份发行、股份回购、潜在普通股发行、潜在普通股转换或行权等。

（七十八）非货币性资产交换

1. 非货币性资产交换是否具有商业实质及其原因。
2. 换入资产、换出资产的类别。
3. 换入资产初始计量金额的确定方式。
4. 换入资产、换出资产的公允价值及换出资产的账面价值。
5. 非货币性资产交换确认的损益。

（七十九）股份支付

1. 股份支付总体情况。

公司本期授予的各项权益工具总额	
公司本期行权的各项权益工具总额	

续表

公司本期失效的各项权益工具总额	
公司期末发行在外的股份期权行权价格的范围和合同剩余期限	
公司期末其他权益工具行权价格的范围和合同剩余期限	

2. 以权益结算的股份支付情况。

授予日权益工具公允价值的确定方法	
对可行权权益工具数量的最佳估计的确定方法	
本期估计与上期估计有重大差异的原因	
资本公积中以权益结算的股份支付的累计金额	
以权益结算的股份支付确认的费用总额	

注：本期估计与上期估计有重大差异的原因如没有，请填写"无"。

3. 以现金结算的股份支付情况。

公司承担的、以股份或其他权益工具为基础计算确定的负债的公允价值确定方法	
负债中因以现金结算的股份支付产生的累计负债金额	
以现金结算的股份支付而确认的费用总额	

注：若有股份支付的修改、终止情况及其他事项应详细说明。

（八十）债务重组

1. 债务人披露情况。

债务重组方式	债务账面价值	债务重组利得金额	股本等所有者权益增加金额
以低于债务账面价值的现金清偿债务			—
以非现金资产清偿债务			—
债务转为资本			
修改其他债务条件			—
混合重组方式			

注：企业应披露转让非现金资产的公允价值、债务转成的股份的公允价值和修改其他债务条件后债务的公允价值的确定方法及依据。

项　目	公允价值金额	确定方法及依据
非现金资产		
债务转成的股份		
修改其他条件后的债务		

2. 债权人披露情况。

债务重组方式	债权账面价值	债务重组损失金额	长期股权投资增加金额	占债务人股权的比例
低于债权账面价值的现金收回债权			—	—
以非现金资产收回债权			—	—

续表

债务重组方式	债权账面价值	债务重组损失金额	长期股权投资增加金额	占债务人股权的比例
债权转为股权				
修改其他债务条件			—	—
混合重组方式				

注：企业应披露受让非现金资产的公允价值、债权转成的股份的公允价值和修改其他债务条件后债权的公允价值的确定方法及依据。

项　目	公允价值金额	确定方法及依据
非现金资产		
债权转成的投资		
修改其他条件后的债权		

注：企业应以文字形式补充说明债务重组的主要内容。

（八十一）借款费用

1. 当期资本化的借款费用金额。
2. 当期用于计算确定借款费用资本化金额的资本化率。

（八十二）外币折算

1. 计入当期损益的汇兑差额。
2. 处置境外经营对外币财务报表折算差额的影响。

（八十三）租赁

1. 融资租赁出租人应当说明未实现融资收益的余额，并披露与融资租赁有关的下列信息。

（1）融资租赁出租人（适用旧租赁准则）。

剩余租赁期	最低租赁收款额
1年以内（含1年）	
1年以上2年以内（含2年）	
2年以上3年以内（含3年）	
3年以上	
合　计	

（2）融资租赁出租人（适用新租赁准则）。

项　目	金额
一、收入情况	—
销售损益	
租赁投资净额的融资收益	
与未纳入租赁投资净额的可变租赁付款额相关的收入	
二、资产负债表日后将收到的未折现租赁收款额	
第1年	
第2年	
第3年	

续表

项　目	金额
第 4 年	
第 5 年	
5 年以上	
三、未折现租赁收款额与租赁投资净额的调节	—
剩余年度将收到的未折现租赁收款额小计	
减：未实现融资收益	
加：未担保余值的现值	
租赁投资净额	

2. 经营租赁出租人各类租出资产的披露格式如下。

(1) 经营租赁出租人（适用旧租赁准则）。

经营租赁租出资产类别	期末账面价值	年初账面价值
1. 机器设备		
2. 运输工具		
……		
合　计		

(2) 经营租赁出租人（适用新租赁准则）。

项　目	金额
一、收入情况	
租赁收入	
其中：未计入租赁收款额的可变租赁付款额相关的收入	
二、资产负债表日后将收到的未折现租赁收款额	
第 1 年	
第 2 年	
第 3 年	
第 4 年	
第 5 年	
5 年以上	

3. 出租人应当根据理解财务报表的需要，披露有关租赁活动的其他定性和定量信息。此类信息包括：

(1) 租赁活动的性质，如对租赁活动基本情况的描述；

(2) 对其在租赁资产中保留的权利进行风险管理的情况；

(3) 其他相关信息。

4. 融资租赁承租人应当说明未确认融资费用的余额，并披露与融资租赁有关的下列信息：(1) 各类租入固定资产的年初和年末原价、累计折旧额、减值准备累计金额；(2) 以后年度将支付的最低租赁付款额的披露格式如下（适用旧租赁准则）。

剩余租赁期	最低租赁付款额
1年以内（含1年）	
1年以上2年以内（含2年）	
2年以上3年以内（含3年）	
3年以上	
合　计	

5. 对于重大的经营租赁，经营租赁承租人应当披露下列信息（适用旧租赁准则）。

剩余租赁期	经营租赁额
1年以内（含1年）	
1年以上2年以内（含2年）	
2年以上3年以内（含3年）	
3年以上	
合　计	

6. 披露各售后租回交易以及售后租回合同中的重要条款。
7. 新租赁准则承租人信息披露。
（1）承租人信息。

项　目	金额
租赁负债的利息费用	
计入当期损益的短期租赁费用	
计入当期损益的低价值资产租赁费用	
未纳入租赁负债计量的可变租赁付款额	
转租使用权资产取得的收入	
与租赁相关的总现金流出	
售后租回交易产生的相关损益	
其　他	

（2）承租人应当根据理解财务报表的需要，披露有关租赁活动的其他定性和定量信息。此类信息包括：
①租赁活动的性质，如对租赁活动基本情况的描述；
②未纳入租赁负债计量的未来潜在现金流出；
③租赁导致的限制或承诺；
④售后租回交易的其他信息；
⑤其他相关信息。

（八十四）终止经营

项　目	本期发生额	上期发生额
一、终止经营收入		
减：终止成本及经营费用		
二、来自于终止经营业务的利润总额		

续表

项　目	本期发生额	上期发生额
减：终止经营所得税费用		
三、终止经营净利润		
其中：归属于母公司的终止经营净利润		
加：处置业务的净收益（税后）		
其中：处置损益总额		
减：所得税费用（或收益）		
四、来自已终止经营业务的净利润总计		
其中：归属于母公司所有者的来自于已终止经营业务的净利润总计		
五、终止经营的现金流量净额		
其中：经营活动现金流量净额		
投资活动现金流量净额		
筹资活动现金流量净额		

注：1. 应披露终止经营的资产（或处置组）确认的减值损失及其转回金额。
2. 终止经营的项目或资产应逐一在报告中披露。

（八十五）分部信息

项　目	××业务		××业务		……	其他		抵销		合计	
	本期	上期	本期	上期		本期	上期	本期	上期	本期	上期
一、营业收入											
其中：对外交易收入											
分部间交易收入											
二、对联营和合营企业的投资收益											
三、资产减值损失											
四、信用减值损失（适用新准则）											
五、折旧费和摊销费											
六、利润总额											
七、所得税费用											
八、净利润											
九、资产总额											
十、负债总额											
十一、其他重要的非现金项目											
其中：折旧费和摊销费以外的其他非现金费用											
对联营企业和合营企业的长期股权投资权益法核算增加额											

除已经作为报告分部信息组成部分的披露内容外，企业还应当披露下列信息：
1. 每一产品和劳务或每一类似产品和劳务的对外交易收入。

2. 企业取得的来自于本国的对外交易收入总额，以及企业从其他国家或地区取得的对外交易收入总额。

3. 企业取得的位于本国的非流动资产（不包括金融资产、独立账户资产、递延所得税资产）总额，以及企业位于其他国家或地区的非流动资产（不包括金融资产、独立账户资产、递延所得税资产）总额。

4. 企业对主要客户的依赖程度。

（八十六）合并现金流量表

1. 企业应当采用间接法在现金流量表附注中披露将净利润调节为经营活动现金流量的信息。格式如下：

补充资料	本期发生额	上期发生额
1. 将净利润调节为经营活动现金流量：	—	—
净利润		
加：资产减值损失		
信用资产减值损失（新准则适用）		
固定资产折旧、油气资产折耗、生产性生物资产折旧		
使用权资产折旧（新准则适用）		
无形资产摊销		
长期待摊费用摊销		
处置固定资产、无形资产和其他长期资产的损失（收益以"－"号填列）		
固定资产报废损失（收益以"－"号填列）		
公允价值变动损失（收益以"－"号填列）		
财务费用（收益以"－"号填列）		
投资损失（收益以"－"号填列）		
递延所得税资产减少（增加以"－"号填列）		
递延所得税负债增加（减少以"－"号填列）		
存货的减少（增加以"－"号填列）		
经营性应收项目的减少（增加以"－"号填列）		
经营性应付项目的增加（减少以"－"号填列）		
其他		
经营活动产生的现金流量净额		
2. 不涉及现金收支的重大投资和筹资活动：	—	—
债务转为资本		
一年内到期的可转换公司债券		
融资租入固定资产		
3. 现金及现金等价物净变动情况：	—	—
现金的期末余额		
减：现金的年初余额		
加：现金等价物的期末余额		
减：现金等价物的年初余额		
现金及现金等价物净增加额		

2. 本年取得子公司和收到处置子公司的现金净额。

项 目	金额
一、本期发生的企业合并于本期支付的现金或现金等价物	
减：购买日子公司持有的现金及现金等价物	
加：以前期间发生的企业合并于本期支付的现金或现金等价物	
取得子公司支付的现金净额	
二、本期处置子公司于本期收到的现金或现金等价物	
减：丧失控制权日子公司持有的现金及现金等价物	
加：以前期间处置子公司于本期收到的现金或现金等价物	
处置子公司收到的现金净额	

3. 现金和现金等价物的构成。

项 目	期末余额	年初余额
一、现金		
其中：库存现金		
可随时用于支付的银行存款		
可随时用于支付的其他货币资金		
可用于支付的存放中央银行款项		
存放同业款项		
拆放同业款项		
二、现金等价物		
其中：三个月内到期的债券投资		
三、期末现金及现金等价物余额		
其中：母公司或集团内子公司使用受限制的现金及现金等价物		

（八十七）外币货币性项目

项 目	期末外币余额	折算汇率	期末折算人民币余额
货币资金	—	—	—
其中：美元			
欧元			
港币			
……			
应收账款	—	—	—
其中：美元			
欧元			
港币			
……			
短期借款	—	—	—
其中：美元			
欧元			
港币			
……			
长期借款	—	—	—

续表

项 目	期末外币余额	折算汇率	期末折算人民币余额
其中：美元			
欧元			
港币			
……			
应付债券	—	—	—
其中：美元			
欧元			
港币			
……			

（八十八）所有权和使用权受到限制的资产

项 目	期末账面价值	受限原因
货币资金		
应收票据		
应收账款		
应收款项融资		
存货		
固定资产		
无形资产		
在建工程		
其他		

九、或有事项

企业应当在附注中披露与或有事项有关的下列信息：

（一）或有负债（不包括极小可能导致经济利益流出企业的或有负债）。

1. 或有负债的种类及其形成原因，包括已贴现商业承兑汇票、未决诉讼、未决仲裁、对外提供担保等。
2. 经济利益流出不确定性的说明。
3. 或有负债预计产生的财务影响，以及获得补偿的可能性；无法预计的，应当说明原因。

（二）企业通常不应当披露或有资产，但或有资产很可能会给企业带来经济利益的，应当披露其形成的原因、预计产生的财务影响等。

（三）若公司没有需要在财务报表附注中披露的或有事项，也应予以说明。

十、资产负债表日后事项

（一）每项重要的资产负债表日后非调整事项的性质、内容，及其对财务状况和经营成果的影响。无法做出估计的，应当说明原因。

（二）资产负债表日后，财务报告批准报出日前提议或宣布发放的股利总额和每股股利金额（或向投资者分配的利润或股利）。

（三）资产负债表日后销售退回或其他事项说明。

十一、关联方关系及其交易

（一）本企业的母公司有关信息披露格式如下：

母公司名称	注册地	业务性质	注册资本	母公司对本企业的持股比例（%）	母公司对本企业的表决权比例（%）

母公司不是本企业最终控制方的，说明最终控制方名称。

母公司和最终控制方均不对外提供财务报表的，说明母公司之上与其最相近的对外提供财务报表的母公司名称。

（二）本企业的子企业有关信息。

（三）本企业的合营企业、联营企业有关信息。

（四）本企业与关联方发生交易的，分别说明各关联方关系的性质、交易类型及交易要素。

交易要素至少应当包括：

1. 交易的金额。

2. 未结算项目的金额、条款和条件，以及有关提供或取得担保的信息。

3. 未结算应收项目的坏账准备金额。

4. 定价政策。

（五）关联方交易应分别关联方以及交易类型，披露关联交易定价方式及决策程序、关联交易金额占同类交易金额的比例等情况。

（六）披露应收、应付关联方款项情况。

十二、有助于财务报表使用者评价企业管理资本的目标、政策及程序的信息

企业应当基于可获得的信息充分披露如下内容：

（一）企业资本管理的目标、政策及程序的定性信息，包括：

1. 对企业资本管理的说明；

2. 受制于外部强制性资本要求的企业，应当披露这些要求的性质以及企业如何也将这些要求纳入其资本管理之中；

3. 企业如何实现其资本管理的目标。

（二）资本结构的定量数据摘要，包括资本与所有者权益之间的调节关系等。

（三）自前一会计期间开始上述 1 和 2 中的所有变动。

（四）企业当期是否遵循了其受制的外部强制性资本要求；以及当企业未遵循外部强制性资本要求时，其未遵循的后果。

十三、母公司会计报表的主要项目附注

对已编制合并财务报表的企业，在财务报表附注中，除对合并报表项目注释外，还应当对母公司报表的主要项目注释。按照以下要求披露：

（一）母公司报表主要项目包括应收账款、其他应收款、长期股权投资、营业收入和营业成本、投资收益、现金流量表补充资料等项目，应参照上述相应项目的要求加以注释。

（二）本期发生反向购买的，母公司报表附注应披露以公允价值入账的资产、负债及其公允价值、确定公允价值方法、公允价值计算过程、原账面价值。因反向购买形成长期股权投资的，应披露长期股权投资成本及其确定方法、计算过程。

十四、按照有关财务会计制度应披露的其他内容

十五、财务报表的批准

说明年度财务报表经公司董事会（总经理办公会）或类似机构批准的情况。

附件 4

财务决算专项说明内容提要

中央企业年度财务决算除按规定报送各项资料外,还应同时对国资委监管工作需要的信息单独进行专项说明。专项说明信息是企业向国资委报送的年度财务决算报告的重要组成部分,需经中介机构审计或复核,并由中介机构按特殊事项发表审计意见,具体事项如下:

一、期初重大调整事项说明

分项说明企业期初权益与上年末权益差异的具体原因,如合并范围变化、重要前期差错更正、会计政策变更等,期初未分配利润调整事项应逐项说明。

二、非经常性损益的说明

分项说明企业非经常性损益的内容、金额、非经常性损益税前合计数以及非经常性损益合计数对净利润的影响。

项 目	金 额	说 明
营业外收入		
其中:营业外收入中的政府补助		
营业外支出(损失以"-"号填列)		
☆净敞口套期收益(损失以"-"号填列)		
公允价值变动收益(损失以"-"号填列)		
资产处置收益(损失以"-"号填列)		
因不可抗力因素,如遭受自然灾害而计提的各项资产减值准备(计提资产减值准备以"-"号填列)		
同一控制下企业合并产生的子公司年初至合并日的当期净损益(损失以"-"号填列)		
其他符合非经常性损益定义的损益项目(损失以"-"号填列)		
小 计		
减:所得税影响额		
减:少数股东权益影响额(税后)		
归属于母公司的非经常性损益净额		
归属于母公司净利润		
扣除非经常性损益后的归母净利润合计		

三、高风险业务的说明

说明企业从事股票(证券)买卖、期货及衍生品交易、基金投资、委托理财等高风险业务的资金占用和损益情况,具体需披露如下事项:

（一）委托理财业务

项 目	受托机构名称	年初余额	年末余额				当年实际盈亏	预计盈亏	受托机构经营状况	备注
			本金	减值准备	当年计提	投资净额				
合　计	—								—	—
其中：1.										
2.										
……										

注：信托投资业务需在备注中单独说明，其中：逾期未偿还的应说明原因。

（二）商品、金融期货（权）及衍生品投资

项 目	年末持仓合约金额	场外交易持仓合约金额	年末持仓合约市值	当年实际盈亏	浮动盈亏	当年累计交易金额
一、商品期货（权）及衍生品						
……						
二、金融期货（权）及衍生品						
……						

（三）基金投资。按年末账面余额最大前5项填列

项 目	年初余额	年末数			
		账面余额	跌价准备	账面价值	市值
合　计					
其中：1.					
……					
5.					

（四）股票投资。按年末余额最大前5项填列

项 目	原始投资成本	年初余额	年末余额	市值	跌价准备	当年实际盈亏
合　计						
其中：1.						
……						
5.						

四、国有资本保值增值的情况

按照《企业国有资本保值增值结果确认暂行办法》（国资委令第9号）的规定，详细说明国有资本保值增值情况，同时将客观增减因素的证明材料作为附件报送，并对相关内容进行披露：

（一）《国有资本保值增值结果确认表》及其电子文档；

（二）企业国有资本保值增值情况分析说明，包括国有资本保值增值完成情况、客观增减因素、国有资本本年年初数相对上年年末数的调整情况、相关参考指标大幅波动或异常变动情况及其他需要报告的情况。

（三）其他国有资金总额及增减变动情况，其他国有资金是指年末不列入企业所有者权益，但由企业管

理、使用的具有权益性的国家所有的资金,如保险保障基金、特准储备基金、股份制改造剥离权益、国家专用拨款等。

五、融资性贸易业务以及"空转""走单"类贸易业务情况的说明

说明企业落实国资委有关工作要求对融资性贸易业务以及"空转""走单"类贸易业务排查、处置、整改等情况,主要包括:

(一)融资性贸易业务情况。说明年初融资性贸易风险敞口在本年的处置情况(主要包括处置方式、处置金额等)、本年末融资性贸易风险敞口余额情况、下一步处置措施及处置计划;逐笔说明本年新认定和新发现的以前年度开展的融资性贸易业务情况以及本年违规新开展的融资性贸易业务情况(主要包括初始风险敞口、交易过程、风险处置、账务处理、责任追究等)。

(二)"空转""走单"等虚假贸易业务情况。逐笔说明本年新认定和新发现的以前年度开展的"空转""走单"等虚假贸易业务情况以及本年违规新开展的"空转""走单"等虚假贸易业务情况(主要包括交易过程、风险处置、账务处理、责任追究等)。

(三)企业对正常贸易业务的内部控制执行情况,如授信额度、客户信用、合同签订、仓储商选择、存货监控、资金收付、贸易业务物资采购和产品销售的风险管理等。

六、企业资金集中管理情况的说明

企业是否开展资金集中管理工作,包括资金集中管理的范围、工作成效及难点,对企业按照内部核算方法或统计方法计算的资金集中度予以详细说明。

七、资产损失管理情况说明

主要说明企业当年资产损失管理结果和中介机构相关审计的基本情况,具体包括:

(一)账销案存资产管理工作结果与相关审计情况。根据国资委印发的《中央企业账销案存资产管理工作规则》(国资发评价〔2005〕13号)有关规定,重点说明企业账销案存资产年初余额与上年末余额不一致的原因与差异金额、账销案存资产年初余额与年末余额变动情况、当年账销案存资产清理收入的入账方式和中介机构(或企业内审机构)的相关审计情况和意见发表情况等;

(二)资产减值准备财务核销工作结果与相关审计情况。根据《中央企业资产减值准备财务核销工作规则》(国资发评价〔2005〕67号)有关规定,重点说明企业当年发生事实损失的已计提减值准备资产的财务核销情况、清理收入的账务处理、中介机构(或企业内审机构)对企业资产减值准备财务核销工作的审计情况,特别是主审所发表的审计意见及对参审所相关工作的复核意见情况等。

(三)重大资产损失情况说明。根据《中央企业资产损失责任追究暂行办法》(国资委令第20号)有关规定,综合说明企业当年发生的资产损失及处理情况,并分项列示企业重大和特别重大资产损失的具体内容,以及对当年权益和损益的影响。

八、企业对外借款情况

序号	借出款单位	借出时间	借入款单位	借入款单位性质	借款本金	年末余额	到期时间	逾期借款本息	预计坏账金额	借入款单位现状
	合计	—	—							
	……									

1. 本表反映企业对本集团外借出款项的情况。
2. 借入款单位性质按（1）国有独资；（2）国有控股；（3）集体；（4）私营；（5）外商；（6）其他填列。
3. 借入款单位现状按（1）正常经营；（2）关停并转；（3）清理整顿；（4）已进入破产程序；（5）拟近期出售；（6）资不抵债非持续经营；（7）其他填列。

九、审计情况

本年度对上年审计意见的调整、改进情况；对本年度审计报告保留事项的说明及未进行调整的原因。

十、其他应披露的重大事项

（一）职工持股情况

披露职工对下属子公司的持股情况，包括职工股份的取得方式、股份数量、取得成本、持股比例、限售期、近两年分红情况。

（二）特殊资产及表外资产情况

1. 特殊资产。企业应分项说明企业工会管理资金、职工持股会管理资金、职工互助基金、企业慈善基金会管理的资金，以及企业代管的社保资金、住房公积金和工资等企业虽不拥有所有权但承担资金安全管理责任的各类资金及资产的管理、运转、使用等情况。

2. 表外资产。企业应分项说明企业拥有的未在财务决算报表反映的与企业生产经营紧密相关的重要资产的详细情况。国有划拨土地期末价值可参考同样地块政府土地储备中心土地收购价确定，矿权和其他重要资产期末价值可参照同类资产招拍挂的交易价格确定；期末价值可采用预估值填列。

（1）国有划拨土地。

序号	地块类别	面积（平方米）	期末价值	备注
	合计			
……	……			

地块类别可以参照《全国土地分类（试行）》（国土资发（2001）255号）选择填列：1. 农用地；2. 建设用地；3. 未利用地。

如果企业存在已按清产核政策的要求，将国有划拨土地单独估价作为固定资产入账的情况，也应按此表披露，并在备注栏说明其账面价值。

（2）探矿权。

序号	主要矿产	矿区面积	预测储备量	有效期限	取得方式	期末价值
	合计	—	—	—	—	
……	……					

（3）采矿权。

序号	开采矿种	矿区面积	探明储备	有效期限	取得方式	期末价值
	合计	—	—	—	—	
……	……					

（4）其他重要资产（账销案存资产除外）。

序号	资产类别	单 位	数 量	取得方式	期末价值
	合计	—	—	—	
……	……				

（三）企业主辅分离辅业改制情况说明

逐户说明本企业开展主辅分离辅业改制的各单位进展情况及权益核减情况，包括单位的基本情况、所处行业、改制方案、批准文号、审计和评估情况，改制过程中资产、人员分流、权益的处理等情况，预留内退职工费用、预留退休人员费用等经地方劳动部门批准情况，国有净资产的核销及会计处理情况，以及本年已完成改制企业的新公司注册情况。

（四）应收中央企业款项情况。按对方集团合计口径填列最大前10家应收单位及金额情况

（五）其他事项

附件5

财务情况说明书内容提要

财务情况说明书是年度财务会计决算报告的重要组成部分。各企业应依据《企业财务会计报告条例》（国务院令第287号）等有关规定，以财务指标和相关统计指标为主要依据，对本年度资产质量、财务状况、经营成果等情况进行分析说明，客观反映企业运营特点及发展趋势。财务情况说明书主要包括以下内容：

一、企业基本情况

企业资产、负债、所有者权益总额、结构和年度变化情况及原因分析；企业户数变化情况，包括合并范围子企业户数、金融子企业、境外子企业与所属上市公司户数，未纳入合并范围户数及原因，企业低效及无效资产清理情况；企业职工人数及人工成本、薪酬水平等基本情况。

二、生产经营情况分析

（一）企业主营业务范围及经营规模、行业分布等情况分析。

（二）按主要业务板块分析本年度生产经营情况，包括主要产品的产量、业务营业量、销售量（出口额、进口额）的增减变化和原因分析，各主要业务板块收入及毛利占企业集团总收入的比重，所处行业中的地位及发展趋势；宏观经济政策产生的影响。

（三）其他业务收支增减变化及原因分析。

（四）生产经营中面临的困难与挑战。

三、企业经济效益分析

（一）企业盈利情况分析，包括盈利结构，各业务板块效益贡献，效益增减变化的主要原因。

（二）成本费用变动的主要因素，包括原材料费用、能源费用、工资性支出、借款利率调整对效益的影响。

（三）税赋调整对效益的影响，包括有关税种和税率调整、享受税收优惠政策退税返还等。

（四）会计政策、会计估计变更的原因及其对效益的影响。

（五）本年度房地产开发、高风险业务投资及损益情况，包括：委托理财、股票投资、基金投资、金融衍生业务，分析对企业效益及财务风险的影响程度。

（六）亏损企业户数、亏损面、亏损额及原因。

（七）企业净资产收益率、总资产报酬率等盈利能力相关指标的年度间对比分析和行业对标。

四、现金流情况分析

（一）经营、投资、筹资活动产生的现金流入和流出情况。

（二）与上年度现金流量情况进行比较分析，包括现金流规模和结构，流入的主要来源（经营、投资或筹资），流出的主要用途（投资、筹资），分析盈余现金保障倍数、现金流动负债比率、资产现金回收率等指标并与行业对标。

（三）对企业本年度现金流产生重大影响的事项说明。

五、所有者权益变动情况分析

（一）会计处理追溯调整影响年初所有者权益（或股东权益）的变动情况及原因。

（二）所有者权益（或股东权益）本年初与上年末因其他原因变动情况及原因。

（三）所有者权益（或股东权益）本年度内经营因素增减情况及原因。

六、重大事项说明

对企业利润分配、资产重组、债务重组、兼并收购、改制上市、重大投融资、重大资产处置、股权（产权）转让及资产损失情况、大额套期保值业务情况、融资性贸易业务和"空转""走单"等虚假贸易业务情况等重大事项进行详细说明和分析。

七、风险及内控管理情况

（一）风险治理和内控管理的组织架构及相关职能部门运转情况。

（二）风险和内控管理制度及实施情况。

八、问题整改情况

企业对有关方面的检查、审计等监管工作中发现问题的整改落实情况及拟采取的主要措施。

九、有关工作建议

对改进财务会计决算工作的有关工作建议。

附件 6-1

2020年度中央企业新产业情况统计表

（公章）_____

编制单位名称：_____

企 业 代 码：_____

编 报 日 期：____年____月____日

国务院国有资产监督管理委员会印制

中央企业新产业情况统计表
2020年12月31日

编制单位：　　　　　　　　　　　　　　　　　　　　　　　　　　　　　　　　　金额单位：万元

项目	行次	资产总额		营业收入		利润总额		职工平均人数	
		本年数	上年数	本年数	上年数	本年数	上年数	本年数	上年数
一、战略性新兴产业	1								
（一）新一代信息技术产业	2								
（二）高端装备制造产业	3								
（三）新材料产业	4								
（四）生物产业	5								
（五）新能源汽车产业	6								
（六）新能源产业	7								
（七）节能环保产业	8								
（八）数字创意产业	9								
（九）相关服务业	10								
二、现代服务业	11								
（一）金融业	12								
（二）房地产业	13								
三、新产业新业态新商业模式	14								

2020 年度中央企业新产业情况统计表编制说明

一、工作依据

国务院办公厅关于推动中央企业结构调整与重组的指导意见（国办发〔2016〕56 号）

二、基本内容

本表主要反映中央企业在战略性新兴产业、现代服务业、新产业新业态新商业模式等领域的基本经营和财务情况。

三、编制方法

企业应根据国家统计局《战略性新兴产业分类（2018）》《新产业新业态新商业模式统计分类（2018）》以及科技部关于现代服务业的有关定义进行统计和填报。

四、表内公式

行次：1 行 =（2+3+4+5+6+7+8+9+10）行。

五、联系方式：

联系人：邢相烨　　联系电话：010－63193419

附件6-2

2020年度中央企业国有产权非公开交易流转情况表

（公章）

编制单位名称：_____

企 业 代 码：_____

编 报 日 期：____年___月___日

国务院国有资产监督管理委员会印制

编制单位：
金额单位：万元

2020 年度中央企业国有产权非公开交易流转情况表——非公开协议转让情况表
2020 年 12 月 31 日

序号	国有产权协议转让项目名称	批准单位	批准文号	转让方情况			标的企业情况							受让方情况				转让价格与定价依据		其他需要说明事项
				企业名称	国有股权比例（%）	企业级次	所属行业（代码）	企业名称	所属行业（代码）	转让标的（%）	国有股权比例（%）		转让前经审计的财务状况		资产评估结果		企业名称	国有股权比例（%）	企业级次	所属行业（代码）	转让价格	定价方式	
											转让前	转让后	资产总额	净资产总额	资产总额	净资产总额							
一	合计	—	—	—	—	—	—	—	—	—	—	—					—	—	—	—		—	
1																							
2																							
……																							

注：
1. 名称：转让方、受让方、标的企业名称，按企业法人营业执照名称填写。
2. 企业级次：按本企业最大国有出资人推算其相应级次，中央企业本部为一级。
3. 所属行业（代码）：依据《国民经济行业分类与代码》，按"小类"填写相应的 4 位代码。
4. 转让标的：指国有产权转让协议中约定的标的物。其中：为标的企业产权（股权）的，填写相应的产权（股权）比例，如 80%；为实物资产的，填写 100%；为多项股权或资产混合的，应分行填写。
5. 定价方式：指按照审计报告确认的净资产值为基准确定的，填写"审计"；转让价格按照资产评估报告确认的净资产值为基准确定的，填写"评估"。
6. 国有资本投资、运营公司审批的两类公司与所出资企业之间非上市公司非公开协议转让事项一并通过本表格报送（由转让方负责填写）。

2020年度中央企业国有产权非公开交易流转情况表——无偿划转情况表

2020年12月31日

编制单位：　　金额单位：万元

序号	国有产权无偿划转项目名称	批准单位	批准文号	划出方情况				划入方情况				标的企业情况				其他需要说明事项
				企业名称	股东情况	企业级次	所属行业（代码）	企业名称	股东情况	企业级次	所属行业（代码）	企业名称	所属行业（代码）	划转前划转方持股比例（%）	本次划转股权比例（%）	标的企业审计净资产（万元）
一	合计	—	—	—	—	—	—	—	—	—	—	—	—	—	—	
1																
2																
……																

注：国有资本投资、运营公司审批的两类公司之间非上市企业产权无偿划转事项一并通过本表格报送（由划出方负责填写）。

编制单位：

2020年度中央企业国有产权非公开交易流转情况表——非公开协议增资情况表

2020年12月31日

单位：万元

国有产权协议增资项目名称	具体情形	批准单位	批准文号	标的企业情况							注册资本		转让前经审计的财务状况			净资产评估值	增资方1情况			增资方2情况			增资价格与定价依据		其他需要说明事项
				企业名称	国有股权比例（%）		企业级次	所属行业（代码）		增资前	增资后	资产总额	负债总额	净资产总额		企业名称	国有股权比例（%）	所属行业（代码）	企业名称	国有股权比例（%）	所属行业（代码）	增资价格	定价方式	
					增资前	增资后																		
序号																								
1	合计	—	—	—	—	—	—	—	—						—	—	—	—	—	—	—	—	
2																								

注：
1. 企业名称：标的企业、增资方名称，按企业法人营业执照名称填写。
2. 企业级次：本企业最大国有出资人推算本企业相算级次，中央企业本部为一级。如存在两个或两个以上相同股权的国有出资人，应按照企业章程或具有实际控制权的出资人确定该企业级次。
3. 所属行业（代码）：依据《国民经济行业分类与代码》，按"小类"填写相应的4位码。
4. 定价方式：增资价格按照资产评估报告确认的净资产价值为基础确定的，填写"评估"；增资价格按照资产评估报告确认的净资产值为基础确定的，可自行添加到列并填写。
5. 增资方为1家时，填写增资方1情况即可；增资方超过2家的，可自行添加到列并填写。
6. 具体情形：包括债权转为股权、原股东增资、集团内国有控股、国有实际控制企业增资、国资委审批的协议增资，两类公司之间非上市企业增资等。

151

中央企业国有产权非公开交易流转情况表（非公开协议转让）编制说明

一、工作依据

《企业国有资产交易监督管理办法》（国资委 财政部令第32号）。

二、编制方法

每年年初，各中央企业按照本表格式，对上一年度内本集团批准的内部非公开协议转让和上报国资委批准的非公开协议转让事项进行汇总填报。

国有资本投资、运营公司审批的两类公司之间非上市企业非公开协议转让事项一并通过本表格报送。

三、表内有关指标解释

（一）名称：转让方、受让方、标的企业名称，按企业法人营业执照名称填写；转让标的为实物资产的，按照审计或评估报告确认的资产范围或名称填写。

（二）企业级次：按本企业最大国有出资人推算其相应级次，中央企业本部为一级。如存在两个或两个以上相同股比的国有出资人，应按照企业章程或具有实际控制权的出资人确定该企业级次。

（三）所属行业（代码）：依据《国民经济行业分类与代码》，按"小类"填写相应的4位代码。

（四）转让标的：指国有产权转让协议中约定的标的物。其中：为标的企业产权（股权）的，填写相应的产权（股权）比例，如80%；为实物资产的，填写100%；为多项股权或股权、资产混合的，应分行填写。

（五）定价方式：转让价格按照审计报告确认的净资产值为基准确定的，填写"审计"；转让价格按照资产评估报告确认的净资产值为基准确定的，填写"评估"。

四、联系方式：

联系人：刘 颖　　联系电话：63193856

中央企业国有产权非公开交易流转情况表
（无偿划转）编制说明

一、工作依据

《关于印发〈企业国有产权无偿划转管理暂行办法〉的通知》（国资发产权〔2005〕239号）、《关于印发〈企业国有产权无偿划转工作指引〉的通知》（国资发产权〔2009〕25号）。

二、编制方法

每年年初，各中央企业按照本表格式，对上一年度内本集团批准的内部无偿划转事项和上报国资委批准的无偿划出事项进行汇总填报。

国有资本投资、运营公司审批的两类公司之间非上市企业产权无偿划转事项一并通过本表格报送。

三、表内有关指标解释

（一）名称：划入方、划出方、标的企业名称，按企业法人营业执照名称填写；划转标的为实物资产的，按照审计报告确认的资产范围或名称填写。

（二）股东情况：应填写各股东名称及持股比例。

（三）企业级次：按本企业最大国有出资人推算其相应级次，中央企业本部为一级。如存在两个或两个以上相同股比的国有出资人，应按照企业章程或具有实际控制权的出资人确定该企业级次。

（四）所属行业（代码）：依据《国民经济行业分类与代码》，按"小类"填写相应的4位代码。

（五）本次划转股权比例：指国有产权无偿划转协议中约定的标的物。其中划转标的企业产权（股权）的，填写相应的产权（股权）比例，如80%；划转实物资产的，填写100%；为多项股权或股权、资产混合的，应分行填列。

四、联系方式：

联系人：张小龙　　联系电话：63193551

中央企业国有产权非公开交易流转情况表（非公开协议增资）编制说明

一、工作依据

《企业国有资产交易监督管理办法》（国资委　财政部令第 32 号）。

二、编制方法

每年年初，各中央企业按照本表格式，对上一年度内本集团批准的非公开协议增资和上报国资委批准的非公开协议增资事项进行汇总填报。

国有资本投资、运营公司审批的两类公司之间非上市企业非公开协议增资事项一并通过本表格报送。

三、表内有关指标解释

（一）企业名称：标的企业、增资方名称，按企业法人营业执照名称填写。

（二）企业级次：按本企业最大国有出资人推算其相应级次，中央企业本部为一级。如存在两个或两个以上相同股权的国有出资人，应按照企业章程或具有实际控制权的出资人确定该企业级次。

（三）所属行业（代码）：依据《国民经济行业分类与代码》，按"小类"填写相应的 4 位码。

（四）定价方式：增资价格按照审计报告确认的净资产值为基础确定的，填写"审计"；增资价格按照资产评估报告确认的净资产值为基础确定的，填写"评估"。

（五）增资方为 1 家的，填写增资方 1 情况即可；增资方超过 2 家的，可自行添加列并填写。

四、联系方式：

联系人：张小龙　　联系电话：63193551

附件6-3

2020年度中央企业办社会职能情况表

编制单位名称：_____（公章）

企 业 代 码：_____

编 报 日 期：_____年____月____日

国务院国有资产监督管理委员会印制

中央企业办社会职能情况表

2020年度

编制单位： 金额单位：元

项目	行次	本年数	上年数	项目	行次	本年数	上年数
一、企业办社会机构数量情况（户）：		—	—	消防机构收入	24		
教育机构数量	1			其中：企业经费补助额	25		
医疗机构数量	2			社区管理机构收入	26		
市政机构数量	3			其中：企业经费补助额	27		
消防机构数量	4			离退休人员管理机构收入	28		
社区管理机构数量	5			其中：企业经费补助额	29		
离退休人员管理机构数量	6			供水供电供热供气及物业管理机构收入	30		
供水供电供热供气及物业管理机构数量	7			其中：企业经费补助额	31		
二、企业办社会机构年末在职职工人数情况（人）：	8	—	—	四、企业办社会机构支出情况：	32	—	—
教育机构年末在职职工人数	9			教育机构支出	33		
医疗机构年末在职职工人数	10			医疗机构支出	34		
市政机构年末在职职工人数	11			市政机构支出	35		
消防机构年末在职职工人数	12			消防机构支出	36		
社区管理机构年末在职职工人数	13			社区管理机构支出	37		
离退休人员管理机构年末在职职工人数	14			离退休人员管理机构支出	38		
供水供电供热供气及物业管理机构年末在职职工人数	15			供水供电供热供气及物业管理机构支出	39		
三、企业办社会机构收入情况：	16	—	—	五、企业职工家属区"三供一业"情况（户）：	40	—	—
教育机构收入	17			供电户数	41		
其中：企业经费补助额	18			供水户数	42		
医疗机构收入	19			供气户数	43		
其中：企业经费补助额	20			供热户数	44		
市政机构收入	21			物业管理户数	45		
其中：企业经费补助额	22			六、仍由企业管理的离退休人员数量	46		
	23						

2020年度中央企业办社会职能情况表编制说明

一、工作依据

《国务院关于印发加快剥离国有企业办社会职能和解决历史遗留问题工作方案的通知》（国发〔2016〕19号）。

二、有关指标解释：

1. 企业办社会机构数量情况（个）：指由集团本级及所属各级子公司投资设立、管理或发放补贴补助的与企业生产经营没有直接关系、承担政府公共管理服务职能及社会公益性质的服务单位机构。办社会机构以所服务的法人企业为单位统计，可以独立或不独立核算，对非独立核算的单位，应对收入、支出、净利润、总资产、净资产等指标尽可能准确区分，办社会机构之间有隶属关系或产权关系的，如小学既有服务于母公司的本校，也有服务于子公司的分校，应分别统计。以当年年末数为准。其中：

（1）教育机构指实施普通教育和职业教育的学校，包括幼儿园、小学、中学、普通高校、职业教育学校、技工学校等，不包括服务于本企业的培训中心。

（2）医疗机构指企业所办医院、妇幼保健院、卫生院、疗养院、门诊部、卫生所（医务院、保健站、卫生室）、急救中心等。

（3）市政机构指负责管理维护厂区外道路、桥梁、公园等市政设施的机构。

（4）社区管理机构指国有企业承担的履行政府公共管理服务职能的社区管理机构和组织，包括街道办事处或居委会。

（5）离退休人员管理机构指专门为离退休人员提供服务的管理机构，服务对象全部或大部分为本企业离退休人员。主要面向社会群众提供服务的，归入社区管理机构统计。对于以企业部门形式存在的离退休管理机构，纳入本表统计范围。

（6）供电、供水、供热、供气及物业管理机构。供电、供水、供热、供气机构指为企业职工家属区提供供电、供水、供热、供气管理服务的机构；物业管理机构指为职工家属区的房屋及配套设施设备、场地等进行维修、养护、管理，提供小区物业服务的机构。

2. 在职职工人数情况（人）：指与机构以劳动合同等形式建立劳动关系的正式职工，不包括外聘人员。

3. 收入情况（元）：指当年全部收入，包括收费、捐赠、财政拨款、企业经费补助等各种渠道的收入。其中，企业经费补助额包括企业提供的现金补贴、减免费用、主办企业垫支费用等。

4. 支出情况（元）：指当年全部支出，包括人员费用支出、办公费用支出、项目费用支出等各类支出。

5. 职工家属区"三供一业"情况（户）：指企业自办的、提供水电气热和物业管理服务涉及的职工家属区户数。

6. 仍由企业管理的离退休人员数量：尚未移交街道和社区实行社会化管理、相关管理服务工作仍由国有企业承担的离退休人员的数量。

7. 其他问题的说明：如果企业设立的某机构同时承担多项职能，按承担的最主要职能填列到相关机构，不分别填列。

三、联系方式：

联系人：王亚坤　　联系电话：63193707

附件 6-4

2020年度中央企业负责人经营业绩考核目标完成情况表

(公章)

编制单位名称：_____

企　业　代　码：_____

编　报　日　期：_____年_____月_____日

国务院国有资产监督管理委员会印制

编制单位：

中央企业负责人经营业绩考核目标完成情况表
2020 年度

项目	栏次	行次	计量单位	考核目标值	基准值	财务决算数	责任书约定调整项	考核完成数	备注
				1	2	3	4	5	6
净利润		1	万元		—				
"期间费用"项下的"研发费用"		2	万元		—				
其中：承担关键核心技术攻关的研发费用		3	万元						
处理历史遗留问题的因素		4	万元						
当年安排资本经营预算费用性支出		5	万元		—				
其他需要考虑的因素		6	万元						
经济增加值		7	万元						
（一）税后净营业利润		8	万元						
其中：净利润		9	万元						
利息支出		10	万元						
研究开发费调整项		11	万元						
其中：研发费用		12	万元						
当期确认为无形资产的研究开发支出		13	万元						
勘探费用		14	万元						
所得税率		15	%						
（二）资本成本		16	万元						
其中：调整后资本		17	万元						
平均所有者权益		18	万元						
平均带息负债		19	万元						
其中：银行借款、保险、证券等企业平均带息负债		20	万元			25			
短期借款		21	万元						
一年内到期的非流动负债		22	万元						
交易性金融负债		23	万元						
其他带息流动负债		24	万元						
长期借款		25	万元						
应付债券		26	万元						
其他带息非流动负债		27	万元						
平均在建工程		28	万元						
平均资本成本率		29	%						
其中：股权资本成本率		30	%		—				
债权资本成本率		31	%						
其中：利息支出总额		32	万元						
指标3		33							
其中：		34							
		35							
指标4		36							
其中：		37							
		38							
指标5		39							
其中：		40							
		41							

附件6-5

2020年度中央企业人工成本情况表

编制单位名称：_____（公章）

企 业 代 码：_____

编 报 日 期：_____年____月____日

国务院国有资产监督管理委员会印制

人工成本情况表
2020 年度

编制单位：　　　　　　　　　　　　　　　　　　　　　　　　　　　　　　　　　　　　金额单位：元

项目	行次	本年数	上年数	项目	行次	金额
一、企业人工成本总额（含劳务派遣费用）	1			八、集团总部领导班子支出总额：	51	—
二、劳务人员人工成本总额	2			补充资料：	52	—
其中：从业人员劳动报酬	3			一、股份支付情况：	53	
三、职工人工成本	4			股票期权激励同价值	54	
1. 职工工资总额（提取数）	5			限制性股票激励同价值	55	
2. 职工工资总额（实际发放数）	6			股权出售激励同价值	56	
其中：实际支付分红激励额度	7			股权奖励激励额度	57	
岗位分红激励额度	8			其他股权激励额度	58	
项目分红激励额度	9			二、改制上市公司"三类人员"费用结余使用情况：	59	
3. 社会保险费用	10			（一）年初"三类人员"费用结余	60	—
4. 补充保险费用	11			（二）本年支付的"三类人员"费用	61	
其中：企业年金和职业年金	12			（三）本年调整金额	62	
补充医疗保险	13			（四）年末"三类人员"费用结余	63	
5. 福利费用	14			三、外包业务分配情况：	64	
其中：非工资性福利	15			其中：外包业务提供的就业人数（人）	65	
6. 教育培训经费	16			外包业务劳务费用总额	66	
7. 工会经费	17			四、境外使用员工分配情况	67	
8. 劳动保护费	18			其中：境外企业职工平均工资总额	68	
9. 住房费用	19			其中：中方职工平均工资总额	69	
其中：住房公积金	20			五、科技型企业股权分红激励情况	70	
一次性支付的住房补贴	21			（一）年末平均研发人员人数	71	
10. 技术奖酬金及企业年金设计奖	22			1. 年末研发人员人数	72	
11. 辞退福利	23			2. 年末参加股权激励和分红激励对象人数	73	
12. 股份支付	24			3. 其中：参加股权出售激励同对象人数	74	
13. 其他人工成本	25			参加股权奖励激励同对象人数	75	
四、老国企职工人工成本	26			参加股权租同激励同对象人数	76	
五、填外从业人员人工成本总额（人）	27			参加岗位分红激励对象人数	77	
其中：在岗职工工资总额（提取数）	28			参加项目分红激励对象人数	78	
在岗职工工资总额（实际发放数）	29			（二）激励额度	79	
中方从业人员工资总额	30			1. 股份支付情况	80	
其中：中方从业人员平均年薪	31			其中：股权出售激励同价值	81	
境外机构平均年薪	32			股权奖励激励同价值	82	
六、在岗职工人数情况（人）	33			股权租同激励同价值	83	
（一）集团总部职工平均人数	34	—	—	2. 本年提取的分红激励额度	84	
其中：集团总部职工平均在岗职工人数	35			3. 本年兑现的分红激励额度	85	
（二）集团管理本部领导班子平均人数	36				86	
其中：集团总部领导班子在岗人数	37				87	
（三）集团总部领导班子平均子女人数	38				88	
集团总部本部领导班子（实际发放数）	39				89	
（四）集团所属非集团法人单位平均在岗职工人数	40				90	
七、集团总部人工成本情况：	41	—	—		91	
（一）集团总部职工实际发放工资总额	42				92	
其中：集团总部职工实际在岗职工工资总额	43				93	
（二）集团管理本部领导班子实际在岗职工工资总额	44				94	
其中：集团管理本部领导班子实际在岗职工工资总额	45				95	
（三）集团总部领导实际发放工资总额	46				96	
其中：实际发放子女人工工资总额	47				97	
（四）集团所属非集团法人实际发放工资总额	48				98	
其中：实际发放职工人工成本总额	49				99	
	50				100	

161

2020年度中央企业人工成本情况表编制说明

一、工作依据

《中央企业工资总额管理办法（2018年试行）》、《关于合理确定并严格规范中央企业负责人履职待遇、业务支出的意见》（中办发〔2014〕51号）、《中央企业负责人履职待遇、业务支出管理办法》（国资发分配〔2015〕5号）、《关于印发〈国有科技型企业股权和分红激励暂行办法〉的通知》（财资〔2016〕4号）、《关于做好中央科技型企业股权和分红激励工作的通知》（国资发分配〔2016〕274号）、《关于印发中央科技型企业实施分红激励工作指引的通知》（国资厅发考分〔2017〕47号）。

二、编制内容

本表主要反映企业人工成本总额、构成情况以及股份支付、改制上市公司"三类人员"费用、外包业务等与人工成本有关的指标情况。

三、有关指标解释

1. 企业人工成本总额：反映企业在生产、经营和提供劳务活动中实际支付的各项直接和间接人工费用的总和，包括在职期间和离职后提供的全部货币性薪酬、非货币性福利及向职工配偶、子女或其他被赡养人提供的福利等。

2. 从业人员人工成本总额：反映企业实际支付的全部从事生产经营活动的人员的人工成本支出总额，包含劳务派遣人员费用。

3. 从业人员劳动报酬：反映企业实际支付的全部从事生产经营活动的人员的工资、薪金、奖金、年终加薪、劳动分红、津贴等劳动所得，包括在岗职工工资总额、劳务派遣工劳动报酬和其他从业人员（包括临时、聘用和留用等人员）工资总额，其中："劳务派遣工劳动报酬"单独列示。

4. 工资总额：反映企业实际支付的职工工资总额，包括企业按月发放的住房补贴。

5. 实际支付分红激励额度：指企业实际发放的分红激励额度，包括岗位分红总额和项目收益分红总额。

6. 岗位分红激励额度：指企业根据岗位分红激励方案，按照方案设定的岗位分红激励规则提取，根据考核结果兑现并实际发放的岗位分红激励总额。

7. 项目分红激励额度：指企业根据项目收益分红激励方案，按照方案设定的项目收益分红激励规则提取，根据考核结果兑现并实际发放的所有的项目收益分红激励总额。

8. 社会保险费用：反映企业为职工缴纳的养老保险、医疗保险、失业保险、工伤保险和生育保险等费用。

9. 企业年金和职业年金：反映按照《企业年金办法》（人力资源社会保障部 财政部令第36号）、《国务院办公厅关于印发机关事业单位职业年金办法的通知》（国办发〔2015〕18号）和国资委《关于中央企业规范实施企业年金的意见》（国资发考分〔2018〕76号）等规定建立企业年金或职业年金制度的企业，本年提取和实际为职工缴纳的年金情况。

10. 福利费用：反映企业在工资以外用于职工个人以及集体的福利费用。主要包括医疗卫生费、计划生育补贴、生活困难补助、文体宣传费、集体福利设施和集体福利事业补助及丧葬抚恤救济费等。各种社会保险、商业保险费用不在本项目中反映。

11. 非货币性福利：反映企业以自产产品发放给职工作为福利、将企业拥有的资产无偿提供给职工使用、为职工无偿提供医疗保健服务等非货币性支出。

12. 教育培训经费：反映企业用于职工学习先进技术和提高文化水平的各种培训、教育费用，包括企业为主要培训本企业人员的技工学校所支付的费用。

13. 劳动保护费：反映企业为职工实施安全技术措施、工业卫生等发生的费用，包含用于职工劳动保护用品的费用。

14. 技术奖酬金及业余设计奖：反映企业按照国家有关规定，从技术开发、技术转让、技术咨询和技术服务的净收入中预计提取的奖励给重要贡献人员的奖金和报酬。按照《关于中央企业计提技术奖酬金和业余设计奖有关问题的通知》（国资分配〔2006〕243号）的规定已经纳入工资总额核算和管理的技术奖酬金和业余设计奖不在此项目反映。

15. 辞退福利：反映企业职工劳动合同到期前，企业决定解除与职工的劳动关系或为鼓励职工自愿接受裁减而给予的补偿，不含内退人员费用。

16. 股份支付：反映企业为换取职工提供的服务而给予职工的激励或补偿。

17. 其他人工成本：反映不包括在以上各项项目中的对职工的其他人工成本支出。

18. 境外从业人员人工成本总额：反映集团所属境外单位全部境外从业人员人工成本总额。按中方从业人员、中方职工、外籍人员分别填列。

19. 集团管理本部：反映企业集团总部中实际行使集团管理职能的部分。

20. 集团管理本部平均在岗职工人数：反映集团管理本部在岗职工人数本年12个月的算术平均数，不包含所属非法人单位和借调及劳务人员。

21. 集团总部领导班子人数：反映企业由中央或国资委任命和管理的领导人员人数。

22. 集团总部所属非法人单位：反映企业集团总部中不承担集团管理职能的部分，主要包括项目部（组）、事业部、分公司、代表处、分支机构等。

23. 集团总部所属非法人单位平均在岗职工人数：反映集团总部所属的非法人单位在岗职工人数本年12个月的算术平均数。

24. 集团总部领导班子业务支出总额：根据《关于合理确定并严格规范中央企业负责人履职待遇、业务支出的意见》（中办发〔2014〕51号），反映总部领导班子在生产经营活动中因履行工作职责所发生的费用支出，主要包括业务招待、国内差旅、因公临时出国（境）、通信等四个方面的支出。

25. 股票期权激励价值：按照企业会计准则及相关规定，企业因授予职工股票期权而应当计提的成本。

26. 股票增值权激励价值：按照企业会计准则及相关规定，企业因授予职工股票增值权而应当计提的成本。

27. 限制性股票激励价值：按照企业会计准则及相关规定，企业因授予职工限制性股票而应当计提的成本。

28. 股权出售激励价值：按照企业会计准则及相关规定，企业因出售给职工股权而应当计提的成本。

29. 股权奖励激励价值：按照企业会计准则及相关规定，企业因奖励给职工股权而应当计提的成本。

30. 其他股权激励价值：按照企业会计准则及相关规定，企业因实施股票期权、股票增值权、限制性股票以外的股权激励而应当计提的成本。

31. 改制上市公司三类人员费用结余及使用情况：反映改制上市企业三类人员费用的年初、年末和本年支出等增减变化情况。三类人员费用是指企业在改制上市时从权益中一次性计提的离退休人员、内退下岗人员、遗属的养老金补贴、生活费、社会保险及其他福利性补助等各项费用。

32. 年末研发人员人数：指与本企业签订劳动合同且年末实际在岗的研究开发人员人数。

33. 本年平均研发人员人数：指与本企业签订劳动合同且实际在岗的研究开发人员的本年12个月人数的算术平均值。

34. 年末参加股权和分红激励对象人数：指当年获得科技型企业股权和分红激励且年末实际在岗的人数。

35. 年末参加股权激励对象人数：指当年获得科技型企业股权激励且年末实际在岗的人数。

36. 年末参加分红激励对象人数：指当年获得科技型企业岗位分红或项目收益分红激励且年末实际在岗

的人数。

37. 本年提取的分红激励额度：指依据分红激励方案规定，根据企业年度业绩达成情况，实际提取的分红激励总额。

38. 本年兑现的分红激励额度：指依据分红激励方案规定，根据企业业绩实际达成情况和管理需求，实际用于兑现的分红激励总额。

四、表内公式

1行≥2行；2行≥3行；2行≥27行；2行≥29行；3行≥4行；5行＝（7＋11＋12＋15＋17＋18＋19＋20＋23＋24＋25＋26）行；5行≥27行；7行≥8行；8行≥（9＋10）行；12行≥（13＋14）行；15行≥16行；20行＝（21＋22）行；27行≥29行；30行≥（31＋33）行；31行≥32行；35行≥36行≥37行；42行≥43行≥44行；45行≥46行；47行≥48行；49行≥50行；69行≥70行；71行≥72行；77行≥（78＋79＋80）行；77≥（81＋82）行。

五、表间公式

4行本年数＝企财9表33行；7行本年数＝企财9表32行；17行本年数＝企财9表42行。

六、联系方式：

联系人：高鉌昊　　联系电话：63193132

附件 6-6

2020年度中央企业绩效评价指标表

编制单位名称：_____（公章）

企 业 代 码：_____

编 报 日 期：_____年_____月_____日

国务院国有资产监督管理委员会印制

绩效评价基础数据表

2020 年度

编制单位：　　　　　　　　　　　　　　　　　　　　　　　　　　　　　　　　　　金额单位：元

项　　目	行次	本期金额	上期金额	项　　目	行次	金额
一、资产负债表项目	—	—	—	三、现金流量表项目	—	—
1. 资产总额	1			1. 本期经营活动产生的现金流量净额	26	
2. 流动资产	2			四、补充资料	27	—
3. 应收账款	3			1. 年初国有资本及权益总额	28	
4. 存货	4			2. 年末国有资本及权益总额	29	
5. 负债总额	5			3. 本年国有资本及权益客观增加额	30	
6. 流动负债	6			4. 本年国有资本及权益客观减少额	31	
7. 所有者权益	7			5. 年末资产减值准备余额	32	
8. 归属于母公司所有者权益	8			6. 本年研发经费投入	33	
9. 实收资本	9			7. 带息负债年末余额	34	
10. 资本公积	10			8. 年初应收账款坏账准备	35	
二、利润表项目	11	—	—	9. 年末应收账款坏账准备	36	
1. 营业总收入	12			10. 年初存货跌价准备	37	
2. 营业成本	13			11. 年末存货跌价准备	38	
3. 税金及附加	14			12. 成本费用总额	39	
4. 销售费用	15			13. 或有负债	40	
5. 管理费用	16			14. 本年计提的固定资产折旧额	41	
6. 研发费用	17			15. 本年计提的无形资产摊销额	42	
7. 财务费用	18			16. 经济增加值	43	
其中：利息费用	19			17. 调整后资本	44	
8. 营业利润	20			18. 本年应提未提和应摊未摊的潜亏挂账	45	
9. 利润总额	21			19. 年末待处理资产损失	46	
10. 所得税费用	22				47	
11. 净利润	23					
12. 归属于母公司所有者的净利润	24					
	25					

编制单位：

绩效评价指标表（计算机自动生成）
2020 年度

指 标 名 称	行次	本年数	指 标 名 称	行次	本年数
一、盈利能力指标：			4. 现金流动负债比率（%）	18	
1. 净资产收益率（不含少数股东权益）（%）	1	—	5. 带息负债比率（%）	19	
2. 总资产报酬率（%）	2		6. 或有负债比率（%）	20	
3. 销售（营业）利润率（%）	3		四、经营增长指标：	21	—
4. 盈余现金保障倍数	4	—	1. 销售（营业）增长率（%）	22	
5. 成本费用利润率（%）	5		2. 资本保值增值率（%）	23	
6. 资本收益率（%）	6		3. 销售（营业）利润增长率（%）	24	
二、资产质量指标：	7		4. 总资产增长率（%）	25	
1. 总资产周转率（次）	8	—	5. 研发经费投入强度（%）	26	
2. 应收账款周转率（次）	9		五、补充资料：	27	—
3. 不良资产比率（%）	10		1. 存货周转率（次）	28	
4. 流动资产周转率（次）	11		2. 两金占流动资产比重（%）	29	
5. 资产现金回收率（%）	12		3. 成本费用总额占营业总收入的比率（%）	30	
三、债务风险指标：	13		4. 经济增加值率（%）	31	
1. 资产负债率（%）	14	—	5. EBITDA率（%）	32	
2. 已获利息倍数	15		6. 资本积累率（%）	33	
3. 速动比率	16			34	
	17				

167

2020年度中央企业绩效评价指标表编制说明

一、工作依据

《中央企业综合绩效评价管理暂行办法》（国资委令第14号）及其实施细则。

二、填报范围

仅由集团公司按合并口径填报。

三、编制内容

综合反映企业盈利能力、资产质量、债务风险、经营增长等指标情况。

四、有关指标解释

1. 净资产收益率（不含少数股东权益）（%）：

净资产收益率（不含少数股东权益）＝归属于母公司所有者的净利润/平均归属于母公司所有者权益×100%

平均归属于母公司所有者权益＝（年初归属于母公司所有者权益合计＋年末归属于母公司所有者权益合计）/2

2. 总资产报酬率（%）：

总资产报酬率＝息税前利润/平均资产总额×100%

平均资产总额＝（年初资产总额＋年末资产总额）/2

息税前利润＝利润总额＋财务费用下的利息费用

3. 销售（营业）利润率（%）：

销售（营业）利润率＝销售（营业）利润/营业总收入×100%

4. 盈余现金保障倍数：

盈余现金保障倍数＝经营活动产生的现金流量净额/净利润

5. 成本费用利润率（%）：

成本费用利润率＝利润总额/成本费用总额×100%

成本费用总额＝营业成本＋（△利息支出＋△手续费及佣金支出＋△退保费＋△赔付支出净额＋△提取保险责任准备金净额＋△保单红利支出＋△分保费用）＋税金及附加＋销售费用＋管理费用＋研发费用＋财务费用＋其他

6. 资本收益率（%）：

资本收益率＝归属于母公司所有者的净利润/平均资本×100%

平均资本＝［（年初实收资本＋年初资本公积）＋（年末实收资本＋年末资本公积）］/2

7. 总资产周转率（次）：

总资产周转率＝营业总收入/平均资产总额

8. 应收账款周转率（次）：

应收账款周转率＝营业总收入/平均应收账款余额

平均应收账款余额＝（年初应收账款余额＋年末应收账款余额）/2

应收账款余额＝应收账款＋应收账款坏账准备

9. 不良资产比率（%）：

不良资产比率 = 年末不良资产总额/（年末资产总额 + 资产减值准备余额）×100%

年末不良资产总额 = 资产减值准备余额 + 应提未提和应摊未摊的潜亏挂账 + 未处理资产损失

10. 资产现金回收率（%）：

资产现金回收率 = 经营活动产生的现金流量净额/平均资产总额×100%

11. 流动资产周转率（次）：

流动资产周转率 = 营业总收入/平均流动资产总额

平均流动资产总额 =（年初流动资产 + 年末流动资产）/2

12. 资产负债率（%）：

资产负债率 = 负债总额/资产总额×100%

13. 已获利息倍数：

已获利息倍数 = 息税前利润总额/财务费用下的利息费用

14. 速动比率：

速动比率 = 速动资产/流动负债

速动资产 = 流动资产 – 存货

15. 现金流动负债比率（%）：

现金流动负债比率 = 经营活动产生的现金流量净额/年末流动负债×100%

16. 带息负债比率（%）：

带息负债比率 = 年末带息负债总额/负债总额×100%

17. 或有负债比率（%）：

或有负债比率 = 或有负债总额/所有者权益总额×100%

18. 销售（营业）增长率（%）：

销售（营业）增长率 = 本年营业总收入增长额/上年营业总收入×100%

本年营业总收入增长额 = 本年营业总收入 – 上年营业总收入

19. 资本保值增值率（%）：

资本保值增值率 = 扣除客观因素后的年末国有资本及权益/年初国有资本及权益总额×100%

扣除客观因素后的年末国有资本及权益 = 年末国有资本及权益总额 – 本年国有资本及权益客观增加额 + 本年国有资本及权益客观减少额

20. 总资产增长率（%）：

总资产增长率 =（年末资产总额 – 年初资产总额）/年初资产总额×100%

21. 销售（营业）利润增长率（上年营业利润 >0 时成立）（%）：

销售（营业）利润增长率 =（本年销售（营业）利润 – 上年销售（营业）利润）/上年销售（营业）利润×100%

22. 研发经费投入强度（%）：

研发经费投入强度 = 本年研发经费投入/营业总收入×100%

23. 存货周转率（次）：

存货周转率 = 营业成本/平均存货余额

平均存货余额 = [（年初存货 + 年初存货跌价准备）+（年末存货 + 年末存货跌价准备）]/2

24. 两金占流动资产比重（%）：

两金占流动资产比重 =（应收账款 + 存货）/流动资产×100%

25. 成本费用总额占营业总收入的比率（%）：

成本费用总额占营业总收入的比率 = 成本费用总额/营业总收入×100%

26. 经济增加值率（%）：

经济增加值率 = 经济增加值/调整后资本×100%

经济增加值＝税后净营业利润－调整后资本×平均资本成本率

税后净营业利润＝净利润＋（利息支出＋研究开发费用调整项）×（1－25%）

调整后资本＝平均所有者权益＋平均带息负债－银行、保险、证券企业平均带息负债－平均在建工程

平均带息负债＝短期借款＋一年内到期的非流动负债＋交易性金融负债＋其他带息流动负债＋长期借款＋应付债券＋其他带息非流动负债

平均资本成本率＝债权资本成本率×［平均带息负债/（平均带息负债＋平均所有者权益）］×（1－25%）＋股权资本成本率×［平均所有者权益/（平均带息负债＋平均所有者权益）］

债权资本成本率＝利息支出总额/（平均带息负债－银行、保险、证券企业平均带息负债）

27. EBITDA 率（%）：

EBITDA 率＝（净利润＋所得税费用＋利息支出＋固定资产折旧＋无形资产摊销）/营业总收入×100%

28. 资本积累率（%）：

资本积累率＝（年末所有者权益－年初所有者权益）/年初所有者权益×100%

附件 6-7

2020 年度中央企业国有资本经营决算表

编制单位名称：＿＿＿＿＿＿＿＿＿＿＿＿＿＿＿

企 业 代 码：＿＿＿＿＿＿＿＿（公章）

编 报 日 期：＿＿＿年＿＿＿月＿＿＿日

单位负责人签章： 财务负责人签章： 制表人签章：

国务院国有资产监督管理委员会印制

编制单位:
金额单位：元

2020年度中央企业国有资本经营决算表
2020年度

项　　目	行次	财政拨款金额				实际支出金额				结余金额		
		合计	资本性支出	费用性支出	其他支出	合计	资本性支出	费用性支出	其他支出	合计	资本性支出	费用性支出	其他支出
栏　次	—	1	2	3	4	5	6	7	8	9	10	11	12
一、解决历史遗留问题及改革成本支出	1												
（一）厂办大集体改革支出	2												
（二）"三供一业"移交补助支出	3												
（三）国有企业棚户区改造支出	4												
（四）国有企业改革成本支出	5												
（五）离休干部医药费补助支出	6												
二、国有企业资本金注入	7												
（一）国有经济结构调整支出	8												
（二）公益性设施投资支出	9												
（三）前瞻性战略性产业发展支出	10												
（四）支持科技进步支出	11												
（五）保障国家经济安全支出	12												
（六）对外投资合作支出	13												
三、国有企业政策性补贴	14												
四、其他国有资本经营预算支出	15												
总计	16												

2020年度中央企业国有资本经营决算表填报说明

一、工作依据

《中央国有资本经营预算管理暂行办法》（财预〔2016〕6号）和财政部年度企业财务会计决算报表通知。

二、基本内容

本表主要反映按政府收支分类科目划分的中央企业2020年中央国有资本经营决算情况。

三、编制方法

（一）填报范围

本表的填报范围为2020年收到中央国有资本经营预算资金的中央一级企业，具体由中央企业集团本部填报。

（二）填报方法

本表根据财政部下达的2020年中央国有资本经营预算拨款文件中有关数据填列。

四、指标解释

1. 厂办大集体改革支出：反映用国有资本经营预算收入安排的支持厂办大集体与主办国有企业分离、安置厂办大集体职工等方面的支出。

2. "三供一业"移交补助支出：反映用国有资本经营预算收入安排的支持国有企业职工家属区供水、供电、供热和物业管理分离移交方面的支出。

3. 国有企业棚户区改造支出：反映用国有资本经营预算收入安排的支持中央企业特别是独立工矿区、三线地区和资源枯竭型城市企业棚户区改造方面的支出。

4. 国有企业改革成本支出：反映用国有资本经营预算收入安排的用于国有企业改革中职工安置等方面的支出。

5. 离休干部医药费补助支出：反映用国有资本经营预算收入安排的用于困难中央企业离休干部医药费补助方面的支出。

6. 国有经济结构调整支出：反映用国有资本经营预算收入安排的支持国有企业战略性重组、产业结构调整、推动国有资本投向重点行业和关键领域等方面的支出。

7. 公益性设施投资支出：反映用国有资本经营预算收入安排的公益性企业公共服务设施的投资支出，包括油气管道支出、交通运输设施支出、通信设施支出、市政服务设施支出等。

8. 前瞻性战略性产业发展支出：反映用国有资本经营预算收入安排的支持前瞻性战略性产业发展的支出。

9. 支持科技进步支出：反映用国有资本经营预算收入安排的用于科学技术方面的支出，包括科技创新及科技成果转化等方面支出。

10. 保障国家经济安全支出：反映用国有资本经营预算收入安排的用于提升国家竞争力和综合国力等涉及国家战略安全方面的支出，包括能源资源安全、信息安全、粮食安全等方面。

11. 对外投资合作支出：反映用国有资本经营预算收入安排的支持境外投资、对外承包工程等对外投资合作业务的支出。

12. 国有企业政策性补贴：反映用国有资本经营预算收入安排的用于国有企业政策性补助方面的支出。
13. 其他国有资本经营预算支出：反映用国有资本经营预算收入安排的其他国有资本经营预算支出。

五、表内公式

1. 行次：1 行 =（2 + 3 + 4 + 5 + 6）行；7 行 =（8 + 9 + 10 + 11 + 12 + 13）行；16 行 =（1 + 7 + 14 + 15）行。

2. 栏次：1 栏 =（2 + 3 + 4）栏；5 栏 =（6 + 7 + 8）栏；9 栏 =（10 + 11 + 12）栏。

六、联系方式：

联系人：毕国洁　　联系电话：64471757

国务院国有资产监督管理委员会
关于印发 2020 年度中央企业境外子企业
财务决算报表的通知

2020 年 12 月 14 日　　国资发财评〔2020〕78 号

各中央企业：

根据《中央企业财务决算报告管理办法》（国资委令第 5 号）等有关规定，为真实反映 2020 年度中央企业境外资产状况与经营成果，加强和改进企业境外国有资产财务管理，我们制定了《2020 年度境外子企业财务决算报表》及编制说明。现将有关事项通知如下：

一、报表主要内容

本套报表用于反映中央企业所属境外单位（含境外子企业和办事机构，不含境外子企业返回境内投资单位，下同）的年度财务决算情况，由会计主附表、财务情况表、国际化经营情况表和财务情况说明书组成。各中央企业应当按照有关指标口径和编制要求，以及境内会计准则、会计年度和集团的会计政策填报本套报表。

各中央企业应当按照全级次分户填报的总体要求，组织所属境外子企业分户填报本套报表，由集团总部按照属地原则建立境外子企业财务决算数据库。具备条件的境外办事机构应当分户填报本套报表，以单纯持股为目的、不开展实际经营活动的离岸公司，可不分户填报。填报本套报表时，应当将境外子企业返回境内投资企业的数据和相应境外子企业持有的长期股权投资、投资收益及其权益予以剔除。在对权益进行剔除时，投资成本以及直接计入资本公积的股权账面价值从资本公积剔除，因被投资企业损益形成的股权账面价值从未分配利润剔除。

二、统一境内外决算编制和审计工作标准

各中央企业要高度重视境外单位的财务决算工作，按照境内决算编制和审计工作要求，加强境外审计管理，不断提高会计信息质量，切实发挥好财务决算功能作用。

一是夯实境外财务基础管理。全面组织开展境外单位户数清理、资产盘点等工作，清查核实货币资金、往来账款、股权投资等各类资产基础信息，做到账实相符，确保资产信息全面、准确和完整。

二是严格规范财务核算行为。规范境外收入成本费用核算，严格公允价值计量，及时消化各类资产损失，夯实资产质量，客观公允地反映境外单位财务信息。

三是持续加强境外审计监督。原则上境外单位年度财务决算应当由第三方中介机构审计并出具审计报告，确实不具备条件的应当由集团内部审计机构审计，确保境外决算审计全覆盖。集团主审及参审会计师事务所应当对审计范围内相关境外财务数据进行审计复核，主审所需对集团境外决算出具审计复核说明，并对集团境外财务资金管控等情况出具管理建议书。

四是规范统计类指标填报。统一集团内非财务类统计指标的填报口径，做好表间数据勾稽关系审核，确保数据口径一致、质量可靠。

三、深化境外决算成果运用

各中央企业要充分发挥境外财务决算作用，认真梳理排查境外单位经营风险和财务风险，提升境外经营投资管理水平。

一是结合年度决算工作，围绕境外资金使用、佣金管理等重点领域，对境外单位财务管理制度、内部控制等进行评估检查，及时发现和堵塞管理漏洞，夯实制度基础，提升制度约束力和执行力，确保境外财务监管不留死角、没有盲区。

二是全面核查近年来各类监督检查发现境外经营管理问题，深入查找深层次体制机制和制度原因，按照"三个不放过"原则推进相关单位整改，努力实现标本兼治，形成工作闭环。

三是深入分析境外重大项目和投资回报率低于平均水平项目情况，特别是"一带一路"沿线国家和地区的投资经营状况，挖掘数据价值，为全集团优化境外经营布局、提高境外投资决策和经营管理水平提供数据支持。

四、及时报送境外决算资料

各中央企业要不断健全工作机制，认真总结历年境外财务决算工作经验，建立健全财务部门牵头，审计、国际化经营、投资、人力资源等部门共同参与、协同配合的工作机制，统筹做好境外报表填报工作，于2021年4月20日前将境外财务决算报告报送国资委（财务监管与运行评价局）。

一是企业集团应当正式行文报送集团合并境外子企业财务决算报表（汇总表）、财务情况说明书、主审会计师事务所对集团境外决算的审计复核说明和管理建议书，以及境外子企业数据库（含分户和汇总数据）。

二是三级（含）以上境外子企业、三级以下重要境外子企业应当报送境外子企业财务决算报表、会计报表附注、财务情况说明书、审计报告和管理建议书的电子文档。

三是其他子企业应当报送财务决算报表、审计报告电子文档。

附件：1. 2020年度境外子企业财务决算报表
      2. 2020年度境外子企业财务决算报表编制说明
      3. 2020年度境外子企业财务情况说明书内容提要

附件（Attachment）1　　[单位汇总封面（Summarised Cover）]

2020 年度境外子企业财务决算报表

2020 Annual Report of Overseas Subsidiaries of Central SOEs

编制单位名称：_____（公章）
Reporting entity　　　　　　　　　　　　　　Official Chop

单 位 负 责 人：_____（签章）
Person in Charge　　　　　　　　　　　　　　Signature

编 报 日 期：_____年（Y）____月（M）____日（D）
Approval Date

国务院国有资产监督管理委员会印制
Distributed by SASAC

[企业分户录入封面（Cover）]

2020 年度境外子企业财务决算报表
2020 Annual Report of Oversea Subsidiaries of Central SOEs

企 业 名 称： _____ (公章)
Reporting entity　　　　　　　　　　　　　Official Chop

单 位 负 责 人： _____ (签章)
Person in Charge　　　　　　　　　　　　　Signature

主管会计工作负责人
（ 总 会 计 师 ）： _____ (签章)
Financial Officer（CFO）　　　　　　　　　Signature

会计（财务）机构负责人： _____ (签章)
Financial Manager　　　　　　　　　　　　　Signature

填 表 人： _____
Prepared by

通 讯 地 址： _____
Correspondence Address

邮 政 编 码： □□□□□□
Post code

电 话 号 码： □□□□□　　□□□□□　　□□□□□□□□
Telephone No.　　（国家和地区代码）　（长途区号）　　（电话号码）
　　　　　　　　　（Country Code）　（Region Code）　　（Tel. No.）

编 报 日 期： _____ 年（Y）　_____ 月（M）　_____ 日（D）
Approval Date

报 表 审 计 机 构： _____
Audit Firm（Department）

审 计 报 告 签 字 人： _____
Signed Auditor

统一社会信用代码（Entity Code）	
本企业代码（Reporting Entity Code）	□□□□□□□□□□□□□□□□□□-□
上一级企业（单位）代码（Parent Entity Code）	□□□□□□□□□□□□□□□□□□-□
集团企业（公司）总部代码（Group Code）	□□□□□□□□□□□□□□□□□□-□
隶属关系（Administrative Affiliation） （国家标准：行政隶属关系代码—部门标识代码） (National Standards：Administrative Affiliation Code – Department Identification Code)	□□□□□□-□□□
所在地区（洲别-国家代码）(Location (Continent – Country code)) 　　　　　　0-000．境内投资单位（Domestic Investment Entity） 　　　洲别：1. 亚洲　　2. 欧洲　　3. 美洲　　4. 非洲　　5. 大洋洲 　　　（Continent：1. Asia　　2. Europe　　3. America　　4. Africa　　5. Australia）	□□□-□□□□□□
所属行业码（Industry Code） （国家标准：国民经济行业分类与代码-执行会计准则情况代码） (National Standards：National Industry Classification Code – Code of Implementation of Accounting Standards)	□□□□
经营规模（Size） 　　　1. 大型　　2. 中型　　3. 小型　　4. 微型　　（1. Large　　2. Medium　　3. Small　　4. Micro）	□
经济类型（Economic type）10. 国有及国有控股（11. 国有独资　12. 国有控股　13. 国有实际控制） 10. State ownership and holding（11. Wholly State – owned　12. State – controlled　13. Actual state control） 20. 厂办大集体（21. 中央企业厂办大集体　22. 中央下放企业厂办大集体　23. 地方企业厂办大集体 20. collectivelyowned enterprises operated by state – owned enterprise 　（21. Large collectives run by central enterprises and factories 　22. The central goverment has delegated power to large collectives run by enterprises and factories 　23. Large collectives run by local enterprises and factories）30. 其他城镇集体　30. Other urban collective	□□
组织形式（Form）10. 公司制企业（11. 国有独资公司　12. 其他有限责任公司 10. Corporate enterprise　　（11. Wholly state – owned company　12. Other limited liability company 13. 上市股份有限公司　　股票代码□□□□□□　14. 非上市股份有限公司　15. 法人独资公司） 13. Listed company stock code□□□□□□　14. Unlisted company limited by shares　15. Sole legal person company） 20. 非公司制企业（21. 非公司制独资企业　22. 其他非公司制企业） 20. Non – corporate enterprises　（21. Non – corporate sole proprietorship enterprise　22. Other) 30. 企业化管理事业单位　40. 其他（41. 事业单位　42. 基建项目　43. 其他） 30. Enterprise management institutions　40. Other（41. Business unit　42. Infrastructure projects　43. Other）	□□
审计方式（Audit Type） 　0. 未经审计　　1. 社会中介机构审计　　2. 内部审计机构审计 　　　（0. Unaudited　　1. External Audit　　2. Internal Audit）	□
审计意见类型（Type of audit opinion） 1. 标准无保留意见　2. 非标准无保留意见　3. 保留意见　4. 否定意见　5. 无法表示意见 （1. Standard Unqualified　2. Non – standard Unqualified　3. Qualified　4. Adverse　5. Desclaimer of Opinion）	□
设立年份（Year of Establishment）	□□□□
上年企业代码（Reporting Entity Code of Prior Period）	□□□□□□□□□-□
上报因素（Report Status） 0. 连续上报　1. 新投资设立　2. 竣工移交　3. 新设合并　4. 分立　5. 上年应报未报　6. 划转　7. 收购　9. 其他 　　（0. Continuous Report　1. Newly Established　2. Completed the Transferred　3. Start – up Merger　4. Split up 5. Not Reported Last Year But Should Be Reported　6. Transfer　7. Acquisition　9. Others）	□
报表类型码（Report Type） 0. 单户表　1. 集团差额表　2. 金融子企业表　3. 境外子企业表　4. 事业并企业表　5. 基建并企业表 9. 集团合并表 　　（Report of　0. Single Entity　1. Elimination Entry　2. Financial Subsidiary　3. Overseas Subsidiary 　　4. Consolidatede statement of business division　5. Project department consolidated　9. Consolidated Statement）	□
执行会计准则情况代码（Code for the Implementation of Accounting Standards）	□□
执行新收入准则（Implementation of New Revenue Guidelines） 　0. 是　　1. 否　　　（0. Yes　1. No）	□
执行新金融工具准则（Implementation of New Financial Instrument Guidelines） 　0. 是　　1. 否　　　（0. Yes　1. No）	□
执行新租赁准则（Implementation of New Leasing Guidelines） 　0. 是　　1. 否　　　（0. Yes　1. No）	□
混合所有制企业（Mixed ownership enterprise） 　0. 是　　1. 否　　　（0. Yes　1. No）	□
员工持股企业（Employee – ownership enterprise） 　0. 是　　1. 否　　　（0. Yes　1. No）	□
文化企业（Cultural enterprise） 　0. 是　　1. 否　　　（0. Yes　1. No）	□
备用码（Backup code）	□□□□□□□□

资 产 负
Balance

编制单位（Prepared by）： 　　　　　　　　　　　　　　　　　　　　　2020 年 12 月 31 日

项　目 Items	行次 Lines	2020 年 12 月 31 日 End of 2020	2020 年 1 月 1 日 Beginning of 2020
流动资产（Current assets）：	1		
货币资金（Cash and bank）	2		
△结算备付金（Settlement reserve）	3		
△拆出资金（Due from banks and other financial institutions）	4		
☆交易性金融资产（Transactional financial assets）	5		
以公允价值计量且其变动计入当期损益的金融资产（Financial assets at fair value through profit and loss）	6		
衍生金融资产（Derivative assets）	7		
应收票据（Notes receivable）	8		
应收账款（Accounts receivable）	9		
☆应收款项融资（Receivables for financing）	10		
预付款项（Prepayments）	11		
△应收保费（Premiums receivable）	12		
△应收分保账款（Reinsurance receivables）	13		
△应收分保合同准备金（Provision of cession receivable）	14		
其他应收款（Other receivables）	15		
其中：应收股利（Dividend receivable）	16		
△买入返售金融资产（Buying back the sale of financial assets）	17		
存货（Inventories）	18		
其中：原材料（Including：raw materials）	19		
库存商品（产成品）（Merchandise inventories（finished goods））	20		
☆合同资产（Contract assets）	21		
持有待售资产（Held-for-sale assets）	22		
一年内到期的非流动资产（Current portion of non-current assets）	23		
其他流动资产（Other current assets）	24		
流动资产合计（Total current assets）	25		
非流动资产（Non-current assets）：	26		
△发放贷款和垫款（Loans and advances issued）	27	—	—
☆债权投资（Debt investments）	28		
可供出售金融资产（Available-for-sale financial assets）	29		
☆其他债权投资（Other debt investments）	30		
持有至到期投资（Held-to-maturity investments）	31		
长期应收款（Long-term receivables）	32		
长期股权投资（Long-term investments）	33		
☆其他权益工具投资（Other equity instruments）	34		
☆其他非流动金融资产（Other non-current financial assets）	35		
投资性房地产（Investment property）	36		
固定资产（Fixed assets）	37		
其中：固定资产原价（Cost）	38		
累计折旧（Acclmated depreciation）	39		
固定资产减值准备（Impairment）	40		
在建工程（Construction in progress）	41		
生产性生物资产（Productive biological assets）	42		
油气资产（Oil and gas assets）	43		
☆使用权资产（The right-of-use assets）	44		
无形资产（Intangible assets）	45		
开发支出（Development disbursements）	46		
商誉（Goodwill）	47		
长期待摊费用（Long-term deferred expenses）	48		
递延所得税资产（Deferred tax assets）	49		
其他非流动资产（Other non-current assets）	50		
其中：特准储备物资（Including：authorised reserve material）	51		
非流动资产合计（Total non-current assets）	52		
	53		
	54		
	55		
	56		
	57		
	58		
	59		
	60		
	61		
	62		
	63		
	64		
	65		
	66		
	67		
	68		
	69		
	70		
	71		
	72		
	73		
资产总计（Total assets）	74		

注：表中带＊科目为合并会计报表专用；加△楷体项目为金融类企业专用；带#项目为外商投资企业专用；加☆项目为执行新收入／新

(Notes：＊ items for use in consolidation only；△ items for financial entities only；# items for foreign enterprises only；☆ items for new revenue guidelines

债 表
Sheet

企财外 01 表（IFS01）

（As of 31 December 2020）   金额单位：元（Currency：RMB Yuan）

项　　目 Items	行次 Lines	2020 年 12 月 31 日 End of 2020	2020 年 1 月 1 日 Beginning of 2020
流动负债（Current liabilities）：	75	—	—
短期借款（Short-term borrowings）	76		
△向中央银行借款（Borrowings from central bank）	77		
△拆入资金（Placement from banks and other financial institutions）	78		
☆交易性金融负债（Transactional financial liabilities）	79		
以公允价值计量且其变动计入当期损益的金融负债（Financial liabilities at fair value through profit and loss）	80		
衍生金融负债（Derivative liabilities）	81		
应付票据（Notes payable）	82		
应付账款（Accounts payable）	83		
预收款项（Advances from customers）	84		
☆合同负债（Contract liabilities）	85		
△卖出回购金融资产款（Securities sold under agreement to repurchase）	86		
△吸收存款及同业存放（Deposits and placements from other financial institutions）	87		
△代理买卖证券款（Securities brokering）	88		
△代理承销证券款（Securities underwriting）	89		
应付职工薪酬（Employee benefits payable）	90		
其中：应付工资（Including：salary payable）	91		
应付福利费（Welfare benefits payable）	92		
#其中：职工奖励及福利基金（Employee bonus and welfare fund）	93		
应交税费（Taxes and surcharges payable）	94		
其中：应交税金（Including：taxes payable excluding surcharges）	95		
其他应付款（Other payables）	96		
其中：应付股利（Dividend payable）	97		
△应付手续费及佣金（Fees and commissions payable）	98		
△应付分保账款（Reinsurance amounts payable）	99		
持有待售负债（Held-for-sale liabilities）	100		
一年内到期的非流动负债（Current portion of non-current liabilities）	101		
其他流动负债（Other current liabilities）	102		
流动负债合计（Total current liabilities）	103		
非流动负债（Non-current liabilities）：	104		
△保险合同准备金（Reserve of insurance contract）	105	—	—
长期借款（Long-term borrowings）	106		
应付债券（Bonds payable）	107		
其中：优先股（Preferred stock）	108		
永续债（Perpetual debt）	109		
☆租赁负债（Lease liabilities）	110		
长期应付款（Long-term payable）	111		
长期应付职工薪酬（Long-term employee benefits payable）	112		
预计负债（Provisions）	113		
递延收益（Deferred income）	114		
递延所得税负债（Deferred tax liabilities）	115		
其他非流动负债（Other non-current liabilities）	116		
其中：特准储备基金（Including：authorized reserve fund）	117		
非流动负债合计（Total non-current liabilities）	118		
负　债　合　计（Total liabilities）	119		
所有者权益（或股东权益）（Equity）：	120		
实收资本（股本）（Paid-in capital）	121		
国家资本（State-owned capital）	122		
国有法人资本（State-owned legal person's capital）	123		
集体资本（Collectively owned capital）	124	—	—
民营资本（Private capital）	125		
外商资本（Foreign capital）	126		
#减：已归还投资（Less：payback capital）	127		
实收资本（或股本）净额（Paid-in capital-net value）	128		
其他权益工具（Other equity instruments）	129		
其中：优先股（Preferred stock）	130		
永续债（Perpetual debt）	131		
资本公积（Capital reserve）	132		
减：库存股（Less：treasury shares）	133		
其他综合收益（Other comprehensive income）	134		
其中：外币报表折算差额（Including：Currency translation reserve）	135		
专项储备（Specialized reserve）	136		
盈余公积（Surplus reserve）	137		
其中：法定公积金（Including：statutory surplus reserve）	138		
任意公积金（Other surplus reserve）	139		
#储备基金（Reserve fund）	140		
#企业发展基金（Corporate development fund）	141		
#利润归还投资（Return of investment）	142		
△一般风险准备（General risk reserve）	143		
未分配利润（Retained earnings）	144		
归属于母公司所有者权益（或股东权益）合计（Equity attributable to parent company）	145		
*少数股东权益（Minority interests）	146		
所有者权益（或股东权益）合计（Total owner's equity）	147		
负债和所有者权益（或股东权益）总计（Total liabilities and owner's equity）	148		

租赁/新金融工具准则企业适用。

or new leasing or new financial instrument guidelines only.）

181

利 润
Income

编制单位（Prepared by）： 2020 年度（For the year

项　　目 Items	行次 Lines	本期金额 Current Period	上期金额 Prior Period
一、营业总收入（1. Revenue）	1		
其中：营业收入（Including：operating revenue）	2		
△利息收入（Interest income）	3		
△已赚保费（Premium earned）	4		
△手续费及佣金收入（Fees and commissions income）	5		
二、营业总成本（2. Total cost）	6		
其中：营业成本（Including：operating cost）	7		
△利息支出（Interest expenses）	8		
△手续费及佣金支出（Fees and commissions expenses）	9		
△退保金（Cash surrender amount）	10		
△赔付支出净额（Net expenses of claim settlement）	11		
△提取保险责任准备金净额（Net provisions for insurance reserves）	12		
△保单红利支出（Policy dividend expenses）	13		
△分保费用（Reinsurance expenses）	14		
税金及附加（Taxes and surcharges）	15		
销售费用（Selling expenses）	16		
管理费用（Administrative expenses）	17		
研发费用（Research and development expenses）	18		
财务费用（Finance expenses）	19		
其中：利息费用（Including：interest expenses）	20		
利息收入（Interest income）	21		
汇兑净损失（净收益以"－"号填列）（Net exchange loss（"－"for net proceeds））	22		
其他（Other costs and expenses）	23		
加：其他收益（Other income）	24		
投资收益（损失以"－"号填列）（Investment income（"－"for loss））	25		
其中：对联营企业和合营企业的投资收益（Including：investment income from associates and joint ventures）	26		
☆以摊余成本计量的金融资产终止确认收益（income from derecognition of financial assets at amortised cost）	27		
△汇兑收益（损失以"－"号填列）（Gain on foreign exchange（"－"for loss））	28		
☆净敞口套期收益（损失以"－"号填列）（Net exposure to hedging gains（"－"for loss））	29		
公允价值变动收益（损失以"－"号填列）（Gain from fair－value changes（"－"for loss））	30		
☆信用减值损失（损失以"－"号填列）（Credit losses（"－"for loss））	31		
资产减值损失（损失以"－"号填列）（Impairment on assets（"－"for loss））	32		
资产处置收益（损失以"－"号填列）（Proceeds from asset disposal（"－"for loss））	33		
三、营业利润（亏损以"－"号填列）（3. Operating profits（"－"for loss））	34		
加：营业外收入（Add：non－operating income）	35		
其中：政府补助（Government grants）	36		

注：表中带＊科目为合并会计报表专用；加△楷体项目为金融类企业专用；加☆为执行新收入/新金融工具准则企业适用。
（Notes：＊items for use in consolidation；△items for financial entities only；☆items for new revenue guidelines or new financial

表

Statement

（ended 31 December 2020）

企财外 02 表（IFS02）

金额单位：元（Currency：RMB Yuan）

项　目 Items	行次 Lines	本期金额 Current Period	上期金额 Prior Period
减：营业外支出（Less：non-operating expenses）	37		
四、利润总额（亏损总额以"－"号填列）(4. Profit before tax（"－"for loss）)	38		
减：所得税费用（Less：income tax）	39		
五、净利润（净亏损以"－"号填列）(5. Net profit（"－"for net loss）)	40		
（一）按所有权归属分类：（By ownership）	41	—	—
归属于母公司所有者的净利润（Net profit attributable to parent company）	42		
*少数股东损益（Profit/loss attributable to minority share-holders）	43		
（二）按经营持续性分类：（By going concern basis）	44	—	—
持续经营净利润（Continuous operating profit and loss）	45		
终止经营净利润（Termination of the business profit and loss）	46		
六、其他综合收益的税后净额（6. Other comprehensive income after tax）	47		
归属于母公司所有者的其他综合收益的税后净额（Other comprehensive income after tax attributable to parent company）	48		
（一）不能重分类进损益的其他综合收益（Comprehensive income not to be reclassified as profit or loss）	49		
1. 重新计量设定受益计划变动额（Changes in remeasured defined benefit obligations）	50		
2. 权益法下不能转损益的其他综合收益（Share of other comprehensive income of an associate）	51		
☆3. 其他权益工具投资公允价值变动（Net gain on equity instruments at fair value through other comprehensive income）	52		
☆4. 企业自身信用风险公允价值变动（Fair value changes in enterprise's own credit risk）	53		
5. 其他（Others）	54		
（二）将重分类进损益的其他综合收益（Other comprehensive income to be reclassified as profit or loss）	55		
1. 权益法下可转损益的其他综合收益（Share of other comprehensive income of an associate）	56		
☆2. 其他债权投资公允价值变动（Net gain on debt instruments at fair value through other comprehensive income）	57		
3. 可供出售金融资产公允价值变动损益（Gain or loss from fair value changes of available-for-sale financial assets）	58		
☆4. 金融资产重分类计入其他综合收益的金额（The amount of financial assets reclassified into other comprehensive income）	59		
5. 持有至到期投资重分类为可供出售金融资产损益（Gain or loss from reclassification of held-to-maturity investments as available-for-sale financial assets）	60		
☆6. 其他债权投资信用减值准备（Other debt investment credit impairment provision）	61		
7. 现金流量套期储备（现金流量套期损益的有效部分）（Reserve for cash flow hedging）(Effective part for cash flow hedging profit and loss)	62		
8. 外币财务报表折算差额（Currency translation reserve）	63		
9. 其他（Other pfofit or loss to be reclassified）	64		
*归属于少数股东的其他综合收益的税后净额（Other comprehensive income after tax attributable to minority share-holders）	65		
七、综合收益总额（7. Total comprehensive income）	66		
归属于母公司所有者的综合收益总额（Total comprehensive income attributable to parent company）	67		
*归属于少数股东的综合收益总额（Total comprehensive income attributable to minority share-holders）	68		
八、每股收益（8. Earnings per share）：	69	—	—
基本每股收益（Basic earnings per share）	70		
稀释每股收益（Diluted earnings per share）	71		
	72		

instrument guidelines only.）

现金

Cash Flows

编制单位（Prepared by）： 2020 年度（For the year

项　　目 Items	行次 Lines	本期金额 Current Period	上期金额 Prior Period
一、经营活动产生的现金流量（1. Cash flows from operating activities）：	1	—	—
销售商品、提供劳务收到的现金（Cash received from sales and services）	2		
△客户存款和同业存放款项净增加额（Net increase in deposits and placements from financial institutions）	3		
△向中央银行借款净增加额（Net increase in due to central banks）	4		
△向其他金融机构拆入资金净增加额（Net increase in placement from financial institutions）	5		
△收到原保险合同保费取得的现金（Cash received from premiums of original insurance contracts）	6		
△收到再保业务现金净额（Net amount of reinsurance business）	7		
△保户储金及投资款净增加额（Net increase in insured's deposits and investments）	8		
△处置以公允价值计量且其变动计入当期损益的金融资产净增加额（Net increase in disposal of financial assets at fair value through profit and loss）	9		
△收取利息、手续费及佣金的现金（Cash received from interests, fees and commissions）	10		
△拆入资金净增加额（Net increase of placement from banks and other financial institutions）	11		
△回购业务资金净增加额（Net increase in repurchasing）	12		
△代理买卖证券收到的现金净额（Net cash received from agent sales of securities）	13		
收到的税费返还（Taxes and surcharges refunds）	14		
收到其他与经营活动有关的现金（Other cash receipts related to operating activities）	15		
经营活动现金流入小计 （Total cash inflows from operating activities）	16		
购买商品、接受劳务支付的现金（Cash paid for goods and services）	17		
△客户贷款及垫款净增加额（Net increase in loans and advances）	18		
△存放中央银行和同业款项净增加额（Net increase in deposits with central banks and other financial institutions）	19		
△支付原保险合同赔付款项的现金（Cash paid for claim settlements on original insurance contracts）	20		
△拆出资金净增加额（Net increase of due from banks and other financial institutions）	21		
△支付利息、手续费及佣金的现金（Cash paid for interest, fees and commissions）	22		
△支付保单红利的现金（Cash paid for policy dividends）	23		
支付给职工及为职工支付的现金（Cash paid to and for employees）	24		
支付的各项税费（Taxes and surcharges cash payments）	25		
支付其他与经营活动有关的现金（Other cash payments related to operating activities）	26		
经营活动现金流出小计 （Total cash outflows from operating activities）	27		
经营活动产生的现金流量净额 （Net cash flows from operating activities）	28		
二、投资活动产生的现金流量（2. Cash flows from investing activities）：	29	—	—

注：加△楷体项目为金融类企业专用。

（Notes：△ items for financial entities only.）

流量表
Statement

ended 31 December 2020）

企财外 03 表（IFS03）

金额单位：元（Currency：RMB Yuan）

项　　目 Items	行次 Lines	本期金额 Current Period	上期金额 Prior Period
收回投资收到的现金（Cash received from withdraw of investments）	30		
取得投资收益收到的现金（Cash received from investment income）	31		
处置固定资产、无形资产和其他长期资产收回的现金净额（Net cash received from disposal of fixed assets, intangible assets and other long–term assets）	32		
处置子公司及其他营业单位收到的现金净额（Net cash received from disposal of subsidiaries and other business units）	33		
收到其他与投资活动有关的现金（Other cash receipts related to investing activities）	34		
投资活动现金流入小计 （Total cash inflows from investing activities）	35		
购建固定资产、无形资产和其他长期资产支付的现金（Cash paid for fixed assets, intangible assets and other long–term assets）	36		
投资支付的现金（Cash payments for investments）	37		
△质押贷款净增加额（Net increase in pledged loans）	38		
取得子公司及其他营业单位支付的现金净额（Net cash paid for acquiring subsidiaries and other business units）	39		
支付其他与投资活动有关的现金（Other cash payments related to investing activities）	40		
投资活动现金流出小计 （Total cash outflows from investing activities）	41		
投资活动产生的现金流量净额 （Net cash flows from investing activities）	42	—	—
三、筹资活动产生的现金流量（3. Cash flows from financing activities）：	43		
吸收投资收到的现金（Cash received from investments by others）	44		
其中：子公司吸收少数股东投资收到的现金（Including：cash received by subsidiaries from minority shareholders' investments）	45		
取得借款收到的现金（Cash received from borrowings）	46		
收到其他与筹资活动有关的现金（Other cash receipts related to other financing activities）	47		
筹资活动现金流入小计 （Total cash inflows from financing activities）	48		
偿还债务支付的现金（Cash repayments for debts）	49		
分配股利、利润或偿付利息支付的现金（Cash payments for distribution of dividends, profit and interest expenses）	50		
其中：子公司支付给少数股东的股利、利润（Including：dividends or profit paid by subsidiaries to minority shareholders）	51		
支付其他与筹资活动有关的现金（Other cash payments related to financing activities）	52		
筹资活动现金流出小计 （Total cash outflows from financing activities）	53		
筹资活动产生的现金流量净额 （Net cash flows from financing activities）	54		
四、汇率变动对现金及现金等价物的影响（4. Effect of foreign exchange rate changes on cash and cash equivalents）	55		
五、现金及现金等价物净增加额（5. Net increase in cash and cash equivalents）	56		
加：期初现金及现金等价物余额（Add：beginning balance of cash and cash equivalents）	57		
六、期末现金及现金等价物余额（6. Ending balance of cash and cash equivalents）	58		

所有者权益 Statement on Changes

编制单位（Prepared by）：A 企业集团有限公司　　　　　　　　　　　　　　　　　2020 年度

项目 Items	行次 Lines	本年金额 Current Period													
		归属于母公司所有者权益 Equity attributable to parent company											少数股东权益 Minority interests	所有者权益合计 Total owner's equity
		实收资本（或股本） Paid-in capital	其他权益工具 Other equity instruments			资本公积 Capital reserve	减：库存股 Less: treasury shares	其他综合收益 Other comprehensive income	专项储备 Specialized reserve	盈余公积 Surplus reserve	△一般风险准备 General risk provision	未分配利润 Retained earnings	小计 Subtotal		
			优先股 Preferred stock	永续债 Perpetual debt	其他 other										
栏　　次（Columns）	—	1	2	3	4	5	6	7	8	9	10	11	12	13	14
一、上年年末余额（1. Ending balance of last year）	1														
加：会计政策变更（Add: increase/decrease due to changes in accounting policies）	2	—	—	—	—	—	—	—	—	—	—	—	—	—	—
前期差错更正（Increase/decrease due to corrections of errors in Prior Period）	3	—	—	—	—	—	—	—	—	—	—	—	—	—	—
其他（Others）	4														
二、本年年初余额（2. Beginning balance of current year）	5														
三、本年增减变动金额（减少以"－"号填列）（3. Increase/decrease for current year ("－" for decrease））	6														
（一）综合收益总额（Total comprehensive income）	7	—	—	—	—	—	—		—	—	—				
（二）所有者投入和减少资本（Owner's contributions and withdrawals of captial）	8														
1. 所有者投入的普通股（Capital contributed by share holders）	9		—	—	—		—	—	—	—	—	—	—		
2. 其他权益工具持有者投入资本（Capital contributed by other equity instruments holders）	10	—					—	—	—	—	—	—	—		
3. 股份支付计入所有者权益的金额（Share-based payment recorded in owner's equity）	11	—	—	—	—		—	—	—	—	—	—	—	—	
4. 其他（Others）	12														
（三）专项储备提取和使用（Accrual and utilization of specialized reserve）	13														
1. 提取专项储备（Accrual of specialized reserve）	14	—	—	—	—	—	—	—		—	—	—	—		
2. 使用专项储备（Utilization of specialized reserve）	15	—	—	—	—	—	—	—		—	—	—	—		
（四）利润分配（Profits distribution）	16														
1. 提取盈余公积（Appropriation of surplus reserve）	17	—	—	—	—	—	—	—	—		—		—		
其中：法定公积金（Including: statutory surplus reserve）	18	—	—	—	—	—	—	—	—		—		—		
任意公积金（Discretionary surplus reserve）	19	—	—	—	—	—	—	—	—		—		—		
#储备基金（Reserve fund）	20	—	—	—	—	—	—	—	—		—		—		
#企业发展基金（Corporate development fund）	21	—	—	—	—	—	—	—	—		—		—		
#利润归还投资（Return of investment）	22	—	—	—	—	—	—	—	—		—		—		
2. 提取一般风险准备（Accrual of general risk reserve）	23	—	—	—	—	—	—	—	—	—			—		
3. 对所有者（或股东）的分配（Distribution to owner/shareholder）	24	—	—	—	—	—	—	—	—	—	—		—		
4. 其他（Others）	25														
（五）所有者权益内部结转（Transfer within owner's equity）	26														
1. 资本公积转增资本（或股本）（Capital reserve transferred to paid-in capital）	27		—	—	—		—	—	—	—	—	—	—		
2. 盈余公积转增资本（或股本）（Surplus reserve transferred to paid-in capital）	28		—	—	—	—	—	—	—		—	—	—		
3. 盈余公积弥补亏损（Recover of loss by surplus reserve）	29	—	—	—	—	—	—	—	—		—		—		
4. 设定受益计划变动额结转留存收益（Defined benefit plan changes carried forward to retained earnings）	30	—	—	—	—	—	—		—	—	—		—		
☆5. 其他综合收益结转留存收益（Other comprehensive income carried forward to retained earnings）	31	—	—	—	—	—	—		—	—	—		—		
6. 其他（Others）	32														
四、本年年末余额（4. Ending balance of current year）	33														

注：加△楷体项目为金融类企业专用，带#为外商投资企业专用，加☆为执行新金融工具准则企业适用。

变动表
of Owner's Equity

企财外 04 表（IFS04）

(For the year ended 31 December 2020) 金额单位：元（Currency：RMB Yuan）

上年金额 Prior Period													
	归属于母公司所有者权益 Equity attributable to parent company												
实收资本（或股本） Paid-in capital	其他权益工具 Other equity instruments			资本公积 Capital reserve	减：库存股 Less: treasury shares	其他综合收益 Other comprehensive income	专项储备 Specialized reserve	盈余公积 Surplus reserves	△一般风险准备 General risk provision	未分配利润 Retained earnings	小计 Subtotal	少数股东权益 Minority interests	所有者权益合计 Total owner's equity
	优先股 Preferred stock	永续债 Perpetual debt	其他 other										
15	16	17	18	19	20	21	22	23	24	25	26	27	28
—	—	—	—	—		—		—		—			
	—	—	—	—		—	—	—	—	—			
	—	—	—			—	—	—	—	—			
	—	—	—										
—	—	—	—			—	—	—	—	—			
—	—	—	—										
	—	—	—	—		—	—	—	—	—		—	
	—	—	—	—		—	—	—	—	—		—	
—	—	—	—										
—	—	—	—										
				—		—							
	—	—	—									—	
	—	—	—	—		—						—	
												—	
	—	—	—	—		—		—		—		—	

(Notes：# items for foreign enterprises only； △ items for financial entities only； ☆ items for new financial instrument guidelines only.)

国有资本权益
Statement on Changes

编制单位（Prepared by）： 2020 年度

项　目 Items	行次 Lines	金　额 Amount
一、年初国有资本权益总额（1. State-owned equity, beginning balance）	1	
二、本年国有资本权益增加（2. State-owned equity, increase in current period）	2	
（一）国家、国有单位直接或追加投资（Investment or additional investment from state or state-owned institutions）	3	
（二）无偿划入（Gratuitous transfer）	4	
（三）资产评估增加（Increase due to assets appraisal）	5	
（四）清产核资增加（Increase due to assets and capital verification）	6	
（五）产权界定增加（Increase due to delimitation of property rights）	7	
（六）资本（股本）溢价（Capital premium）	8	
（七）接受捐赠（Donation obtained）	9	
（八）债权转股权（Debt-for-equity swap）	10	
（九）税收返还（Tax refunds）	11	
（十）减值准备转回（Reversal of impairment of assets）	12	
（十一）会计调整（Accounting adjustments）	13	
（十二）中央和地方政府确定的其他因素（Other factors determined by central and local government）	14	
（十三）经营积累（Net profit）	15	
三、本年国有资本权益减少（3. State-owned equity, decrease in current period）	16	

变动情况表
of State–owned Equity

(For the year ended 31 December 2020)

企财外 05 表（IFS05）
金额单位：元（Currency：RMB Yuan）

项　目 Items	行次 Lines	金　额 Amount
（一）经国家专项批准核销（Authorized written–off by the State）	17	
（二）无偿划出（Gratuitous transfer）	18	
（三）资产评估减少（Decrease due to assets appraisal）	19	
（四）清产核资减少（Decrease due to assets and capital verification）	20	
（五）产权界定减少（Decrease due to delimitation of property rights）	21	
（六）消化以前年度潜亏和挂账而减少（Decrease due to coverage of hidden losses or credit in previous years）	22	
（七）因自然灾害等不可抗拒因素减少（Decrease due to natural disasters and other force majeure）	23	
（八）因主辅分离减少（Decrease due to separation of auxiliary operations）	24	
（九）企业按规定已上缴利润（Profit allocation according to regulation）	25	
（十）资本（股本）折价（Capital discount）	26	
（十一）中央和地方政府确定的其他因素（Other factors determined by central and local government）	27	
（十二）经营减值（Net loss）	28	
四、年末国有资本权益总额（4. State–owned equity, ending balance）	29	
五、年末其他国有资金（5. Other state–owned funds, ending balance）	30	
六、年末合计国有资本总量（6. Total state–owned equity）	31	
	32	

189

资产减值

Statement on Provision

编制单位（Prepared by）： 2020 年度

项 目 Items	行次 Lines	年初账面余额 Opening Balance	本期增加额 Increase in current period			
			本期计提额 Accrued	合并增加额 Mergers and Acquisitions	其他原因增加额 Others	合计 Total
栏 次（Columns）	—	1	2	3	4	5
一、坏账准备 (1. Provision for bad debts)	1					
二、存货跌价准备 (2. Provision of inventories)	2					
☆三、合同资产减值准备 (3. Provision for contractual asset)	3					
四、持有待售资产减值准备 (4. Provision for held–for–sale assets)	4					
☆五、债权投资减值准备 (5. Provision for debt investment)	5					
六、可供出售金融资产减值准备 (6. Provision for available–for–sale financial assets)	6					
七、持有至到期投资减值准备 (7. Provision for held–to–maturity investments)	7					
八、长期股权投资减值准备 (8. Provision for long–term equity investments)	8					
九、投资性房地产减值准备 (9. Provision for investment properties)	9					
十、固定资产减值准备 (10. Provision for fixed assets)	10					
十一、在建工程减值准备 (11. Provision for constructions in progress)	11					
十二、生产性生物资产减值准备 (12. Provision for productive biological assets)	12					
十三、油气资产减值准备 (13. Provision for oil and gas assets)	13					
☆十四、使用权资产减值准备 (14. Provision for The right–of–use assets)	14					
十五、无形资产减值准备 (15. Provision for intangible assets)	15					
十六、商誉减值准备 (16. Provision for goodwill)	16					
☆十七、合同取得成本减值准备 (17. Provision for contract acquisition cost)	17					
☆十八、合同履约成本减值准备 (18. Provision for contract performance cost)	18					
十九、其他减值准备 (19. Others)	19					
合 计 (Total)	20					

注：加☆项目为执行新收入/新租赁/新金融工具准则企业适用。

准备情况表
for Asset

(For the year ended 31 December 2020)

企财外 06 表（IFS06）

金额单位：元（Currency：RMB Yuan）

本期减少额 Decrease in current period					期末账面余额 Closing Balance	项　目 Items	行次 Lines	金　额 Amount
资产价值回升转回额 Reversal	转销额 Written-off	合并减少额 Mergers and Acquisitions	其他原因减少额 Others	合计 Total				
6	7	8	9	10	11	栏　次 (Columns)	—	12
						补充资料（Supplementary）：	21	—
						一、政策性挂账 (1. Credit of hidden loss due to policy reasons)	22	
						二、当年处理以前年度损失和挂账 (2. Current year disposal of previous year losses and credit)	23	
—						其中：在当年损益中处理以前年度损失挂账（Including：disposal in current year profit and loss）	24	
							25	
							26	
							27	
—							28	
							29	
							30	
—							31	
							32	
							33	
—							34	
							35	
—							36	
							37	
							38	
							39	
							40	

(Notes：☆ items for new revenue guidelines or new leasing or new financial instrument guidelines only.)

应上交应弥补

Statement on Hand – in

编制单位（Prepared by）：A 企业集团有限公司　　　　　　　　　　　2020 年度

项　目 （Items）	行次 Lines	本年应交数/应补数 （accrued within the period）	本年已交数/已补数 （paid within the period）
一、本年税费总额（Total taxes and surcharges）	1		
（一）增值税（Value‑added tax）	2		
（二）消费税（Consumption tax）	3		
（三）资源税（Resources tax）	4		
（四）城建税（Urban maintenance and construction tax）	5		
（五）烟叶税（Tabaco tax）	6		
（六）关税（Custom duties）	7	—	
本年已交进口关税（Import custom duties paid）	8	—	
本年已交出口关税（Export custom duties paid）	9	—	
（七）企业所得税（Enterprise income tax）	10		
（八）教育费附加（含地方教育费附加）（Education surcharges）	11		
（九）石油特别收益金（Special oil income levy）	12		
（十）其他税费（Others）	13		
二、五险一金合计（Total basic insurances & allowance）	14		
（一）基本养老保险（Basic endowment insurance）	15		
（二）基本医疗保险（Basic medical insurance）	16		
（三）失业保险（Unemployment insurance）	17		
（四）工伤保险（Employment injury insurance）	18		
（五）生育保险（Maternity insurance）	19		
（六）住房公积金（Housing provident fund）	20		
三、储备粮油差价款（Price difference between specially reserved and fair‑priced grain and oil）	21		
四、预算弥补亏损及补贴（Loss recovered by allowance and subsidies）	22		
五、国有资本收益（由企业集团本部填列）（State‑owned capital income, applicable for group headquarters）	23		

款项表
and Coverage

(For the year ended 31 December 2020)

企财外 07 表（IFS07）

金额单位：元（Currency：RMB Yuan）

项　　目 (Items)	行次 Lines	金额 (Amount)
补充资料	24	—
一、本年实际支付补充养老保险（含年金）总额（Basic endowment insurance (including annuity), paid in current period）	25	
二、本年实际支付补充医疗保险总额（Supplementary medical insurance, paid in current period）	26	
三、出口退税情况（Tax reimbursement for exportation）：	27	—
出口额（美元）（Amount of exports (in USD)）	28	
以前年度欠出口退税（Beginning balance）	29	
本年度应收出口退税（Receivables in current period）	30	
本年度已收出口退税（Received in current period）	31	
年末欠出口退税（Closing balance）	32	
四、本年实际缴纳境外税费总额（Total taxes and surcharges paid overseas in current period）	33	
	34	
	35	
	36	
	37	
	38	
	39	
	40	
	41	
	42	
	43	
	44	
	45	
	46	

基 本
Statement on

编制单位（Prepared by）： 2020 年度

项 目 Items	行次 Lines	本年数 Current Period	上年数 Prior Period
一、本年收到的财政性资金（1. Government funds received in current period）	1		
（一）基本建设性资金（Infrastructure funds）	2		
（二）生产发展性资金（Productive development funds）	3		
（三）社会保障性资金（Social security funds）	4		
（四）其他（Others）	5		
二、高质量发展有关情况：(2. Quality development related information）	6	—	—
（一）专利情况（Number of patents）	7	—	—
1. 累计拥有有效专利数（件）（Number of effective patents owned）	8		
其中：累计拥有有效发明专利数（Number of effective patents invented&owned）	9		
2. 专利申请数（件）（Number of patents applied）	10		
其中：发明专利申请数（Number of patents invented&applied）	11		
3. 专利授权数（件）（Number of patents officially authorized）	12		
其中：发明专利授权数（Number of patents invented&officially authorized）	13		
（二）本年企业提取的安全生产费用（The cost of production safety that the enterprise extracts this year）	14		
（三）本年企业支出的安全生产费用（The production safety expenses paid by the enterprise this year）	15		
（四）本年科技资金来源合计（Total income of science and technology funds）	16		
其中：政府拨款（Including：government allocations）	17		
企业自筹（Self－raised fund）	18		
其他（Others）	19		
（五）本年研发（R&D）经费投入合计（Total R&D Cost in current period）	20		
1. 日常性研发经费支出（Expenditure on daily R&D）	21		
其中：研发人员劳动报酬（Including：remuneration for R&D staff）	22		
2. 购买固定资产、新技术、科研设备等支出（Expenditure on purchasing fixed assets，new technology and scientific research equipment）	23		
其中：土地与建筑物支出（Including：Expenditure on land and buildings）	24		
仪器与设备支出（Including：Expenditure on instrument and equipment）	25		
3. 其他科技支出（Other expenditure）	26		
（六）科技人员人数（Number of scientific personnel）	27		
其中：研发人员人数（Including：Number of R&D personnel）	28		
三、产值（按现行价格计算）（3. Output value（by present price level））	29	—	—
（一）工业总产值（Gross industrial output value）	30		

注：加☆项目为执行新金融工具准则企业适用。

情 况 表

Basic Information

企财外 08 表（IFS08）

(For the year ended 31 December 2020)　　　　　　　　　金额单位：元（Currency：RMB Yuan）

项　目 Items	行次 Lines	本年数 Current Period	上年数 Prior Period
（二）劳动生产总值（Gross labor output value）	31		
四、投资收益（4. Investment income）	32		
其中：长期股权投资（Including：long-term investments）	33		
☆交易性金融资产（Transactional financial assets）	34		
以公允价值计量且其变动计入当期损益的金融资产（Financial assets at fair value through profit and loss）	35		
以公允价值计量且其变动计入当期损益的金融负债（Financial liabilities at fair value through profit and loss）	36		
☆债权投资（Debt investments）	37		
可供出售金融资产（Available-for-sale financial assets）	38		
☆其他债权投资（Other debt investments）	39		
持有至到期投资（Held-to-maturity investments）	40		
☆其他权益工具投资（Other equity instruments）	41		
☆其他非流动金融资产（Other non-current financial assets）	42		
其他项目收益（Others）	43		
五、本年固定资产投资额（5. Investment in fixed assets in current period）	44	—	—
（一）购置固定资产（Purchase of Fixed Assets）	45		
（二）基建投资（Infrastructure investments）	46		
（三）其他投资（Others）	47		
六、本年计提的固定资产折旧总额（6. Depreciation on fixed-assets in current period）	48		
七、本年管理费用项下的业务招待费支出（7. Business hospitality fees accounted in administrative expenses in current period）	49		
八、本年管理费用项下的党建工作经费（8. CPC construction funds）	50		
九、本年企业支付的环境保护及生态恢复支出（9. Payment of environmental protection and ecological restoration in current period）	51		
其中：（一）本年度上交政府统筹的支出（Including：hand-in for government coordination in current period）	52		
（二）本年度企业提取或据实列支的支出（Expenditure accrued or incurred in current period）	53		
（三）本年企业支出的节能减排费用（The cost of energy saving and emission reduction that the enterprise expends this year）	54		
十、企业累计向境外投资额（10. Accumulated overseas investments）	55		
其中：企业本年新增向境外投资额（Including：increase in current period）	56		
十一、本年对扶贫方面的支出（11. Expenditure on poverty alleviation this year）	57		
十二、本年对外捐赠支出（不含上述本年对扶贫方面的支出）（12. External donation expenditure（Not including poverty alleviation））	58		
十三、社会贡献总额（13. Total social contribution）	59		
	60		

（Notes：☆ items for new financial instrument guidelines only.）

人力资源
Statement on

编制单位（Prepared by）： 2020 年度

项　　目 Items	行次 Lines	本年数 Current Period	上年数 Prior Period
一、企业人数情况（人）（1. Number of employees）：	1	—	—
（一）年末从业人员人数（Number of employees at end of period）	2		
（二）本年平均从业人员人数（Annual average number of employees）	3		
（三）年末职工人数（Number of in-service employees at end of period）	4		
其中：年末在岗职工人数（Including: number of on-duty employees at end of period）	5		
（四）本年平均职工人数（Annual average number of in-service employees）	6		
其中：本年平均在岗职工人数（Including: annual average number of on-duty employees）	7		
（五）年末劳务派遣人数（Number of employees provided by labor dispatch at end of period）	8		
（六）本年平均劳务派遣人数（Annual average number of employees provided by labor dispatch）	9		
（七）年末离休人数（Number of retired employees (began to work before 1949-10-1), at end of period）	10		
（八）年末退休人数（Number of retired employees (began to work after 1949-10-1), at end of period）	11		
（九）参加基本养老保险的年末职工人数（Number of employees participating in basic pension insurance, at end of period）	12		
（十）参加补充养老保险的年末职工人数（Number of in-service employees participating in supplementary pension insurance, at end of period）	13		
（十一）参加基本医疗保险的年末职工人数（Number of in-service employees participating in basic medical insurance, at end of period）	14		
（十二）参加补充医疗保险的年末职工人数（Number of in-service employees participating in supplementary medical insurance, at end of period）	15		
（十三）参加失业保险的年末职工人数（Number of in-service employees participating in unemployment insurance, at end of period）	16		
（十四）参加工伤保险的年末职工人数（Number of in-service employees participating in work injury insurance, at end of period）	17		
（十五）参加生育保险的年末职工人数（Number of employees participating in maternity insurance, at end of period）	18		
（十六）实行工效挂钩职工人数（Number of in-service employees with salary linked to performance）	19		
（十七）未实行社会化管理的离退休人员人数（Number of retired employees with social insurance maintained in the entity）	20		
（十八）年末党员职工人数（Number of CCP employees at end of period）	21		
二、企业不在岗职工及劳动关系处理情况（2. Off-duty employees）：	22	—	—

情 况 表
Human Resources

企财外 09 表（IFS09）

(For the year ended 31 December 2020)　　　　　　　　金额单位：元（Currency：RMB Yuan）

项　目 Items	行次 Lines	本年数 Current Period	上年数 Prior Period
（一）年初不在岗职工人数（人）(Number at beginning of period)	23		
（二）年末不在岗职工人数（人）(Number at end of period)	24		
（三）本年累计解除劳动关系人数（人）(Number of termination of employment in current period)	25		
其中：需支付经济补偿人数（人）(Including：number of termination of employment with severance pay)	26		
（四）本年累计支付经济补偿金额（Monetary compensation for termination of employment, paid in current period）	27		
其中：财政负担部分（Including：duty of government）	28		
三、工资及福利情况（3. Salary and welfare）：	29	—	—
（一）本年应发职工薪酬总额（Total salary payable of current period）	30		
（二）本年实际发放职工薪酬总额（Total salary paid in current period）	31		
其中：本年实际发放职工工资总额（Including：total salary of in-service employees, paid in current period）	32		
其中：本年实际发放在岗职工工资总额（Including：total salary of serving employees, paid in current period）	33		
本年支付的劳务派遣金额（Total fees paid for labor dispatch）	34		
（三）企业提取的工资总额（Total salary accrued in current period）	35		
1. 非工挂企业工资总额（Total salary of enterprises not linking salary to performance）	36		
2. 工挂企业工资总额（Total salary of enterprises linking salary to performance）	37		
（四）本年支付的离退休人员养老金及福利性补助（Pension and welfare benefits of retired employees and welfare benefits paid in current period）	38		
（五）本年支付的企业负责人薪酬总额（Salary paid to management in current period）	39		
企业负责人人数（人）(Number of management personnel)	40		
（六）本年支付的职工福利费（In-service employee benefits paid in current period）	41		
（七）本年提取的职工教育培训经费（In-service employee training expenses accrued in current period）	42		
（八）本年支付的职工教育培训经费（In-service employee training expenses paid in current period）	43		
	44		

带息负债
Disclosure of Liabilities

编制单位（Prepared by）： 2020 年度

项　目 Items	行次 Lines	本　金 Principal amount				本年应计利息 Accrued interest in current period
		年初余额 Openning Balance	本年增加 Increase	本年减少 Decrease	年末余额 Closing Balance	
栏　次 Columns	—	1	2	3	4	5
一、带息流动负债合计（1. Current liabilities with interest）	1		—	—		
（一）短期借款（Short－term borrowings）	2					
其中：银行借款（Including：short－term borrowings from banks）	3				—	
非银行金融机构借款（Short－term borrowings from non－banking financial institutions）	4				—	
（二）一年内到期的非流动负债（Current portion of long－term liabilities）	5					
其中：一年内到期的长期借款（Including：current portion of long－term borrowings）	6					
一年内到期的应付债券（Current portion of bonds payable）	7				—	
一年内到期的融资租赁款（Current portion of finance lease）	8					
☆一年内到期的租赁负债（Current portion of lease liabilities）	9					
☆（三）交易性金融负债（Held－for－trading financial liability）	10					
（四）以公允价值计量且其变动计入当期损益的金融负债（Financial liability measured at fair value and recorded as changes in current profits and losses）	11					
（五）其他带息流动负债（Other current liabilities with interest）	12					
其中：短期融资券（含超短期融资券）（Including：short－term financing bonds，including super short－term commercial paper）	13					
其他短期债券（other short－term bonds）	14					
二、带息非流动负债合计（2. Non－current liabilities with interest）	15					
（一）长期借款（Long－term borrowings）	16					
其中：银行借款（Including：bank borrowings）	17					
非银行金融机构借款（Long－term borrowings from non－banking financial institutions）	18					
（二）应付债券（Bonds payable）	19					
其中：中期票据（Including：medium－term notes）	20					
企业债券（Corporate bonds issued by unlisted companies）	21					
公司债券（Corporate bonds issued by listed companies）	22					
（三）其他带息非流动负债（Other non－current liabilities with interest）	23					
其中：融资租赁款（Including：finance lease）	24					
☆租赁负债（Non－urrent portion of lease liabilities）	25					
带息负债合计（Total of liabilities with interest）	26		—	—		

注：加☆项目为执行新租赁/金融工具准则企业适用。

情况表
with Interest

企财外 10 表（IFS10）

(For the year ended 31 December 2020) 金额单位：元（Currency：RMB Yuan）

逾期尚未偿还的借款本金 Principal amount overdue	年末应付利息 Interest payable, closing balance	项目 Items	行次 Lines	本年金额 Current period	上年金额 Prior period
6	7	栏次 Columns	—	8	9
		补充资料（Supplementary）：	27	—	—
		一、利息支出情况（1．Interest expenses）：	28	—	—
		利息支出总额（Total interest expenses）	29		
		其中：利息资本化金额（Including：capitalized interest）	30		
		二、带息负债融资成本率（%）（2．Financing cost of interest–bearing liabilites）	31		
		三、永续债、优先股发行情况（3．Perpetual debt and preferred stock）：	32	—	—
		（一）已发行永续债（Perpetual debt issued）	33		
		其中：计入负债的永续债（Including：perpetual debt classified as liabilities）	34		
		（二）已发行优先股（Preferred stock issued）	35		
		其中：计入负债的优先股（Including：preferred stock classified as liabilities）	36		
		（三）计入未分配利润的永续债利息（Interest on a perpetral debt which is included in the undistributed profit）	37		
		四、发债情况（由集团总部填列）（4．Bonds issued overseas, applicable for headquarters）：	38	—	—
		（一）境外发行外币债券总额（以人民币填列）（Total amount of foreign currency bonds, issued overseas, in RMB）	39		
		其中：美元债（美元）（Including：USD bonds, in USD）	40		
		欧元债（欧元）（Euro bonds, in Euro）	41		
		港元债（港元）（HKD bonds, in HKD）	42		
		（二）境外发行人民币债券总额（Total amount of RMB bonds, issued overseas）	43		
			44		
			45		
			46		
			47		
			48		
			49		
			50		
			51		
			52		

(Notes：☆items for new financial instrument guidelines only.)

应收款项

Disclosure of

编制单位（Prepared by）： 2020 年 12 月 31 日

项 目 Items	行次 Lines	年末数 Closing Balance			
		年末余额 Closing Balance	按个别认定法计提坏账准备的应收款项 Specific identification	坏账/减值准备 Provisions/Impairments	按个别认定法计提的坏账准备 Specific identification
栏 次（Columns）	—	1	2	3	4
一、应收账款（1. Accounts receivables）	1				
（一）1 年以内（含 1 年）（including 1 years）	2				
（二）1—2 年（含 2 年）（1－2 years（including 2 years））	3				
（三）2—3 年（含 3 年）（2－3 years（including 3 years））	4				
（四）3 年以上（Over 3 years）	5				
二、其他应收款（2. Other receivables）	6				
（一）1 年以内（含 1 年）（including 1 years）	7				
（二）1—2 年（含 2 年）（1－2 years（including 2 years））	8				
（三）2—3 年（含 3 年）（2－3 years（including 3 years））	9				
（四）3 年以上（Over 3 years）	10				
三、长期应收款（3. Long－term receivables）	11				
四、一年内到期的长期应收款（4. Long－term receivables due within one year）	12				
五、逾期应收款项（5. Receivables overdue）	13				
其中：逾期 3 年以上（Including：overdue over 3 years）	14				
六、涉及诉讼的应收款项（6. Receivables under pending litigation）	15			—	—
☆七、应收款项融资（7. Receivables for financing）	16		—		—
	17				
	18				
	19				
	20				
	21				
	22				
	23				

注：加☆项目为执行新收入/新租赁/新金融工具准则企业适用。

情况表

Receivables

(As of 31 December 2020)

企财外 11 表（IFS11）

金额单位：元（Currency：RMB Yuan）

年初数 Opening Balance		项 目 Items	行次 Lines	年末余额 Closing Balance	逾期金额 Over due	年初余额 Opening Balance
年初余额 Opening Balance	坏账/减值准备 Provisions/ Impairents					
5	6	栏 次（Columns）	—	7	8	9
		补充资料（Supplementary）：	24	—	—	—
		一、应收款项合计（1. Receivables）	25			
		（一）应收政府部门款项（Receivables due from government）	26			
		（二）应收国资委管理的中央企业款项（Receivables due from SOEs managed by SASAC）	27			
		（三）应收中央部门管理企业款项（Receivables due from SOEs managed by Central Government except SASAC）	28			
		其中：应收铁路总公司款项（Including：receivables due from China Railway）	29			
		（四）应收地方国有企业款项（Receivables due from local SOEs）	30			
		其中：应收政府投融资平台款项（Including：receivables due from local government investment and financing platform）	31			
		（五）应收民营企业款项（Receivables due from private enterprises）	32			
		其中：应收房地产开发企业款项（Receivables due from real estate development enterprises）	33			
		（六）其他（Others）	34			
		二、各类保证金总额（2. Retentions and Bonds）	35			
		（一）质量保证金（Retention）	36			
		（二）履约保证金（Performance bond）	37			
	—	（三）投标保证金（Bid bond）	38			
		（四）其他保证金（Others）	39			
		三、应收账款保理余额（3. Accounts receivable factoring）	40		—	
		其中：无追索权的应收账款保理余额（Including：non-recourse factoring）	41		—	
		四、应收账款证券化余额（4. Account receivable backed securities）				
		五、长账龄应收款项管理情况（按原值填列）（5. Details of long aging receivables, listed in book value）	42			
		（一）1年（含1年）以上应收款项余额（Receivables aged over 1 year（including 1 year））	43		—	
		（二）1年（含1年）以上应收款项本年增加额（Addition of receivables aged over 1 year（including 1 year）in current period）	44		—	—
		（三）1年（含1年）以上应收款项本年减少额（Deduction of receivables aged over 1 year（including 1 year）in current period）	45		—	—
		其中：本年核销无法收回应收款项金额（Including：Receivables written-off in current period）	46		—	—

(Notes：☆ items for new revenue guidelines or new leasing or new financial instrument guidelines only.)

存货
Disclosure of

编制单位（Prepared by）： 2020 年 12 月 31 日

项　目 Items	行次 Lines	年末数 (Closing Balance)		年初数 (Openning Balance)	
		账面余额 Account Balance	跌价准备/ 减值准备 Provisions/ Impairments	账面余额 Account Balance	跌价准备/ 减值准备 Provisions/ Impairments
栏　次 (Columns)	—	1	2	3	4
一、原材料（1. Raw material）	1				
二、自制半成品及在产品（2. Work in process inventory）	2				
其中：已完工未结算工程（由执行建造合同准则企业填列）(Including: constructions completed without settlement, applied to enterprises implementing Construction Contract Guidelines only)	3				
在建房地产开发产品（由房地产开发企业填列）(Work in process real estate properties, applied to real estate enterprises only)	4				
三、库存商品（产成品）（3. Merchandise inventory/ finished goods）	5				
其中：已完工房地产开发产品（由房地产开发企业填列）(Including: real estate properties held for sale, applied to real estate enterprises only)	6				
四、其他（4. Others）	7				
其中：尚未开发的土地储备（由房地产开发企业填列）(Including: land reserve, applied to real estate enterprises only)	8				
合计（Total）	9				
	10				

情况表
Inventories

(As of 31 December 2020)

企财外 12 表（IFS12）
金额单位：元（Currency：RMB Yuan）

项 目 Items	行次 Lines	年末数 (Closing Balance)	年初数 (Openning Balance)
栏次 (Columns)	—	5	6
补充资料（Supplementary）：	11	—	—
一、非正常存货余额（原值）（1. Overstocks and obsolete inventories, fill in forms using original value）	12		
其中：积压的库存商品（产成品）（Including: finished goods）	13		
积压的原材料及在产品等（Raw materials and work in progress inventories, etc）	14		
二、非正常存货跌价准备（2. Abnormal invnetory depreciation reserve）	15		
三、非正常存货处置利用情况（3. Disposal and reuse of overstocks and obsolete inventories）：	16	—	—
（一）本年转产再利用的非正常存货金额（Reused in current period, original value）	17		—
（二）本年处置变卖的非正常存货原值（Disposal in current period, original value）	18		—
（三）本年处置变卖非正常存货回收资金（Consideration of disposal in current period）	19		—
（四）本年处置非正常存货形成的账面损失（Disposal loss in current period）	20		—

对外股权
Disclosure of

编制单位（Prepared by）：　　　　　　　　　　　　　　　　　　　　　　　　　　　　　　2020 年 12 月 31 日

序号 No.	投资主体 Investor	被投资企业名称 Name of investee	被投资企业代码 Code of investee	被投资企业性质 Nature of investee	被投资企业所属行业 Industry of investee	被投资企业所在地区 Location of investee	投资成本 Investment cost	本年增加投资 Amount invested in current year	年初股权比例（%） Proportion of shareholdings at beginning of period	年末股权比例（%） Proportion of shareholdings at end of period
—	1	2	3	4	5	6	7	8	9	10
—	合 计 Total	—	—	—	—	—			—	—
—	一、连续持有 1. Continuously held long-term equity investments	—	—	—	—	—			—	—
	……									
—	二、本年新增 2. New long-term equity investments	—	—	—	—	—			—	—
									—	
									—	
									—	
	……									
—	三、本年减少 3. Decrease in long-term equity investments	—	—	—	—	—			—	—
										—
										—
										—
	……									

备注："年末股权比例">50% 或"年末账面余额"未填列数据的情况，需在此项目中予以说明；以成本法核算的长期股权投资需在此予以说明。
（Remarks：remark if proportion of shareholdings at end of period >50% or closing balance is null；remark those investments booked as long-term investment

投资情况表
Equity Investments

企财外 13 表（IFS13）

（As of 31 December 2020）

金额单位：元（Currency：RMB Yuan）

年初账面余额 Opening balance	年末账面余额 Closing balance	本年账面投资收益 Investment income recognized	本年实际收到投资收益 Investment income received	本年计提减值准备金额 Provision for impairment accrued in current year	减值准备年末余额 Closing balance of provision for impairment	核算方法 Accounting method	经营状况 Operating status	最近三年分红情况 Dividends in last 3 years	备注 Remarks
11	12	13	14	15	16	17	18	19	20
						—	—	—	—
								—	—
—									
	—					—	—		
	—							—	
	—								
	—								
	—								

in cost method.）

投资并购

Disclosure of

编制单位（Prepared by）: 　　　　　　　　　　　　　　　　　　　　2020 年 12 月 31 日

序号 No.	并购主体 Acquirer			被并购企业名称 Name of acquiree	企业代码 Code of acquiree	企业性质 Nature	原隶属关系 Original administrative subordination	所属行业 Industry	所在地区 Location	并购方式 Acquisition method	是否属主业 In line with principal business or not	净资产价值 （审计/评估） Net assets value (audited/appraised)
	企业名称 Name	管理级次 Management level	产权级次 Share property level									
一	栏次 Columns	1	2	3	4	5	6	7	8	9	10	11
一	合计 Total	—	—	—	—	—	—	—	—	—	—	

企业情况表
Acquisition

(As of 31 December 2020)

企财外 14 表 (IFS14)

金额单位：元 (Currency：RMB Yuan)

支付对价 Consideration	自有资金 By: Self-owned fund	银行贷款 Bank loan	股权 Equity	其他 Other	形成商誉 Original amount of goodwill	当年计提商誉减值准备 Provision for impairment of goodwill in current period	所占股权比例（%） Percentage of equity interest	被并购企业并购日净资产总额 Net assets, at acquisition date	被并购企业上一年度利润总额 Profit/loss before tax of prior period
12	13	14	15	16	17	18	19	20	21
						—			

子企业及股权
Disclosure of Disposal of Subsidiaries

编制单位（Prepared by）： 2020 年 12 月 31 日

序号 No.	被处置企业名称 Name of entity disposed	被处置企业代码 Code of entity disposed	受让方 Buyer party	处置方式 Disposal method	账面净值（净资产） Carrying value of net assets
—	栏　次 Columns	1	2	3	4
—	合　计 Total	—	—	—	
—	一、子企业处置情况 1. Disposal of subsidiaries	—	—	—	
	……				
—	二、参股企业处置情况 2. Disposal of Equity Investments	—	—	—	
		—			
		—			
		—			
	……	—			

208

处置情况表
and Equity Investments

企财外 15 表（IFS15）

(As of 31 December 2020) 金额单位：元（Currency：RMB Yuan）

评估净值（净资产） Net assets value appraised	处置价格 Disposal price	处置损益 Disposal gains/loss	原持股比例（%） Original proportion of shareholdings	处置股权比例（%） Percentage of equity interest disposed
5	6	7	8	9
			—	
			—	—
			—	—

209

金融投资及风险

Disclosure of Financial

编制单位（Prepared by）： 2020 年 12 月 31 日

项 目 Items	行次 Lines	金额 Amount	其中：境外投资 Including: overseas
栏 次 Columns	—	1	2
一、股票投资情况（1. Stock investments）：	1	—	—
（一）原始投资成本（Initial cost）	2		
（二）年末市值（Market value）	3		
（三）浮动盈亏（浮动亏损用"-"号表示）（Unrealized profit/loss）（"-" for loss）	4		
（四）当年累计交易金额（Accumulated transaction amount in current period）	5		
（五）当年实际盈亏（亏损用"-"号表示）（Realized profit/loss）（"-" for loss）	6		
二、基金投资情况（2. Fund investments）：	7	—	—
（一）原始投资成本（Initial cost）	8		
（二）年末市值（Market value）	9		
（三）浮动盈亏（浮动亏损用"-"号表示）（Unrealized profit/loss）（"-" for loss）	10		
（四）当年实际盈亏（亏损用"-"号表示）（Realized profit/loss）（"-" for loss）	11		
三、债券投资情况（3. Bond investments）：	12	—	—
（一）国债投资年末市值（Treasury bonds, market value）	13		
其中：原始投资成本（Including: initial cost）	14		
（二）金融债券投资年末市值（Financial bonds, market value）	15		
其中：原始投资成本（Including: initial cost）	16		
（三）企业债券投资年末市值（Corporate bonds, market value）	17		
其中：原始投资成本（Including: initial cost）	18		
四、金融期货（权）及衍生品投资情况（4. Financial futures (options) and derivatives）：	19	—	—
（一）保证金账户余额（Margin）	20		
（二）年末持仓合约金额（Closing balance of position）	21		
（三）当年实际盈亏（亏损用"-"号表示）（Realized profit/loss）（"-" for loss）	22		
（四）浮动盈亏（浮动亏损用"-"号表示）（Unrealized profit/loss）（"-" for loss）	23		
（五）当年累计交易金额（Accumulated transaction amount in current period）	24		
五、商品期货（权）及衍生品投资情况（5. Commodity futures (options) and derivative investments）：	25	—	—
（一）保证金账户余额（Margin）	26		
（二）年末持仓合约金额（Closing balance of position）	27		
（三）当年实际盈亏（亏损用"-"号表示）（Realized profit/loss）（"-" for loss）	28		
（四）浮动盈亏（浮动亏损用"-"号表示）（Unrealized profit/loss）（"-" for loss）	29		
（五）当年累计交易金额（Accumulated transaction amount in current period）	30		
	31		
	32		
	33		

业务情况表

Investments and Risk Business

企财外 16 表（IFS16）

（As of 31 December 2020）　　　　　　　　　　金额单位：元（Currency：RMB Yuan）

项　目 Items	行次 Lines	金额 Amount
栏　次 Columns	—	3
六、委托理财投资情况（6. Entrusted financial investments）：	34	—
（一）委托理财本金年末余额（Principal）	35	
其中：购买的信托产品金额（Including：trust products held）	36	
其中：到期未偿付的信托产品金额（Including：trust products overdue）	37	
（二）当年实际盈亏（亏损用"-"号表示）（Realized profit/loss）（"-" for loss）	38	
（三）预计盈亏（预计亏损用"-"号表示）（Expected profit/loss）（"-" for loss）	39	
（四）计提减值准备年末余额（Provision for impairment, ending balance）	40	
其中：当年减值准备计提数（Including：provision for impairment, accrued in current period）	41	
（五）当年新增委托金额（Entrusted financial investments increase in current period）	42	
其中：当年新增购买信托产品金额（Including：trust products purchased in current year）	43	
七、委托贷款情况（7. Entrusted loans）：	44	—
（一）委托贷款年初余额（Opening balance of entrusted loans）	45	
（二）委托贷款年末余额（Closing balance of entrusted loans）	46	
八、已抵押资产账面价值（8. Book value of mortgaged assets）	47	
其中：为集团外单位担保已抵押资产账面价值（Including：book value of mortgaged assets guaranteed for outside group）	48	
九、已质押资产账面价值（9. Book value of pledged assets）	49	
其中：为集团外单位担保已质押资产账面价值（Including：book value of pledged assets guaranteed for outside group）	50	
十、或有负债（10. Contingent liabilities）	51	
其中：已贴现商业承兑汇票形成的或有负债（Including：contingent liabilities by discounted commercial acceptance）	52	
对其他单位提供债务担保形成的或有负债（Contingent liabilities by debts guaranteed for other companies）	53	
未决诉讼或仲裁形成的或有负债（Contingent liabilities by pending lawsuits/arbitrations）	54	
十一、涉及诉讼案件情况（11. Cases involving litigation）：	55	—
（一）涉及诉讼案件个数（个）（Number of lawsuits）	56	
其中：被诉案件涉案个数（个）（Including：number of accused lawsuits）	57	
（二）涉及诉讼案件金额（Amount involved in lawsuits）	58	
其中：被诉案件涉案金额（Including：amount involved in accused lawsuits）	59	
十二、融资性贸易风险敞口处置情况：（由企业集团本部填列） (12. Closing balance of financing trade exposure, filled in by headquarter only)	60	
融资性贸易风险敞口年初余额（Opening balance of financing trade exposure）	61	
融资性贸易风险敞口本年处置金额（Disposal amount of financing trade exposure this year）	62	
其中：收回的现金和资产的实际价值金额（including：Actual value of cash and assets recovered）	63	
获得的抵质押物的实际价值金额（Actual value of obtained mortgage and pledge）	64	
核销债权等风险敞口形成的实质性损失金额（Amount of substanial loss caused by write off of risk exposure such as creditor's rights）	65	
融资性贸易风险敞口年末余额（Ending balance of financing trade exposure）	66	

提供担保
Disclosure of

编制单位（Prepared by）： 2020 年 12 月 31 日

序号 No.	担保单位 Guarantee	担保对象 Guaranteed object					担保方式 Guarantee method	担保种类 Guarantee type	反担保方式 Counter-guarantee method
		名称 Name	企业性质 Nature of entity	是否为上市公司 Listed or not	经营现状 Operation status	资产负债率（%）Asset-liability ratio			
—	栏　次 Columns	1	2	3	4	5	6	7	8
—	合　计 Total	—	—	—	—	—	—	—	—
—	一、对子企业 (1. For Subsidiaries)	—							
	......								
—	二、对参股企业 (2. For shareholding companies)	—	—	—	—	—	—	—	—
	......								
—	三、对集团外企业 (3. Outside group)	—	—	—	—	—	—	—	—
	......								

212

情况表

Guarantee Provided

企财外17表（IFS17）

（As of 31 December 2020）

金额单位：元（Currency：RMB Yuan）

实际担保金额 Actual guaranteed amount	其中：本年新增担保金额 Including: increase guaranteed amount in current period	是否逾期 Overdue or not	是否被诉 Accused or not	代偿损失金额 Compensatory amount of guarantee loss	已计入预计负债金额 Amount recogized in provisions	其中：本期计入预计负债金额 Including: amount in current period	是否按股权比例担保 Guarantee according to percentage of equity shares or not	备注 Remarks
9	10	11	12	13	14	15	16	17
		—	—				—	—
		—	—					
		—	—				—	—
		—	—				—	—

主要业务
Disclosure of

编制单位（Prepared by）： 2020 年度（For the year

序号 No.	业务代码 Code of principal business	业务项目明细分类 Detail classification of Principal business	营业总收入 Revenue				营业成本 Operating cost			
			本年数 Current period		上年数 Prior period		本年数 Current period		上年数 Prior period	
			金额 Amount	比重（%）Ratio	金额 Amount	比重（%）Ratio	金额 Amount	比重（%）Ratio	金额 Amount	比重（%）Ratio
—	栏 次 Columns	1	2	3	4	5	6	7	8	9
—	合计 Total	—								
—	一、主业 (1. Principal business)	—								
	……									
—	二、非主业 (2. Non-principal business)	—								
	……									

情况表
Principal Business

企财外 18 表（IFS18）

ended 31 December 2020）　　　　金额单位：元（Currency：RMB Yuan）

毛利 Gross profit				利润总额 Profit before tax				资产总额 Total assets			
本年数 Current period		上年数 Prior period		本年数 Current period		上年数 Prior period		年初余额 Beginning of 2020		年末余额 End of 2020	
金额 Amount	比重（%） Ratio	金额 Amount	比重（%） Ratio	金额 Amount	比重（%） Ratio	金额 Amount	比重（%） Ratio	金额 Amount	比重（%） Ratio	金额 Amount	比重（%） Ratio
10	11	12	13	14	15	16	17	18	19	20	21

成本费用
Disclosure of Cost

编制单位（Prepared by）： 2020 年度（For the year

项目 Items	行次 Lines	本年数 Current period	上年数 Prior period	项目 Items
一、营业成本（1. Operating cost）	1			（二）管理费用（Administrative expenses）
其中：原材料费用（采购成本）（Including: raw material expenses/purchase cost）	2			1. 职工薪酬（Employee compensation）
人工成本（Labor cost）	3			2. 保险费（Insurance expenses）
折旧费（Depreciation expense）	4			3. 折旧费（Depreciation expenses）
二、金融企业营业成本（2. Operating cost of financial enterprise）	5			4. 修理费（Fix fees）
三、税金及附加（3. Taxes and surcharges）	6			5. 无形资产摊销（Amortization of intangible assets）
四、期间费用（4. Period expenses）	7			6. 存货盘亏（Inventory loss on stocktaking）
（一）销售费用（Selling expenses）	8			7. 业务招待费（Business entertainment fees）
1. 包装费（Packing expenses）	9			8. 差旅费（Travelling expenses）
2. 运输费（Transportation expenses）	10			9. 办公费（Office allowances）
3. 装卸费（Handling expenses）	11			10. 会议费（Conference expenses）
4. 仓储保管费（Storage and preservation expenses）	12			11. 诉讼费（Litigation expenses）
5. 保险费（Insurance expenses）	13			12. 聘请中介机构费（Intermediary agency fees）
6. 展览费（Exhibition expenses）	14			其中：年度决算审计费用（Including: annual report audit fees）
7. 广告费（Advertisement expenses）	15			13. 咨询费（Consulting fees）
8. 销售服务费（Sales service expenses）	16			14. 技术转让费（Technology transfer fees）
9. 职工薪酬（Employee compensation）	17			15. 董事会费（Board of directors expenses）
10. 业务经费（Operation expenses）	18			16. 排污费（Pollutant discharge fees）
11. 委托代销手续费（Consignment fees）	19			17. 其他（Others）
12. 折旧费（Depreciation expenses）	20			（三）研发费用情况（Research and development expenses）
13. 修理费（Fix fees）	21			（四）财务费用（Finance expenses）
14. 样品及产品损耗（Sample and product loss）	22			五、勘探费用（5. Exploration expenses）
15. 其他（Others）	23			成本费用总额（Total cost and expenses）

216

情况表
and Expenses

ended 31 December 2020）

企财外 19 表（IFS19）

金额单位：元（Currency：RMB Yuan）

行次 Lines	本年数 Current period	上年数 Prior period	项目 Items	行次 Lines	本年数 Current period	上年数 Prior period
24			补充资料（Supplementary）：	47	—	—
25			一、集中采购情况（1. Material centralized purchasing）：	48	—	—
26			（一）采购总额（Material purchasing amount）	49		
27			（二）集中采购额（Material centralized purchasing amount）	50		
28			1. 集团总部集中采购额（Material centralized purchasing amount by headquarters）	51		
29			2. 企业自行组织集中采购额（Material centralized purchasing amount by subsidiaries）	52		
30			（三）集中采购比例（%）（Ratio of material centralized purchasing）	53		
31			（四）集中采购节约金额（Savings from material centralized purchasing）	54		
32			二、科技收入情况（2. Science and Technology）：	55	—	—
33			（一）取得的科技收入（Income from science and technology）	56		
34			1. 科技创新收入（Income from scientific and technical innovation）	57		
35			其中：四技收入（Including：technical related income）	58		
36			2. 新产品销售收入（Income from new product sales）	59		
37			3. 其他收入（Other income）	60		
38			（二）确认为无形资产的开发支出（Development expenses transferred to intangible assets）	61		
39			（三）加计扣除研究开发费用（Additionally calculated and deducted research and development expenses）	62		
40				63		
41				64		
42				65		
43				66		
44				67		
45				68		
46				69		

股权结构
Disclosure of

编制单位（Prepared by）：A 企业集团有限公司　　　　　　　　　　　　　　　　　　　2020 年 12 月 31 日 （As

序号 No.	股东名称 Name of shareholder	统一社会 信用代码 Uniform social credit code	股东性质 Nature of shareholder	集团内/集团外 Intra–group/ Outside group
一	栏次 Columns	1	2	3
—	实收资本（总股本） (Total Paid–in capital)	—	—	—
—	一、前十大股东小计 (Sub–Total of Top 10 Shareholders)	—	—	—
1				
2				
3				
4				
5				
6				
7				
8				
9				
10				
—	其他股东合计（Other shareholders）	—	—	—
	其中：国家资本（State–owned capital）	—	—	—
	国有法人资本（State–owned legal person's capital）	—	—	—
	集体资本（Collectively owned capital）	—	—	—
	民营资本（Private capital）	—	—	—
—	外商资本（Foreign capital）	—	—	—

注：本表填列前十大股东相关信息及其他股东出资额合计数，前十大股东按股权比例降序填列。（Note：Please list Top

情况表
Equity Structure

企财外 20 表（IFS20）

of 31 December 2020)

金额单位：元（Currency：RMB Yuan）

境内/境外 Domestic/Overseas	截至本年末 实际出资额 Accumulative capital contributions at the end of current period	截至上年末 实际出资额 Accumulative capital contributions at the end of prior period	本年实际出资 比例（％） Actual contribution ratio at the end of current period	上年实际出资 比例（％） Actual contribution ratio at the end of prior period
4	5	6	7	8
—			—	—
—				
—				
—				
—				
—				

10 shareholders' information in descending order by　％. Other shareholders' information shall be combined and listed in one line.）

境外子企业

General Information of

编制单位（Prepared by）：A 企业集团有限公司　　　　　　　　2020 年 12 月 31 日（As of

项目 Items	行次 Lines	本年数 Current period
一、资金情况（1. Cash and Bank）：	1	—
（一）库存现金余额（Cash on hand）	2	
（二）银行存款余额（Bank deposits）	3	
1. 在中资银行存款余额（Balance deposited in Chinese banks）	4	
2. 在其他银行存款余额（Balance deposited in other banks）	5	
（三）开立银行账户个数（个）（Number of bank accounts）	6	
1. 在中资银行开立账户个数（个）（Number of Chinese bank accounts）	7	
2. 在其他银行开立账户个数（个）（Number of other bank accounts）	8	
（四）银行保函余额（Bank guarantee）	9	
二、人员情况（人）（2. Employees）：	10	—
（一）年末从业人员人数（Number of employees at period–end）	11	
其中：中方人数（Including：Number of Chinese）	12	
其中：母公司派出财务人员（Including：financial Staff dispatched by parent company）	13	
（二）本年平均从业人员人数（Annual average number of employees in current period）	14	
其中：中方人数（Including：Number of Chinese）	15	
（三）年末职工人数（Number of in–service employees at period–end）	16	
其中：中方人数（Including：Number of Chinese）	17	
（四）本年平均中方职工人数（Annual average number of Chinese in–service employees）	18	
三、人工成本情况（3. Labor cost）：	19	—
（一）本年实际发放从业人员人工成本总额（Total employees labor cost paid in current period）	20	
其中：中方（Including：Chinese）	21	
（二）本年实际发放职工工资总额（Total employee salary paid in current period）	22	
其中：中方（Including：Chinese）	23	
四、注册资本（4. Registed Capital）	24	
其中：中方（Including：Chinese）	25	
其中：以个人名义注册（Including：nominal individual shareholders）	26	
	27	

220

基本情况表
Overseas Subsidiary

31 December 2020）

企财外 21 表（IFS21）

金额单位：元（Currency：RMB Yuan）

项目 Items	行次 Lines	本年数 Current period
五、年末境外投资总额（5. Total investment outside territory of PRC at year end）	28	
其中：本年新增投资（Investment in current period）	29	
境外单位返投境内投资（Overseas subsidiaries' Total investment back to territory of PRC at year end）	30	
其中：境外上市企业向境内投资（Including：overseas listed companies）	31	
六、驻在地所得税率（%）（按实际执行税率）（6. Applicable enterprise income tax rate in located country（region））	32	
七、本年实际上交驻在地税金（费）总额（7. Total local tax（surcharge）payments in current period）	33	
八、对驻在地社会贡献总额（8. Total social contribution to located country（region）in current period）	34	
其中：对外捐赠支出总额（Including：total donations）	35	
九、本年向母公司分配利润（9. Distribution of profit to the parent company this year）	36	
十、带动国内出口总额（10. Total domestic exports stimulated）	37	
其中：带动国内设备出口额（Including：domestic equipments exports stimulated）	38	
十一、已投保资产总额（11. Total assests insured）	39	
十二、母公司投资目的（12. Investment purpose of parent company）	40	
十三、重大财务制度建设情况（13. Major financial system）	41	—
（一）是否已纳入母公司预算管理体系（Whether been incorporated into the parent company's budget management system）	42	
（二）是否明确重大财务事项范围及决策程序（Whether the scope of major financial matters and decision-making procedures are clear）	43	
（三）是否建立资金往来联签制度（Whether established a joint signature system for capital transactions）	44	
（四）是否纳入母公司财务管理信息化系统（Whether included in the financial management information system of the parent company）	45	
（五）是否具有财务负责人管理制度（Whether has a management system for financial officer）	46	
（六）财务主管人员（会计机构负责人）是否由母公司委派（Whether the financial manager is appointed by the parent company）	47	
其中：财务负责人是否由母公司委派（Including：whether the CFO is appointed by the parent company）	48	
（七）近三年是否接受过母公司或集团公司的实地监督检查或内部审计（Whether been on-site inspected or audited by parent company in rencent 3 years）	49	
十四、所属离岸公司情况（仅集团本部填报）（14. Offshore companies information, applicable for headquarters）：	50	—
（一）离岸公司个数（个）（Number of offshore companies）	51	
（二）离岸公司存放资金余额（Cash and bank in offshore companies）	52	
十五、中介机构审计资产占比（%）（仅集团本部填报）（15. Percentage of audited assets to total assets, applicable for headquarters）	53	
其中：境内中介机构审计资产占比（%）（Including：Percentage of domestic CPA audited assets）	54	

境外机构
General Information of

编制单位（Prepared by）：　　　　　　　　　　　　　　　　　　　　　　　　2020 年 12 月 31 日

序号 No.	境外办事机构名称 Name of overseas organization	驻在地 Location			是否是"一带一路"国家（地区）Whether included in the belt and road areas	资产总额 Total assets	其中：货币资金 Cash and bank	负债总额 Total liabilities	营业总收入 Revenue	营业成本 Operating cost	期间费用 Period expenses
		洲别 Continent	国家（地区）Country (Region)	城市（地区）City (Region)							
—	栏　次 Columns	1	2	3	4	5	6	7	8	9	10
—	合　计 Total	—	—	—							
—	一、分公司 (1. Branches)	—	—	—							
	……										
—	二、代表处（办事处）(2. Representative Agencies)	—	—	—							
	……										
—	三、项目组（经理部）(3. Project Departments)	—	—	—							
	……										
—	四、其他 (4. Other organizitions)	—	—	—							
	……										

注：洲别及驻在地国家通过枚举选择，城市/地区通过枚举选择，如不在枚举之列直接按办公所在地填写。

基本情况表

Overseas Organizations

(As of 31 December 2020)

企财外 22 表（IFS22）

金额单位：元（Currency：RMB Yuan）

利润总额 Profit before tax	净利润 Net profit	驻在地所得税率（%）（按实际执行税率） Applicable enterprise income tax rate in located country (region)	本年实际上交驻在地税金（费）总额 Total local tax (surcharge) payments in current period	年末职工人数（人） Number of in-service employees at period-end	其中：中方 Including: Chinese	职工全年实发工资 Salaries paid to in-service employees in current period	其中：中方 Including: Chinese	中方派出财务人员人数 Number of financial Staff dispatched by parent company	财务主管人员（会计机构负责人）是否由母公司委派（Whether the financial manager is appointed by the parent company）	其中：财务负责人是否由母公司委派（Including: whether the CFO is appointed by the parent company）
11	12	13	14	15	16	17	18	19	20	21
		—							—	—
		—							—	—
		—								
		—							—	—

(Note: Choose continent and country specifically, choose city/region specifically; if not specified, represents the location of the office.)

境外投资
Disclosure of

编制单位（Prepared by）：　　　　　　　　　　　　　　　　2020 年度（For the year

序号 No.	项目名称 Name of Project	出资企业 Shareholders	洲别 Continent	国家 （地区） Country （Region）	是否是"一带一路"国家（地区） Whether included in the Belt and Road areas	行业 Industry Category	投资类别 （固定资产投资/股权投资/其他请具体写明） Investment category（fixed assets investment；Equity investment；or others）	是否为党和国家领导人见签项目 Whether signed with CPC or state leaders witnessing
栏次 Columns	1	2	3	4	5	6	7	8
—	合 计 Total	—	—	—	—	—	—	—
—	一、本年新增项目 (1. Investment project in current period)	—	—	—	—	—	—	—
—	其中：重点项目 （Including：Key project）	—	—	—	—	—	—	—
	……							
—	二、续投项目 (2. Continuation project)	—	—	—	—	—	—	—
—	其中：重点项目 （Including：Key project）	—	—	—	—	—	—	—
	……							
—	三、存量项目 (3. project in hand in current period)	—	—	—	—	—	—	—
—	其中：重点项目 （Including：Key project）	—	—	—	—	—	—	—
	……							
—	四、本年退出项目 (4. Exiting project in current period)	—	—	—	—	—	—	—
—	其中：重点项目 （Including：Key project）	—	—	—	—	—	—	—
	……							

注：行业参照国家统计局《国民经济行业分类》（GB/T 4754—2018）填写到一级门类。

项目情况表

Overseas Investments

ended 31 December 2020）

企财外 23 表（IFS23）

金额单位：元（Currency：RMB Yuan）

是否列入"一带一路"项目库 Whether included in the belt and road initiative project library	是否为国际产能和装备制造合作项目 Whether for internal capacity and equipment manufacturing cooperation	是否为第三国（地）合作项目 Whether involve a Third–party states cooperation	合作伙伴国家 Country origin of the third–party partner	本企业投资总额 Total amount of investments	累计完成投资 Cumulative amount invested by the end of current year	其中：本年新增投资 Including: new invest in current period	累计投资回报 Cumulative investment return	其中：本年 Including: current period	项目概述（项目内容、股东情况、进度、形成产能或获得权益情况、预期收益等）General discription of the project（including contents of the project, infomation of shareholders, progress, target capacity or equity, expected return, and etc.）
9	10	11	12	13	14	15	16	17	18
—	—	—	—						
—	—	—	—						
—	—	—	—						
—	—	—	—						—
—	—	—	—						—
—	—	—	—						—
—	—	—	—						—
—	—	—	—						—
—	—	—	—						—

（Note：Fill in industry category according to the first level of the National Industry Category（GB/T 4754—2018）.）

境外矿产资源
Disclosure of Overseas

编制单位（Prepared by）：　　　　　　　　　　　　　　　　　　2020 年度（For the year

序号 No.	项目名称 Name of Project	出资企业名称 Name of shareholders	项目所在地 Location			是否是"一带一路"国家（地区）Whether included in the Belt and Road areas	是否为党和国家领导人见签项目 Whether signed with CPC or state leaders witnessing	是否为第三国（地）合作项目 Whether involve a Third-party states cooperation	合作伙伴国家 Country origin of the third-party partner
			洲别 Continent	国家（地区）Country（Region）	城市（地区）City（Region）				
栏次 Columns	1	2	3	4	5	6	7	8	9
—	合计 Total	—	—	—	—	—	—	—	—
—	一、控股项目 (1. Holding projects)	—	—	—	—	—	—	—	—
	……								
—	二、参股项目 (2. Equity participation projects)	—	—	—	—	—	—	—	—
	……								

注：主要矿种：1. 石油；2. 天然气；3. 铁；4. 锰；5. 铬；6. 铜；7. 铅；8. 锌；9. 铝土矿；10. 镍；11. 钨；12. 金；13. 银；14. 其
（Notes：Major Mineral：1. Oil；2. Natual gas；3. Iron；4. Manganese；5. Chrome；6. Copper；7. Lead；8. Zinc；9. Baxite；10 Nickel；
　　运营状态：1. 勘探；2. 在建；3. 在产；4. 其他（备注说明）。
（Operating status：1. Exploration；2. Under construction；3. In production；4. Other（please explain specifically）．

项目情况表
Mineral Resources Projects

ended 31 December 2020）

企财外 24 表（IFS24）

金额单位：元（Currency：RMB Yuan）

投资起始时间 Starting time of the investment	主要矿种 Major mineral	运营状态 Operation status	剩余可采储量（万吨）Residual recoverable reserves（10K tons）	权益产量（万吨）Equity production（10K tons）	项目投资总额 Total amount of investments	本企业累计完成投资 Cumulative amount invested		累计取得收益 Cumulative profit		备注 Remarks
						总额 Total	其中：本年 Including: current period	总额 Total	其中：本年 Including: current period	
10	11	12	13	14	15	16	17	18	19	20
—	—									—
—	—									—
—	—	—								—

他（备注说明）。
11. Tungsten；12. Gold；13. Silver；14. Others（explain specifically）．

对外承包工程
Disclosure of Overseas

编制单位（Prepared by）：　　　　　　　　　　　　　　　　　　　　　　　　　　　2020 年度（For the year ended

序号 No.	项目名称 Name of Project	承包企业名称 Name of contractor	项目所在地 Location			是否是"一带一路"国家（地区） Whether included in the Belt and Road areas	是否为党和国家领导人见签项目 Whether signed with CPC or state leaders witnessing	是否为援建项目 Is this a China's Foreign Aid projects	是否列入"一带一路"项目库 Whether included in the belt and road initiative project library	是否为我国与周边国家互联互通项目 Whether surrounding countries connectivity project	是否为第三国（地）合作项目 Whether involve a third-party states cooperation	合作伙伴国家 Country origin of the third-party partner	业主情况 Owner information		业务类型 Type of business
			洲别 Continent	国家（地区） Country (Region)	城市（地区） City (Region)								单位名称 Name	单位类型 Nature	
栏次 Columns	1	2	3	4	5	6	7	8	9	10	11	12	13	14	15
—	合　计 Total	—	—	—	—	—	—	—	—	—	—	—	—	—	—
	一、在建项目 (Projects On-going)	—	—	—	—	—	—	—	—	—	—	—	—	—	—
	……														
—	二、新签项目 (Projects Signed in current year)	—	—	—	—	—	—	—	—	—	—	—	—	—	—
	……														
—	三、本年完工项目 (Projects completed in current year)	—	—	—	—	—	—	—	—	—	—	—	—	—	—
	……														

注：单位性质：1. 所在地政府及其部门；2. 所在地政府及其部门控制单位；3. 其他单位或个人。
　　业务类型：1. 交通基础设施建设；2. 房屋建设；3. 工业工程项目；4. 成套装备项目；5. 其他。
　　合同类型按照 EPC、BT、BOT、BOOT、PPP、DB、施工承包等选择填列。

项目情况表

Contracted Projects

企财外 25 表（IFS25）

31 December 2020）

金额单位：元（Currency：RMB Yuan）

合同起始时间 Starting time of the contract	合同完成（或预计完成）时间 Actual or expected completion time for the contract	合同金额 Contract amount	合同类型 Contract Types	累计已收款项 Cumulatively received amount	存续保函余额 Guarantee balance	年末项目资产总额 Closing balance of total assets	项目预计总收入 Expected total income of the project	项目预计总成本 Expected total cost of the project	累计确认收入 Cumulatively recognised income		累计确认成本 Cumulatively recognised cost		带动国内出口总额 Domestic exports stimulated		年末从业人员人数（人）Number of employee at period-end		项目概述（包括项目内容、项目业主、项目开工时间、工程进度、目前存在问题等）General description of the project (contents of the project, owner, starting time, project status, issues)
									总额 Total	其中：当年确认收入 Including: Income recognised in current period	总额 Total	其中：当年确认成本 Including: Cost recognised in current period	总额 Total	其中：带动国内设备出口总额 Including: Domestic equipment exports stimulated	总数 Total	其中：中方 Including: Chinese	
16	17	18	19	20	21	22	23	24	25	26	27	28	29	30	31	32	33
—	—	—															—
—	—																—
—		—															
—																	—

（Notes：Nature of the owner：1. Local government or units；2. Company established or controlled by local government；3. Other entity or person. ）
（Type of business：1. Transportation infrastructure construction；2. Housing construction；3. Industrial projects；4. Outfit projects；5. Others. ）
（Remark the type of contracts, such as EPC, BT, BOT, BOOT, PPP, DB, and etc. ）

国际化经营

Disclosure of international

编制单位（Prepared by）：　　　　　　　　　　　　　　　　　　　　　　　　　　　　　　　　2020 年度（For the year ended

序号 No.	洲别 Continent	国家（地区）Country (Region)	是否是"一带一路"国家（地区）Whether included in the Belt and Road areas	境外单位数 Number of overseas organization			资产总额 Total assets	其中：货币资金 Cash and bank	负债总额 Total liabilities	其中：带息负债合计 Total liabilities with interest	营业总收入 Revenue	利润总额 Profit before tax	净利润 Net profit	当地已交税费 Taxes and surcharges, paid locally	累计投资项目个数 Number of investment projects		股权投资 equity investments	第三国（地）合作项目数 The number of projects categorized into Third-party states cooperation
				总数 Total	其中：法人子企业 Including: Subsidiary legal person	其中：单户上报的单位数 Including: overseas institutions without legal personality									总数 Total	其中：固定资产 Including: Fixed assets		
栏次 Columns	1	2	3	4	5	6	7	8	9	10	11	12	13	14	15	16	17	18
—	合 计 Total	—	—															
—	其中："一带一路"沿线国家和地区合计（Including: The total of belt and road areas）	—																
—	亚洲（Asia）	—	—															
	……																	
—	欧洲（Europe）	—	—															
	……																	
—	美洲（America）	—	—															
	……																	
—	非洲（Africa）	—	—															
	……																	
—	大洋洲（Oceania）	—	—															
	……																	

230

情况表（2020 年度）
operation

企财外 26 表（IFS26）

31 December 2020） 金额单位：元（Currency：RMB Yuan）

本年新增投资项目个数 Number of invsetment projects in current period			投资项目累计投资总额 Total amount of investments			本年新增投资额 Amounts invested in current period			境外承包工程业务 Overseas Contstuction Contracts					带动国内出口总额 Domestic exports stimulated		年末境外从业人数情况 Number of overseas employee at year-end		备注 Remarks
总数 Total	其中：固定资产 Including: Fixed assets	股权 equity investments	总额 Total	其中：固定资产 Including: Fixed assets	股权 equity investments	总额 Total	其中：固定资产 Including: Fixed assets	股权 equity investments	在手合同个数 Number of Contract in hand	第三国（地）合作项目数 The number of projects categorized into Third-party states cooperation	在手合同总额 Total amounts of contracts in hand	在手合同累计已确认收入 Cumulatively recognised income	本年确认合同收入 Income recognised in current period	本年新签合同额 Contract amount signed in current year	总额 Total	其中：带动国内设备出口总额 Domestic equipment exports stimulated	总数 Total	其中：中方人数 Chinese	
19	20	21	22	23	24	25	26	27	28	29	30	31	32	33	34	35	36	37	38
																			—
																			—
																			—
																			—
																			—
																			—
																			—
																			—

主要分析指标表
Statement of Analysis Indicators

编制单位（Prepared by）：A 企业集团有限公司　　　　　　　　　　2020 年度

指 标 名 称 Indicators	行次 Lines	本年数 Current Period	上年数 Prior Period
一、绩效指标（1. Performance indicators）：	1	—	—
（一）盈利能力指标（Profitability indicators）：	2	—	—
1. 净资产收益率（%）（Return on equity）	3		
2. 国有资本回报率（%）（Return on State–owned capital）	4		
3. 总资产报酬率（%）（Return on total assets）	5		
4. 毛利率（%）（Gross profit rate）	6		
5. 营业收入利润率（%）（Operating profit margin）	7		
6. 成本费用利润率（%）（Ratio of gross profit to costs and expenses）	8		
7. 盈余现金保障倍数（Ratio of net cash from operating activities to net profit）	9		
8. 成本费用总额占营业总收入的比率（%）（Ratio of costs and expenses to revenue）	10		
（二）资产质量指标（Asset quality indicators）：	11	—	—
1. 总资产周转率（次）（Total assets turnover）	12		
2. 流动资产周转率（次）（Current assets turnover）	13		
3. 存货周转率（次）（Inventory turnover）	14		
4. 应收账款周转率（次）（Accounts receivable turnover）	15		
5. 资产现金回收率（%）（Cash recovery ratio of assets）	16		
6. 应收账款增长率（%）（Growth rate of accounts receivable）	17		
7. 存货增长率（%）（Growth rate of inventory）	18		
（三）债务风险指标（Debt risk indicators）：	19	—	—
1. 资产负债率（%）（Debt–to–Asset ratio）	20		
2. 已获利息倍数（Interest coverage ratio）	21		
3. 流动比率（%）（Current ratio）	22		
4. 速动比率（%）（Quick ratio）	23		
5. 现金流动负债比率（%）（Cash to current liabilities ratio）	24		
6. 短期借款占全部借款的比率（%）（Ratio of short–term borrowings to total borrowings）	25		
7. 抵押（质押）资产占总资产比率（%）（Ratio of mortgaged (pledged) assets to total assets）	26		
8. 担保金额占净资产比率（%）（Ratio of guarantee amount to net assets）	27		
9. 带息负债比率（%）（Ratio of interest–bearing liabilities to total liabilities）	28		
10. 或有负债比率（%）（Ratio of contingent liabilities to total liabilities）	29		
（四）经营增长指标（Growth indicators）：	30	—	—

（计算机自动生成）
(Calculated automaticly)

(For the year ended 31 December 2020)　　　　　　　　金额单位：元（Currency：RMB Yuan）

指 标 名 称 Indicators	行次 Lines	本年数 Current Period	上年数 Prior Period
1. 营业总收入增长率（％）（Revenue growth rate）	31		
2. 营业利润增长率（％）（Operating profit growth rate）	32		
3. 利润总额增长率（％）（Profit growth rate）	33		
4. 国有资本保值增值率（％）（State-owned capital maintenance and appreciation rate）	34		
5. 资本积累率（％）（Capital accumulation rate）	35		
6. 资产增长率（％）（Assets growth rate）	36		
7. 研发（R&D）经费投入强度（％）（Ratio of R&D to revenue）	37		
二、人均指标（2. Per capita indicators）：	38	—	—
（一）职工人均利润（元/人）（Per capita profit of in-service employees）	39		
（二）职工人均资产（元/人）（Per capita asset of in-service employees）	40		
（三）人均职工薪酬（元/人）（Per capita annual salary of employees）	41		
（四）职工人均工资（元/人）（Per capita annual wage of employees）	42		
（五）职工人均上交税费（元/人）（Tax paid per capita）	43		
（六）全员劳动生产率（元/人）（Labor productivity）	44		
三、其他指标（3. Other indicators）：	45	—	—
（一）长期股权投资占净资产比率（％）（Ratio of long-term equity investments to net assets）	46		
（二）固定资产投资占营业总收入的比率（％）（Ratio of fixed asset investment to total revenue）	47		
（三）职工薪酬占成本费用总额的比率（％）（Ratio of salary payable to total costs and expenses）	48		
（四）职工薪酬占营业总收入的比率（％）（Ratio of salary payable to total revenue）	49		
（五）新产品销售率（％）（Ratio of new product revenue to revenue）	50		
（六）年末法定盈余公积占实收资本的比率（％）（Ratio of statutory surplus reserves to paid in capital（share capital）at end of period）	51		
（七）社会贡献率（％）（Ratio of social contribution to average total assets）	52		
补充资料（Supplementary）：	53	—	—
一、纳入合并范围二级子企业录入户数（户）（Number of secondary subsidiaries included into consolidation scope）	54		
二、纳入合并范围三级子企业录入户数（户）（Number of third-level enterprises included into consolidation scope）	55		
三、纳入合并范围企业录入总户数（户）（Number of all headquarters and subsidiaries included into consolidation scope）	56		
四、纳入合并范围盈利企业户数（户）（Number of profitable headquarters and subsidiaries included into consolidation scope）	57		
五、纳入合并范围亏损企业户数（户）（Number of unprofitable headquarters and subsidiaries included into consolidation scope）	58		
六、纳入合并范围盈利企业盈利额（Profit before tax of profitable headquarters and subsidiaries included into consolidation scope）	59		
七、纳入合并范围亏损企业亏损额（Loss of unprofitable headquarters and subsidiaries included into consolidation scope）	60		

附件2（1）

2020年度境外子企业财务决算报表会计主附表编制说明

第一部分　会计主附表编制说明

一、报表填报范围及报表构成

本套报表反映中央企业（以下简称企业）所属纯境外子企业的财务决算情况。包括在境外（含港澳台地区）投资设立的国有独资企业、国有控股或虽不控股但具有实质性控制权的经济实体和分支机构，以及经费报账性质的代表处、办事处、项目组、经理部等办事机构，不包括境外子企业返回境内投资企业。本套报表由报表封面、会计主附表、财务情况表和国际化经营情况表四部分组成。

（一）报表封面

（二）会计主附表

反映境外子企业主要财务状况、经营成果以及现金流量等情况的报表。具体包括：资产负债表、利润表、现金流量表、所有者权益变动表、国有资产变动情况表、资产减值准备情况表、应上交应弥补款项表、基本情况表、人力资源情况表、带息负债情况表。

（三）财务情况表

反映境外子企业生产经营基本情况和重要财务事项的报表。具体包括应收款项情况表、存货情况表、对外股权投资情况表、投资并购企业情况表、子企业及股权处置情况表、金融投资及风险业务情况表、提供担保情况表、主要业务情况表、成本费用情况表、股权结构情况表。

（四）国际化经营情况表

反映境外子企业境外投资项目、境外矿产资源项目、对外承包工程项目、国际化经营等有关情况。具体包括境外子企业基本情况表（企财外21表）、境外机构基本情况表（企财外22表）、境外投资项目情况表（企财外23表）、境外矿产资源项目情况表（企财外24表）、对外承包工程项目情况表（企财外25表）、国际化经营情况表（企财外26表）。

二、报表填报主体、级次和填报内容

境外子企业财务决算报表汇总（合并）数据，反映企业所属全部境外子企业（含境外办事机构）的财务决算情况。本套报表填报主体为企业所属境外子企业、有关境内投资单位以及集团总部，其中集团在合并层面汇总、调整和补充有关财务情况表和国际化经营情况表。

本套报表境外子企业填报级次为企业所属各级境外子企业，填报内容按如下情况区分：

（一）比照企业财务决算报表全级次报送要求，所有具备条件的境外子企业、境外办事机构需分户填报本套报表。

（二）经报国资委备案，以单纯持股为目的、不开展实际经营的离岸公司，可不单独填报本套报表。

（三）尚不具备分户填报条件的境外办事机构，原则上由相应投资主体填报境外机构基本情况表。

（四）中央企业集团总部应统计全集团所属离岸公司、境外投资项目、境外矿产资源项目、对外承包工程项目、国际化经营等有关情况，并按要求汇总填报或复核境外子企业基本情况表、境外机构基本情况表、境外投资项目情况表、境外矿产资源项目情况表、对外承包工程项目情况表、国际化经营情况表。

三、报表填报要求

（一）企业应当单独上报纯境外子企业数据库

纯境外子企业数据库按属地原则建立，包括企业的注册地和主要生产经营活动均在境外的企业。分离纯境外子企业数据库是将境外子企业数据库中返回境内投资企业（包括装入红筹股公司的境内企业）予以剔除，同时将其投资主体（境外企业）持有的长期股权投资、相应的权益及投资收益进行剔除。具体分离方法为：

（1）剔除返回境内投资企业单户数据；

（2）调整投资主体（境外企业）的单户报表，其中：资产负债表将持有的返回境内投资企业的长期股权和对应的权益项目剔除，在对权益进行剔除时，投资成本以及直接计入资本公积的股权账面价值从资本公积剔除，因被投资企业损益形成的股权账面价值从未分配利润剔除。

利润表将从返回境内投资企业取得的投资收益剔除，净利润相应分析调整填列；

（3）逐级汇总形成纯境外数据库。

（二）恰当反映境外机构汇总情况

为便于汇总统计，填报《境外机构基本情况表》的投资主体，应在其境外资产负债表、利润表及其他相应表格的有关指标中，包含境外机构的资产、负债、净资产、国有资产总量、收入、利润、职工工资及人数等数据。

（三）避免填报内容重复

对已经分户填报境外报表的境外办事机构，其境内投资主体在境外机构基本情况表（企财外 22 表）中不再单独列示。

（四）境外子企业应按照境内母公司的会计核算制度和会计政策进行调整填报本套报表

（五）本套报表录入的金额单位为人民币元，保留两位小数

（六）集团总部打印上报的境外子企业汇总（合并）报表时，应转换为万元表，保留一位小数

四、分户报表封面

（一）封面左边

1. 企业名称：指境外企业全称。

2. 单位负责人：指境外企业法定代表人。凡企业正在更换法定代表人，但尚未办理变更登记手续的，由实际负责人签字盖章。

3. 主管会计工作负责人（总会计师）：指境外企业分管财务工作的企业负责人或首席财务官。

4. 会计（财务）机构负责人：指境外企业内部承担财务会计职能的专职部门负责人。

5. 填表人：指具体负责编制报表的工作人员。

6. 编报日期：指财务决算报表通过境外企业决策机构审核签发的日期。

7. 报表审计机构：指对境外企业年度财务决算报表实施审计并发表审计意见的会计师事务所名称或企业内部审计机构名称。

8. 审计报告签字人：指在境外企业年度财务决算报表审计报告上签字的注册会计师或内部审计机构负责人。

（二）封面右边

1. 统一社会信用代码：根据《国务院办公厅关于加快推进"五证合一""一照一码"登记制度改革的通知》（国办发〔2016〕53 号），2016 年 10 月 1 日起正式实施"五证合一""一照一码"登记制度；一律使用统一社会信用代码（18 位）。

尚未取得统一社会信用代码的企业（单位），需要自行编码，具体规则如下：

中央企业自编企业、单位 18 位码（如：没有统一信用代码的、独立核算单独报送决算的境外单位、分公司、项目部等）：

第1位：#，自编单位标识。

第2—4位：部门标识，3位码。

第5—8位：隶属关系代码前4位，中央企业统一为"0000"。

第9—17位：原有自编码企业与原企业代码一致，保持连续；新增自编码企业按照自定规则编码，确保内部不重复。

第18位：校验位，按照《法人和其他组织社会信用代码编码规则》中的校验码计算方法生成，可使用报表软件中的 IDC 单位代码生成工具自动生成。

本代码由本企业代码、上一级企业（单位）代码、集团企业（公司）总部代码三部分组成，具体填报方法如下：

（1）非集团型企业只需填列"本企业代码"，"上一级企业（单位）代码"和"集团企业（公司）总部代码"不填。

（2）集团型企业需区别以下情况填列：

①集团公司总部（一级）在填报集团企业合并报表时，"本企业代码"和"集团企业（公司）总部代码"均按集团公司代码填列，"上一级企业（单位）代码"不填。

②当本企业为集团公司二级企业时，按要求填列"本企业代码""上一级企业（单位）代码"和"集团企业（公司）总部代码"。其中"上一级企业（单位）代码"与"集团企业（公司）总部代码"相同。集团公司本部填列方法同集团公司二级企业，差额表比照集团本部填列。

③当本企业为集团三级企业时，应按实际情况填列"本企业代码""上一级企业（单位）代码"及"集团企业（公司）总部代码"。集团公司二级企业本部视同集团公司三级企业填列，差额表比照二级企业本部填列。

④当本企业为集团三级以下企业时，比照三级企业填列。

⑤各级企业"集团企业（公司）总部代码"均按集团公司代码填列。

2. 隶属关系：本代码由"行政隶属关系代码"和"部门标识代码"两部分组成。具体填报方法如下：

（1）中央企业（不论层次和所在地区）："行政隶属关系代码"均填零，"部门标识代码"根据国家标准《中央党政机关、人民团体及其他机构名称代码》（GB/T4657—2009）编制。

（2）地方企业：

①"行政隶属关系代码"根据国家标准《中华人民共和国行政区划代码》（GB/T2260—2007）编制。具体编制方法：

A. 省级企业以行政区划代码的前两位数字后加四个零表示。如：山东省省属企业一律填列"370000"；

B. 地市级企业以行政区划代码的前四位数字后加两个零表示。如：山东省济南市市属企业一律填列"370100"；

C. 县级（市辖区）企业以行政区划代码的本身六位数表示。如：山东省济南市长清区区级企业一律填列"370113"。

②"部门标识代码"根据企业财务或产权归口管理的部门、机构或企业集团，比照国家标准《中央党政机关、人民团体及其他机构名称代码》（GB/T4657-2009）填报。如：隶属各省"交通厅（局）"管理的企业，填报"交通部"代码"348"。无行政主管部门的企业，填行业对口部门（协会）的代码。机构设置与中央对口的各地方部门均应按国家标准填列。

3. 所在国家和地区：根据实际经营所在地并结合注册地，按照《世界各国和地区名称代码》（GB/T2659—2000）和《中华人民共和国行政区划代码》（GB/T2260—2007）选择填列。其中：实际经营所在地为香港、澳门的企业，国家和地区代码分别填列"344""446"。

4. 所属行业码：依据国家标准《国民经济行业分类》（GB/T4754—2017），结合企业主要从事的社会经济活动性质，按"小类"划分填列。

5. 经营规模：按照工信部、国家统计局、国家发改委和财政部联合发布的《关于印发中小企业划型标准规定的通知》（工信部联企业〔2011〕300号）、国家统计局《统计上大中小微型企业划分办法（2017）》

规定的分类标准填列，具体分为：1 大型，2 中型，3 小型，4 微型。

6. 经济类型：按照所有制形式划分的企业类型。

国有控股是指国有出资持股比例超过 50% 的企业；国有实际控制是指国有出资持股比例未达 50%，但通过股东协议、公司章程等拥有对被投资企业的权利、可以实质控制的企业。

根据《国务院关于同意东北地区厂办大集体改革试点工作指导意见的批复》（国函〔2005〕88 号），厂办大集体是指 20 世纪七八十年代，为安置回城知识青年和国有企业职工子女就业，一些国有企业批准并资助兴办了一批劳动服务公司或其他形式工商登记注册的集体所有制企业。厂办大集体主要依附于主办国有企业从事生产经营活动，向主办国有企业提供配套产品或劳务服务。其中：

中央企业厂办大集体是指各类中央企业（含国务院有关部门所属企业）批准并资助兴办的集体所有制企业。

中央下放企业厂办大集体是指中央下放的煤炭、有色、军工等企业批准并资助兴办的集体所有制企业。

地方企业厂办大集体是指地方国有企业批准并资助兴办的集体所有制企业。

7. 组织形式：根据企业在工商行政管理部门注册登记的类型及有关性质填列。具体包括：10 公司制企业（11 国有独资公司，12 其他有限责任公司，13 上市股份有限公司，14 非上市股份有限公司，15 法人独资公司），20 非公司制企业（21 非公司制独资企业，22 其他非公司制企业），30 企业化管理事业单位，40 其他。国有独资的有限责任公司选"公司制企业"中的"11 国有独资公司"填列，一人有限责任公司选"15 法人独资公司"填列。

上市股份有限公司还应选择填报股票类别及其股票代码。多地上市企业的股票类别和股票代码均须分别填列，股票代码以"；"作为分隔符。（如果只在境外发行股票，则该代码填"000000"。）

8. 审计方式：指企业年度财务决算报表具体审计方式，包括：0 未经审计，1 社会中介机构审计，2 内部审计机构审计。

9. 审计意见类型：指注册会计师或内部审计机构对企业年度财务决算报表出具的审计报告意见类型，具体包括：1 标准无保留意见，2 非标准无保留意见，3 保留意见，4 否定意见，5 无法表示意见。非标准无保留意见是指带强调事项段和其他事项段的无保留意见。

10. 设立年份：指企业（单位）工商注册登记或批准成立的具体年份。

11. 上年企业代码：由本企业上一年度填报本套报表时，录入的"组织机构代码——本企业代码"和上年"报表类型码"共 19 位码组成。如为新报单位，此代码不填。

12. 上报因素：反映企业连续上报情况，或以前年度未填报企业财务决算报表、从本年度起纳入企业财务决算报表填报范围的新报原因。具体标识含义如下：

（1）0 连续上报：指上年度填报企业财务决算报表的企业（单位）。

（2）1 新投资设立：指本年新投资注册设立并正式营业的企业（不含竣工移交、新设合并、分立）。

（3）2 竣工移交：指建设项目竣工后从基本建设单位转为生产经营的企业。

（4）3 新设合并：指两个或两个以上企业（单位）合并成一个新企业（单位），原企业（单位）均不再具有法人资格。

（5）4 分立：指经批准由企业分立而成立的新企业（单位）。

（6）5 上年应报未报：指上年漏报或因客观原因未填报本报表，从本年度起按规定单独报送的企业（单位）。

（7）6 划转：指因管理体制改革、组织形式调整和资产重组等原因引起的整建制划入而新增且上年未作单户填报企业财务决算报表的企业（单位）。

（8）7 收购：指因购入而新增的上年未作单户填报本报表的企业（单位）。

（9）9 其他：指上述各项原因中未包括的上报原因。

13. 报表类型码：指企业根据实际情况选择的报表类型码，具体包括：

0 单户表，1 集团差额表，2 金融子企业表，3 境外子企业表，4 事业并企业表，5 基建并企业表，9 集团合并表。境外金融企业应选择"2 金融子企业表"填列。

14. 执行会计准则情况代码：根据企业目前所执行会计核算制度的实际情况填列。具体代码为：企业会计准则——00，企业会计制度——13，小企业会计准则——14，其他——99。同时，报表类型码为"0""2""3""4"或"5"的企业，还应根据实际情况，勾选"执行新收入准则""执行新金融工具准则""执行新租赁准则"选项。

15. 混合所有制企业：指本企业资本构成含有非公成分。非公成分包括除公司职工之外的自然人，私营企业或民营企业，外资企业，投资基金等。

16. 员工持股企业：指存在本企业职工持有本企业股权情况的企业。

17. 文化企业：财政部文化司履行出资人职能的文化企业选"1 是"，其他单位选"2 否"。

18. 备用码：根据实际需要可自行规定填报内容。

注：若企业为连续上报单位，则"统一社会信用代码""隶属关系""所在地区""所属行业码""经营规模""经济类型""组织形式""设立年份""报表类型码"等信息应与上年衔接。

五、资产负债表［企财外01表］

（一）编制方法

1. 表内"期末余额"指标以企业年终财务决算有关指标填列。

2. 表内"期初余额"指标根据企业上年度财务决算中资产负债表的"期末余额"结合本年度调整数填列。已执行新租赁准则、新金融工具准则或新收入准则的企业，需将上年度财务决算中资产负债表的"期末余额"按照新准则规定转化后，结合本年度调整数填列。

3. 表内"△结算备付金""△拆出资金""△应收保费""△应收分保账款""△应收分保合同准备金""△买入返售金融资产""△发放贷款和垫款""△向中央银行借款""△拆入资金""△卖出回购金融资产款""△吸收存款及同业存放""△代理买卖证券款""△代理承销证券款""△应付手续费及佣金""△应付分保账款""△保险合同准备金""△一般风险准备"等指标仅由金融企业填列。

4. 表内"☆合同资产"和"☆合同负债"指标仅由执行新收入准则的企业填列。

5. 表内"☆交易性金融资产""☆应收款项融资""☆债权投资""☆其他债权投资""☆其他权益工具投资""☆其他非流动金融资产""☆交易性金融负债"指标仅由执行新金融工具准则的企业填列。

6. 表内"☆使用权资产""☆租赁负债"指标仅由执行新租赁准则的企业填列。

7. 表内"以公允价值计量且其变动计入当期损益的金融资产""可供出售金融资产""持有至到期投资""以公允价值计量且其变动计入当期损益的金融负债"指标，执行新金融工具准则的企业不需填列。

8. 表内"＊少数股东权益"由集团型企业在编制合并财务报表时填列。

9. 企业应依据本编制说明要求填列表中各项指标，编制说明中未作解释的内容以企业目前所执行的会计核算制度为依据填报。

（二）表内有关指标解释

1. △结算备付金：反映企业为证券交易的资金清算与交收而存入指定清算代理机构的款项，应根据"结算备付金"科目的期末余额填列。仅由金融企业填报。

2. △拆出资金：反映企业拆借给境内、境外其他金融机构的款项，应根据"拆出资金"科目的期末余额，减去"贷款损失准备"科目所属相关明细科目期末余额后的金额分析计算填列。仅由金融企业填报。

3. ☆交易性金融资产：反映资产负债表日企业分类为以公允价值计量且其变动计入当期损益的金融资产，以及企业持有的直接指定为以公允价值计量且其变动计入当期损益的金融资产的期末账面价值。该项目应根据"交易性金融资产"科目的相关明细科目期末余额分析填列。自资产负债表日起超过一年到期且预期持有超过一年的以公允价值计量且其变动计入当期损益的非流动金融资产的期末账面价值，在"其他非流动金融资产"项目反映。执行新金融工具准则企业填列。

4. 以公允价值计量且其变动计入当期损益的金融资产：反映企业持有的以公允价值计量，且其变动计入当期损益的以交易为目的的债券投资、股票投资、基金投资、权证投资等金融资产。未执行新金融工具准则企业填列。

5. 衍生金融资产：反映企业衍生工具形成资产的期末余额。

6. 应收票据：反映资产负债表日以摊余成本计量的、企业因销售商品、提供服务等收到的商业汇票，包括银行承兑汇票和商业承兑汇票，应根据"应收票据"科目的期末余额，减去"坏账准备"科目中相关坏账准备期末余额后的金额填列。

7. 应收账款：反映资产负债表日以摊余成本计量的、企业因销售商品、提供服务等经营活动应收取的款项，应根据"应收账款"科目的期末余额，减去"坏账准备"科目中相关坏账准备期末余额后的金额分析填列。

8. ☆应收款项融资：反映资产负债表日以公允价值计量且其变动计入其他综合收益的应收票据和应收账款等。执行新金融工具准则企业填列。

9. △应收保费：反映按照原保险合同约定应向投保人收取的保费，应根据期末余额减去"坏账准备"科目中有关坏账准备期末余额后的净额填列。仅由金融企业填报。

10. △应收分保账款：反映企业从事再保险业务应收取的款项，应根据期末余额减去"坏账准备"科目中有关坏账准备期末余额后的净额填列。仅由金融企业填报。

11. △应收分保合同准备金：反映再保险分出人从事再保险业务确认的应收分保未到期责任准备金以及应向再保险接受人摊回的保险责任准备金，应根据期末余额减去"坏账准备"科目中有关坏账准备期末余额后的净额填列。仅由金融企业填报。

12. 其他应收款：应根据"应收利息""应收股利"和"其他应收款"科目的期末余额合计数，减去"坏账准备"科目中相关坏账准备期末余额后的金额填列。其中的"应收利息"仅反映相关金融工具已到期可收取但于资产负债表日尚未收到的利息。基于实际利率法计提的金融工具的利息应包含在相应金融工具的账面余额中。应收股利单独列示。

13. △买入返售金融资产：反映按照返售协议约定先买入再按固定价格返售的票据、证券、贷款等金融资产所融出资金，应根据"买入返售金融资产"科目的期末余额减去"坏账准备"科目所属相关明细科目的期末余额填列。仅由金融企业填报。

14. 存货：企业应根据存货相关科目的期末余额合计，减去"存货跌价准备"或"商品削价准备""代销商品款"科目的期末余额后的净额填列。

15. ☆合同资产：应根据"合同资产"科目的相关明细科目期末余额分析填列，同一合同下的合同资产应当以净额列示，其中净额为借方余额的，应根据其流动性在"合同资产"或"其他非流动资产"项目中填列，已计提减值准备的，还应减去"合同资产减值准备"科目中相关的期末余额后的金额填列。执行新收入准则企业填列。

按照《企业会计准则第14号——收入》的相关规定确认为资产的合同取得成本，应根据"合同取得成本"科目的明细科目初始确认时摊销期限是否超过一年或一个正常营业周期，在"其他流动资产"或"其他非流动资产"项目中填列，已计提减值准备的，还应减去"合同取得成本减值准备"科目中相关的期末余额后的金额填列。

按照《企业会计准则第14号——收入》的相关规定确认为资产的合同履约成本，应根据"合同履约成本"科目的明细科目初始确认时摊销期限是否超过一年或一个正常营业周期，在"存货"或"其他非流动资产"项目中填列，已计提减值准备的，还应减去"合同履约成本减值准备"科目中相关的期末余额后的金额填列。

按照《企业会计准则第14号——收入》的相关规定确认为资产的应收退货成本，应根据"应收退货成本"科目是否在一年或一个正常营业周期内出售，在"其他流动资产"或"其他非流动资产"项目中填列。

16. 持有待售资产：反映企业资产负债表日划分为持有待售类别的非流动资产及划分为持有待售类别的处置组中的流动资产和非流动资产的期末账面价值。该项目应根据"持有待售资产"科目的期末余额，减去"持有待售资产减值准备"科目的期末余额后的金额填列。

17. 一年内到期的非流动资产：反映企业将于一年内到期的非流动资产项目净额，本项目应根据有关科目的期末净额填列。对于按照相关会计准则采用折旧（或摊销、折耗）方法进行后续计量的固定资产、无形资产和长期待摊费用等非流动资产,折旧(或摊销、折耗)年限(或期限)只剩一年或不足一年的,或预计在一年内(含一年)进行折旧(或摊销、折耗)的部分,不得归类为流动资产,仍在各该非流动资产项目中填列,不转入"一年内到期的非流动资产"项目。

18. 其他流动资产:反映企业除货币资金、交易性金融资产、应收票据、应收账款、存货等流动资产以外的其他流动资产。

19. △发放贷款和垫款:反映企业发放的贷款和贴现资产扣减贷款损失准备期末余额后的金额,应根据"贷款""贴现资产"等科目的期末借方余额合计,减去"贷款损失准备"科目所属明细科目期末余额后的净额分析填列。仅由金融企业填报。

20. ☆债权投资:反映资产负债表日企业分类为以摊余成本计量的长期债权投资的期末账面价值。该项目应根据"债权投资"科目的相关明细科目期末余额,减去"债权投资减值准备"科目中相关减值准备的期末余额后的金额分析填列。自资产负债表日起一年内到期的长期债权投资的期末账面价值,在"一年内到期的非流动资产"项目反映。企业购入的以摊余成本计量的一年内到期的债权投资的期末账面价值,在"其他流动资产"项目反映。执行新金融工具准则企业填列。

21. 可供出售金融资产:反映企业持有的以公允价值计量的可供出售的股票投资、债券投资以及不具有控制、共同控制和重大影响的股权投资等金融资产,应根据"可供出售金融资产"科目的期末余额,减去"可供出售金融资产减值准备"科目期末余额后的净额填列。未执行新金融工具准则企业填列。

22. ☆其他债权投资:反映资产负债表日企业分类为以公允价值计量且其变动计入其他综合收益的长期债权投资的期末账面价值。该项目应根据"其他债权投资"科目的相关明细科目期末余额分析填列。自资产负债表日起一年内到期的长期债权投资的期末账面价值,在"一年内到期的非流动资产"项目反映。企业购入的以公允价值计量且其变动计入其他综合收益的一年内到期的债权投资的期末账面价值,在"其他流动资产"项目反映。执行新金融工具准则企业填列。

23. 持有至到期投资:反映企业持有至到期日投资的摊余成本,即到期日固定、回收金额固定或可确定,且企业有明确意图和能力持有至到期的非衍生金融资产的摊余成本,应根据"持有至到期投资"科目的期末余额,减去"持有至到期投资减值准备"科目余额后的净额填列。未执行新金融工具准则企业填列。

24. 长期应收款:企业应根据"长期应收款"科目的期末余额,减去相应的"未实现融资收益"科目和"坏账准备"科目所属相关科目期末余额后的净额填列。

25. 长期股权投资:企业应根据"长期股权投资"科目账面余额,减去相应"长期股权投资减值准备"科目期末余额后的净额填列。

26. ☆其他权益工具投资:反映资产负债表日企业指定为以公允价值计量且其变动计入其他综合收益的非交易性权益工具投资的期末账面价值。该项目应根据"其他权益工具投资"科目的期末余额填列。执行新金融工具准则企业填列。

27. ☆其他非流动金融资产:反映自资产负债表日起超过一年到期且预期持有超过一年的以公允价值计量且其变动计入当期损益的非流动金融资产的期末账面价值,应根据"交易性金融资产"科目的相关明细科目期末余额分析填列。执行新金融工具准则企业填列。

28. 投资性房地产:反映企业持有的投资性房地产。采用成本模式计量投资性房地产的,应根据"投资性房地产"科目的期末余额,减去"投资性房地产累计折旧(摊销)"和"投资性房地产减值准备"科目期末余额后的净额填列;采用公允价值模式计量投资性房地产的,应根据"投资性房地产"科目的期末余额填列。

29. 固定资产:反映资产负债表日企业固定资产的期末账面价值和企业尚未清理完毕的固定资产清理净损益,应根据"固定资产"科目的期末余额,减去"累计折旧"和"固定资产减值准备"科目的期末余额后的金额,加上"固定资产清理"科目的期末余额填列,其中:"固定资产原价""累计折旧""固定资产减值准备"单独列示。

30. 在建工程:反映资产负债表日企业尚未达到预定可使用状态的在建工程的期末账面价值和企业为在建工程准备的各种物资的期末账面价值。该项目应根据"在建工程"科目的期末余额,减去"在建工程减值准备"科目的期末余额后的金额,以及"工程物资"科目的期末余额,减去"工程物资减值准备"科目的期末余额后的金额填列。

31. 生产性生物资产:反映企业持有的为产出农产品、提供劳务或出租等目的而持有的生物资产,应根据"生产性生物资产"科目的期末余额,减去"生产性生物资产累计折旧"和"生产性生物资产减值准备"科目期末余额后的净额填列。

32. 油气资产:反映企业持有的矿区权益和油气井及相关设施的原价减去累计折耗和累计减值准备后的净额,应根据"油气资产"科目期末余额,减去"累计折耗"科目期末余额和相应减值准备后的净额填列。

33. ☆使用权资产:反映资产负债表日承租人企业持有的使用权资产的期末账面价值。该项目应根据"使用权资产"科目的期末余额,减去"使用权资产累计折旧"和"使用权资产减值准备"科目的期末余额后的金额填列。执行新租赁准则企业填列。

34. 无形资产:反映企业持有无形资产的账面价值,包括专利权、非专利技术、商标权、著作权、土地使用权等,应根据"无形资产"科目的期末余额,减去相应的"无形资产减值准备""累计摊销"科目期末余额后的净额填列。

35. 开发支出:反映企业开发无形资产过程中能够资本化形成无形资产成本的支出部分,应根据"研发支出"科目中所属的"资本化支出"明细科目期末余额填列。

36. 商誉:反映企业合并中形成商誉的价值,应根据"商誉"科目期末余额,减去相应减值准备后的净额填列。

37. 长期待摊费用:反映企业已经发生但应由本期和以后各期负担的分摊期限在一年以上的各项费用,应根据"长期待摊费用"科目的期末余额减去将于一年内(含一年)摊销的数额后的余额填列。

38. 递延所得税资产:反映企业确认的可抵扣暂时性差异产生的递延所得税资产,应根据"递延所得税资产"科目期末余额填列。

39. 其他非流动资产:反映企业除以上资产以外的其他长期资产。其中,特准储备物资主要反映企业按照国家和上级规定储备的用于防汛、战备等特定用途的物资年末结存成本,应单独列示。

40. △向中央银行借款:反映企业向中国人民银行借入的款项,应根据"向中央银行借款"科目的期末余额填列。仅由金融企业填报。

41. △拆入资金:反映企业从境内、境外金融机构拆入的款项,应根据"拆入资金"科目的期末余额填列。仅由金融企业填报。

42. ☆交易性金融负债:反映资产负债表日企业承担的交易性金融负债,以及企业持有的直接指定为以公允价值计量且其变动计入当期损益的金融负债的期末账面价值。该项目应根据"交易性金融负债"科目的相关明细科目期末余额填列。执行新金融工具准则企业填列。

43. 以公允价值计量且其变动计入当期损益的金融负债:反映企业承担的以公允价值计量且其变动计入当期损益的以交易为目的所持有的金融负债。未执行新金融工具准则企业填列。

44. 衍生金融负债:反映企业衍生工具形成负债的期末余额。

45. 应付票据:反映资产负债表日以摊余成本计量的、企业因购买材料、商品和接受服务等开出、承兑的商业汇票,包括银行承兑汇票和商业承兑汇票。该项目应根据"应付票据"科目的期末余额填列。

46. 应付账款:反映资产负债表日以摊余成本计量的、企业因购买材料、商品和接受服务等经营活动应支付的款项。该项目应根据"应付账款"和"预付账款"科目所属的相关明细科目的期末贷方余额合计数填列。

47. ☆合同负债:应根据"合同负债"科目的相关明细科目期末余额分析填列,同一合同下的合同负债应当以净额列示,其中净额为贷方余额的,应根据其流动性在"合同负债"或"其他非流动负债"项目中填列。执行新收入准则企业填列。

按照《企业会计准则第14号——收入》的相关规定确认为预计负债的应付退货款,应根据"预计负债"科目下的"应付退货款"明细科目是否在一年或一个正常营业周期内清偿,在"其他流动负债"或"预计负债"项目中填列。

48. △卖出回购金融资产款：反映企业按照回购协议先卖出再按固定价格买入的票据、证券、贷款等金融资产所融入的资金，应根据"卖出回购金融资产款"科目的期末余额填列。仅由金融企业填报。

49. △吸收存款及同业存放：反映企业吸收的各种存款和境内、境外金融机构的存款，应根据"同业存放""吸收存款"等科目的期末余额填列。仅由金融企业填报。

50. △代理买卖证券款：反映企业接受客户委托，代理客户买卖股票、债券和基金等有价证券而收到的款项，应根据"代理买卖证券款"科目的期末贷方余额填列。仅由金融企业填报。

51. △代理承销证券款：反映企业接受委托，采用承购包销方式或代销方式承销证券所形成的、应付证券发行人的承销资金，应根据"代理承销证券款"科目的期末贷方余额填列。仅由金融企业填报。

52. 应付职工薪酬：反映企业根据有关规定应付给职工的工资、职工福利、社会保险费、住房公积金、工会经费、职工教育经费、非货币性福利、辞退福利等各种薪酬，应根据"应付职工薪酬"科目的期末余额填列。其中：应付工资和应付福利费应单独列示。

53. 应交税费：反映企业按照税法规定计算应缴纳的各种税费，包括增值税、消费税、所得税、资源税、土地增值税、城市维护建设税、房产税、土地使用税、车船使用税、教育费附加、矿产资源补偿费等。应根据"应交税费"科目的期末贷方余额填列，如期末为借方余额，应以"－"号填列。其中：应交增值税、未交增值税、待抵扣进项税额、待认证进项税额、增值税留抵税额等明细科目期末借方余额应根据情况，重分类至其他流动资产或其他非流动资产填列；"应交税费——待转销税额"等科目期末贷方余额应根据情况，在其他流动负债或其非流动负债列示。

54. 其他应付款：应根据"应付利息""应付股利"和"其他应付款"科目的期末余额合计数填列。其中的"应付利息"仅反映相关金融工具已到期应支付但于资产负债表日尚未支付的利息。基于实际利率法计提的金融工具的利息应包含在相应金融工具的账面余额中。其中：应付股利单独列示。

55. △应付手续费及佣金：反映企业从事再保险业务应向再保险分出人或再保险接受人支付但尚未支付的款项，应根据相关科目的期末余额填列。仅由金融企业填报。

56. △应付分保账款：反映从事再保险业务应付未付的款项，应根据"应付分保账款"科目期末贷方余额填列。仅由金融企业填报。

57. 持有待售负债：反映资产负债表日处置组中与划分为持有待售类别的资产直接相关的负债的期末账面价值。该项目应根据"持有待售负债"科目的期末余额填列。

58. 其他流动负债：反映除短期借款、交易性金融负债、以公允价值计量且其变动计入当期损益的金融负债、应付票据及应付账款、预收账款、应付职工薪酬、应交税费、其他应付款、一年内到期的非流动负债项目以外的流动负债。短期融资券和超短期融资券应在本项目反映。

59. △保险合同准备金：反映企业提取的保险合同准备金，企业应根据"未到期责任准备金""未决赔款准备金"科目期末贷方余额填列。仅由金融企业填报。

60. ☆租赁负债：反映资产负债表日承租人企业尚未支付的租赁付款额的期末账面价值。该项目应根据"租赁负债"科目的期末余额填列。自资产负债表日起一年内到期应予以清偿的租赁负债的期末账面价值，在"一年内到期的非流动负债"项目反映。执行新租赁准则企业填列。

61. 长期应付款：反映资产负债表日企业除长期借款和应付债券以外的其他各种长期应付款项的期末账面价值，企业应根据"长期应付款"科目余额，减去"未确认融资费用"科目期末余额后的金额，以及"专项应付款"科目的期末余额填列。

62. 长期应付职工薪酬：反映企业辞退福利中将于资产负债表日起十二个月之后支付的部分、离职后福利中设定受益计划净负债、其他长期职工福利中符合设定受益计划条件的净负债。

63. 预计负债：反映企业各项预计的负债，包括对外提供担保、商业承兑票据贴现、未决诉讼、产品质量保证、重组义务、亏损合同、应付退货款等，应根据"预计负债"科目期末余额填列。

64. 递延收益：反映企业应在以后期间确认的收入或收益，包括尚待确认的政府补助、劳务收入和未实现融资收益等。其中：摊销期限只剩一年或不足一年的，或预计在一年内（含一年）进行摊销的部分，不得归类为流动负债，仍在该项目中填列，不转入"一年内到期的非流动负债"项目。

65. 递延所得税负债：反映企业确认的应纳税暂时性差异产生的递延所得税负债，应根据"递延所得税负债"科目期末余额填列。

66. 特准储备基金：反映国家拨给企业的特准储备基金的余额。

67. 实收资本（或股本）：反映企业各投资者实际投入的资本（或股本）总额。其中：中外合作经营企业"实收资本净额"按"实收资本"扣除"已归还投资"后的余额填列。

（1）国家资本：指有权代表国家投资的政府部门或机构、直属事业单位对企业投资形成的资本金。

（2）国有法人资本：指具有独立法人地位的国有企业（单位）或国有独资、控股、控制公司对企业投资形成的资本金。

（3）集体资本：指由本企业职工等自然人集体投资或各种机构对企业进行扶持形成的集体性质的资本金，以及具有独立法人地位的集体企业对企业投资形成的资本金。

（4）民营资本：指除国有资本、集体资本、外商资本以外的其他资本。

（5）外商资本：指外国和我国香港、澳门及台湾地区投资者实际投入企业的资本金。

68. #已归还投资：反映中外合作经营企业按合同规定在合作期间归还投资者的投资。本项目应根据"已归还投资"科目的期末借方余额填列。非中外合作经营企业不填。

69. 其他权益工具：反映资产负债表日企业发行在外的除普通股以外分类为权益工具的金融工具的期末账面价值。对于资产负债表日企业发行的金融工具，分类为金融负债的，应在"应付债券"项目填列，对于优先股和永续债，还应在"应付债券"项目下的"优先股"项目和"永续债"项目分别列示；分类为权益工具的，应在"其他权益工具"项目填列，对于优先股和永续债，还应在"其他权益工具"项目下的"优先股"项目和"永续债"项目分别列示。

70. 库存股：反映企业持有尚未转让或注销的本企业股份金额，应根据"库存股"科目期末余额分析填列。

71. 其他综合收益：反映企业未在当期损益中确认的各项得利和损失，应根据"其他综合收益"科目期末余额分析填列。其中：外币报表折算差额反映企业将外币表示的资产负债表折算成记账本位币表示的资产负债表时，由于报表项目采用不同的折算汇率所产生的差额，应单独列示。

72. 专项储备：反映高危行业企业按照国家规定提取的安全生产费的期末账面价值，该项目应根据"专项储备"科目的期末余额填列。

73. 盈余公积：反映企业盈余公积的期末余额。本项目应根据"盈余公积"科目的期末余额填列。其中，"法定盈余公积"反映企业按照规定的比例从净利润中提取的盈余公积；"任意盈余公积"反映企业经股东大会或类似机构批准按照规定的比例从净利润中提取的盈余公积。"储备基金"反映外商投资企业按照法律、行政法规规定从净利润中提取的、经批准用于弥补亏损和增加资本的储备基金；"企业发展基金"反映外商投资企业按照法律、行政法规规定从净利润中提取的、用于企业生产发展和经批准用于增加资本的企业发展基金；"利润归还投资"反映中外合作经营企业按照规定在合作期间以利润归还投资者的投资。

74. △一般风险准备：反映企业按规定从净利润中提取的一般风险准备。仅由金融企业填报。

75. 未分配利润：反映尚未分配的利润，未弥补的亏损在本项目内以"－"号填列。

76. *少数股东权益：反映编制合并报表时，除母公司以外的其他投资者在子公司中拥有的权益数额。

（三）执行《企业会计准则》金融企业报表项目对照表

行次	金融企业报表项目	企业财务会计决算报表项目
1	现金及存放中央银行款项	货币资金
2	货币资金	货币资金
3	结算备付金	△结算备付金
4	存放同业款项	△拆出资金
5	贵金属	其他流动资产
6	拆出资金	△拆出资金

续表

行次	金融企业报表项目	企业财务会计决算报表项目
7	融出资金	△拆出资金
8	衍生金融资产	衍生金融资产
9	存出保证金	其他流动资产
10	应收款项	应收票据、应收账款、应收款项融资
11	合同资产	合同资产
12	应收保费	△应收保费
13	应收代位追偿款	其他流动资产
14	应收分保账款	△应收分保账款
15	应收分保未到期责任准备金	△应收分保合同准备金
16	应收分保未决赔款准备金	△应收分保合同准备金
17	应收分保寿险责任准备金	△应收分保合同准备金
18	应收分保长期健康险责任准备金	△应收分保合同准备金
19	保户质押贷款（期限在一年以内的部分）	一年内到期的非流动资产
20	保户质押贷款（期限在一年以上的部分）	其他非流动资产
21	买入返售金融资产	△买入返售金融资产
22	持有待售资产	持有待售资产
23	发放贷款及垫款（期限在一年以内的部分）	一年内到期的非流动资产
24	发放贷款及垫款（期限在一年以上的部分）	△发放贷款及垫款
25	交易性金融资产	交易性金融资产、以公允价值计量且其变动计入当期损益的金融资产、其他非流动金融资产
26	债权投资	债权投资
27	其他债权投资	其他债权投资
28	其他权益工具投资	其他权益工具投资
29	可供出售金融资产	可供出售金融资产、持有至到期投资、其他债权投资、其他权益工具投资、交易性金融资产
30	持有至到期投资	持有至到期投资、债权投资
31	长期股权投资	长期股权投资
32	存出资本保证金	其他非流动资产
33	投资性房地产	投资性房地产
34	固定资产	固定资产
35	在建工程	在建工程
36	无形资产	无形资产
37	独立账户资产	其他非流动资产
38	递延所得税资产	递延所得税资产
39	其他资产（属于流动资产的部分）	其他流动资产
40	其他资产（属于非流动资产的部分）	其他非流动资产

续表

行次	金融企业报表项目	企业财务会计决算报表项目
41	短期借款	短期借款
42	向中央银行借款	△向中央银行借款
43	应付短期融资款	短期借款
44	同业及其他金融机构存放款项	△吸收存款及同业存放
45	拆入资金	△拆入资金
46	交易性金融负债	交易性金融负债、以公允价值计量且其变动计入当期损益的金融负债
47	衍生金融负债	衍生金融负债
48	卖出回购金融资产款	△卖出回购金融资产款
49	吸收存款	△吸收存款及同业存放
50	代理买卖证券款	△代理买卖证券款
51	代理承销证券款	△代理承销证券款
52	预收保费	预收账款
53	应付手续费及佣金	应付手续费及佣金
54	应付分保账款	应付分保账款
55	应付职工薪酬	应付职工薪酬
56	应交税费	应交税费
57	应付款项	应付账款、应付票据
58	合同负债	合同负债
59	持有待售负债	持有待售负债
60	应付赔付款	应付账款
61	应付保单红利	其他应付款
62	保户储金及投资款	其他流动负债
63	未到期责任准备金	△保险合同准备金
64	未决赔款准备金	△保险合同准备金
65	寿险责任准备金	△保险合同准备金
66	长期健康险责任准备金	△保险合同准备金
67	预计负债	预计负债
68	长期借款	长期借款
69	应付债券	应付债券
70	独立账户负债	其他非流动负债
71	递延所得税负债	递延所得税负债
72	其他负债（偿还期限在一年以内的部分）	一年内到期的非流动负债
73	其他负债（偿还期限在一年以上的部分）	其他非流动负债
74	实收资本	实收资本（或股本）
75	其他权益工具	其他权益工具

续表

行次	金融企业报表项目	企业财务会计决算报表项目
76	资本公积	资本公积
77	库存股	库存股
78	其他综合收益	其他综合收益
79	盈余公积	盈余公积
80	一般风险准备	△一般风险准备
81	未分配利润	未分配利润

（四）表内公式

15 行≥16 行；18 行≥（19+20）行（合理性）；25 行 =2+3+4+5+6+7+8+9+10+11+12+13+14+15+17+18+21+22+23+24）行；50 行≥51 行；52 行 =（27+28+29+30+31+32+33+34+35+36+37+41+42+43+44+45+46+47+48+49+50）行；74 行 =（25+52）行；90 行≥（91+92）行；92 行≥93 行；94 行≥95 行≥0（合理性）；96 行≥97 行；103 行 =（76+77+78+79+80+81+82+83+84+85+86+87+88+89+90+94+96+98+99+100+101+102）行；107 行≥（108+109）行；116 行≥117 行；118 行 =（105+106+107+110+111+112+113+114+115+116）行；119 行 =（103+118）行；121 行 =（122+123+124+125+126）行；121 行≥128 行；128 行 =（121-127）行；129 行≥（130+131）行；137 行≥（138+139+140+141+142）行；145 行 =（128+129+132-133+134+136+137+143+144）行；147 行 =（145+146）行；148 行 =（119+147）行；148 行 =74；若封面"组织形式"为 11 或 21 且"报表类型码"为 0 或 2 或 3 或 4 或 5，则 121 行期末余额 =122 行 +123 行期末余额；若封面"上报因素"为 0 或 5 或 6 或 7 或 9，则 74 行期初余额 >0（合理性）；若封面"报表类型码"为 0 或 2 或 3 或 4 或 5，则 146 行 =0（合理性）；若封面"报表类型码"为 0 或 3 或 4 或 5，则 3 行 =0、4 行 =0、12 行 =0、13 行 =0、14 行 =0、17 行 =0、27 行 =0、77 行 =0、78 行 =0、86 行 =0、87 行 =0、88 行 =0、89 行 =0、98 行 =0、99 行 =0、105 行 =0、143 行 =0；若封面"报表类型码"为 0 或 2 或 3 或 4 或 5，且封面"执行新准则"中是否执行新收入准则为 2，21 行 =0、85 行 =0；若封面"报表类型码"为 0 或 2 或 3 或 4 或 5，且封面"执行新准则"中是否执行新金融工具准则为 2，则 5 行 =0、10 行 =0、28 行 =0、30 行 =0、34 行 =0、35 行 =0、79 行 =0；若封面"报表类型码"为 0 或 2 或 3 或 4 或 5，且封面"执行新准则"中是否执行新租赁准则为 2，则 44 行 =0、110 行 =0；若封面"报表类型码"为 0 或 2 或 3 或 4 或 5，且封面"执行新准则"中是否执行新金融工具准则为 1，则 6 行 =0、29 行 =0、31 行 =0、80 行 =0。

六、利润表 [企财外 02 表]

（一）编制方法

1. 本表反映企业在一年或一个会计期间内的经营成果。企业应根据损益类账户及其有关明细账户的上年累计实际发生数和本年累计实际发生数分析填列。如果上年度利润表与本年度该表的项目名称和内容不相一致，应按本年度口径调整后填列。

2. 表内"△利息收入""△已赚保费""△手续费及佣金收入""△利息支出""△手续费及佣金支出""△退保金""△赔付支出净额""△提取保险责任准备金净额""△保单红利支出""△分保费用""△汇兑收益"等指标仅由金融企业填列。

3. 表内"＊少数股东损益""＊归属于少数股东的其他综合收益的税后净额"和"＊归属于少数股东的综合收益总额"仅由编制合并财务报表的集团企业填报。

4. 表内"☆信用减值损失""☆净敞口套期收益""☆其他权益工具投资公允价值变动""☆企业自身信用风险公允价值变动""☆其他债权投资公允价值变动""☆金融资产重分类计入其他综合收益的金额""☆其他债权投资信用减值准备""☆以摊余成本计量的金融资产终止确认收益"指标仅由执行新金融工具

准则的企业填列。

5. 企业应依据本编制说明要求和相关项目填列表中各项指标，编制说明中未作解释的内容以目前企业所执行的会计核算制度为依据。

（二）表内有关指标解释

1. 营业总收入：包括营业收入、△利息收入、△已赚保费和△手续费及佣金收入四部分内容。

2. 营业收入：反映企业经营主要业务和其他业务所确认的收入总额，应根据"主营业务收入"和"其他业务收入"科目的发生额分析填列。

3. △利息收入：反映企业经营贷款业务等确认的利息收入，应根据"利息收入"科目的发生额分析填列。仅由金融企业填报。

4. △已赚保费：反映"保险业务收入"项目金额减去"分出保费""提取未到期责任准备金"项目金额后的余额。仅由金融企业填报。

5. △手续费及佣金收入：反映企业确认的包括办理结算业务等在内的手续费、佣金收入，应根据"手续费及佣金收入"等科目的发生额分析填列。仅由金融企业填报。

6. 营业总成本：包括营业成本、△利息支出、△手续费及佣金支出、△退保金、△赔付支出净额、△提取保险责任准备金净额、△保单红利支出、△分保费用、税金及附加、销售费用、管理费用、研发费用、财务费用和其他共十四部分内容。

7. 营业成本：反映企业经营主要业务和其他业务所确认的成本总额，应根据"主营业务成本"和"其他业务成本"科目的发生额分析填列。

8. △利息支出：反映企业经营存款业务等确认的利息支出，应根据"利息支出"科目的发生额分析填列。仅由金融企业填报。

9. △手续费及佣金支出：反映企业确认的包括办理结算业务等在内发生的手续费、佣金支出，应根据"手续费及佣金支出"等科目的发生额分析填列。仅由金融企业填报。

10. △退保金：反映企业寿险原保险合同提前解除时按照约定退还投保人的保单现金价值，应根据"退保金"科目的发生额分析填列。仅由金融企业填报。

11. △赔付支出净额：反映企业支付的原保险合同赔付款项和再保险合同赔付款项。仅由金融企业填报。

12. △提取保险责任准备金净额：反映企业提取的保险责任准备金，包括未决赔款准备金、寿险责任准备金、长期健康险责任准备金，应根据"提取保险责任准备金"科目的发生额分析填列。仅由金融企业填报。

13. △保单红利支出：反映企业按原保险合同约定支付给投保人的红利。仅由金融企业填报。

14. △分保费用：反映企业从事再保险业务支付的分保费用，依据"分保费用"扣减"摊回分保费用"的净额填列。仅由金融企业填报。

15. 税金及附加：反映企业经营活动发生的消费税、城市维护建设税、资源税、教育费附加及房产税、土地使用税、车船使用税、印花税等相关税费，应根据"税金及附加"科目的发生额填列。

16. 销售费用：反映企业在销售过程中发生的包装费、广告费等相关费用，以及专设销售机构的职工薪酬、业务费等经营费用，应根据"销售费用"科目的发生额分析填列。

17. 研发费用：反映企业进行研究与开发过程中发生的费用化支出，以及计入管理费用的自行开发无形资产的摊销。该项目应根据"管理费用"科目下的"研究费用"明细科目的发生额，以及"管理费用"科目下的"无形资产摊销"明细科目的发生额分析填列。

18. 财务费用：反映企业为筹集生产经营所需资金等发生的费用，其中：利息费用、利息收入、汇兑净损失项目需单独示，"利息费用""利息收入""汇兑净损失"项目均以正数填列。其中，"利息费用"反映企业为筹集生产经营所需资金等而发生的应予费用化的利息支出；"汇兑净损失"科目反映企业外币货币性项目因汇率变动形成的损失，若为汇兑净收益，则在"汇兑净损失"以负数列示。

19. 其他：反映石油石化企业勘探费用。

20. 其他收益：反映计入其他收益的政府补助，以及其他与日常活动相关且计入其他收益的项目。该项目应根据"其他收益"科目的发生额分析填列。企业作为个人所得税的扣缴义务人,根据《中华人民共和国个人所得税法》收到的扣缴税款手续费,应作为其他与日常活动相关的收益在该项目中填列。

21. 投资收益:反映企业以各种方式对外投资所取得的收益,应根据"投资收益"科目的发生额分析填列。如为投资损失以"-"号填列。其中,"对联营企业和合营企业的投资收益"和"☆以摊余成本计量的金融资产终止确认收益"单独列示。

"☆以摊余成本计量的金融资产终止确认收益"项目,反映企业因转让等情形导致终止确认以摊余成本计量的金融资产而产生的利得或损失。该项目应根据"投资收益"科目的相关明细科目的发生额分析填列;如为损失,以"-"号填列。

22. △汇兑收益:反映企业外币货币性项目因汇率变动形成的净收益,应根据"汇兑损益"科目的发生额分析填列;如为净损失以"-"号填列。仅由金融企业填列。

23. ☆净敞口套期收益:反映净敞口套期下被套期项目累计公允价值变动转入当期损益的金额或现金流量套期储备转入当期损益的金额,应根据"净敞口套期收益"科目发生额分析填列;如为套期损失,以"-"号填列。

24. 公允价值变动收益:反映企业应当计入当期损益的资产或负债公允价值变动收益,应根据"公允价值变动损益"科目发生额分析填列;如为净损失以"-"号填列。

25. ☆信用减值损失:反映企业按照《企业会计准则第22号——金融工具确认和计量》(2017年修订)的要求计提的各项金融工具减值准备所形成的预期信用损失,应根据"信用减值损失"科目发生额分析填列,如为减值损失,以"-"号填列。

26. 资产减值损失:反映除按照《企业会计准则第22号——金融工具确认和计量》(财会〔2017〕7号)要求计提的各项预期信用损失外,企业针对其他资产计提减值准备所形成的各项减值损失;如为减值损失,以"-"号填列。

27. 资产处置收益:反映企业出售划分为持有待售的非流动资产(金融工具、长期股权投资和投资性房地产除外)或处置组(子公司和业务除外)时确认的处置利得或损失,以及处置未划分为持有待售的固定资产、在建工程、生产性生物资产及无形资产而产生的处置利得或损失。债务重组中因处置非流动资产产生的利得或损失和非货币性资产交换中换入非流动资产产生的利得或损失也包括在本项目内。该项目应根据"资产处置损益"科目的发生额分析填列;如为处置损失,以"-"号填列。

28. 营业外收入:反映企业发生的除营业利润以外的收益,主要包括与企业日常活动无关的政府补助、盘盈利得、捐赠利得(企业接受股东或股东的子公司直接或间接的捐赠,经济实质属于股东对企业的资本性投入的除外)等。该项目应根据"营业外收入"科目的发生额分析填列。

29. 营业外支出:反映企业发生的除营业利润以外的支出,主要包括公益性捐赠支出、非常损失、盘亏损失、非流动资产毁损报废损失等。该项目应根据"营业外支出"科目的发生额分析填列。"非流动资产毁损报废损失"通常包括因自然灾害发生毁损、已丧失使用功能等原因而报废清理产生的损失。企业在不同交易中形成的非流动资产毁损报废利得和损失不得相互抵销,应分别在"营业外收入"项目和"营业外支出"项目进行填列。

30. 所得税费用:反映企业应从当期利润总额中扣除的所得税费用,包括当期所得税和递延所得税两个部分。

31. 净利润:按归属分,包括归属于母公司所有者的净利润和少数股东损益两部分内容;按经营的持续性分,包括持续经营净利润和终止经营净利润两部分内容。不符合终止经营定义的持有待售的非流动资产或处置组,其减值损失和转回金额及处置损益应当作为持续经营净利润列报。企业终止经营的减值损失和转回金额等经营损益及处置损益应当作为终止经营净利润列报。

32. 其他综合收益的税后净额:反映企业根据企业会计准则规定未在当期损益中确认的各项利得和损失扣除所得税影响后的净额。其中归属于母公司所有者的其他综合收益的税后净额须按照能否重分类进损益单独列示以下项目:

(1) 不能重分类进损益的其他综合收益项目,主要包括:重新计量设定受益计划变动额、权益法下不能转损益的其他综合收益、其他权益工具投资公允价值变动、企业自身信用风险公允价值变动。其中：

"☆其他权益工具投资公允价值变动"项目，反映企业指定为以公允价值计量且其变动计入其他综合收益的非交易性权益工具投资发生的公允价值变动；

"☆企业自身信用风险公允价值变动"项目，反映企业指定为以公允价值计量且其变动计入当期损益的金融负债，由企业自身信用风险变动引起的公允价值变动而计入其他综合收益的金额。

（2）将重分类进损益的其他综合收益项目，主要包括：权益法下可重分类进损益的其他综合收益、其他债权投资公允价值变动、可供出售金融资产公允价值变动损益、金融资产重分类计入其他综合收益的金额、持有至到期投资重分类为可供出售金融资产损益、其他债权投资信用减值准备、现金流量套期储备（现金流量套期损益的有效部分）、外币财务报表折算差额。其中：

"☆其他债权投资公允价值变动"项目，反映企业分类为以公允价值计量且其变动计入其他综合收益的债权投资发生的公允价值变动。企业将一项以公允价值计量且其变动计入其他综合收益的金融资产重分类为以摊余成本计量的金融资产，或重分类为以公允价值计量且其变动计入当期损益的金融资产时，之前计入其他综合收益的累计利得或损失从其他综合收益中转出的金额作为该项目的减项。

"可供出售金融资产公允价值变动损益"项目，反映企业可供出售金融资产的公允价值变动形成的利得或损失。

"☆金融资产重分类计入其他综合收益的金额"项目，反映企业将一项以摊余成本计量的金融资产重分类为以公允价值计量且其变动计入其他综合收益的金融资产时，计入其他综合收益的原账面价值与公允价值之间的差额。

"持有至到期投资重分类为可供出售金融资产损益"项目，反映企业持有至到期投资重分类为可供出售金融资产形成的利得和损失。

"☆其他债权投资信用减值准备"项目，反映企业按照《企业会计准则第 22 号——金融工具确认和计量》（财会〔2017〕7 号）第十八条分类为以公允价值计量且其变动计入其他综合收益的金融资产的减值准备。

"现金流量套期储备（现金流量套期损益的有效部分）"项目，反映企业套期工具产生的利得或损失中属于套期有效的部分。

33. 综合收益总额：反映企业在当期除与所有者以其所有者身份进行的交易之外的其他交易或事项所引起的所有者权益变动。综合收益总额项目反映净利润和其他综合收益扣除所得税影响后的净额相加后的合计金额。

34. 每股收益：反映普通股股东每持有一股所能享有的企业利润或承担的亏损，包括基本每股收益和稀释每股收益。仅由普通股或潜在普通股已公开交易的企业，以及正处于公开发行普通股或潜在普通股过程中的企业填列。

基本每股收益：反映股份有限公司仅考虑当期实际发行在外的普通股股份计算的每股收益，按照归属于普通股股东的当期净利润，除以当期实际发行在外普通股的加权平均数计算确定。

稀释每股收益：反映股份有限公司以基本每股收益为基础，假设企业所有发行在外的稀释性潜在普通股均已转换为普通股，从而分别调整归属于普通股股东的当期净利润以及发行在外普通股的加权平均数而计算的每股收益。

（三）执行《企业会计准则》金融企业报表项目对照表

行次	金融企业报表项目	企业财务会计决算报表项目
1	其他业务收入	营业收入
2	其他业务成本	营业成本
3	利息收入	△利息收入
4	手续费及佣金收入	△手续费及佣金收入

续表

行次	金融企业报表项目	企业财务会计决算报表项目
5	已赚保费	△已赚保费
6	利息支出	△利息支出
7	手续费及佣金支出	△手续费及佣金支出
8	退保金	△退保金
9	赔付支出减"摊回赔付支出"	△赔付支出净额
10	保单红利支出	△保单红利支出
11	分保费用	△分保费用
12	业务及管理费减"摊回分保费用"	管理费用
13	提取保险责任准备金减"摊回保险责任准备金"	△提取保险责任准备金净额
14	营业税金及附加	税金及附加
15	业务及管理费	销售费用、管理费用、研发费用
16	汇兑收益	△汇兑收益
17	信用减值损失	信用减值损失
18	其他资产减值损失	资产减值损失
19	其他收益	其他收益
20	投资收益	投资收益
21	对联营企业和合营企业的投资收益	对联营企业和合营企业的投资收益
22	以摊余成本计量的金融资产终止确认产生的收益	以摊余成本计量的金融资产终止确认收益
23	净敞口套期收益	净敞口套期收益
24	公允价值变动收益	公允价值变动收益
25	资产处置收益	资产处置收益
26	营业外收入	营业外收入
27	营业外支出	营业外支出
28	每股收益	每股收益
29	基本每股收益	基本每股收益
30	稀释每股收益	稀释每股收益

(四) 表内公式

1 行 = (2+3+4+5) 行；6 行 = (7+8+9+10+11+12+13+14+15+16+17+18+19+23) 行；19 行≥(20-21+22) 行 (合理性)；25 行≥(26+27) 行 (合理性)；34 行 = (1-6+24+25+28+29+30+31+32+33) 行；35 行≥36 行；38 行 = (34+35-37) 行；40 行 = (38-39) 行；40 行 = (42+43) 行；40 行 = (45+46) 行；47 行 = (48+65) 行；48 行 = (49+55) 行；49 行 = (50+…+54) 行；55 行 = (56+…+64) 行；66 行 = (67+68) 行；66 行 = (40+47) 行；67 行 = (42+48) 行；68 行 = (43+65) 行。若封面"报表类型码"为 0 或 2 或 3 或 4 或 5，且封面"执行新准则"中是否执行新金融工具准则为 2，则 27 行 = 0、29 行 = 0、31 行 = 0、52 行 = 0、53 行 = 0、57 行 = 0、59 行 = 0、61 行 = 0；若封面"组织形式"为 13，或"股票代码"不为空，则 70 行、71 行不为 0 (合理性)；若 70 行、71 行不为 0，则封面"组织形式"为 13，且"股票代码"不为空 (合理性)；若封面"报表类型码"为 0 或 2 或 3 或 4 或 5，则 43 行 = 0、65 行 = 0、68 行 = 0 (合理性)；若封面"报表类型码"为 0 或 2 或 3 或 4 或 5，且封面"执行新准则"中是否执行新金融工具准则为 1，则 58 行 = 0、60 行 = 0；若封面"报表类型码"不为 1，则 3 行≥0、8 行≥0；

20 行≥0、21 行≥0（合理性）；若封面"报表类型"不为 1 或 9，且封面"行业分类与代码"不为 0700 下属明细项目，则 23 行 = 0；若"报表类型码"为 0 或 3 或 4 或 5，则 3 行 = 0、4 行 = 0、5 行 = 0、8 行 = 0、9 行 = 0、10 行 = 0、11 行 = 0、12 行 = 0、13 行 = 0、14 行 = 0、28 行 = 0（合理性）。

（五）表间公式

(67 - 42) 行 = 企财外 01 表 134 行期末余额 - 期初余额（合理性）。

七、现金流量表［企财外 03 表］

（一）编制方法

1. 本表反映企业在一年或一个会计期间内有关现金和现金等价物的流入和流出的情况。企业采用直接法报告经营活动的现金流量时，有关现金流量的信息可以从会计记录中直接获得，也可以在利润表营业收入、营业成本等数据的基础上，通过调整存货和经营性应收应付项目的变动，以及固定资产折旧、无形资产摊销等项目后获得。

2. 企业应根据本编制说明要求填列表中各项指标，编制说明中未作解释的内容以目前企业所执行的会计核算制度为依据。

（二）表内有关指标解释

1. 销售商品、提供劳务收到的现金：反映企业销售商品、提供劳务实际收到的现金（含销售收入和应向购买者收取的增值税额），包括本期销售商品、提供劳务收到的现金，以及前期销售和前期提供劳务本期收到的现金和本期预收的账款，减去本期退回本期销售的商品和前期销售本期退回的商品支付的现金。企业销售材料和代购代销业务收到的现金也在本项目反映。本项目可根据"库存现金""银行存款""应收账款""应收票据""预收账款""主营业务收入""其他业务收入"等科目的记录分析填列。

2. △客户存款和同业存放款项净增加额：反映财务公司和商业银行本期客户存款和同业存放款项的净增加额。仅由金融企业填报。

3. △向中央银行借款净增加额：反映财务公司和商业银行本期向中央银行借入款项的净增加额。仅由金融企业填报。

4. △向其他金融机构拆入资金净增加额：反映商业银行和财务公司本期从境内外金融机构拆入款项的净增加额。仅由金融企业填报。

5. △收到原保险合同保费取得的现金：反映保险公司本期收到的原保险合同保费取得的现金净额。包括本期收到的原保险合同收入、本期收到的前期应收原保险合同保费、本期预售的原保险合同保费和本期代其他企业收取的原保险合同保费，扣除本期保险合同提前结束以现金支付的退保费。仅由金融企业填报。

6. △收到再保业务现金净额：反映保险公司本期从事再保业务实际收支的现金净额。仅由金融企业填报。

7. △保户储金及投资款净增加额：反映保险公司向投保人收取的以储金利息作为保费收入的储金，以及以投资收益作为保费收入的投资保障性保险业务的投资本金，减去保险公司向投保人返还的储金和投资本金后的净额。仅由金融企业填报。

8. △处置以公允价值计量且其变动计入当期损益的金融资产净增加额：反映金融企业本期自行买卖以公允价值计量且其变动计入当期损益的金融资产所取得的现金净增加额。仅由金融企业填报。

9. △收取利息、手续费及佣金的现金：反映金融企业本期收到的利息、手续费及佣金。仅由金融企业填报。

10. △拆入资金净增加额：反映金融企业本期从境内外金融机构拆入款项所取得的现金，减去拆借给境内外金融机构所支付的现金后的净额。仅由金融企业填报。

11. △回购业务资金净增加额：反映金融企业本期按回购协议卖出票据、证券、贷款等金融资产所融入的现金，减去按返售协议约定先买入再按固定价格返售卖出方的票据、证券、贷款等金融资产所融出的现金后的现金增加额。仅由金融企业填报。

12. △代理买卖证券收到的现金净额：反映企业接受客户委托，代理客户买卖股票、债券和基金等有价证券而收到的款项净额。仅由金融企业填报。

13. 收到的税费返还：反映企业收到返还的各种税费，如收到的增值税、消费税、所得税、教育费附加返还等。本项目可根据"库存现金""银行存款""税金及附加""营业外收入""补贴收入""应收补贴款""其他应收款"等科目的记录分析填列。

14. 收到其他与经营活动有关的现金：反映企业除上述各项目外，收到的其他与经营活动有关的现金，如罚款收入、流动资产损失中由个人赔偿的现金收入等。其他现金流入如价值较大的，应在报表附注中披露。本项目可根据"库存现金""银行存款""其他收益""营业外收入"等科目的记录分析填列。其中：企业实际收到的政府补助，无论是与资产相关还是与收益相关，均作为经营活动产生的现金流量填列。

15. 购买商品、接受劳务支付的现金：反映企业购买材料、商品、接受劳务实际支付的现金，包括本期购入材料、商品、接受劳务支付的现金（包括增值税进项税额），以及本期支付前期购入商品、接受劳务的未付款项和本期预付款项。本期发生的购货退回收到的现金应从本项目中扣除。本项目可根据"库存现金""银行存款""应付票据""应付账款""预付款项""主营业务成本""其他业务成本"等科目的记录分析填列。

16. △客户贷款及垫款净增加额：反映财务公司和商业银行本期发放的各种客户贷款，以及办理商业票据贴现、转贴现融出及融入资金等业务的款项的净增加额。仅由金融企业填报。

17. △存放中央银行和同业款项净增加额：反映财务公司和商业银行本期存放于中央银行以及境内外金融机构款项的净增加额，仅由金融企业填报。

18. △支付原保险合同赔付款项的现金：反映保险公司本期实际支付原保险合同赔付的现金。仅由金融企业填报。

19. △拆出资金净增加额：反映金融企业本期拆出款项给境内外金融机构所支付的现金，减去从境内外金融机构所取得的现金后的净额。仅由金融企业填报。

20. △支付利息、手续费及佣金的现金：反映金融企业本期支付的利息、手续费及佣金。仅由金融企业填报。

21. △支付保单红利的现金：反映保险公司本期支付保单红利所支付的现金。仅由金融企业填报。

22. 支付给职工及为职工支付的现金：反映企业实际支付给职工，以及为职工支付的现金，包括本期实际支付给职工的工资、奖金、各种津贴和补贴、为职工代扣代缴的个人所得税等，以及为职工支付的其他费用。不包括支付的离退休人员的各项费用和支付在建工程人员的工资等。企业为职工支付的养老、失业等社会保险基金、补充养老保险、住房公积金、支付给职工的住房困难补助，以及企业支付给职工或为职工支付的其他福利费等，应按职工的工作性质和服务对象，分别在本项目和"购建固定资产、无形资产和其他长期资产所支付的现金"项目反映。本项目可根据"应付职工薪酬""库存现金""银行存款"等科目的记录分析填列。企业支付给离退休人员的费用，在"支付的其他与经营活动有关的现金"项目中反映。

23. 支付的各项税费：反映企业按规定支付的各种税费，包括本期发生并支付的税费，以及本期支付以前各期发生的税费和预交的税金。本项目可根据"应交税费""库存现金""银行存款"等科目的记录分析填列，不包括企业代扣代缴的个人所得税。

24. 支付其他与经营活动有关的现金：反映企业除上述各项目外，支付的其他与经营活动有关的现金，如罚款支出、支付的差旅费、业务招待费现金支出、支付的保险费、支付的工会经费及签发银行承兑汇票、保函时缴纳的保证金等。金融企业现金流量表中"一、经营活动产生的现金流量"下的"返售业务资金净增加额"行项目（银行、证券公司专用）在本行项目中列示。

25. 收回投资收到的现金：本项目反映企业出售、转让或到期收回现金等价物以外的交易性金融资产、以公允价值计量且其变动计入当期损益的金融资产、债权投资、可供出售金融资产、其他债权投资、持有至到期投资、长期股权投资、其他权益工具投资等而收到的现金。不包括债权性投资收回的利息、收回的非现金资产，以及处置子公司及其他营业单位收到的现金净额。本项目可根据"交易性金融资产""以公允价值计量且其变动计入当期损益的金融资产""债权投资""可供出售金融资产""其他债权投资""持有至到期投资""长期股权投资""其他权益工具投资""现金""银行存款"等科目的记录分析填列。

26. 取得投资收益收到的现金：反映企业因权益性投资和债权性投资而取得的现金股利、利息，以及从子公司、联营企业和合营企业分回利润收到的现金。不包括股票股利。包括在现金等价物范围内的债权性投资，其利息收入在本项目中反映。本项目可根据"应收股利""应收利息""库存现金""银行存款""投资收益"等科目的记录分析填列。

27. 处置固定资产、无形资产和其他长期资产收回的现金净额：反映企业处置固定资产、无形资产和其他长期资产取得的现金，减去为处置这些资产而支付的有关费用后的净额。由于自然灾害所造成的固定资产等长期资产损失而收到的保险赔偿收入，也在本项目反映。如处置固定资产、无形资产和其他长期资产收回的现金净额为负数，则应作为投资活动产生的现金流量，在"支付的其他与投资活动有关的现金"项目中反映。本项目可根据"固定资产清理""库存现金""银行存款"等科目的记录分析填列。

28. 处置子公司及其他营业单位收到的现金净额：反映企业处置子公司及其他营业单位所取得的现金减去子公司或其他营业单位持有的现金和现金等价物以及相关处置费用后的净额。本项目可以根据有关科目的记录分析填列。如净额为负数，应将该金额填列至"支付其他与投资活动有关的现金"项目中。

29. 收到其他与投资活动有关的现金：反映企业除上述各项外，收到的其他与投资活动有关的现金流入。本项目可根据有关科目的记录分析填列。

30. 购建固定资产、无形资产和其他长期资产所支付的现金：反映企业购买、建造固定资产，取得无形资产和其他长期资产所支付的现金。包括购买机器设备所支付的现金及增值税款、建造工程支付的现金、支付在建工程人员的工资等现金支出，不包括为购建固定资产、无形资产和其他长期资产而发生的借款利息资本化的部分，以及融资租入固定资产所支付的租赁费。为购建固定资产、无形资产和其他长期资产而发生的借款利息资本化部分，在"分配股利、利润或偿付利息支付的现金"项目中反映；融资租入固定资产所支付的租赁费，在"支付其他与筹资活动有关的现金"项目中反映。本项目可根据"固定资产""在建工程""无形资产""库存现金""银行存款"等科目的记录分析填列。

31. 投资支付的现金：反映企业进行权益性投资和债权性投资所支付的现金，包括企业取得的除现金等价物以外的交易性金融资产、以公允价值计量且其变动计入当期损益的金融资产、债权投资、可供出售金融资产、其他债权投资、持有至到期投资、长期股权投资、其他权益工具投资等而支付的现金，以及支付的佣金、手续费等交易费用。本项目可根据"交易性金融资产""以公允价值计量且其变动计入当期损益的金融资产""债权投资""可供出售金融资产""持有至到期投资""其他权益工具投资""投资性房地产""长期股权投资""现金""银行存款"等科目的记录分析填列。其中，取得子公司及其他营业单位支付的现金净额应在"取得子公司及其他营业单位支付的现金净额"项目中反映。

32. △质押贷款净增加额：反映保险公司本期发放保户质押贷款的现金净额。仅由金融企业填报。

33. 取得子公司及其他营业单位支付的现金净额：反映企业取得子公司及其他营业单位购买出价中以现金支付的部分，减去子公司或其他营业单位持有的现金和现金等价物后的净额，可根据有关科目的记录分析填列。如净额为负数，应将该金额填列至"支付其他与投资活动有关的现金"项目中。

34. 支付其他与投资活动有关的现金：反映企业除上述各项目外，支付的其他与投资活动有关的现金。本项目可根据有关科目的记录分析填列。金融企业现金流量表中"二、投资活动产生的现金流量"下的"返售业务资金净增加额"行项目（保险公司专用）在本行项目中列示。

35. 吸收投资收到的现金：反映企业以发行股票等方式筹集资金实际收到款项净额（发行收入减去支付的佣金等发行费用后的净额）。以发行股票等方式筹集资金而由企业直接支付的审计、咨询等费用不在本项目反映，在"支付的其他与筹资活动有关的现金"项目反映，不在本项目内减去。本项目可根据"实收资本（或股本）""库存现金""银行存款"等科目的记录分析填列。

36. 子公司吸收少数股东投资收到的现金：反映子公司以发行股票等方式筹集来自少数股东资金实际收到的款项净额。

37. 取得借款收到的现金：本项目反映企业举借各种短期、长期借款而收到的现金，以及发行债券实际收到的款项净额（发行收入减去直接支付的佣金等发行费用后的净额）。本项目可以根据"短期借款""长期借款""交易性金融负债""应付债券""库存现金""银行存款"等科目的记录分析填列。

38. △发行债券收到的现金：反映商业银行发行债券收到的现金净额。仅由金融企业填报。

39. 收到其他与筹资活动有关的现金：反映企业除上述各项外，收到的其他与筹资活动有关的现金，如接受现金捐赠等。金融企业现金流量表中"回购业务资金净增加额"行项目（保险公司专用）在本行项目中列示。

40. 偿还债务支付的现金：反映企业偿还债务本金而支付的现金，包括偿还金融企业的借款本金、偿还债券本金等。本项目可根据"短期借款""长期借款""库存现金""银行存款"等科目的记录分析填列。

41. 分配股利、利润或偿付利息支付的现金：反映企业实际支付的现金股利、以现金支付给其他投资单位的利润以及支付的借款利息、债券利息等。本项目可根据"应付股利""应付利息""财务费用""长期借款""库存现金""银行存款"等科目的记录分析填列。

42. 子公司支付给少数股东的股利、利润：反映子公司实际支付给少数股东的现金股利、利润等。

43. 支付其他与筹资活动有关的现金：反映企业除上述各项外，支付的其他与筹资活动有关的现金，如捐赠现金支出、融资租入固定资产支付的租赁费、发生筹资费用所支付的现金、融资租赁所支付的现金、减少注册资本所支付的现金等。企业以分期付款方式购建的固定资产、无形资产等各期支付的现金，在本项目中反映。

44. 汇率变动对现金及现金等价物的影响：反映企业外币现金流量折算为人民币时，所采用的现金流量发生日的即期汇率折算为人民币金额与"现金及现金等价物净增加额"中外币现金净增加额按资产负债表日的即期汇率折算的人民币金额之间的差额。

45. 现金及现金等价物净增加额：现金是指企业库存现金以及可以随时用于支付的存款。不能随时支取的定期存款等不应作为现金，提前通知金融机构便可支取的定期存款则应包含在现金范围内。现金等价物是指企业持有的期限短、流动性强、易于转换为已知金额现金、价值变动风险很小的投资，其中"期限短"一般是指从购买日起3个月内到期。

（三）表内公式

16行=（2+3+4+5+6+7+8+9+10+11+12+13+14+15）行；27行=（17+18+19+20+21+22+23+24+25+26）行；28行=（16-27）行；35行=（30+31+32+33+34）行；41行=（36+37+38+39+40）行；42行=（35-41）行；44行≥45行；48行=（44+46+47）行；50行≥51行；53行=（49+50+52）行；54行=（48-53）行；56行=（28+42+54+55）行；58行=（56+57）行；57行本期金额=58行上期金额；若封面"报表类型码"为0或3或4或5，则3行=0、4行=0、5行=0、6行=0、7行=0、8行=0、9行=0、10行=0、11行=0、12行=0、13行=0、18行=0、19行=0、20行=0、21行=0、22行=0、23行=0、38行=0。

八、所有者权益变动表［企财外04表］

（一）基本内容

本表反映企业所有者权益的各组成部分本年和上年年初调整及本年和上年增减变动的情况，不仅包括所有者权益总量的增减变动，还包括所有者权益增减变动的重要结构性信息。"少数股东权益"栏目用于反映合并报表中少数股东权益变动的情况。

（二）编制方法

1. 本表各项目应根据"实收资本（或股本）""其他权益工具""资本公积""其他综合收益""库存股""专项储备""盈余公积""未分配利润"等科目本年和上年的年初余额、年末余额、当年发生额等分析填列。编制合并财务报表的企业，应按照合并报表口径填报本表中的有关项目。

2. 表内"☆其他综合收益结转留存收益"仅由执行新金融工具准则企业填列。

（三）表内有关指标解释

1. 上年年末余额：反映企业上上年资产负债表中的年末所有者权益金额。

2. 会计政策变更和前期差错更正：反映企业本年和上年会计政策变更和重要前期会计差错更正等对上上年及以前年度所有者权益的累积影响金额。企业执行新租赁准则、新金融工具准则与新收入准则影响的金额不填列于此项。

(1) 会计政策变更：反映企业采用追溯调整法处理的会计政策变更的累积影响金额。

(2) 前期差错更正：反映企业采用追溯重述法处理的重要前期会计差错更正的累积影响金额。

3. 其他：反映企业本年和上年同一控制下企业合并、清产核资、执行新准则（新租赁准则、新金融工具准则与新收入准则）等影响的金额。

4. 本年年初余额：本年金额反映企业考虑本年会计政策变更及重要前期会计差错更正等对以前年度的影响调整后得出的本年年初所有者权益金额。

上年金额反映企业在上上年年末所有者权益金额的基础上，考虑本年和上年会计政策变更和重要前期会计差错更正等对上上年及以前年度所有者权益的累积影响调整后的上年年初所有者权益金额。

5. 本年增减变动金额：

(1) 综合收益总额：反映企业当年的综合收益总额，应根据当年利润表中"其他综合收益的税后净额"和"净利润"项目填列，对应列在"其他综合收益"和"未分配利润"栏。

(2) 所有者投入和减少资本：反映企业当年所有者投入的资本和减少的资本。其中：

①所有者投入的普通股：反映企业接受普通股投资者投入形成的实收资本（或股本）和资本公积，应根据"实收资本""资本公积"等科目发生额分析填列。

②其他权益工具持有者投入资本：反映企业发行的除普通股以外分类为权益工具的金融工具的持有者投入资本的金额，应根据金融工具类科目的相关明细科目的发生额分析填列。

③股份支付计入所有者权益的金额：反映企业处于等待期中的权益结算的股份支付当年计入资本公积的金额，对应列在"资本公积"栏。

(3) 专项储备提取和使用：反映企业当年专项储备的提取和使用情况。

①提取专项储备：反映企业当年依照国家有关规定提取的安全费用以及具有类似性质的各项费用，对应列在"专项储备"栏。

②使用专项储备：反映企业当年按规定使用安全生产储备用于购建安全防护设备或与安全生产相关的费用性支出情况，对应列在"专项储备"栏。以"－"号填列。

(4) 利润分配：反映企业当年对所有者（或股东）分配的利润（或股利）金额和按照规定提取的盈余公积金额，对应列在"盈余公积"和"未分配利润"栏。其中：

①提取盈余公积：反映企业按照规定提取的盈余公积、储备基金、企业发展基金项目、中外合作经营在合作期间归还投资者的投资等项目。

②对所有者（或股东）的分配：反映企业对所有者（或股东）分配的利润（或股利）金额。

(5) 所有者权益内部结转：反映不影响当年所有者权益总额的所有者权益各组成部分之间当年的增减变动。其中：

①资本公积转增资本（或股本）：反映企业以资本公积转增资本或股本的金额。

②盈余公积转增资本（或股本）：反映企业以盈余公积转增资本或股本的金额。

③盈余公积弥补亏损：反映企业以盈余公积弥补亏损的金额。

④设定受益计划变动额结转留存收益：反映按年计算的设定收益计划增减变动结转所有者权益的数额。

⑤☆其他综合收益结转留存收益：企业指定为以公允价值计量且其变动计入其他综合收益的非交易性权益工具投资终止确认时，之前计入其他综合收益的累计利得或损失从其他综合收益中转入留存收益的金额；企业指定为以公允价值计量且其变动计入当期损益的金融负债终止确认时，之前由企业自身信用风险变动引起而计入其他综合收益的累计利得或损失从其他综合收益中转入留存收益的金额等。该项目应根据"其他综合收益"科目的相关明细科目的发生额分析填列。

6. 本年年末余额：本年金额反映企业本年年末所有者权益金额。

上年金额反映企业考虑本年会计政策变更及重要前期会计差错更正等对以前年度的影响调整后得出的上年年末所有者权益金额。

（四）表内公式

1. 行次：1 行本年金额 = 33 行上年金额；5 行本年金额 = (1 + 4) 行本年金额；5 行上年金额 = (1 + 2 + 3 + 4) 行上年金额；6 行 = (7 + 8 + 13 + 16 + 26) 行；8 行 = (9 + 10 + 11 + 12) 行；13 行 = (14 + 15) 行；16 行 = (17 + 23 + 24 + 25) 行；17 行 ≥ (18 + 19 + 20 + 21 + 22) 行；26 行 = (27 + 28 + 29 + 30 + 31 + 32) 行；33 行 = (5 + 6) 行。

2. 栏间：12 栏 = (1 + 2 + 3 + 4 + 5 − 6 + 7 + 8 + 9 + 10 + 11) 栏；14 栏 = (12 + 13) 栏；26 栏 = (15 + 16 + 17 + 18 + 19 − 20 + 21 + 22 + 23 + 24 + 25) 栏；28 栏 = (26 + 27) 栏；17 行、18 行、19 行、20 行、21 行、22 行、26 行、27 行、28 行、29 行、30 行、31 行、32 行 12 栏、14 栏、26 栏、28 栏 = 0（合理性）；32 行 12 栏不为 0，则 32 行 (12 + 13) 栏 = 0；32 行 26 栏不为 0，则 32 行 (26 + 27) 栏 = 0。

（五）表间公式

5 行 1 栏 = 企财外 01 表 121 行期初余额；5 行 (2 + 3 + 4) 栏 = 企财外 01 表 129 行期初余额；5 行 5 栏 = 企财外 01 表 132 行期初余额；5 行 6 栏 = 企财外 01 表 133 行期初余额；5 行 7 栏 = 企财外 01 表 134 行期初余额；5 行 8 栏 = 企财外 01 表 136 行期初余额；5 行 9 栏 = 企财外 01 表 137 行期初余额；5 行 10 栏 = 企财外 01 表 143 行期初余额；5 行 11 栏 = 企财外 01 表 144 行期初余额；5 行 12 栏 = 企财外 01 表 145 行期初余额；5 行 13 栏 = 企财外 01 表 146 行期初余额；5 行 14 栏 = 企财外 01 表 147 行期初余额；7 行 7 栏 = 企财 02 表 48 行本期金额；7 行 12 栏 = 企财 02 表 67 行本期金额；7 行 11 栏 = 企财 02 表 42 行本期金额；7 行 13 栏 = 企财 02 表 68 行本期金额；7 行 21 栏 = 企财 02 表 48 行上期金额；7 行 25 栏 = 企财 02 表 42 行上期金额；7 行 26 栏 = 企财 02 表 67 行上期金额；7 行 27 栏 = 企财 02 表 68 行上期金额；33 行 1 栏 = 企财外 01 表 121 行期末余额；33 行 (2 + 3 + 4) 栏 = 企财外 01 表 129 行期末余额；33 行 5 栏 = 企财外 01 表 132 行期末余额；33 行 6 栏 = 企财外 01 表 133 行期末余额；33 行 7 栏 = 企财外 01 表 134 行期末余额；33 行 8 栏 = 企财外 01 表 136 行期末余额；33 行 9 栏 = 企财外 01 表 137 行期末余额；33 行 10 栏 = 企财外 01 表 143 行期末余额；33 行 11 栏 = 企财外 01 表 144 行期末余额；33 行 12 栏 = 企财外 01 表 145 行期末余额；33 行 13 栏 = 企财外 01 表 146 行期末余额；33 行 14 栏 = 企财外 01 表 147 行期末余额。

若封面"报表类型码"为 0 或 2 或 3 或 4 或 5，且封面"执行新准则"中是否执行新金融工具准则为 2，则 31 行（7、11、12、14、21、25、26、28）栏 = 0。

九、国有资本权益变动情况表［企财外 05 表］

（一）基本内容

本表反映企业占用国有资本总量以及由于各种原因影响国有资本权益增减变动的情况。

（二）编制方法

本表应根据企业本年企财外 04 表等相关科目数据分析填列。编制合并财务报表的企业，应按照合并报表口径填报本表中的有关项目。

（三）表内有关指标解释

1. 国有资本权益总额：指企业所有者权益中，国有实收资本及其享有的权益额。属于合资、合作、股份制等多元投资主体性质的企业，国有资本享有的权益年初、年末余额按以下公式计算填列：

（资本公积 + 盈余公积 + 未分配利润 + 其他综合收益 + 专项储备 + 一般风险准备 − 国有独享部分）× （国有实收资本/实收资本）+ 国有独享部分

国有独享部分包括国家专项拨款、各项基金转入、土地估价入账、税收返还或专项减免、国家拨付流动资本等政策因素形成的国家独享权益数额。

2. 年初国有资本权益总额：反映企业根据国家财务会计制度有关规定，对上年年末国有资本及权益总额追溯调整后形成的本年年初国有资本权益总额。

3. 国家、国有单位直接或追加投资：反映有权代表国家投资的部门或机构本年投资设立企业或对原企业追加投入所增加的国家资本；国有企、事业单位本年投资设立企业或对原企业增加投入所增加的国有法人资本。

4. 无偿划入、无偿划出：分别反映企业当年按国家有关规定将其他企业（单位）的国有资产全部或部分划入、划出本企业（单位）而造成国有资本权益增加、减少的数额。按规定已经进行追溯调整的不在本项目反映。

5. 资产评估增加、减少：分别反映企业当年因改制、上市等原因按国家规定进行资产评估而造成国有资本权益增加、减少的数额。

6. 清产核资增加、减少：分别反映企业按规定程序进行清产核资后，经国有资产监管（财政）部门批复而当年增加、减少国有资本权益的数额。按规定已经进行追溯调整的不在本项目反映。

7. 产权界定增加、减少：分别反映企业因产权界定增加、减少国有资本权益的数额。

8. 资本（股本）溢价：反映由于资本（股本）溢价而影响国有资本权益增减变动的数额。

9. 接受捐赠：反映企业当年接受其他企业、单位和个人捐赠的资产而增加的国有资本权益。

10. 债权转股权：反映企业按国家规定，将银行债权转为金融资产管理公司、国有资本投资运营公司等投资而增加的国有资本权益。

11. 税收返还：反映企业按国家有关规定，收到返还的所得税、增值税等而直接增加的国有资本权益。企业享受行业性的税收返回政策，不在本项目中反映。

12. 减值准备转回：反映企业经营期间因资产价值回升等原因转回已计提减值准备影响当期损益而增加的国有资本权益。

13. 会计调整：反映企业经营期间因会计政策和会计估计发生重大变更、前期差错调整以及其他会计调整事项影响当期损益而增加的国有资本权益。涉及减值准备会计政策与估计变更以及差错调整事项影响当期损益而增加的国有资本权益在"减值准备转回"项目中反映。

14. 经营积累、经营减值：反映企业当期生产经营实现的净利润（或亏损）扣除因客观原因影响当期损益而增加（或减少）国有资本及权益的数额，应根据企财外02表分析填列。企业当期无法支付的应付款项、未确认的投资损失、外币报表折算差额、专项储备作为企业当期经营因素，在"经营积累"或"经营减值"填列。

15. 消化以前年度潜亏和挂账而减少：反映企业当年消化的以前年度发生的潜亏挂账而造成国有权益减少的数额，不包括非国有权益减少部分。该项目须经中介机构逐户、分明细项审计确认，并在审计报告中加以详细披露或作专项审计说明。

16. 因自然灾害等不可抗拒因素减少：反映企业因自然灾害等不可抗拒因素而发生的国有资本权益减少。不可抗拒因素指不能预见、不能避免并不能克服的客观情况，一般情况下指地震、台风、火灾、水灾、雷击等自然灾害。

17. 因主辅分离减少：反映企业按照《关于国有大中型企业主辅分离辅业改制分流安置富余人员的实施办法》（国经贸企改〔2002〕859号）开展主辅分离、辅业改制工作，本年度减少的国有资本权益数额。

18. 企业按规定已上缴利润：反映企业按照有关政策、制度规定分配给投资者利润而减少的国有资本权益。

19. 资本（股本）折价：反映企业以全部或主要资产折价发行股票或配股而减少的国有资本权益。

20. 中央和地方政府确定的其他因素：反映经中央和地方政府确定，未在上述客观因素中反映的增加或减少国有资本权益的金额。增加额和减少额应在表中分别填列。

21. 年末其他国有资金：反映年末不列入企业所有者权益，但由企业管理、使用的具有权益性质的国家所有的资金，如保险保障基金、特准储备基金、股份制改造剥离权益、国家专用拨款等。

22. 年末合计国有资本总量：反映企业国有资本权益和其他国有资金的年末合计数。

（四）表内公式

2 行 = (3 + 4 + 5 + 6 + 7 + 8 + 9 + 10 + 11 + 12 + 13 + 14 + 15) 行；16 行 = (17 + 18 + 19 + 20 + 21 + 22 + 23 + 24 + 25 + 26 + 27 + 28) 行；若封面"报表类型码"不为1，则2行至28行各项指标应为≥0；29 行 = (1 + 2 − 16) 行；31 行 = (29 + 30) 行。

（五）表间公式

1 行 = 企财外 01 表〔(122 行 + 123 行)/121 行 × 145 行〕期初余额（合理性）；29 行 = 企财外 01 表〔(122 行 + 123 行)/121 行 × 145 行〕期末余额（合理性）。

十、资产减值准备情况表 ［企财外 06 表］

（一）基本内容

本表反映企业各项资产减值准备的年初账面余额、本期增减变动和期末账面余额，以及政策性挂账和当年处理以前年度损失和挂账等情况。其中，首次执行新金融工具准则、新收入准则、新租赁准则以及发生其他期初数调整事项的企业，"年初账面余额"按照调整后金额进行填列。

（二）编制方法

1. 本表各项目应根据各项资产减值准备以及相关资产和损益明细科目分析填列。

2. 编制合并财务报表的企业，应按照合并报表口径填报本表中的有关项目。

3. 表内"☆合同资产减值准备""☆合同取得成本减值准备""☆合同履约成本减值准备"仅由执行新收入准则企业填列。

4. 表内"☆使用权资产减值准备"仅由执行新租赁准则企业填列。

5. 表内"☆债权投资减值准备"仅由执行新金融工具准则企业填列。

6. 表内"可供出售金融资产减值准备""持有至到期投资减值准备"指标，执行新金融工具准则的企业不需填列。

（三）表内有关指标解释

1. 坏账准备：反映企业应收款项的坏账准备，此项目不包括执行新准则企业合同资产的坏账准备。按账龄计提坏账准备当期应冲减的金额在"本期计提额"中反映。金融企业计提的"△应收款项类金融资产减值准备"填列此处。

2. 存货跌价准备：反映企业按照成本高于可变现净值的差额计提的存货跌价准备。

3. ☆合同资产减值准备：反映企业遵循《企业会计准则第 14 号——收入》《企业会计准则第 22 号——金融工具确认和计量》和《企业会计准则第 8 号——资产减值》等准则，以预期信用损失为基础，对合同资产项目进行减值会计处理并确认损失准备。

4. 持有待售资产减值准备：反映企业遵循《企业会计准则第 42 号——持有待售的非流动资产、处置组和终止经营》规定计提的持有待售资产减值准备。

5. ☆债权投资减值准备：反映企业遵循《企业会计准则第 22 号——金融工具确认和计量》和《企业会计准则第 8 号——资产减值》等准则，以预期信用损失为基础，对分类为以摊余成本计量的金融资产和以公允价值计量且其变动计入其他综合收益的金融资产进行会计处理并确认损失准备。

6. 可供出售金融资产减值准备：反映企业在期末对各项可供出售的金融资产进行全面检查，有客观证据表明该金融资产发生减值的，所计提的减值准备。

7. 持有至到期投资减值准备：反映企业计提的持有至到期投资减值准备。

8. 长期股权投资减值准备：反映企业按照可收回金额低于账面价值的差额计提的长期股权投资减值准备。

9. 投资性房地产减值准备：采用成本模式计量的投资性房地产的减值，适用《企业会计准则第 8 号——资产减值》的规定。

10. 固定资产减值准备：反映企业按照可收回金额低于账面价值的差额计提的固定资产减值准备。

11. 在建工程减值准备：反映企业遵循《企业会计准则第 15 号——建造合同》等规定计提的资产减值准备。

12. 生产性生物资产减值准备：反映企业遵循《企业会计准则第 5 号——生物资产》和《企业会计准则第 8 号——资产减值》准则，根据生产性生物资产的可收回金额低于账面价值的差额计提的资产减值准备。

13. 油气资产减值准备：反映企业遵循《企业会计准则第 27 号——石油天然气开采》和《企业会计准

则第 8 号——资产减值》等准则，按照可收回金额低于账面价值的差额提取的油气资产减值损失。

14. ☆使用权资产减值准备：反映企业遵循《企业会计准则第 21 号——租赁》准则，根据使用权资产的可收回金额低于账面价值的差额提取的资产减值准备。

15. 无形资产减值准备：反映企业按照可收回金额低于账面价值的差额计提的无形资产减值准备。

16. 商誉减值准备：反映企业遵循《企业会计准则第 20 号——企业合并》和《企业会计准则第 8 号——资产减值》等准则，根据购买方企业合并成本大于合并中取得的被购买方可辨认资产公允价值的部分作为商誉确认，于每一个会计年度进行测试，商誉发生减值的，计入商誉减值准备。

17. ☆合同取得成本减值准备：反映企业遵循《企业会计准则第 14 号——收入》和《企业会计准则第 8 号——资产减值》准则，与合同取得成本有关的资产，其账面价值高于企业因转让与该资产相关的商品预期能够取得的剩余对价和为转让该相关商品估计将要发生的成本两项的差额的，超出部分应当计提减值准备，并确认为资产减值损失。

18. ☆合同履约成本减值准备：反映企业遵循《企业会计准则第 14 号——收入》和《企业会计准则第 8 号——资产减值》准则，与合同履约成本有关的资产，其账面价值高于企业因转让与该资产相关的商品预期能够取得的剩余对价和为转让该相关商品估计将要发生的成本两项的差额的，超出部分应当计提减值准备，并确认为资产减值损失。

19. 其他减值准备：反映企业其他减值准备。未执行《企业会计准则》的企业核算的短期投资减值准备及长期债权投资减值准备扣除划分至可供出售金融资产减值准备及持有至到期投资减值准备后的余额填列在本项目反映。金融企业计提的"△贷款减值准备"填列此处。

20. 资产减值准备合计：反映企业各项资产减值准备的年初余额、本年增加额、本年转回（减少）额和年末余额。

21. 合并增加额、合并减少额：反映企业（集团）因合并范围变化而增加或减少的减值准备金额。执行新会计准则的企业，因同一控制下企业合并增加的子公司，应调整合并期初数，不在本项目下反映。

22. 资产价值回升转回额：反映企业在以前会计期间计提的减值准备，在本期期末因资产价值回升而转回的金额。

23. 转销额：反映企业在以前会计期间计提的减值准备，在本期因资产处置、核销等因素，转销的减值准备金额。

24. 当年处理以前年度损失和挂账：反映企业在权益和当期损益中处理的以前未处理的各类损失和潜亏挂账。其中：在当年损益中消化以前年度损失挂账反映企业在当年损益中消化处理的各类损失和潜亏挂账，包括无法收回的应收款项、积压存货、应提未提和应摊未摊费用，以及历史遗留问题挂账等。该项目须经中介机构逐户、分明细项审计确认，并在审计报告中加以详细披露或作专项审计说明。

（四）表内公式

1. 行次：20 行 =（1 + 2 + 3 + 4 + 5 + 6 + 7 + 8 + 9 + 10 + 11 + 12 + 13 + 14 + 15 + 16 + 17 + 18 + 19）行。
2. 栏间：5 栏 =（2 + 3 + 4）栏；10 栏 =（6 + 7 + 8 + 9）栏；11 栏 =（1 + 5 – 10）栏。

（五）表间公式

10 行 = 企财外 01 表 40 行；20 行 10 栏 ≥ 企财外 05 表 12 行；若企财外 05 表 12 行不为 0，则 20 行 6 栏不为 0。

若封面"报表类型码"为 0 或 2 或 3 或 4 或 5，且封面"执行新准则"中是否执行新收入准则为 2，则 3 行 = 0、17 行 = 0、18 行 = 0。

若封面"报表类型码"为 0 或 2 或 3 或 4 或 5，且封面"执行新准则"中是否执行新金融工具准则为 1，则 6 行 = 0、7 行 = 0；若封面"报表类型码"为 0 或 2 或 3 或 4 或 5，且封面"执行新准则"中是否执行新金融工具准则为 2，则 5 行 = 0。

若封面"报表类型码"为 0 或 2 或 3 或 4 或 5，且封面"执行新准则"中是否执行新租赁工具准则为 2，则 14 行 = 0。

十一、应上交应弥补款项表［企财外07表］

（一）基本内容

本表反映企业各项税金、保险等款项的负担及上交情况。本表一至五项以及补充资料一至三项反映企业本年度在中国境内地区承担或缴纳的税费金额，不包括企业代扣代缴的应由个人承担部分；补充资料第四项反映企业本年度实际向境外地区（含港澳台地区）缴纳的税费金额。

（二）编制方法

本表应根据企业当年基础会计资料及其他有关资料分析填列。企业填报时应注意与财政、税务等部门批准、认可的有关数据衔接一致。

（三）表内有关指标解释

1. 本年应交税费总额：反映企业本年应交的增值税、消费税、资源税、城建税、烟叶税、企业所得税、教育费附加、石油特别收益金及其他税费的合计金额。

2. 本年实际上交税费总额：反映企业本年实际上交的增值税、消费税、资源税、城建税、烟叶税、关税、企业所得税、教育费附加、石油特别收益金及其他税费的合计金额。

3. 石油特别收益金：反映根据财政部《关于印发〈石油特别收益金征收管理办法〉的通知》（财企〔2006〕72号）规定，由在中华人民共和国陆地领域和所辖海域独立开采并销售原油的企业缴纳的石油特别收益金。

4. 其他税费：反映除表中所列各项税费外，企业应交纳的城镇土地使用税、土地增值税、契税、印花税、土地使用税、房产税、车船税等所有其他各项税费的交纳情况。地方教育费附加应填列在"教育费附加"项目中，不在本项目反映。进口增值税应填列在"增值税"项目中，不在本项目反映。

5. 基本养老保险、基本医疗保险、失业保险、工伤保险、生育保险、住房公积金：指企业按国家规定为职工缴纳的"五险一金"情况，只反映由企业承担的部分。

6. 国有资本收益：反映企业根据《中央企业国有资本收益收取管理暂行办法》（财企〔2007〕309号）等规定，本年应交和本年已交的国有资本收益情况。本项目仅由企业集团本部填列，不包含国有及国有控股企业向投资者分配的红利。

7. 本年实际支付补充养老保险（含年金）总额：反映企业本年按照财政部关于《企业为职工购买保险有关财务处理问题的通知》（财企〔2003〕61号）、《企业财务通则》（财政部令第41号）、《财政部关于企业新旧财务制度衔接有关问题的通知》（财企〔2008〕34号）的有关规定实际支付的补充养老保险（含年金）金额，只反映由企业承担的部分。

8. 本年实际支付补充医疗保险总额：反映企业本年按照财政部关于《企业为职工购买保险有关财务处理问题的通知》（财企〔2003〕61号），《企业财务通则》（财政部令第41号）的有关规定为职工实际支付的补充医疗保险总额，只反映由企业承担的部分。

9. 出口退税情况：由外贸公司或有出口经营权的企业填列，包括未设置"应收出口退税"科目核算的工业生产企业、外商投资企业、委托代理出口企业、外轮供应企业等按要求填列相关指标。

（1）出口额（美元）：反映本年度企业出口产品（商品）收入额（含自营出口和代理出口）按加权平均汇率折算为美元的金额，本项目填列数应与海关报关数保持一致。

（2）以前年度欠出口退税：反映企业以前年度应退未退的出口退税，按上年末"应收出口退税"借方余额填列。

（3）本年度应收出口退税：企业按"应收出口退税"科目本期借方发生额合计填列。

（4）本年度已收出口退税：反映企业本期实际已收到的出口退税额，按"应收出口退税"本期贷方发生额合计填列。

10. 本年实际缴纳境外税费总额：反映企业在境外（含港澳台地区）实际缴纳的各项税费总额。

（四）表内公式

行次：1行=（2+3+4+5+6+7+10+11+12+13）行；7行=（8+9）行；14行=（15+16+17+

18+19+20）行；32 行＝（29+30－31）行。

十二、基本情况表［企财外08表］

（一）基本内容

本表主要反映企业的本年收到的财政性资金、高质量发展、产值、投资收益、固定资产投资、境外投资、环境保护及生态恢复支出、扶贫及捐赠等情况。

（二）编制方法

本表应根据企业当年基础会计资料及其他相关资料分析填列。表内"☆交易性金融资产""☆债权投资""☆其他债权投资""☆其他权益工具投资""☆其他非流动金融资产"指标仅由执行新金融工具准则的企业填列。

（三）表内有关指标解释

1. 本年收到的财政性资金：反映企业本年（实际）收到的各项财政性资金，按性质划分，主要包括基本建设性资金、生产发展性资金、社会保障性资金和其他资金。企业（实际）收到的财政部门以外的其他部门、机构转拨的财政性质资金也应当在本项目中反映。

基本建设性资金：反映企业（实际）收到的按规定用于基本建设的各项财政资金，包括基建有偿使用支出、基建拨款支出、国家资本金、基建贷款贴息支出、国债专项基建拨款和其他基建支出等。

生产发展性资金：反映企业（实际）收到的由国家预算拨款用于企业挖潜、革新和改造方面的资金（包括经济战备动员费）和反映新产品试制费、中间试验费、重要科学研究补助费等科学技术三项费用以及支持企业各项事业发展的专项资金，如宣传文化发展专项资金、国家电影事业发展专项资金等。

社会保障性资金：反映企业（实际）收到的用于下岗补助、救济等社会保障性支出的财政资金。

其他：反映企业（实际）收到的其他政策性补贴、税收返还等其他财政性资金。

2. 高质量发展有关情况：

（1）专利情况：

累计拥有有效专利数：截至报告期末处于专利权维持状态的专利数量，包括发明专利、实用新型专利和外观设计专利。

（2）本年科技资金来源与支出情况：

①本年科技资金来源合计按来源分为政府拨款、企业自筹和其他。

政府拨款：反映政府有关部门本年对本企业拨款到账的资金总额。

企业自筹：反映本企业用于科技的自有资金、借入资金总额。

②本年研发（R&D）经费投入合计：参照国家统计局《关于印发〈研究与试验（R&D）投入统计规范（试行）〉的通知》（国统字〔2019〕47号）的相关标准，结合中央企业实际情况，研发（R&D）经费投入是指为实施科学研究与试验发展，而实际发生的全部经费支出，具体包括：日常性支出。包括为实施研发活动以货币或实物形式直接或间接支付给研发人员的劳动报酬（工资、奖金以及所有相关费用和福利），购置的原材料、燃料、动力、工器具等低值易耗品，以及各种相关直接或间接的管理和服务等支出。资产性支出。包括为实施研发活动而进行固定资产建造、购置、改扩建以及大修理等的支出（不含固定资产折旧），土地与建筑物支出、仪器与设备支出、资本化的计算机软件支出、专利和专有技术支出等。对于研发活动与非研发活动的共用部分，应按使用面积、时间等进行合理分摊。外部支出。包括委托其他单位或与其他单位合作开展研发活动而支付给其他单位的全部经费。该指标可在以前年度中央企业财务决算"本年科技支出合计"指标基础上，参照国家统计局相关标准，统计分析取得。

研究开发支出：反映企业在产品、技术、材料、工艺、标准的研究、开发过程中发生的各项费用，包括：研发活动直接消耗的材料、燃料和动力费用；企业在职研发人员的工资、奖金、津贴、补贴、社会保险费、住房公积金等人工费用以及外聘兼职研发人员的劳务费；用于研发活动的仪器、设备、房屋等固定资产的租赁、运行维护、维修等费用；用于中间试验和产品试制的模具、工艺装备开发及制造费，设备调整及检验费，样品、样机及一般测试手段购置费，试制产品的检验费等；研发成果的论证、评审、验收、评估以及知识产权的申请费、注册费、代理费等费用；通过外包、合作研发等方式，委托其他单位、个人或者与之合作进行研发而支付的费用；与研发活动直接相关的其他费用，包括技术图书资料费、资料翻译费、会议费、差旅费、办公费、外事费、研发人员培训费、培养费、专家咨询费、高新科技研发保险费用等。本年研究开发费用不包含用于企业研发活动的固定资产的折旧和无形资产的摊销。执行《企业会计准则》的企业，本年研究开发费用应当等于"研发支出"科目本年归集核算的借方发生额扣除固定资产折旧和无形资产摊销；以前年度由"研发支出"或"开发支出"转出形成的无形资产，其本年摊销费用不计入本年的"研发支出"科目。

研发人员人工支出：反映企业在职研发人员的工资、奖金、津贴、补贴、社会保险费、住房公积金等人工费用以及外聘兼职研发人员的劳务费。

研发性固定资产维护费用支出：反映用于研发活动的仪器、设备、房屋等固定资产的租赁、运行维护、维修等费用，不含折旧。

购买新技术、科研设备等支出：反映企业本年购置用于研发活动的软件、专利权、非专利技术等无形资产和仪器、设备、房屋等固定资产的实际支出。

其他科技支出：反映企业除本年研究开发费用及购买新技术、科研设备等支出之外的其他各项科技支出，如知识产权维护费、诉讼费、代理费、"打假"、非研发人员的科技教育与培训等费用支出。

（3）科技人员：反映直接从事科技活动以及专门从事科技活动管理和为科技活动提供直接服务，累计从事科技活动的实际工作时间占全年制度工作时间10%及以上的人员。

研发人员：反映参与研究与试验发展项目研究、管理和辅助工作的人员，包括项目（课题）组人员、企业科技行政管理人员和直接为项目（课题）活动提供服务的辅助人员。

3. 产值（按现行价格计算）：

（1）工业总产值：按报告期内实际销售价格计算的工业产品总量。仅由工业企业填列。

（2）劳动生产总值：指各种生产活动所创造的新增价值，是企业总产出与中间投入之差。增加值为劳动者报酬、固定资产折旧、生产税净额和营业盈余四个部分之和。各部分与会计指标的基本对应关系如下：

劳动者报酬：指劳动者为企业提供服务获得的全部报酬。主要包括本年在成本费用中列支的工资（薪金）所得、职工福利费、社会保险费、公益金以及其他各种费用中含有和列支的个人报酬部分。

固定资产折旧：指企业本年提取的固定资产折旧。

生产税净额：指国家对企业生产、销售产品和从事生产经营活动所征收的各种税金、附加和规费扣除生产补贴后的净额。各种税费主要有：本年应交的增值税、所得税、主营业务（产品销售）税金及附加等。扣除内容主要有：国家财政对企业的政策性亏损补贴、价格补贴和外贸企业的出口退税等生产补贴。

营业盈余：指企业本年的营业利润加补贴，主要包括：企业营业利润、补贴收入等。

4. 投资收益：反映企业确认的投资收益或投资损失。指企业长期股权投资、交易性金融资产、以公允价值计量且其变动计入当期损益的金融资产或金融负债、债权投资、可供出售金融资产、其他债权投资、持有至到期投资、其他权益工具投资、其他非流动金融资产、其他项目收益等在持有期间取得的投资收益；以及长期股权投资、交易性金融资产、以公允价值计量且其变动计入当期损益的金融资产或金融负债、债权投资、可供出售金融资产、其他债权投资、持有至到期投资、其他权益工具投资、其他非流动金融资产、其他项目收益等在处置时实现的损益。项目填报按照相关科目的会计规定分析填列。未执行新准则的企业按照投资持有和处置的性质分析填列。

5. 本年固定资产投资额：反映企业本年度新增固定资产投资总额，不包括企业以非货币交易换入和债务重组等方式取得的固定资产。本项目应根据"固定资产""在建工程""工程物资"等科目的借方发生额分析填列。

6. 本年管理费用项下的党建工作经费：反映企业按照《中共中央组织部　财政部　国务院国资委党委　国家税务总局关于国有企业党组织工作经费问题的通知》（组通字〔2017〕38号）要求，按照上年度职工工资总额的一定比例安排，纳入企业管理费用税前列支的党建工作经费。

7. 本年企业支付的环境保护及生态恢复支出：反映企业履行保护环境义务及生态恢复所发生的支出，

具体包括：生产过程直接降低环境负荷的成本、生产过程间接降低环境负荷的成本、销售及回收过程降低环境负荷的成本、企业环保系统的研究开发成本、企业配合社会地域的环保支援成本、由于企业活动而造成对土壤污染、自然破坏的修复成本及公害诉讼赔偿金、罚金等方面的支出。其中，本年度上交政府统筹的支出，反映企业按规定上缴的可持续发展基金、提取的生态环境治理保证金以及其他直接列支的环境治理与生态恢复支出；本年度企业提取或据实列支的支出，反映已提取但实际未完全支出的，以提取统计。

本年企业支出的节能减排费用：反映企业用于节约能源、减少废水、废气、废渣等排放的全部支出。

8. 企业累计向境外投资额：反映企业期末累计向境外的投资金额，但应剔除返还境内投资部分。其中，企业本年新增向境外投资额单独列示。

境外投资指投资主体通过投入货币、有价证券、实物、知识产权或技术、股权、债权等资产和权益或提供担保，获得境外所有权、经营管理权及其他相关权益的活动。

9. 本年对扶贫方面的支出：指本企业直接或间接（包括向扶贫类基金注资）用于国家扶贫开发工作重点县和集中连片特殊困难县产业扶持、基础设施建设、建档立卡贫困村和贫困人口帮扶等方面的支出。

10. 本年对外捐赠支出总额（不含上述"本年对扶贫方面的支出"中救济性、公益性及其他社会公共福利事业等）：反映本年发生的救济性、公益性及其他社会公共福利事业等捐赠支出总额。

11. 社会贡献总额：反映企业工资、劳保退休统筹、其他社会福利支出、利息支出、应交增值税、应交销售税金及附加、应交所得税、关税、其他税收、净利润和企业对外捐赠等。各部分与会计指标的基本对应关系如下：

工资：反映企业本年度应发放的从业人员人工成本支出总额。

劳保退休统筹：反映企业在管理费用中列支的劳动保险费和失业保险费。

劳动保险费：反映企业离退休人员的养老金、价格补贴、离退休人员的医疗保险和工伤保险、职工退职金、6个月以上病假人员工资、职工死亡丧葬补助费、抚恤金、按规定支付给离退休干部的各项经费。

其他社会福利支出：反映企业的福利费、职工教育经费、工会经费、公益性捐赠等，但不包括盈余公积金中公益金部分。

利息支出：反映企业本年全部利息支出金额，含利息费用化和资本化金额。

关税：反映企业在经营进出口业务中交纳和代为交纳的关税。

其他税收：反映企业本年列支的印花税、土地使用税、车船牌照使用税和房产税以及其他新增税种等。

对外捐赠：反映本年发生的救济性、公益性及其他社会公共福利事业等捐赠支出总额。如为负数请填"0"。

（四）表内公式

1 行 =（2 + 3 + 4 + 5）行；8 行 ≥ 9 行；8 行 ≥ 12 行；9 行 ≥ 13 行；10 行 ≥ 11 行；10 行 ≥ 12 行；11 行 ≥ 13 行；12 行 ≥ 13 行；16 行 =（17 + 18 + 19）行；20 行 =（21 + 25 + 26）行；21 行 =（22 + 23 + 24）行；27 行 ≥ 28 行；30 行 ≥ 0（合理性）；32 行 =（33 + 34 + 35 + 36 + 37 + 38 + 39 + 40 + 41 + 42 + 43）行；44 行 =（45 + 46 + 47）行；51 行 ≥（52 + 53 + 54）行；55 行 ≥ 56 行。若封面"报表类型码"为 0 或 2 或 3 或 4 或 5，且封面"执行新准则"中是否执行新金融工具准则为 2，则 34 行 = 0、37 行 = 0、39 行 = 0、41 行 = 0、42 行 = 0；若封面"报表类型码"为 0 或 2 或 3 或 4 或 5，且封面"执行新准则"中是否执行新金融工具准则为 1，则 35 行 = 0、36 行 = 0、38 行 = 0、40 行 = 0。

（五）表间公式（适用于封面"报表类型码"不为 1 时）

32 行 = 企财外 02 表 25 行；31 行 = 企财外 08 表 5148 行本期金额 + 企财外 09 表 30 行本期金额 + 企财外 02 表（34 + 36 − 25 − 29 − 30）行本期金额 + 企财外 07 表（1 行应交数 − 10 行应交数 − 21 行应补数 − 22 行应补数 − 30 行）（是否减投资收益）；14 行本年数 = 企财外 04 表 14 行 14 栏；14 行上年数 = 企财外 04 表 14 行 28 栏；15 行本年数 = 企财外 04 表 15 行 14 栏；15 行上年数 = 企财外 04 表 15 行 28 栏。59 行 ≥ 企财外 08 表（57 + 58）行 + 企财外 09 表（27 − 28 + 30 + 38）行 + 企财外 02 表（20 + 40）行 + 企财外 07 表 1 行应交数（合理性）+ 企财外 10 表 29 行。若通过数据计算得出"社会贡献总额"为负数，则"社会贡献总额"填列"0"。

十三、人力资源情况表 ［企财外 09 表］

（一）基本内容

本表主要反映企业的职工、不在岗职工及劳动关系处理、工资及福利等情况。

（二）编制方法

本表应根据企业当年基础会计资料及其他相关资料分析填列。本表涉及职工人数情况，应按照人员与工资相匹配、"人随工资走"的原则填列，并与企业人事部门的口径衔接一致。

（三）表内有关指标解释

1. 企业人数情况（人）：

（1）年末从业人员人数：反映年末在本企业实际从事生产经营活动的全部人员。包括：在岗的职工（合同制职工）、临时工及其他聘用、留用的人员，以及与法人单位签订劳务派遣合同的人员。

（2）本年平均从业人员人数：反映企业本年 12 个月从业人员人数的算术平均值。

（3）年末职工人数：反映企业年末人事关系或工资关系在本单位的职工及劳动合同制职工，不包括离休、退休人员等，但包含内退下岗人员。企业"年末在岗职工人数"单独列示。

（4）本年平均职工人数：反映企业本年 12 个月职工人数的算术平均值。企业"本年平均在岗职工人数"单独列示。

（5）年末劳务派遣人数：反映年末企业已履行劳务派遣合同实际提供就业人员（该类就业人员的劳动合同由劳务承包单位与其签订，并由承包单位负责发放工资、办理社会保险等事宜）的人数。

（6）本年平均劳务派遣人数：反映企业本年已履行劳务派遣合同全年实际提供就业人次（1 人工作 1 天为 1 个就业人次）除以年制度工作日数（250 天）计算填列。

（7）年末离休人数：反映企业年末已办理离休手续的职工人数。

（8）年末退休人数：反映企业年末已办理退休手续的职工人数。

（9）未实行社会化管理的离退休人员人数：根据《中共中央办公厅　国务院办公厅印发〈关于国有企业退休人员社会化管理的指导意见〉的通知》（厅字〔2019〕19 号），将尚未实行社会化管理的国有企业已退休人员移交街道和社区实行社会化管理，实行社会化管理后国有企业新办理退休人员管理服务工作与原企业分离。不符合上述要求的离退休人员应纳入此项统计。

（10）年末党员人数：反映企业年末已加入中国共产党的职工人数，按照党组织关系进行填报。其中，离退休干部职工党员组织关系转到居住地社区党组织的，不反映在年末党员人数中；将党员组织关系保留在原单位的离退休干部职工，反映在年末党员人数中。

2. 企业不在岗职工及劳动关系处理情况：

（1）年初不在岗职工人数（人）：反映年初档案关系在本企业或与企业签订劳动合同关系尚未到期的人员实际不在岗人数。

（2）年末不在岗职工人数（人）：反映年末档案关系在本企业或与企业签订劳动合同关系尚未到期的人员实际不在岗人数。

（3）本年累计解除劳动关系人数：反映企业按规定与职工解除劳动关系人数。"其中：需支付经济补偿人数"单独列示，反映按照《中华人民共和国劳动合同法》《违反和解除劳动合同的经济补偿办法》（劳部发〔1994〕481 号）等规定需支付经济补偿的人数。

（4）本年累计支付经济补偿金额：反映企业按规定与职工解除劳动关系所支付经济补偿金额，其中财政负担部分单列。

3. 工资及福利情况：

（1）本年应发职工薪酬总额：反映企业本年实际承担的为获取职工提供的服务或解除劳动关系而给予的各种形式的报酬或补偿（含劳务派遣费用），根据"应付职工薪酬"科目及其他相关科目的本年发生额分析填列。

（2）本年实际发放职工薪酬总额：反映企业本年度实际发放的为获取职工提供的服务或解除劳动关系

而给予的各种形式的报酬或补偿。其中"全年实际发放职工工资总额""本年支付的劳务派遣金额"单独填列。工资总额含按月发放的住房补贴。

(3) 本年支付的劳务派遣金额：反映企业为将有关工作（如服务性工作）以劳务形式整体外包给其他单位或个人签订的劳务派遣合同中本年实际履行的合同金额。

(4) 本年支付的离退休人员养老金及福利性补助：反映企业本年度实际发放的离退休人员养老金及各项补助，不包括离退休人员通过社会养老保险机构领取的工资和补助以及企业支付给离退休人员的医药费。

(5) 本年支付的企业负责人薪酬总额：按照企业负责人本年实际收到的薪酬总额填列。企业负责人薪酬主要由基本年薪、绩效年薪、中长期激励收益组成，按照本年实际发放数填报。本年实际发放数应包括本年的基本年薪、上年度绩效年薪当期兑现部分、上一任期绩效年薪当期延期兑现部分、当年兑现的中长期激励收益等。基本年薪是指企业负责人年度基本收入，绩效年薪是指与企业负责人经营业绩考核结果相联系的收入，当年兑现的中长期激励收益是指根据经薪酬审核部门批准的股权激励计划，负责人行权或兑现取得的收益。未实行年薪制的企业，负责人薪酬主要由工资、奖金、津贴、补贴组成。负责人当年取得的其他货币收入，一并填报。

企业负责人人数：按照企业本年的负责人人数填列。企业负责人是指企业的董事长、党委书记（党组书记）、总经理（总裁）、监事长以及其他企业领导班子成员（包括副董事长、党委副书记、副总经理、总会计师、总经济师、执行董事等）。本项目不包括在企业兼职不兼酬的企业负责人人数。合并报表按汇总口径填列。

(6) 本年支付的职工福利费：反映企业本年度实际支付的职工福利费总额，包含支付给离退休人员的统筹外费用。

(7) 本年提取的职工教育培训经费：反映企业在本年度按规定比例提取的专项用于职工教育和培训的费用。

(8) 本年支付的职工教育培训经费：反映企业在本年度对本单位职工教育和培训方面实际发生的全部支出。

（四）表内公式

2行≥(5+8)行；4行≥5行；4行≥(5+24)行；4行≥12行；4行≥13行；4行≥14行；4行≥15行；4行≥16行；4行≥17行；4行≥18行；4行+10行+11行≥21行（合理性）；6行≥7行；10行本年数≤上年数；(10+11)行≥20行；25行≥26行；27行≥28行；31行≥(32+34)行；32行≥33行；35行≥(36+37)行；39行、40行必填（合理性）；若9行>0，则34行>0；若26行>0，则27行>0；若27行>0，则26行>0；若39行>0，则40行>0；若40行>0，则39行>0；若40行>0，则21行>0（合理性）。

（五）表间公式（适用于封面"报表类型码"不为1时）

若企财外07表15行应交数>0，则12行>0；若企财外07表25行应交数>0，则13行>0；若企财外07表16行应交数>0，则14行>0；若企财外07表26行>0，则15行>0；若企财外07表17行应交数>0，则16行>0；若企财外07表18行应交数>0，则17行>0；若企财外07表19行应交数>0，则18行>0；若12行>0，则企财外07表15行应交数>0；若13行>0，则企财外07表25行>0；若14行>0，则企财外07表16行应交数>0；若15行>0，则企财外07表26行>0；若16行>0，则企财外07表17行应交数>0；若17行>0，则企财外07表18行应交数>0；若18行>0，则企财外07表19行应交数>0。

十四、带息负债情况表［企财外10表］

（一）基本内容

本表主要反映企业（包括金融企业）各项带息负债本金、利息、逾期本金以及累计欠息情况。补充资料反映企业的带息负债成本情况、永续债和优先股发行情况以及境外发债情况。

（二）编制方法

企业应根据"短期借款""☆交易性金融负债""以公允价值计量且其变动计入当期损益的金融负债""其他流动负债""长期借款""应付债券""长期应付款""其他非流动负债""☆租赁负债"等科目所属各明细科目分析填列，企业持有的外币带息负债，应按照外币折人民币的金额填列，外币折人民币时应当以期末 12 月 31 日中国人民银行公布的人民币与相应币种汇率的中间价折算。编制说明中未作解释的内容以企业目前所执行的会计核算制度为依据。

（三）表内有关指标解释

1. 本年应计利息：反映相关带息负债本年度应计提的利息。

2. 逾期尚未偿还的借款本金：反映企业期末尚未偿还的带息负债累计逾期本金总额。

3. 年末应付利息：反映年末累计应付未付的相关带息负债的利息。

4. 短期融资券（含超短期融资券）：反映企业在银行间债券市场发行和交易的一年内还本付息的短期债券，包括短期融资券和超短期融资券。

5. 应付债券：反映剩余期限一年以上的各类债券，包含归类为金融负债的永续债、优先股。

6. 中期票据、企业债券、公司债券：分别反映剩余期限一年以上的各类债券。

7. 融资租赁款：反映企业通过融资租赁的方式对外筹资的情况。本金根据"长期应付款"与"未确认筹资费用"的差额填列。

8. ☆租赁负债：反映资产负债表日承租人企业尚未支付的租赁付款额的期末账面价值。该项目应根据"租赁负债"科目的期末余额填列。自资产负债表日起一年内到期应予以清偿的租赁负债的期末账面价值，在"一年内到期的非流动负债"项目反映。

9. 利息支出总额：反映企业当年全部利息支出金额，包括利息费用化和资本化金额，包括计入负债的永续债利息、优先股股利。

10. 利息资本化金额：反映企业本年度符合资本化确认条件并计入相关资产成本的全部借款利息。

11. 带息负债融资成本率：反映企业当年带息负债平均融资成本，由利息支出总额除以平均带息负债余额（按月平均）计算。

12. 已发行永续债、优先股：反映企业期末发行在外的永续债、优先股的本金（股本）余额。归类为权益的永续债、优先股，既包括归属于母公司所有者权益的，也包括归属于少数股东权益的；归类为负债的永续债、优先股单独列示。

13. 计入未分配利润的永续债利息：反映企业当年计入权益的永续债所发生的利息。

14. 境外发行外币债券总额：反映企业集团所属境内外子企业本年度在境外累计发行外币债券的票面本金总额，以人民币填列。各明细项按各类债券的实际币种填列。

15. 境外发行人民币债券总额：反映企业集团所属境内外子企业本年度在境外累计发行人民币债券票面本金总额。

（四）表内公式

1. 行次：1 行 =（2 + 5 + 10 + 11 + 12）行；2 行 ≥（3 + 4）行；5 行 ≥（6 + 7 + 8 + 9）行；12 行 ≥（13 + 14）行；15 行 =（16 + 19 + 23）行；16 行 ≥（17 + 18）行；19 行 ≥（20 + 21 + 22）行；23 行 ≥（24 + 25）行；26 行 =（1 + 15）行；29 行 ≥ 30 行；33 行 ≥ 34 行；35 行 ≥ 36 行；若 1 栏 > 0，则 5 栏 > 0（合理性）。若封面"报表类型码"为 0 或 2 或 3 或 4 或 5，且封面"执行新准则"中是否执行新金融工具准则为 2，则 10 行 = 0；若封面"报表类型码"为 0 或 2 或 3 或 4 或 5，且封面"执行新准则"中是否执行新金融工具准则为 1，则 11 行 = 0。若封面"报表类型码"为 0 或 2 或 3 或 4 或 5，且封面"执行新准则"中是否执行新租赁准则为 2，则 25 行 = 0。

2. 栏间：4 栏 =（1 + 2 - 3）栏。

（五）表间公式

（1 行、2 行、5 行、10 行、11 行、15 行、16 行、19 行、25 行、26 行、34 行、36 行）年初余额、年末余额 ≤ 企财外 01 表（103 行、76 行、101 行、79 行、80 行、118 行、106 行、107 行、110 行、119 行、109 行、108 行）期初余额、期末余额；（29 - 30）行 = 企财外 02 表 20 行。

附件 2（2）

第二部分　财务情况表编制说明

一、应收款项情况表 [企财外 11 表]

（一）基本内容

本表反映企业按账龄分类的应收账款、其他应收款、长期应收款、一年内到期的长期应收款、逾期应收款项、涉及诉讼的应收款项、☆应收款项融资、☆合同资产中原计入应收账款的部分，以及主要欠款对象、各类保证金、应收账款保理、长账龄应收款项增减变动等情况。

（二）编制方法

1. 企业应按照应收款项的科目余额及所属明细科目分析填列表中各项指标，编制说明中未作解释的内容以目前企业所执行的会计核算制度为依据。

2. 编制合并财务报表的企业，应按照合并报表口径填报本表中的有关项目。

3. 表内"☆应收款项融资"指标仅由执行新金融工具准则的企业填列。

（三）表内有关指标解释

1. 年初余额、年末余额：指应收账款、其他应收款、长期应收款、☆应收款项融资、☆合同资产中原计入应收账款的部分等指标的年初和年末账面余额，不扣除已计提的坏账准备或减值准备。根据会计政策采用个别认定法计提坏账准备的应收账款、其他应收款、长期应收款年末余额单独列示。

2. ☆应收款项融资：反映资产负债表日以公允价值计量且其变动计入其他综合收益的应收票据和应收账款等。

3. 逾期应收款项：指超过收款期限仍未收回的应收账款、其他应收款、长期应收款和☆应收款项融资，按账面余额填列。

4. 补充资料"应收款项"均包括应收账款、其他应收款、长期应收款和☆应收款项融资。执行新收入准则的企业，按照新收入准则下应收账款的口径填列，不包含计入合同资产中原属于应收账款的部分。

5. 应收政府部门款项：指应收各级政府部门直接欠款。对中央部门下属企业欠款、地方政府下属企业欠款等，应分别填报在应收中央部门管理企业款项和应收地方国有企业款项中。

6. 应收国资委管理的中央企业款项：指应收国务院国资委履行出资人职责的中央企业及其子企业款项，由集团汇总分析填列。除在本表填列应收其他中央企业金额总数外，还应在财务情况专项说明中，按对方集团合计口径填报前十大应收单位及金额情况。

7. 应收政府投融资平台款项：反映应收各类政府投融资平台的款项。其中："政府投融资平台公司"是指由地方政府及其部门和机构、所属事业单位等通过财政拨款或注入土地、股权等资产设立，具有政府公益性项目投融资功能，并拥有独立法人资格的经济实体，包括各类综合性投资公司，如建设投资公司、建设开发公司、投资开发公司、投资控股公司、投资发展公司、投资集团公司、国有资产运营公司、国有资本经营管理中心等，以及行业性投资公司，如交通投资公司等。

8. 质量保证金：反映企业销售产品或提供劳务时，按照协议或合同规定预留一定比例货款以保证产品或服务质量的金额。

9. 履约保证金：反映企业在合同执行过程中，应客户或业主要求缴纳的保证金，包括保兑支票、银行汇票或现金支票等。

10. 投标保证金：反映企业在投标过程中，缴纳给招标人的投标责任担保金。

11. 应收账款保理：反映企业与集团外金融机构开展的应收账款保理总体情况，按在手保理合同标的余额填列，其中："无追索权的应收账款保理余额"单独列示。

12. 长账龄应收款项管理情况：反映账期 1 年以上应收款项年初、年末余额、本年增减变动额等，集团合并报表增减变动额由集团统计分析填列。

（四）表内公式

1. 行次：1 行 =（2+3+4+5）行；6 行 =（7+8+9+10）行；（1+6+11+12）行≥13 行；（1+6+11+12）行≥15 行；13 行≥14 行；25 行 =（26+27+28+30+32+34）行；28 行≥29 行；30 行≥31 行；32 行≥33 行；35 行 =（36+37+38+39）行；40 行≥41 行；45 行≥46 行。

2. 栏间：1 栏≥2 栏；1 栏≥3 栏；2 栏≥4 栏；3 栏≥4 栏；5 栏≥6 栏；25 行 7 栏 =（1+6+11+12+16）行 1 栏；25 行 8 栏 = 13 行 1 栏；25 行 9 栏 =（1+6+11+12+16）行 5 栏。

3. 若封面"报表类型码"为 0 或 2 或 3 或 4 或 5，且封面"执行新准则"中是否执行新金融工具准则为 2，16 行 = 0。

（五）表间公式

1 行（1-3）栏 = 企财外 01 表 9 行期末余额；1 行（5-6）栏 = 企财外 01 表 9 行期初余额；6 行（1-3）栏 = 企财外 01 表 15 行期末余额；6 行（5-6）栏 = 企财外 01 表 15 行期初余额；11 行（1-3）栏 = 企财外 01 表 32 行期末余额；11 行（5-6）栏 = 企财外 01 表 32 行期初余额；16 行 1 栏 = 企财外 01 表 10 行期末余额；16 行 5 栏 = 企财外 01 表 10 行期初余额；（1+6+11+12）行 6 栏 = 企财外 06 表 1 行 1 栏；（1+6+11+12）行 3 栏 = 企财外 06 表 1 行 11 栏。

二、存货情况表 ［企财外 12 表］

（一）基本内容

本表主要反映企业原材料、自制半成品及在产品、库存商品（产成品）、执行建造合同准则的企业和房地产开发企业的存货、合同资产中原计入存货的部分等主要存货的质量情况。

（二）编制方法

1. 企业应按照存货相关科目及所属明细科目分析填列表中各项指标，编制说明中未作解释的内容以企业所执行的会计核算制度为依据。

2. 编制合并财务报表的企业，应按照合并报表口径填报本表中的有关项目。

（三）表内有关指标解释

1. 已完工未结算工程：指企业已完成工程施工，但未办理结算的工程。本项目根据建造合同准则要求分析填列。执行新收入准则的单位，根据企业实际情况填列。

2. 在建房地产开发产品：房地产开发企业构成房地产商品售出条件的全部投入及分摊的相关费用，包括土地出让金、土地征用及拆迁安置补偿款、前期工程费、建安工程费、基础设施费、公共配套设施费和开发期间税费等费用。本项目由房地产开发企业根据"开发成本"科目的年末余额分析填列。执行新收入准则的单位，根据企业实际情况填列。

3. 已完工房地产开发产品：房地产开发企业已经完成全部开发建设过程，并已验收合格，符合国家建设标准和设计要求，可以按照合同规定的条件移交订购单位，或者作为对外销售、出租的产品，包括土地（建设场地）、房屋、配套设施和代建工程。本项目由房地产开发企业按照"开发产品"科目的年末余额分析填列。执行新收入准则的单位，根据企业实际情况填列。

4. 尚未开发的土地储备：房地产开发企业为开发房地产项目储备的土地资产，包括企业为取得土地支付的土地出让金、交易费、土地契税、办理土地证的费用等。本项目由房地产开发企业根据开发成本的有关明细科目的年末余额分析填列。

5. 非正常存货：指由于物理质量、性能发生恶化或由于技术进步、外部市场环境变化等原因导致价值贬值，并在可预计的未来不可能再恢复到原始价值的存货，如技术淘汰、残损变质、积压呆滞等。

6. 非正常存货处置利用情况：主要反映企业盘活处置非正常存货有关情况，以及因处置非正常存货对当期损益形成的影响等。

（四）表内公式

1. 行次：2 行≥（3＋4）行；5 行≥6 行；7 行≥8 行；9 行＝（1＋2＋5＋7）行；12 行≥（13＋14）行。

2. 栏间：1 栏≥2 栏；3 栏≥4 栏；9 行 1 栏≥12 行 5 栏；9 行 3 栏≥12 行 6 栏；12 行 6 栏≥17 行 5 栏；12 行 6 栏≥18 行 5 栏；12 行 6 栏≥20 行 5 栏；12 行 5 栏≥15 行 5 栏；12 行 6 栏≥15 行 6 栏。

（五）表间公式

1 行（1－2）栏＝企财外 01 表 19 行期末余额；1 行（3－4）栏＝企财外 01 表 19 行期初余额；5 行（1－2）栏＝企财外 01 表 20 行期末余额；5 行（3－4）栏＝企财外 01 表 20 行期初余额；9 行（1－2）栏＝企财外 01 表 18 行期末余额；9 行（3－4）栏＝企财外 01 表 18 行期初余额。

三、对外股权投资情况表［企财外 13 表］

（一）基本内容

本表主要反映年末企业对合并范围外的长期股权投资和在金融资产项目中核算的股权投资基本情况，包括对联营合营企业投资、未纳入合并范围的子企业投资以及不具有控制、共同控制和重大影响的各类参股投资，不包括在资本市场上取得的财务投资。

（二）编制方法

1. 企业应根据"长期股权投资""长期股权投资减值准备""可供出售金融资产""☆其他权益工具投资""投资收益"等科目及所属各明细科目及被投资企业实际情况分析填列，编制说明中未作解释的内容以企业目前所执行的会计核算制度为依据。

2. 企业应将对集团外的股权投资按照连续持有、本年新增和本年减少逐项填列。其中：本年追加投资以及因新增合并范围带来的对外股权投资，均作为连续持有项目填列；年初持股、至年末已清理的股权投资作为本年减少项目填列。

（三）表内有关指标解释

1. 投资主体：填列对外股权投资的直接投资企业（单位）名称。

2. 被投资企业性质：企业应分别按国有独资、国有控股、国有实际控制、集体、私营、外商、其他等七项内容选择填列。若被投资企业外商股权比例超过 25%，但国有股权比例仍大于外商股权比例，则按国有控股填列。

3. 被投资企业所属行业：按照国民经济行业分类与代码选择填列。

4. 投资成本：反映企业取得对外股权投资时支付的全部价款，或放弃非现金资产的公允价值，或取得股权投资的公允价值，包括直接相关的费用、税金及其他必要支出，包括取得时的投资成本和持有期间发生的投资成本，即反映截至期末的累计投资成本。

5. 本年账面投资收益：反映企业当年实际确认的投资收益或损失情况。

6. 核算方法：企业应分别按权益法核算的长期股权投资、成本法核算的长期股权投资、以公允价值计量的可供出售金融资产、以成本计量的可供出售金融资产和以公允价值计量且其变动计入其他综合收益的其他权益工具投资等项目选择填列。

7. 经营状况：企业应分别按盈利、亏损、非持续经营、筹建期尚未开展生产经营等内容选择填列。

8. 最近三年分红情况：反映企业最近三年内的分红情况，按照最近三年是否分红选择填列。

9. 被投资企业代码：一律使用统一社会信用代码证书编号（18 位），无统一社会信用代码证书的企业（境外公司等）使用统一的编码规则生成 18 位代码填报。

10. 备注：对于"年末股权比例"超过 50% 或"年末账面余额"未填列数据的情况，需在此项目中予以说明；以成本法核算的长期股权投资需在此予以说明。

（四）表内公式

7、8、13、14、15 栏 1 行＝2 行＋4 行＋6 行；12、16 栏 1 行＝2 行＋4 行；11 栏 1 行＝2 行＋6 行；7、8、11、12、13、14、15、16 栏合计＝浮动行合计；若 10 栏＞50 或 12 栏＝0，则 20 栏不为空。

四、投资并购企业情况表［企财外 14 表］

（一）基本内容

本表主要反映企业本年度以无偿划转、协议转让以及其他收购兼并方式取得其他企业控制权的情况，不包括集团内部企业之间的购并、置换以及无偿划转等行为。

（二）编制方法

企业应根据收购、兼并合同与无偿划转等协议和文件，以及相关会计处理、资产评估报告等资料逐项分析填列。

（三）表内有关指标解释

1. 管理级次：反映并购主体在集团实际管理架构中的级次。
2. 企业性质：应按国有独资、国有控股、国有实际控制、集体、私营、外商、其他选择填列。
3. 所在地区：反映被并购企业所在的地区，按"境内、港澳台、洲别"等枚举填列。
4. 并购方式：应按无偿划转、现金收购、资产置换、增资扩股和其他选择填列。
5. 是否属主业：按照主业和非主业选择填列。主业的界定以国资委对集团批复的主业范围为依据。
6. 净资产价值（审计/评估）：被并购企业因无偿划入等原因未经评估的，净资产价值按并购日被并购企业经审计的净资产账面价值填列。
7. 支付对价：指并购主体在收购兼并中支付的交易对价，应根据资金来源以自有资金、银行贷款、股权及其他进行分析填列。
8. 形成商誉：指企业收购兼并支付的对价超过合并中取得被收购企业可辨认净资产公允价值份额的差额。
9. 当年计提商誉减值准备：反映企业对当年并购或无偿划入形成的商誉计提的减值准备。
10. 企业代码：一律使用统一社会信用代码证书编号（18 位），无统一社会信用代码证书的企业（境外公司等）使用统一的编码规则生成 18 位代码填报。

（四）表内公式

11、12、13、14、15、16、17、18、20、21 栏合计 = 浮动行合计；若 12 栏 − 11 栏 × 19 栏 > 0，则除合计行外，浮动行 17 栏 = 12 栏 − 11 栏 × 19 栏；若 12 栏 − 11 栏 × 19 栏 ≤ 0，则 17 栏 = 0。

五、子企业及股权处置情况表［企财外 15 表］

（一）基本内容

本表主要反映企业本年度对所属子企业及参股企业的清理、处置情况，不包括集团内部企业之间的子企业及股权出售、转让或无偿划转行为。

（二）编制方法

企业应根据本年度发生的子企业处置情况、参股企业处置情况或无偿划转文件，以及"长期股权投资"等科目所属各个明细科目等资料逐项分析填列。向外商转让国有股权应当填报本表。

（三）表内有关指标解释

1. 子企业处置情况：反映企业本年度对所属子企业的转让、无偿划出、清算、注销、破产等处置情况，包括处置部分股权和全部股权。
2. 参股企业处置情况：反映企业本年度对参股投资项目的转让、无偿划出等处置情况，包括处置部分股权和全部股权。
3. 处置方式：应按进场交易、经国资委批准的协议转让、经中央企业批准的协议转让、无偿划出、清算、注销、破产、其他选择填列。
4. 账面净值（净资产）：反映股权处置行为基准日相关子企业及对外参股投资企业的账面净资产余额。
5. 评估净值（净资产）：反映股权处置行为评估基准日相关子企业及对外参股投资企业净资产的评估金额。

6. 处置损益：反映企业处置子企业及股权的收益或损失情况。

7. 被处置企业代码：一律使用统一社会信用代码证书编号（18 位），无统一社会信用代码证书的企业（境外公司等）使用统一的编码规则生成 18 位代码填报。

（四）表内公式

4、5、6、7 栏合计＝子企业处置情况＋参股企业处置情况。

六、金融投资及风险业务情况表 ［企财外 16 表］

（一）基本内容

本表反映企业的股票、基金、期货（权）及衍生品、委托理财、委托贷款等金融投资业务及其实现的投资收益情况，以及抵押、质押、或有事项、诉讼、融资性贸易风险敞口等情况。

（二）编制方法

1. 企业应按照"以公允价值计量且其变动计入当期损益的金融资产""☆交易性金融资产""可供出售金融资产""持有至到期投资""委托贷款""投资收益""公允价值变动损益"等科目及所属各明细科目分析填列表中各项指标。

2. 编制合并财务报表的企业，应按照合并报表口径填报本表中的有关项目。

（三）表内有关指标解释

1. 股票投资情况：反映企业在境内、外证券市场上买卖上市公司的流通股，不包括企业以参股、控股为目的在可供出售金融资产或长期投资科目核算的股权投资。其中在境外（含港、澳、台地区）从事的股票投资情况单独反映。委托他人进行的股票投资业务通过"委托理财情况"反映，不在本项目填列。

（1）原始投资成本：反映企业年末 12 月 31 日所持有的股票原始投资账面价值，分多次买入的按加权平均计算投资成本。

（2）年末市值：反映企业年末 12 月 31 日所持有股票的市场价值。

（3）浮动盈亏：反映企业截至年末 12 月 31 日所持股票市值与投资成本之间的差额。

（4）当年累计交易金额：反映企业当年所有股票投资及交易活动的累计金额。

（5）当年实际盈亏：反映企业当年进行股票投资实际产生的盈亏额。

2. 基金投资情况：反映企业在境内、外市场投资各类基金的情况。其中在境外（含港、澳、台地区）从事的基金投资情况单独反映。委托他人进行的基金投资业务通过"委托理财情况"反映，不在本项目填列。

（1）原始投资成本：反映企业年末 12 月 31 日所持有的基金原始投资账面价值，分多次买入的按加权平均计算投资成本。

（2）年末市值：反映企业年末 12 月 31 日所持有基金的市场价值。

（3）浮动盈亏：反映企业截至年末 12 月 31 日所持基金市值与投资成本的差额。

（4）当年实际盈亏：反映企业当年进行基金投资实际产生的盈亏额。

3. 债券投资情况：反映企业投资国债、金融债券、企业债券等各种债券的情况。

（1）原始投资成本：反映企业年末 12 月 31 日所持有的债券原始投资账面价值，分多次买入的按加权平均计算投资成本。

（2）年末市值：反映企业年末 12 月 31 日所持有债券投资的市场价值。

4. 商品或金融期货（权）及衍生品投资情况：反映企业在境内、外期货交易所、证券交易所或场外市场从事的自营、代理、委托期货经纪公司等形式的期货（权）及衍生品交易的情况。其中在境外（含港、澳、台地区）从事的期货（权）及衍生品投资情况单独反映。

（1）保证金账户余额：反映企业年末 12 月 31 日商品或金融期货（权）及衍生品保证金账户的实际余额。

（2）年末持仓合约金额：反映企业年末 12 月 31 日累计持有的所有商品或金融期货（权）及衍生品合约约定的总价值。

（3）当年实际盈亏：反映企业当年进行商品或金融期货（权）及衍生品投资实际形成的盈亏额。

（4）浮动盈亏：反映企业截至年末 12 月 31 日商品或金融期货（权）及衍生品交易可能发生的收益或亏损情况。

（5）当年累计交易金额：反映企业当年所有商品或金融期货（权）及衍生品投资及交易活动的累计金额。

5. 委托理财投资情况：反映企业将资金、证券等金融性资产通过合约委托其他单位开展投资业务的有关情况。

（1）委托理财本金年末余额：反映企业委托其他单位开展委托理财业务的账面余额。

（2）当年实际盈亏：反映企业当年进行委托理财投资实际形成的盈亏额。

（3）预计盈亏：反映企业截至年末 12 月 31 日委托理财投资可能发生的收益或亏损情况。

（4）计提减值准备年末余额：反映企业截至年末 12 月 31 日对因受托机构高危、托管、破产清算等原因导致的可能发生损失的委托理财计提的减值准备的账面余额。

（5）当年新增委托金额：反映企业当年新增的所有委托理财投资活动的累计金额。

（6）购买的信托产品金额：反映企业年末持有的各类信托产品的账面余额。

（7）到期未偿付的信托产品金额：反映企业年末持有的各类信托产品中，已经逾期未收回投资的金额。

6. 委托贷款情况：反映企业提供资金，由金融机构根据企业确定的贷款对象、用途、金额、期限、利率等而代理发放、监督使用并协助收回的贷款情况。

7. 已抵押资产账面价值：反映企业年末已抵押的资产账面净值，包括企业为他人和自己担保尚未解除担保责任的已抵押资产账面净值，其中"为集团外单位担保已抵押资产账面价值"应单独填列。

8. 已质押资产账面价值：反映企业年末已质押的资产账面净值，包括企业为他人和自己担保尚未解除担保责任的已质押资产账面净值，其中"为集团外单位担保已质押资产账面价值"应单独填列。

9. 或有负债：反映企业年末或有负债的总金额。其中已贴现商业承兑汇票形成的或有负债，为其他单位提供债务担保形成的或有负债以及未决诉讼或仲裁形成的或有负债应单独填列。

10. 涉及诉讼案件情况：反映企业年末未决诉讼的个数和金额情况。

11. 融资性贸易风险敞口年末余额：截至本年末的风险敞口余额，为年初风险敞口余额加上本年增加额，减去本年减少额。其中：年初风险敞口余额，为截至上年末的风险敞口余额；本年增加额，包括当年新开展的融资性贸易业务产生的风险敞口金额、以前年度获得的资产和抵质押物当年减值金额；本年减少额，包括当年收回的现金和资产以及抵质押物的实际价值金额、以前年度收回的资产和抵质押物当年增值金额、当年核销债等风险敞口权形成的实质性损失金额、当年已完成风险敞口处置工作并经董事会等内部决策程序认定无法收回的预计损失金额。

（四）表内公式

1. 行次：4 行 =（3 - 2）行；10 行 =（9 - 8）行；35 行 ≥ 36 行；36 行 ≥ 37 行；40 行 ≥ 41 行；42 行 ≥ 43 行；47 行 ≥ 48 行；49 行 ≥ 50 行；51 行 ≥（52 + 53 + 54）行；56 行 ≥ 57 行；58 行 ≥ 59 行；66 行 = 61 行 - 62 行；62 行 =（63 + 64 + 65）行。

2. 栏间：1 栏 ≥ 2 栏（2、3、5、8、9、13、14、15、16、17、18、20、21、24、26、27、30 行）。

七、提供担保情况表［企财外 17 表］

（一）基本内容

本表主要反映企业为子企业、参股企业、集团外单位提供担保的具体情况，不包括企业作为债务人为自己提供的担保。

（二）编制方法

企业应根据期末为子企业、参股企业、集团外单位提供担保情况、担保合同，以及被担保企业资料，逐笔逐项填列，集团内部企业之间的互保不得抵销。子企业是指纳入合并范围的企业，参股企业是指有股权关系但未纳入合并范围的企业，集团外单位是指无股权关系的单位。

（三）表内有关指标解释

1. 担保单位：反映与担保对象和债权人签订担保合同、为担保对象提供履约担保的第三方，应填列单位全称。

2. 担保对象：反映接受担保的债务人，应填列单位全称。担保对象的企业性质应按1. 国有独资、2. 国有控股、3. 国有实际控制、4. 集体、5. 私营、6. 外商、7. 其他选择填列；担保对象是否为上市公司应按1. 是、2. 否选择填列；担保对象的经营现状，反映担保对象截至年末的经营状况，应按1. 正常经营、2. 非持续经营选择填列。

3. 担保方式：反映担保方向担保对象提供担保的形式，应按1. 一般保证、2. 连带责任保证、3. 抵押、4. 质押选择填列。

4. 担保种类：指担保方为担保对象提供担保的品种，应按1. 贷款担保、2. 履约担保、3. 贸易融资担保、4. 其他担保选择填列。

5. 反担保方式：反担保是担保方为担保对象向债权人提供担保时，要求担保对象或其他人向担保人提供的担保，按照1. 无反担保、2. 一般保证、3. 连带责任保证、4. 抵押、5. 质押选择填列。

6. 实际担保金额：反映企业截至年末按照担保合同尚未解除担保责任的担保总金额。其中："本年度新增的担保金额"应单独列示。

7. 是否逾期：反映超过担保合同规定的期限仍未解除担保责任的担保事项，按1. 是、2. 否选择填列。

8. 代偿损失金额：反映担保方由于提供该笔担保事项发生的代偿损失金额，应按担保方由于提供该笔担保事项累计发生的代偿损失金额填列。

9. 已计入预计负债金额：反映实际担保事项因存在较大的担保风险等原因，按规定已确认为预计负债的金额。其中："本期计入预计负债金额"应单独填列。

10. 是否按股权比例担保：反映担保方是否按照持有担保对象的股权比例承担债务担保责任，按1. 是、2. 否选择填列。

（四）表内公式

1. 行次：9、10、13、14、15 栏合计 = 对子企业 + 对参股企业 + 对集团外企业。

2. 栏间：9 栏≥10 栏；9 栏≥13 栏（合理性）；9 栏≥14 栏；14 栏≥15 栏。

八、主要业务情况表［企财外18 表］

（一）基本内容

本表主要按照分部信息反映企业主业、非主业的收入、成本、毛利、利润及资产等情况。

（二）编制方法

1. 企业应根据各业务的性质按照"主业""非主业"进行分析填列。主业应与上一级单位沟通确认。

2. 企业应根据各业务的"营业收入""营业成本""利润总额""资产总额"等科目所属明细项目，以及金融企业"△利息收入""△已赚保费""△手续费及佣金收入""△利息支出""△手续费及佣金支出""△退保金""△赔付支出净额""△提取保险合同准备金净额""△保单红利支出""△分保费用"等专用科目分析、计算填列。

3. 业务项目明细分类：按企业业务板块的明细分类填列。

4. 编制合并财务报表的企业，原则上按合并口径填列，如合并口径无法体现真实业务情况，应与上一级单位沟通确认。

（三）表内公式

1. 行次：合计行 = 浮动行的和。

2. 栏间：10 栏 =（2 - 6）栏；12 栏 =（4 - 8）栏。

（四）表间公式

（合理性公式）合计行 2 栏 = 企财外 02 表 1 行本期金额；合计行 4 栏 = 企财外 02 表 1 行上期金额；合计行 6 栏 = 企财外 02 表（7 + 8 + 9 + 10 + 11 + 12 + 13 + 14）行本期金额；合计行 8 栏 = 企财外 02 表（7 +

8 + 9 + 10 + 11 + 12 + 13 + 14）行上期金额。

九、成本费用情况表［企财外 19 表］

（一）基本内容

本表主要反映企业本年度发生的成本费用总额、构成以及物资采购及研发费用等情况。

（二）编制方法

1. 企业应按照"营业成本""税金及附加""销售费用""管理费用""研发费用""财务费用"所属明细科目，以及金融企业"利息支出""手续费及佣金支出"等成本科目分析填列。

2. "营业成本"由非金融企业填列，"金融企业营业成本"仅由金融企业填列，其他企业不填。

3. 编制合并财务报表的企业，应按照合并报表口径填报本表中的有关项目。

（三）表内有关指标解释

1. 原材料费用（采购成本）：原材料费用反映直接构成企业销售产品实体或主要部分的原料、材料和燃料等成本；采购成本反映商贸企业销售库存商品的实际采购成本（包括买价、税费、运输装卸费、保险及其他采购费用等）。

2. 人工成本：反映企业销售产品或提供劳务所直接耗用的人工费用的总和。

3. 勘探费用：由石油天然气开采企业根据油气勘探过程中发生的地质调查、物理化学勘探各项支出和非成功探井等支出分析填列。

4. 采购总额：反映企业本年度生产经营、工程建设、科研开发以及发放非货币性职工福利等所采购的各类物资及服务总额。

5. 集中采购额：反映企业整合一段时间内多个同类项目的需求，由采购部门同意组织实施集中采购的集中金额，包括集团总部集中采购金额和所属企业集中采购金额，具体按本年度实际签订的合同金额填列。

6. 集团总部集中采购额：反映企业本年列入集团总部集中采购范围内的物资及服务采购金额，包括集团总部直接集中采购、总部组织集中采购、总部授权集中采购等形式。具体按本年度实际签订的合同金额填列。

7. 企业自行组织集中采购额：反映除集团总部集中采购外，由集团所属企业自行组织集中采购的金额，具体按本年度实际签订的合同金额填列。

8. 集中采购比例：反映企业集中采购额占集团各类对外采购金额的比重。集中采购比例 = 集中采购额/采购总额 × 100%

9. 集中采购节约金额：反映企业本年执行的所有集中采购业务节约资金的总和，集中采购业务节约金额计算公式为：节约金额 = 概算（预算）金额 - 成交金额，或节约金额 = 市场价 - 成交价

10. 在当年成本费用中列支的企业研究开发费用支出：反映企业在当年成本费用中列支、影响当期损益的各项研发支出，不包括当年预提的科研费用。

11. 确认为无形资产的开发支出：反映企业当年度发生的资本化研究开发支出金额，根据"研发支出——资本化支出"科目贷方发生额分析填列。

12. 科技创新收入：综合反映企业科技创新与转化能力，包括企业"四技收入"与企业承担省部级以上项目（课题）到款额之和。其中："四技收入"指技术开发收入、技术转让收入、技术咨询收入及技术服务收入。

13. 新产品销售收入：反映企业在营业收入中销售新产品实现的收入。新产品是经政府有关部门认定并在有效期内的产品；也包括企业自行研制开发，未经政府有关部门认定，从投产之日起一定时期（一般为一年）内的新产品。新产品是指采用新技术原理、新设计构思研制生产，或结构、材质、工艺等某一方面有所突破或较原产品有明显改进，从而显著提高了产品性能或扩大了使用功能，对提高经济效益具有一定作用的产品，并且在一定区域或行业范围内具有先进性、新颖性和适用性的产品。

14. 加计扣除研究开发费用：反映企业按照国家税务总局《企业研究开发费用税前扣除管理办法（试行）》（国税发〔2008〕116号）规定，在计算应纳税所得额时可予以加计扣除的研究开发费用，应根据年

度"企业所得税纳税申报表"中纳税调整项下列示的研究开发费用附加扣除额填列。"本年数"根据企业按相关规定预计金额填列;"上年数"根据税务部门确认金额填列。

15. 品牌建设支出:反映企业品牌战略方面的咨询、培训、研讨等费用,品牌形象设计方面的咨询、设计、资料等费用,品牌推广方面的广告、宣传、会议、样品、资料、公关、商业赞助等费用,品牌保护方面的商标、评估、授权使用、会议、诉讼等费用,以及其他与品牌建设直接相关的费用。

16. 网络安全和信息化建设总支出:指企业网络安全和信息化的管理、规划、建设、运维等支出。其中:网络安全总支出是指企业专门用于网络安全的管理、规划、建设、运维等支出。

（四）表内公式

1 行≥（2+3+4）行;7 行=（8+24+43+44）行;8 行=（9+10+11+12+13+14+15+16+17+18+19+20+21+22+23）行;24 行=（25+26+27+28+29+30+31+32+33+34+35+36+38+39+40+41+42）行;36 行≥37 行;46 行=（1+5+6+7+45）行 49 行≥50 行;50 行=（51+52）行;53 行=50 行/49 行×100%;56 行≥43 行;57 行≥58 行;59 行=（60+63+64）行;60 行≥（61+62）行;67 行≥68 行。

（五）表间公式

1 行本年数、上年数=企财外 02 表 7 行本期金额、上期金额;5 行本年数、上年数=企财外 02 表（8+9+10+11+12+13+14）行本期金额、上期金额;6 行本年数、上年数=企财外 02 表 15 行本期金额、上期金额;8 行本年数、上年数=企财外 02 表 16 行本期金额、上期金额;24 行本年数、上年数=企财外 02 表 17 行本期金额、上期金额;43 行本年数、上年数=企财外 02 表 18 行本期金额、上期金额;44 行本年数、上年数=企财外 02 表 19 行本期金额、上期金额;45 行本年数、上年数=企财外 02 表 23 行本期金额、上期金额;46 行=（1+5+6+7+45）行－企财外 02 表 28 行;31 行本年数、上年数=企财外 08 表 49 行本期金额、上期金额。

十、股权结构情况表［企财外 20 表］

（一）基本内容

本表主要反映企业的股权结构,包括股东名称、统一社会信用代码（18 位）、股东性质、集团内/集团外、境内/境外、截至本年末实际出资额、截至上年末实际出资额、本年股权比例、上年股权比例等。

（二）编制方法

企业应将持有其股权比例前十大的股东分项填列,其他股东出资额合计填列。

（三）表内有关指标解释

1. 股东性质:指股东的组织形式,包括国家资本、国有法人资本（国有独资企业、国有控股企业、国有实际控制企业、事业单位、其他）、集体资本、民营资本（民营企业、本企业人员、其他自然人、其他）、外商资本。

2. 集团内/集团外:指股东与编制单位是否同为一家集团内的企业。

3. 境内/境外:指股东生产经营所在地。

4. 截至本年末实际出资额:指截至本年资产负债表日,股东累计已出资的金额。

5. 截至上年末实际出资额:指截至上年资产负债表日,股东累计已出资的金额。

6. 本年股权比例:指截至本年资产负债表日,股东持有的股权比例。

7. 本年股权比例:指截至上年资产负债表日,股东持有的股权比例。

8. 统一社会信用代码:一律使用统一社会信用代码证书编号（18 位）,无统一社会信用代码证书的企业（境外公司等）使用统一的编码规则生成 18 位代码填报。

（四）表内公式

截至本年末实际出资额 5 栏=股东合计,截至上年末实际出资额 6 栏=股东合计。

附件 2（3）

第三部分 国际化经营情况表编制说明

一、境外子企业基本情况表［企财外 21 表］

（一）编制方法

本表由境外企业分户填报，集团经合并抵消后汇总填报。集团汇总数据应反映所属全部境外单位情况。

（二）表内有关指标解释

1. 从业人员人数情况：反映年末在本企业实际从事生产经营活动的全部人员。包括：在岗的职工（合同制职工）、临时工及其他聘用、留用的人员，以及与法人单位签订劳务派遣合同的人员。按年末数、全年平均数分别列示。

2. 中方职工人数情况：反映在境外工作的中方职工人数，按年末、全年平均数分别列示。

3. 人工成本情况：指企业当年实际发放的全部从业人员薪酬、职工工资总额，其中中方人员单列。

4. 注册资本：按境外企业在驻在地登记注册的资本数额填列。其中中方投入资本和中方资本中以个人名义注册的资本额应单独列示。

5. 驻在地所得税率：应按照境外企业实际执行的税率填列。采用比例税率的企业，按实际比例税率填列；采用累进税率的企业，按平均所得税率填列。集团合并报表可不填列。

6. 本年实际上交驻在地税金（费）总额：指境外企业本年度实际上交驻在地的各类税金（费）之和，集团合并报表汇总填列所有境外子企业向境外国家或地区上交的税金（费）之和。

7. 对驻在地社会贡献总额：反映企业在驻在地缴纳的各种税费、支付的人员薪酬及其他社会福利支出、利息支出、对外捐赠和净利润等。各部分与会计指标的基本对应关系如下：

工资、劳保退休统筹及其他社会福利支出：反映企业本年度实际发放的全部从事生产经营活动人员的人工成本支出总额及离退休人员养老金、医药费等各项补助。

利息支出：反映企业本年全部利息支出金额，含利息费用化和资本化金额。

上交税费：反映企业本年实际上交的增值税、消费税、营业税、资源税、城建税、烟叶税、关税、企业所得税、教育费附加、石油特别收益金及其他税费的合计金额。

对外捐赠：反映企业本年发生的救济性、公益性及其他社会公共福利事业等捐赠支出总额。

8. 带动国内出口总额：指企业本年度累计带动国内设备、材料、技术及劳务出口的金额。其中，带动国内设备的出口金额应单独列示。

9. 已投保资产总额：反映企业已向境内外保险机构投保所涉及的资产总额。

10. 重大财务制度建设情况：集团合并报表可不填列。

11. 所属离岸公司情况：仅由集团本部填报，离岸公司专指在境外设立的以持有其他企业股权为目的、自身无实际经营活动、不单独上报本套报表的公司，包括但不限于注册在英属维京群岛（BVI）、开曼群岛、巴拿马等地的公司。

年末离岸公司存放资金余额指年末离岸公司本级现金、银行存款及其他现金等价物之和，不包含离岸公司所控股的实体经营公司的合并货币资金。由企业集团总部统计全集团离岸公司情况进行填列。

12. 中介机构审计资产占比：仅由集团本部填列，反映经中介机构审计的境外资产总额占集团境外总资产的比例。

境内中介机构审计资产占比：反映经境内中介机构审计的境外资产总额占集团境外总资产的比例。

（三）表内公式

3 行 = 4 行 + 5 行；6 行 = 7 行 + 8 行；11 行 ≥ 12 行 ≥ 13 行；14 行 ≥ 15 行；16 行 ≥ 17 行；20 行 ≥ 21 行；

22 行≥23 行；24 行≥25 行≥26 行；30 行≥31 行；34 行≥35 行；37 行≥38 行；53 行≥54 行；若 3 行＞0，则 6 行＞0。

（四）表间公式

11 行 = 企财外 09 表 2 行；14 行 = 企财外 09 表 3 行；16 行 = 企财外 09 表 4 行；18 行≤企财外 09 表 6 行；22 行 = 企财外 09 表 32 行；24 行≥企财外 01 表 121 行；33 行≤企财外 07 表 33 行；37 行 = 企财外 26 表合计行 34 栏；38 行 = 企财外 26 表合计行 35 栏。

二、境外机构基本情况表［企财外 22 表］

（一）编制方法

本表由境外机构的境内外投资单位填报，表内不含已单独填报报表的境外机构。

（二）表内有关指标解释

1. 驻在地：城市/地区按境外机构办公地所在城市或地区枚举选择。
2. 年末职工：反映境外机构年末职工（含外方）人数情况，其中中方职工人数单独列示。
3. 职工全年实发工资：反映境外机构全年实际发放的职工（含外方）工资情况，其中中方职工工资单独列示。
4. 驻在地所得税率：应按照境外机构实际执行的税率填列。采用比例税率的机构，按实际比例税率填列；采用累进税率的机构，按平均所得税率填列。
5. 本年实际上交驻在地税金（费）总额：指境外机构本年度实际上交驻在地的各类税金（费）之和，集团合并报表汇总填列所有境外机构向境外国家或地区上交的税金（费）之和。

（三）表内公式

1. 行次：合计行 = "分公司" + "代表处（办事处）" + "项目部（经理部）" + "其他"；5 列合计行≥0；6 列合计行≥0；7 列合计行≥0；8 列合计行≥0；14 列合计行≤Z07 表 33 行（合理性）。
2. 栏间：15 栏≥16 栏；17 栏≥18 栏。

（四）表间公式

15 列合计行≤企财外 21 表第 16 行；16 列合计行≤企财外 21 表第 17 行；17 列合计行≤企财外 21 表第 22 行；18 列合计行≤企财外 21 表第 23 行。

三、境外投资项目情况表［企财外 23 表］

（一）编制方法

本表反映企业境外投资项目情况，由企业集团总部负责境外投资管理的部门统计全集团重要境外投资项目情况后汇总填报，包括当年退出的投资项目，但不包括以前年度退出项目。合计行反映企业所有境外投资项目汇总数。列入本集团重点项目或项目投资总额 1 亿元以上的项目需作为重点项目单独填列在浮动行。

（二）表内有关指标解释

1. 出资企业：填列作为项目出资者的子企业名称；集团直接出资的，填列集团名称。
2. 是否列入"一带一路"项目库：根据项目是否列入国家发展改革委"一带一路"建设重大项目储备库填列。入库项目需企业在国家重大建设项目网站上填报。
3. 是否为国际产能和装备制造合作项目：根据《国务院关于推进国际产能和装备制造合作的指导意见》（国发〔2015〕30 号）精神，结合投资项目实际填列。
4. 第三方市场合作项目：是指中国企业与有关国家企业共同在两国之外的第三方市场开展经济合作。
5. 洲别、国家（地区）：按枚举字典选择填列。
6. 行业：投资项目所处行业应参照国家统计局《国民经济行业分类》（GB/T4754—2017）填写到一级门类。
7. 本企业投资总额：指本企业在该项目的总投资，根据项目合同等填列。
8. 累计完成投资：指本企业截至年末在该项目累计完成的投资额，根据项目投资进展情况填列；其中，本年新增投资指本企业本年在该项目发生的投资。

9. 累计投资回报：指本企业在该项目累计的投资回报；其中，本年投资回报指本年本企业在该项目取得的投资回报。

10. 项目概述：以简要文字描述项目内容、股东情况、进度、形成产能或获得权益情况、预期收益等。

11. 存量项目：存量项目但本年未进行投资。

12. 当年新增且在当年退出的项目在"本年退出项目"行填列。

（三）表内公式

1. 行次：合计行="本年新增项目"+"续投项目"+"存量项目"+"本年退出项目"；"本年新增项目""续投项目""存量项目""本年退出项目"分别大于等于各自浮动行合计；"其中：重点项目"分别等于各自浮动行合计。

2. 栏次：14 列≥15 列。

（四）表间公式

"本年新增项目"+"续投项目"+"存量项目"合计行 13 列 = 企财外 26 表合计行 22 栏；"本年新增项目"+"续投项目"+"存量项目"合计行 15 列 = 企财外 26 表合计行 25 栏。

四、境外矿产资源项目基本情况表［企财外 24 表］

（一）编制方法

1. 本表反映企业在境外从事矿产资源勘查、开采项目的基本情况，单户表由境外矿产资源项目的投资单位填报；集团合并表由总部国际化经营管理部门负责对全集团境外矿产资源项目情况进行汇总后，适当合并或补充填报。

2. 本表可根据项目管理方式或核算方式按合同、区块等分项目填列，控股项目、参股项目均需填列。

3. 由集团内的不同成员单位投资同一项目的，应进行适当合并后按一个项目填列。

（二）表内有关指标解释

1. 剩余可采储量：指年末该项目保有的可采储量。

2. 权益产量：指企业本年度按照权益比例所享有的矿产资源产量。

3. 项目投资总额：是反映项目建设规模的指标，指项目立项时计划的投资总额，其中被投资方是控股子企业的，填列各方全部投资金额；是参股企业的，仅填列本企业投资金额。

4. 本企业累计完成投资：指本企业从项目开工到本年末项目总计已完成的投资额，其中当年投资金额单列。

5. 累计取得收益：指该项目自开工到本年末项目总计贡献的收益，控股项目按该项目累计实现的利润总额填列，其中当年利润总额单列；参股项目按项目实际分红或分回产品产生收益填列，其中当年分红或分回产品产生收益单列。

（三）表内公式

1. 行次：合计行="控股项目"+"参股项目"；"控股项目""参股项目"分别等于各自浮动行合计。

2. 栏间：16 栏≥17 栏；若 12 栏为"在产"，14 栏>0（合理性）。

五、对外承包工程项目情况表［企财外 25 表］

（一）编制方法

本表反映企业在境外开展工程承包项目的基本情况。本表由企业集团总部国际化经营管理部门和财务部门共同统计全集团境外工程项目情况后汇总填报，包括当年完成、年末尚未完成及合同已生效但尚未开始执行的项目。

同一中央企业内部不同成员单位承揽同一项目中不同部分的，集团应合并后作为一个项目填列。

（二）表内有关指标解释

1. 承包企业名称：填列作为项目承包单位的子企业名称；集团直接承包的，填列集团名称。

2. 是否列入"一带一路"项目库：根据项目是否列入国家发展改革委"一带一路"建设重大项目储备库填列。入库项目需企业在国家重大建设项目网站上填报。

3. 项目所在地：洲别、国家按枚举选择，城市/地区直接填写所在地名，是否是"一带一路"国家（地区）指项目所在国家（地区）是否为"一带一路"沿线国家，非企业注册地所在地点。

4. 业主情况：根据项目建设方情况填列，业主单位类型包括所在地政府、政府部门，政府、政府部门控制企业，其他单位或个人。

5. 合同金额：指签订或经变更、修订后的合同金额，按元填列。

6. 合同类型：指按照 EPC、BT、BOT、BOOT、PPP、DB、施工承包等选择填列。

7. 累计已收款项：反映自项目实施以来累计向合同对方收取的预收款、进度款、货款、保证金及其他款项总额。

8. 存续保函余额：指截至年末已向合同对方开出的且在有效期内的投标保函、履约保函、预付款保函及其他保函余额。

9. 年末项目资产总额：指年末该项目在所在国资产合计，包括货币资金、应收账款、存货（包括物资材料、未完工程等）、固定资产（机器设备、车辆、房屋建筑等）、在建工程等。

10. 项目预计总收入、总成本：按企业会计准则有关要求填报。

11. 累计确认收入、成本：指项目累计确认的收入与成本，其中当年确认的收入、成本单列。

12. 带动国内出口总额：指项目累计带动国内设备、材料、技术、劳务等出口的金额。

13. 年末从业人员人数：包括项目使用的各类劳务工，其中项为中方从业人员人数，包括项目使用的从国内派遣的劳务工。

14. 当年新签合同且在当年完工的工程项目在"本年完工项目"行填列。

（三）表内公式

1. 行次：1. 行次：合计行＝"在建项目"＋"新签项目"＋"本年完工项目"；"在建项目""新签项目""本年完工项目"分别等于各自浮动行合计；18 列合计行≥20 列合计行；18 列合计行≥23 列合计行；23 列合计行≥25 列合计行；24 列合计行≥27 列合计行。

2. 栏间：25 栏≥26 栏；27 栏≥28 栏；29 栏≥30 栏；31 栏≥32 栏。

六、国际化经营情况表（2020 年度）［企财外 26 表］

（一）编制方法

本表反映企业开展国际化经营的国别分布情况（在相应国别实际开展的业务情况，项目所在地或经营所在地与企业注册地点不一致的，按项目所在地或经营所在地填列），本表由企业集团总部负责国际化经营的部门和财务部门共同负责统计填报。

（二）表内有关指标解释

1. 单户上报的单位数，反映作为单户报送境外子企业财务决算报表的境外单位数量。

2. 累计投资项目个数：指年末本企业在该国家（地区）固定资产投资、股权投资等投资项目个数，不包括本年及以前年度退出项目。

3. 本年新增投资项目的个数：指本企业本年在该国家（地区）固定资产投资、股权投资等投资项目的个数。

4. 投资项目累计投资总额：指年末本企业在该国家（地区）固定资产投资、股权投资等投资项目已发生的投资额，不包括本年及以前年度退出项目。

5. 本年新增投资额：指本企业本年在该国家（地区）对固定资产投资、股权投资等投资项目已发生的投资额，包括新增和续投项目，不包括本年及以前年度退出项目。

6. 境外承包工程业务：包括本年度本企业在该国家（地区）当年完工、年末在建、合同已生效但尚未开始执行的项目。其中在手合同额指上述项目签订或经变更、修订后的合同金额；在手合同累计已确认收入额指上述项目截至本年末已确认的收入；本年确认合同收入指上述项目本年度实现的收入。

（三）表内公式

1. 行次：合计行≤"亚洲"+"欧洲"+"美洲"+"非洲"+"大洋洲"；"'一带一路'沿线国家和地区合计"行≤合计行（合理性）。

2. 栏间：4栏≥5栏；4栏≥6栏；15栏≥16栏+17栏；19栏≥20栏+21栏；22栏≥23栏+24栏；25栏≥26栏+27栏；34栏≥35栏；36栏≥37栏。

（四）表间公式

集团汇总表合计行7栏=集团汇总表企财外01表74行期末数；集团汇总表合计行8栏=集团汇总表企财外01表2行期末数；集团汇总表合计行9栏=集团汇总表企财外01表119行期末数；集团汇总表合计行11栏=集团汇总表企财外02表1行本期金额；集团汇总表合计行12栏=集团汇总表企财外02表38行本期金额；集团汇总表合计行13栏=集团汇总表企财外02表40行本期金额；集团汇总表合计行14栏=集团汇总表企财外07表33行；集团汇总表合计行22栏≥集团汇总表企财外23表合计行14栏－集团汇总表企财外23表本年退出项目行14栏；集团汇总表合计行31、32栏=集团汇总表企财外25表合计行25、26；集团汇总表合计行34、35栏=集团汇总表企财外21表37、38行；集团汇总表合计行34、35栏=集团汇总表企财外25表29、30栏；集团汇总表合计行36、37栏=集团汇总表企财外21表11、12行。

附件3

2020年度境外子企业财务情况说明书内容提要

财务情况说明书是境外子企业年度财务会计决算报告的重要组成部分。各企业应依据《企业财务会计报告条例》（国务院令第287号）等有关规定，以财务指标和相关统计指标为主要依据，对本年度境外资产质量、财务状况、经营成果等情况进行分析说明，客观反映境外经营总体情况和重点事项。财务情况说明书主要包括以下内容：

一、境外子企业生产经营及财务状况分析

分析说明本年度境外经营总体情况，反映境外经营成效和困难。

（一）分析主营业务收入、毛利状况及变动原因，主要业务量变动及原因，所处行业发展趋势，驻在国政治经济政策对本企业的影响，本年度采取的主要经营举措及效果等。

（二）分析成本费用结构及变动情况，如原材料费用、能源费用、工资性支出、借款利率调整等对效益的影响。

（三）分析资产质量，如资产周转率情况、应收款项账龄及回收情况、存货占资情况、对外投资效益情况等。

（四）分析面临的主要风险、困难及存在的问题。

二、重大事项说明

详细分析说明本集团境外子企业开立银行账户、资产重组、债务重组、兼并收购、境外上市、重大投融资、重大资产处置、股权（产权）转让、重大资产减值及损失等重大事项。其中：境外重大并购投资应说明近3年情况，包括投资金额、商誉、并购后经营情况。

三、高风险业务说明

对在境外开展的金融衍生业务、委托理财、股票、基金投资等高风险业务，说明开展目的、审批程序、占用资金、业务规模、盈亏、相关内部控制等情况。

四、集团境外管控情况（可仅集团撰写）

（一）集团对境外经营的总体管控模式、管控体系建立、境外重大财务制度建设等情况。

（二）本年度建立健全境外经营风险防范和内部控制机制等有关工作情况。

（三）境外审计"全覆盖"情况；对境外各类监督检查发现的主要问题和整改进展。

（四）境外资金的总体情况（金额、币种等），集团对境外资金监控和集中管理方式，重点说明境外资金集中管理的金额，并分别说明在香港、新加坡集中管理的资金金额。

五、集团"走出去"战略实施情况（可仅集团撰写）

（一）集团"走出去"战略总体开展情况，境外主要业务构成、国别分布等。分析境外业务占集团整体比重及影响，分析有关经济环境和政策对境外业务发展的影响等。

逐个国家说明在境外资产前5大国家（地区）经营情况。

逐个项目列举分析前5大项目和前5大亏损项目（如有）情况。

（二）集团在"一带一路"沿线总体投资经营情况。

逐个项目列举分析在"一带一路"沿线前5大项目和前5大亏损项目（如有）情况。

六、有关工作建议

对改进境外资产管理和境外财务会计决算工作的有关工作建议。

国务院国有资产监督管理委员会
关于印发国有建设单位报表并入企业财务决算报表会计科目转换参考格式的通知

2004 年 10 月 10 日　　评价函〔2004〕235 号

各中央企业：

　　为全面反映中央企业的财务状况，根据《中央企业财务决算报告管理办法》（国资委令第 5 号）有关规定，各中央企业在 2004 年度企业财务决算工作中，应当将建设单位并入企业（集团）财务决算报表。为了使各中央企业在并表时规范操作，我们研究制定了建设单位会计报表并表的会计科目转换参考格式及有关工作底稿抵消参考分录，现印发给你们，请认真贯彻执行，并现将有关事项通知如下：

　　一、并表的方法和步骤

　　（一）将建设单位报表按照统一要求转换为企业类报表；
　　（二）将转换后的报表内重复科目予以抵消；
　　（三）与生产单位报表进行抵消合并。

　　二、并表的有关要求

　　（一）企业应遵循"全面完整、不重不漏、规范操作、双轨运行"的原则进行报表格式转换与合并；
　　（二）各建设单位应依据《建设单位会计制度》，编制一套完整的基建财务报表；
　　（三）企业应做好资产清查、往来账核对等基础工作，为并表做好准备；
　　（四）企业应按统一工作要求编制抵消工作底稿；
　　（五）企业应按产权或财务隶属关系逐级逐户实施并表；
　　（六）企业应根据有关要求按时上报合并后财务决算报表及相关材料，并对有关报表合并情况作出专项说明。

　　三、企业集团应加强指导，严格把关，确保并表质量，并及时就并表过程中发现的问题与我委统计评价局联系。

　　附件：1. 国有建设单位报表并入企业财务决算报表会计科目转换对照表
　　　　　2. 工作底稿抵消参考分录

附件1

国有建设单位报表并入企业财务决算报表会计科目转换对照表

序号	基建报表项目	转换企业报表项目	序号	基建报表项目	转换企业报表项目
1	一、基本建设支出合计		36	一、基建拨款合计	专项应付款
2	（一）交付使用资产		37	（一）以前年度拨款	（冲抵）
3	1. 固定资产	固定资产原价	38	（二）本年预算拨款	专项应付款
4	2. 流动资产	其他流动资产	39	（三）本年基建基金拨款	专项应付款
5	3. 无形资产	无形资产	40	（四）本年进口设备转账拨款	专项应付款
6	4. 递延资产	递延资产	41	（五）本年器材转账拨款	专项应付款
7	（二）待核销基建支出	在建工程	42	（六）本年煤代油专用基金拨款	专项应付款
8	（三）转出投资	在建工程	43	（七）本年自筹资金拨款	（冲抵）
9	（四）在建工程	在建工程	44	（八）本年国债专项资金补助	专项应付款
10	1. 建筑安装工程投资	在建工程	45	（九）本年专项建设基金拨款	专项应付款
11	2. 设备投资	在建工程	46	（十）本年维护费拨款	专项应付款
12	3. 待摊投资	在建工程	47	（十一）本年其他拨款	专项应付款
13	4. 其他投资	在建工程	48	（十二）待转自筹资金拨款	（冲抵）
14	二、应收生产单位投资借款	其他应收款	49	（十三）预收下年度预算拨款	专项应付款
15	三、器材	在建工程	50	（十四）本年交回结余资金	专项应付款
16	其中：待处理器材损失	在建工程	51	二、项目资本	实收资本
17	四、货币资金合计	货币资金	52	三、项目资本公积	资本公积
18	其中：银行存款	银行存款	53	四、基建借款	
19	五、预付及应收款合计		54	其中：基建投资借款	长期借款
20	1. 预付备料款	预付账款	55	其中：国债转贷资金	长期借款
21	2. 预付工程款	预付账款	56	五、企业债券资金	应付债券
22	3. 预付大型设备款	预付账款	57	六、待冲基建支出	其他应付款
23	4. 应收有偿调出器材及工程款	应收账款	58	七、应付款合计	
24	5. 应收票据	应收票据	59	（一）应付器材款	应付账款
25	6. 其他应收款	其他应收款	60	（二）应付工程款	应付账款
26	六、有价证券	短期投资、长期投资	61	（三）应付有偿调入器材及工程款	应付账款
27	七、固定资产合计		62	（四）应付票据	应付票据
28	固定资产原价	固定资产原价	63	（五）应付工资	应付工资
29	减：累计折旧	减：累计折旧	64	（六）应付福利费	应付福利费
30	固定资产净值	固定资产净值	65	（七）其他应付款	其他应付款
31	固定资产清理	固定资产清理	66	八、未交款合计	
32	待处理固定资产净损失	待处理固定资产净损失	67	（一）未交税金	未交税金
33			68	（二）未交基建收入	其他应付款
34			69	（三）未交基建包干结余	其他应付款
			70	（四）其他未交款项	其他应付款
			71	九、上级拨入资金	资本公积
			72	十、留成收入	盈余公积
35	资金占用合计		73	资金来源合计	

附件2

工作底稿抵消参考分录

为规范各中央企业建设单位会计报表与企业财务决算的合并，特列示以下工作底稿抵消分录以供参考（注：以下分录中所用科目为企业类会计科目，括号内为原建设单位类会计科目）。

一、建设单位表内调整分录如下

（一）根据交付使用资产的资金来源，对交付使用资产进行抵消，抵消分录为

1. 拨款形成的交付使用资产
借：专项应付款（"基建拨款"项下的相关科目）
　　贷：固定资产、其他流动资产、无形资产、递延资产（"交付使用资产"项下各明细科目）

2. 借款形成的交付使用资产
借：其他应付款（待冲基建支出）
　　贷：固定资产、其他流动资产、无形资产、递延资产（"交付使用资产"项下各明细科目）

（二）完成的非经营性项目发生的不能形成资产部分的投资支出的抵消
借：专项应付款（"基建拨款"项下的相关科目）
　　贷：在建工程（待核销基建支出）

（三）完成的非经营性项目为项目配套而建成的、产权不归本单位的专用设施的实际成本
借：专项应付款（"基建拨款"项下的相关科目）
　　贷：在建工程（转出投资）

二、与企业类报表并表时的抵消分录如下

（一）应收生产单位投资借款的抵消分录
借：长期借款基建借款（基建投资借款）
　　贷：其他应收款（应收生产单位投资借款）

（二）建设单位与生产单位之间的往来抵消
借：应付款项
　　贷：应收款项

（三）基建拨款相关项目的冲抵
借：专项应付款（以前年度拨款、本年自筹资金拨款、待转自筹资金拨款）
　　贷：生产单位拨付基建款项时所计入的相关科目

（四）建设单位所有者权益与生产单位投资抵消
借：实收资本
　　贷：长期投资

（五）拨付所属投资借款的抵消（基层单位不用）
借：专项应付款（下级单位的基建账上的"上级拨入投资借款"）
　　贷：其他应收款（上级单位的基建账上的"拨付所属投资借款"）

国务院国有资产监督管理委员会
关于印发中央企业所属事业单位财务报表转换参考格式的通知

2014年11月17日　评价函〔2014〕113号

各中央企业：

　　为全面真实反映中央企业财务状况和经营成果，适应新的事业单位财务会计制度变化，规范填报企业财务决算报表，满足中央企业编制集团合并报表需要，根据《中央企业财务决算报告管理办法》（国资委令第5号）等有关规定，制定中央企业所属事业单位财务决算报表转换参考格式，现印发给你们，请参照执行，并将有关事项通知如下：

　　一、中央企业所属事业单位应当按照新的事业单位财务会计制度有关要求，及时修订会计核算办法和有关管理制度，做好会计科目分类和编号、科目转换和账务调整、会计信息系统改造等各项会计基础工作，确保新旧会计制度的顺利衔接和平稳过渡，并按照实际执行的事业单位财务会计制度规范编制会计报表。

　　二、为满足中央企业编制集团合并报表需要，中央企业应在不改变事业单位现行财务会计核算制度和报表体系的前提下，按照企业会计准则的基本要求，将事业单位会计报表按照对应科目转换为企业财务决算报表。

　　三、中央企业所属事业单位应当根据经济业务实质，按照集团母公司统一的会计政策进行报表转换，对与企业会计核算内容基本相同的会计科目直接进行转换，对其他会计科目应当根据核算内容和性质分析转换，实现会计信息衔接。

　　四、有条件的企业在报表转换时可探索计提减值准备、提高固定资产折旧计提比例、引入公允价值计量模式，对已发生的事实损失要及时进行处理，不得出现潜亏挂账，不断提高财务信息质量。

　　五、中央企业应当将所属事业单位纳入集团财务决算报表合并范围，并按规定将集团内部投资、往来和交易事项进行充分抵消，比照集团母公司会计政策，根据转换后的事业单位财务决算报表编制集团合并报表。

　　六、中央企业所属事业单位财务决算报表应当由具备相应资质条件的会计师事务所或内部审计机构进行审计并出具审计报告；承担集团合并财务决算报表审计的会计师事务所应当对纳入合并范围的事业单位转换后的财务决算报表进行复核。

　　七、中央企业应当在集团合并财务决算报表附注中，对事业单位财务决算报表转换情况及有关事项予以说明，并在财务情况说明书中分析事业单位报表转换对集团财务状况和经营成果的影响。

　　八、中央企业应当加强所属事业单位财务决算报表转换的工作组织和业务培训，结合本单位经营特点和会计核算具体情况，参照报表转换参考格式和报表转换工作要求，制定转换方案，统一转换规则，明确转换方法，指导所属事业单位做好经济事项分析、会计科目分类、报表项目转换和底稿备查登记等基础工作，加强审核，提高报表编制水平和质量。

　　九、中央企业应当加强事业单位分类管理，积极推进事业单位分类改革，按照现代企业制度要求，转变管理机制，推动事业单位企业化管理和核算，不断提高事业单位财务管理水平。

　　各企业在执行过程中有何问题，请及时与国资委财务监督与考核评价局联系。

附件：1. 中央企业所属军工科研事业单位财务报表项目转换参考格式
2. 中央企业所属军工科研事业单位财务报表转换说明
3. 中央企业所属地质勘查单位财务报表项目转换参考格式
4. 中央企业所属地质勘查单位财务报表转换说明

附件 1

中央企业所属军工科研事业单位财务报表项目转换参考格式

国务院国有资产监督管理委员会监制

利润表项目转换对应表

企业报表项目	地勘单位会计报表项目	行次	企业报表项目	地勘单位会计报表项目	行次
一、营业总收入		1	非货币性资产交换损失		26
其中：营业收入	经营收入＋补贴收入＋地勘拨款（含社保经费）－本年结余、其他业务利润（分析填列）	2	债务重组损失		27
二、营业总成本		3	四、利润总额（亏损总额以"－"号填列）		28
其中：营业成本	经营成本＋地质工作支出－本年节余、其他业务利润（分析填列）	4	减：所得税费用	所得税	29
营业税金及附加	经营税金及附加＋其他业务利润（分析填列）	5	五、净利润（净亏损以"－"号填列）		30
销售费用		6	归属于母公司所有者的净利润		31
管理费用	管理费用＋离退休经费支出－本年计提的坏账准备	7	*少数股东损益		32
其中：研究与开发费	技术开发费	8	六、其他综合收益的税后净额		33
财务费用		9	（一）以后不能重分类进损益的其他综合收益		34
其中：利息支出	利息支出	10	1. 重新计量设定受益计划净负债或净资产的变动		35
利息收入	利息收入	11	2. 权益法下在被投资单位不能重分类进损益的其他综合收益中享有的份额		36
汇兑净损失（净敛益以"－"号填列）	汇兑净损失（汇兑净收益以"－"号填列）	12	3. 其他		37
资产减值损失	坏账准备（本年计提的坏账准备）	13	（二）以后将重分类进损益的其他综合收益		38
其他		14	1. 权益法下在被投资单位以后将重分类进损益的其他综合收益中享有的份额		39
加：公允价值变动收益（损失以"－"号填列）		15	2. 可供出售金融资产公允价值变动损益		40
投资收益（损失以"－"号填列）	投资收益	16	3. 持有至到期投资重分类为可供出售金融资产损益		41
其中：对联营企业和合营企业的投资收益		17	4. 现金流量套期损益的有效部分		42
三、营业利润（亏损以"－"号填列）		18	5. 外币财务报表折算差额		43
加：营业外收入	营业外收入＋其他应付款（分析填列）	19	6. 其他		44
其中：非流动资产处置利得	处置固定资产净收益	20	七、综合收益总额		45
非货币性资产交换利得		21	归属于母公司所有者的综合收益总额		46
政府补助	补贴收入	22	归属于少数股东的综合收益总额		47
债务重组利得		23	八、每股收益：	—	48
减：营业外支出	营业外支出	24	基本每股收益		49
其中：非流动资产处置损失	处置固定资产净损失	25	稀释每股收益		50

利润表项目转换对应表

企业报表项目	行次	事业单位报表项目
一、营业总收入	1	
其中：营业收入	2	财政补助收入——基本支出补助，财政补助收入——项目支出补助（按科研项目、结转及结余结余用使用费用中的费用性年初余额未发生数额），减上年初余额结转，加上上述项目财政补助收入、其他收入、技术收入、上缴补助收入、附属单位上缴收入、其他经常性收入、销售产品收入（不含利息收入）、投资收益及非经常性收入等
二、营业总成本	3	
其中：营业成本	4	科研成本（扣除管理费用）、技术成本（扣除管理费用）——基本支出，财政补助支出——项目支出（按科研项目扣除管理费用及计提收益、其他业务成本（扣除经营预算项目扣除管理费用）、对附属单位补助支出，上缴上级支出，其他非经常性支出）、其他经营成本
营业税金及附加	5	技术服务税金及附加，其他业务成本中的，经营税金及附加
销售费用	6	经营费用
管理费用	7	科研成本、技术成本、其他业务成本中的管理费用、管理费用（含离退休费用）
研究与开发费	8	管理费用——技术开发费
财务费用	9	
其中：利息支出	10	
利息收入	11	其他收入中的利息收入
汇兑净损失（净收益以"-"号填列）	12	
资产减值损失	13	
其他	14	
加：公允价值变动收益（损失以"-"号填列）	15	
投资收益（损失以"-"号填列）	16	其他收入中的投资收益
其中：对联营企业和合营企业的投资收益	17	
三、营业利润（亏损以"-"号填列）	18	
加：营业外收入	19	其他收入中的捐赠收入、罚没收入等非经常性收入
其中：非流动资产处置利得	20	
非货币性资产交换利得	21	
政府补助	22	
债务重组利得	23	
减：营业外支出	24	其他支出中的捐赠支出、赔偿金、违约金等非经常性损失、税收滞纳金及罚款等
其中：非流动资产处置损失	25	
非货币性资产交换损失	26	
债务重组损失	27	
四、利润总额（亏损总额以"-"号填列）	28	
减：所得税费用	29	应缴所得税
五、净利润（净亏损以"-"号填列）	30	
归属于母公司所有者的净利润	31	
少数股东损益	32	
六、其他综合收益的税后净额	33	
（一）以后不能重分类进损益的其他综合收益	34	
1. 重新计量设定受益计划净负债或净资产的变动	35	
2. 权益法下在被投资单位不能重分类进损益的其他综合收益中享有的份额	36	
3. 其他	37	
（二）以后将重分类进损益的其他综合收益	38	
1. 权益法下在被投资单位以后将重分类进损益的其他综合收益中享有的份额	39	
2. 可供出售金融资产公允价值变动损益	40	
3. 持有至到期投资重分类为可供出售金融资产损益	41	
4. 现金流量套期损益的有效部分	42	
5. 外币财务报表折算差额	43	
6. 其他	44	
七、综合收益总额	45	
归属于母公司所有者的综合收益总额	46	
归属于少数股东的综合收益总额	47	
八、每股收益	48	
基本每股收益	49	
稀释每股收益	50	—

会计科目转换对应表

行次	事业会计科目	企业会计科目	备注
1	库存现金	库存现金	
2	银行存款	银行存款	
3	零余额账户用款额度	银行存款	
4	其他货币资金	其他货币资金	
5	短期投资	短期投资	
6	财政应返还额度	其他应收款	
7	应收票据	应收票据	
8	应收账款	应收账款	
9	预付账款	预付账款	
10	其他应收款	应收利息/其他应收款	
11	材料/产成品	材料采购/在途物资/原材料/库存商品/发出商品/委托加工物资/周转材料	
12	长期投资	可供出售金融资产/持有至到期投资/长期股权投资	
13	固定资产	投资性房地产/固定资产	出租建筑物；除转换至"投资性房地产"以外的固定资产的折旧
14	累计折旧	投资性房地产累计折旧/累计折旧	出租建筑物；除转换至"投资性房地产"以外固定资产计提的折旧
15	在建工程	在建工程	
16	无形资产	投资性房地产/无形资产	出租成本增值后转让的土地使用权；除转换至"投资性房地产"以外的无形资产
17	累计摊销	累计摊销	
18	待处理财产损溢	其他流动资产	
19	短期借款	短期借款	
20	应缴税费	应交税费	
21	应付国库款	应付账款	
22	应付职工薪酬	应付职工薪酬	工会经费与职工教育经费
23	应付票据	应付票据	
24	应付账款	应付账款	
25	预收账款	预收账款	
26	应缴财政专户款	其他应付款	
27	其他应付款	其他应付款	
28	长期借款	长期借款	
29	长期应付款	长期应付款	
30	事业基金	实收资本	资本性国有资本金性国有资本金
31		盈余公积	扣除资本性国有资本金拨款以外的事业基金
32	非流动资产基金	实收资本	在建工程基金中的国拨和非财政部门基金、固定资产基金中的国拨部分、无形资产基金中的国拨部分、无形资产基金中的非国家拨款部分形成的资产原值
33	专用基金	盈余公积/应付职工薪酬/专项储备	扣除已计入专项应付款的部分、实收资本的部分以外的国家拨款、实收资本、折旧基金、职工福利基金、医疗基金、安全生产基金、住房基金、专项储备
34	财政补助结转	预收账款/专项应付款	科研项目和其他项目（费用性国有资本经营预算项目）结转
35	财政补助结余	预收账款	基建项目和其他项目（资本性国有资本经营预算项目）结转
36	经营结余	利润分配——未分配利润	
37	财政补助收入	营业收入/实收资本	剔除基建项目和资本性国有资本金拨款部分；基建项目；资本性国有资本金拨款
38	科研收入	营业收入	
39	技术收入	营业收入	
40	其他业务收入	营业收入	
41	上级补助收入	营业收入	
42	附属单位上缴收入	营业收入	
43	产品销售收入	营业收入	
44	其他经营收入	营业收入	
45		财务费用/投资收益/营业外收入	扣除利息收入、投资收益及非经常性收入后的金额；利息收入；投资收益
46	财政补助支出	营业成本	
47	科研成本	管理费用	
48	技术成本	营业成本	
49	其他业务成本	营业成本	
50	上缴上级支出	管理费用	
51	对附属单位补助支出	营业外支出	
52	生产支出	营业成本/生产成本/研发支出	
53	其他支出	营业外支出/管理费用/营业成本	基本支出；项目支出（科研项目扣除管理费及计提收益、其他项目）；费用科研项目扣除管理费及计提收益；科研项目中分摊计入收入后的金额
54	产品销售成本	营业成本	
55	其他经营成本	营业成本	
56	经营费用	销售费用	
57	管理费用	管理费用	捐赠支出、赔偿金、违约金、税收滞纳金及罚款等非经常性经营性损失；扣除非经营性损失以外的其他管理费支出
58	财务费用	财务费用	
59	税金及附加	营业税金及附加	包括企业所有离退休费支出
60	专项应付款	专项应付款	抵减拨入专户

附件 2

中央企业所属军工科研事业单位财务报表转换说明

军工科研事业单位报表转换，应当本着简单易行的原则，对与企业会计核算内容基本相同的会计科目，直接进行转换，对其他会计科目可根据其核算内容和性质按照企业会计准则报表格式进行分析转换。具体说明如下：

一、资产负债表项目转换说明

（一）事业单位会计报表中的"货币资金""应收票据""应收账款""预付账款""存货""在建工程""短期借款""应付票据""应付账款""应付职工薪酬""预收账款""长期借款""长期应付款"项目，其核算内容与企业会计准则基本相同，可直接转换为企业会计报表有关项目。

（二）事业单位会计报表中的"财政应返还额度"，转换为企业会计报表的"其他应收款"项目。

（三）事业单位会计报表"其他应收款"中的"应收股利""应收利息"转换为企业会计报表的"应收股利""应收利息"项目，将其他内容转换为企业会计报表的"其他应收款"项目。

（四）事业单位会计报表"存货"中的"材料"，转换为企业会计报表的"原材料"项目；事业单位会计报表"存货"中的"产成品"转换为企业会计报表的"库存商品（产成品）"项目。

（五）事业单位会计报表"其他流动资产"中的"一年内到期的非流动资产"，转换为企业会计报表的"一年内到期的非流动资产"项目；事业单位会计报表中的"其他流动资产"扣除"一年内到期的非流动资产"后的差额，转换为企业会计报表的"其他流动资产"项目。

（六）事业单位会计报表中"短期投资"和"长期投资"，应分析其构成，相应转换为企业会计报表的"以公允价值计量且其变动计入当期损益的金融资产""可供出售金融资产""持有至到期投资"和"长期股权投资"项目。

1. 属于为了近期内出售而持有的投资项目，如以赚取差价为目的从二级市场购入的股票、债券和基金等，列入"以公允价值计量且其变动计入当期损益的金融资产"。

2. 属于到期日固定、回收金额固定或可确定，且有明确意图和能力持有至到期的投资项目，如从二级市场上购入的固定利率国债、浮动利率公司债券等，列入"持有至到期投资"项目反映，其中属于一年内到期的，列入"一年内到期的非流动资产"项目反映。

3. 属于对被投资单位实施控制、重大影响的权益性投资，以及对其合营、联营企业的权益性投资，列入"长期股权投资"项目反映。

4. 属于购入的在活跃市场上有报价的股票、债券和基金等，但没有划分为"以公允价值计量且其变动计入当期损益的金融资产""持有至到期投资"和"长期股权投资"的项目，列入"可供出售金融资产"项目反映。

5. 持股20%以下的不具有控制、共同控制或重大影响，且其公允价值不能可靠计量的权益性投资，列入"可供出售金融资产"项目反映。

（七）事业单位会计报表中的"固定资产原价""累计折旧"，应分析其构成，相应转换为企业会计报表的"投资性房地产""固定资产原价"和"累计折旧"项目。

1. 属于已出租的建筑物，列入"投资性房地产"项目反映。若上述固定资产占固定资产总额比重较小，根据重要性原则，可直接转换为"固定资产原价"与"累计折旧"项目。

2. 其余部分列入"固定资产原价"与"累计折旧"项目反映。

（八）事业单位会计报表中的"无形资产"，应分析其构成，相应转换为企业会计报表的"投资性房地产"和"无形资产"。

1. 属于已出租或者持有并准备增值后转让的土地使用权，列入"投资性房地产"项目反映。若上述无形资产占无形资产总额比重较小，根据重要性原则，可直接转换为"无形资产"项目。

2. 其余部分按照其无形资产的净额列入"无形资产"项目反映。

（九）事业单位会计报表中的"待处理资产损溢"，应分析其构成，分别转换为企业会计报表的"其他流动资产"和"其他非流动资产"项目。

（十）事业单位会计报表中"应缴税费"，转换为企业会计报表的"应交税费"项目。

（十一）事业单位会计报表中的"应缴国库款"，转换为企业会计报表的"其他应付款"项目。

（十二）事业单位会计报表中"拨入科研费"，转换为企业会计报表的"预收账款"项目。

（十三）事业单位会计报表中的"其他应付款"项目，应对其构成进行分析，将其中核算的与人工成本有关的工会经费、职工教育经费等的余额，转换为企业会计报表中的"应付职工薪酬"项目；将其中核算的"应付股利"、"应付利息"，转换为企业会计报表的"应付股利""应付利息"项目；将其余部分的余额转换为企业会计报表中的"其他应付款"项目。

（十四）事业单位会计报表中的"拨入专款"扣除"专款支出"后的净额如为贷方余额的，转换为企业会计报表的"专项应付款"项目；净额如为借方余额的，转换为企业会计报表的"其他非流动资产"项目。

（十五）事业单位会计报表"其他流动负债"中的"一年内到期的非流动负债"，转换为企业会计报表中的"一年内到期的非流动负债"项目；事业单位会计报表中的"其他流动负债"扣除"一年内到期的非流动负债"金额后的差额，转换为企业会计报表中的"其他流动负债"项目。

（十六）事业单位会计报表中的"事业基金"，属于资本性国有资本金部分，转换为企业会计报表的"实收资本"项目，其他部分列入"盈余公积"项目。

（十七）事业单位会计报表中的"非流动资产基金"，应分析其构成，将长期投资基金、固定资产基金、无形资产基金中属于国家拨款形成的资产原值部分转换为企业会计报表的"实收资本"项目，其余部分（包括自筹部分及因资产折旧、摊销、出售、报废、损毁等带来的资产价值减少部分）转换为"盈余公积"项目；将"在建工程基金"中属于国家拨款及非同级财政部门拨款形成的部分转换为企业会计报表的"专项应付款"项目，属于单位自筹的部分转换为"盈余公积"项目。

（十八）事业单位会计报表中的"专用基金"项目，应分析其构成，将"住房基金"和"医疗基金"转换为企业会计报表的"应付职工薪酬"项目；"安全生产基金"转换为企业会计报表的"专项储备"；其余基金（包括职工福利基金、折旧基金、无形资产摊销基金及其他基金中的科技成果转化基金等）转入"盈余公积"项目。

（十九）事业单位会计报表中的"财政补助结转"和"财政补助结余"，应分析其构成，将属于科研项目、其他项目（费用性国有资本经营预算项目）的结转和结余，转换为企业会计报表的"预收款项"项目；属于基建项目的结转和结余，转换为企业会计报表的"专项应付款"项目。

（二十）事业单位会计报表中的"经营结余"项目，年末有余额的，转换为企业会计报表的"未分配利润"。

二、利润表项目转换说明

（一）事业单位会计报表中的"科研收入""技术收入""其他业务收入""上级补助收入""附属单位上缴收入""产品销售收入""其他经营收入"，转换为企业会计报表的"营业收入"项目。

（二）事业单位会计报表中"财政补助收入"，其中：将"财政补助收入——基本支出补助"转换为企业会计报表的"营业收入"项目；将"财政补助收入——项目支出补助"项目中属于"科研项目"、"其他项目"（费用性国有资本经营预算项目）部分的贷方发生额，加上上述项目的"财政补助结转——项目支出结转"及"财政补助结余——项目支出结余"的年初余额减去年末余额后的金额转换为企业会计报表的"营业收入"项目；也可按"财政补助支出——项目支出"中属于科研项目、其他项目（费用性国有资本经营预算项目）部分的借方发生额，转换为企业会计报表的"营业收入"项目。

（三）事业单位会计报表中的"其他收入"其中：属于投资收益的部分，转换为企业会计报表的"投资收益"项目；属于利息收入的部分，转换为企业会计报表的"财务费用"项目；属于捐赠收入、罚没款收入等非经营性收入，转换为企业会计报表的"营业外收入"项目；其余部分转换为企业会计报表的"营业收入"项目。

（四）事业单位会计报表中各项用完全成本法核算的成本，其中分摊计入各项成本的管理费转换为企业会计报表的"管理费用"项目；成本中剔除分摊的管理费的其余部分，分析转换为企业会计报表的"营业成本"项目。

（五）事业单位会计报表中的"财政补助支出"中基本支出、项目支出中的科研项目和其他项目（费用性国有资本经营预算项目）的借方发生额减去分摊计入的管理费和计提收益的金额，以及扣除本项目中基建项目和其他项目（除费用性国有资本经营预算项目以外的其余部分）后的金额，转换为企业会计报表的"营业成本"项目。

（六）事业单位会计报表中的"其他业务成本""上缴上级支出""对附属单位补助支出""产品销售成本""其他经营成本"，转换为企业会计报表的"营业成本"项目。

（七）事业单位会计报表中的"其他支出"科目，属于捐赠支出、赔偿金、违约金、税收滞纳金及罚款等非经营性损失，转换为企业会计报表的"营业外支出"项目，其余部分转换为企业会计报表的"营业成本"项目。

（八）事业单位会计报表中的"技术性服务税金及附加""其他业务税金及附加""经营税金及附加"，转换为企业会计报表的"营业税金及附加"项目。

（九）事业单位会计报表中的"经营费用""管理费用""财务费用"，分别转换为企业会计报表的"销售费用""管理费用""财务费用"项目。"管理费用"中的"技术开发费"转换为企业会计报表"管理费用"项下的"研究与开发费"项目。

（十）事业单位会计报表中的"经批准归本单位使用的财政补助结余转入"，其中属于科研项目、其他项目（费用性国有资本经营预算项目）的部分，转换为企业会计报表的"营业收入"项目。

（十一）事业单位会计报表中的"其他转入"，其中：属于费用性国有资本经营预算的部分，转换为企业会计报表的"营业收入"项目；其他部分按照"财政补助收入"转换原则进行报表转换。

（十二）事业单位会计报表中的"应缴所得税"，转换为企业会计报表的"所得税费用"项目。

三、现金流量表编制说明

事业单位会计科目中与企业会计科目含义相同的，按照企业会计准则编制现金流量表；与企业会计科目含义不同，且涉及现金流量的科目，按如下原则编制现金流量表：

（一）科研收入、技术收入、财政补助收入（不含基建拨款和资本性国有资本金拨款）、其他业务收入、其他经营收入、经营收入、拨入科研费、拨入科研费（扣除拨出科研费后的净额）、拨入专款（扣除形成非流动资产基金、事业基金和专用基金部分）以及向购买者收取的增值税额等形成的现金流入，列入现金流量表的"销售商品、提供劳务收到的现金"项目。

（二）财政补助收入中，基建拨款等形成净资产的现金流入，列入现金流量表的"收到的其他与筹资活动有关的现金"项目，资本性国有资本金拨款形成净资产的现金流入，列入现金流量表的"吸收投资收到的现金"项目。

（三）附属单位上缴收入、其他收入（扣除投资收益部分）形成的现金流入，列入现金流量表的"收到的其他与经营活动有关的现金"项目。

（四）科研成本、技术成本、财政补助支出、其他业务成本、产品销售成本等扣除货币性职工薪酬和购置固定资产支出后形成的现金流出,以及拨出科研费和拨出专款形成的现金流出,列入现金流量表的"购买商品、接受劳务支付的现金"项目。

(五)对附属单位补助支出、其他支出、上缴上级支出、其他经营成本形成的现金流出,列入现金流量表的"支付的其他与经营活动有关的现金"项目。

(六)事业单位为职工支付的货币性职工薪酬以及为职工代扣代缴的个人所得税形成的现金流出,列入现金流量表的"支付给职工以及为职工支付的现金"项目。

(七)事业单位在成本或费用中购建固定资产、在建工程支出或形成无形资产发生的现金流出,列入现金流量表的"购建固定资产、无形资产和其他长期资产所支付的现金"项目。

(八)事业单位非财政补助结余中的应缴结余形成的现金流出,列入现金流量表的"分配股利、利润或偿付利息支付的现金"项目。

(九)事业单位的其他各项业务形成的现金收支,与企业差别不大,根据业务性质列入现金流量表的相应项目。

四、所有者权益变动表填列说明

所有者权益变动表的填列,主要考虑与转换后资产负债表中净资产变动有关的会计事项,根据事项的性质和相对应的会计处理,在填列时作如下考虑:

(一)事业单位收到计入事业基金的实收资本增加额,转换为企业会计报表"所有者投入和减少资本"项下的"所有者投入的普通股"项目。

(二)事业单位当年用财政拨款、拨入专款购置的固定资产、无形资产等引起的非流动资产基金(不含在建工程)增加额,转换为企业会计报表"所有者投入和减少资本"项下的"其他"项目。

(三)事业单位当年提取和使用安全生产基金造成的专项储备变化,转换为企业会计报表"专项储备提取和使用"项目。

(四)事业单位当年出售、报废、损毁和盘亏时减少的固定资产和无形资产而引起的非流动资产基金的减少额,拨入专款结余转入事业基金引起的事业基金变化,事业基金支出数(不形成固定资产、无形资产、投资等)、专用基金支出数(职工福利基金、其他基金)造成的盈余公积变化,转换为企业会计报表的"盈余公积"项目。

(五)事业单位以专用基金购置固定资产和无形资产、计提固定资产折旧、无形资产摊销、以非流动资产对外投资(或收回投资),均属于盈余公积内部项目的增减变动,这部分内容在表中不反映。

(六)事业单位收入支出表中的"以前年度事业结余调整"和"以前年度经营结余调整"项目,转换为企业会计报表"上年年末余额"项下的"其他"项目(未分配利润增加或减少)。

(七)事业单位"可分配非财政补助结余"中的"应缴结余",转换为企业会计报表的"利润分配"项下的"对所有者(或股东)的分配"项目。

(八)事业单位提取专用基金和事业基金造成的盈余公积变化,转换为企业会计报表的"提取盈余公积"项下的"提取法定公积金"项目。

(九)事业单位年末用事业基金弥补事业亏损数额,转换为企业会计报表"所有者权益内部结转"项下的"盈余公积弥补亏损"项目。

五、国有资本保值增值情况表填列说明

由于事业单位所有者权益项目的特殊构成,事业单位可依据转换后的所有者权益变动表增减变动的相关因素分析填列本表。

(一)事业单位收到的国有资本金投入以及专项技改资金、拨入专款形成的固定资产等通过"所有者投入和减少资本"增加的实收资本金额,填至"国家、国有单位直接或追加投资"项目。

(二)事业单位因无偿划入和划出资产造成的盈余公积增加和减少,分别填至"无偿划入"和"无偿划出"项目。

（三）事业单位接受捐赠增加的所有者权益，填至"接受捐赠"项目。

（四）事业单位因收到退税款而增加的所有者权益，填至"税收返还"项目。

（五）事业单位因出售、报废毁损、盘亏等原因处置固定资产和无形资产等而减少的所有者权益，分析固定资产的使用性质，属于非经营性需报批的固定资产处置，填至"经国家专项批准核销"项目，其他处置属于经营积累的抵减项，应调整减少"经营积累"的数额。

（六）事业单位因拨入专款结余、事业基金支用、职工福利基金和其他基金支出等增加或减少的所有者权益，应相应增加或减少"经营积累"的数额。

（七）事业单位当年因综合收益造成的所有者权益变动，扣除上述调整因素和其他客观因素后的余额，填至"经营积累"项目。

（八）事业单位当年提取事业基金和专用基金，因不影响所有者权益总额变动，不需在本表反映。

（九）事业单位通过结余分配上缴利润造成的未分配利润减少，填至"企业按规定上缴利润"项目。

附件 3

中央企业所属地勘单位财务报表项目转换参考格式

国务院国有资产监督管理委员会监制

资产负债表项目转换对应表

企业报表项目	地勘单位会计报表项目科目	行次	企业报表项目	地勘单位会计报表项目科目	行次
流动资产：	流动资产：	1	流动负债：	流动负债：	56
货币资金	货币资金	2	短期借款	短期借款	57
以公允价值计量且其变动计入当期损益的金融资产	短期投资	3	以公允价值计量且其变动计入当期损益的金融负债		58
衍生金融资产		4	衍生金融负债		59
应收票据	应收票据	5	应付票据	应付票据	60
应收账款	应收账款净额＝应收账款－坏账准备	6	应付账款	应付账款	61
预付款项	预付账款	7	预收款项	预收账款	62
应收利息		8	应付职工薪酬	应付工资＋应付福利费	63
应收股利	其他应收款（分析填列）	8	其中：应付工资	应付工资	64
其他应收款	其他应收款＋应收内部单位款	9	应付福利费	应付福利费	65
存货	存货＋地质成果	10	应交税费	应交税金	66
其中：为执行合同归集的成本	器材采购＋管材＋备用金＋材料成本差异＋待摊费用＋委托加工器材	11	其中：应交税费	应交税金	67
	产成品	13	应付利息		68
划分为持有待售的资产		14	其他应付款	其他应付款（分析填列）＋其他应交款＋地勘工作拨款－地勘工作支出	69
一年内到期的非流动资产	一年内到期的长期债券投资	15	应付内部单位款		70
其他流动资产	其他流动资产＋待处理流动资产损失＋待摊费用＋待扩所属资金	16	一年内到期的长期负债	一年内到期的长期负债	71
流动资产合计	流动资产合计	17	其他流动负债	预提费用	72
非流动资产：	非流动资产：	18	流动负债合计	流动负债合计	73
持有至到期投资	长期投资（分析填列）	19	非流动负债：	非流动负债：	74
长期应收款	长期投资（分析填列）	20	长期借款	长期借款	75
长期股权投资	长期投资	21	应付债券		76
投资性房地产	固定资产原价	22	长期应付款	长期应付款＋住房周转金	77
固定资产原价	固定资产原价	23	专项应付款	应付工资＋应付职工薪酬、其他应付款利息、专项应付款	78
减：累计折旧	累计折旧	24	专项应付金	专项应付金	79
固定资产净值	固定资产净值	25	预计负债		80
减：固定资产减值准备		26	递延收益		81
固定资产净额	固定资产净值	27	递延所得税负债		82
固定资产清理	固定资产清理	28	其他非流动负债	其他长期负债	83
在建工程	在建工程	29			84
工程物资		30	非流动负债合计	非流动负债合计	85
固定资产清理	固定资产清理	31	负债合计	负债合计	86
生产性生物资产		32			87
油气资产		33	所有者权益（或股东权益）：	所有者权益：	88
无形资产	无形资产	34	实收资本（股本）	国家基金	89
开发支出		35	其中：国有法人资本	国家基金	90
商誉		36	集体资本		91
长期待摊费用	递延资产	37	民营资本		92
递延所得税资产		38	外商资本		93
其他非流动资产	待处理固定资产损失、其他长期资产	39	其中：个人资本		94
		40	专项储备		95
非流动资产合计	非流动资产合计	41	盈余公积	外币报表折算差额	96
		42	资本公积	资本公积	97
		43	其中：其他资本公积		98
		44	减：库存股		99
		45	其他综合收益		100
		46	专项储备		101
		47	盈余公积	地勘发展基金＋公益金	102
		48	其中：法定公积金	地勘发展基金＋公益金	103
		49	任意公积金		104
		50	未分配利润	未分配结余与收益	105
		51	外币报表折算差额		106
		52	归属于母公司所有者权益合计		107
		53	*少数股东权益		108
		54	所有者权益合计	净资产合计	109
资产总计	资产总计	55	负债和所有者权益总计	负债及净资产总计	110

297

利润表项目转换对应表

企业报表项目	行次	地勘单位会计报表项目	行次	企业报表项目	行次	地勘单位会计报表项目
一、营业总收入			26	非货币性资产交换损失		
其中：营业收入	1	经营收入＋补贴收入＋地勘拨款（含社保经费）－本年节余，其他业务利润（分析填列）	27	债务重组损失		
二、营业总成本	2		28	四、利润总额（亏损总额以"－"号填列）		
其中：营业成本	3	经营成本＋地质工作支出－本年节余，其他业务利润（分析填列）	29	减：所得税费用	所得税	
营业税金及附加	4	经营税金及附加＋离退休经费支出＋其他业务利润（分析填列）	30	五、净利润（净亏损以"－"号填列）		
销售费用	5		31	归属于母公司所有者的净利润		
管理费用	6	管理费用＋离退休经费支出－本年计提的坏账准备	32	*少数股东损益		
财务费用	7	技术开发费	33	六、其他综合收益的税后净额		
研究与开发费	8	财务费用	34	（一）以后不能重分类进损益的其他综合收益		
其中：利息支出	9		35	1. 重新计量设定受益计划净负债或净资产的变动		
利息收入	10	其中：利息支出	36	2. 权益法下在被投资单位不能重分类进损益的其他综合收益中享有的份额		
汇兑净损失（净收益以"－"号填列）	11	利息收入	37	3. 其他		
资产减值损失	12	汇兑净损失（本年计提的坏账准备）	38	（二）以后将重分类进损益的其他综合收益		
其他	13	坏账准备（本年计提的坏账准备）	39	1. 权益法下在被投资单位以后将重分类进损益的其他综合收益中享有的份额		
加：公允价值变动收益（损失以"－"号填列）	14		40	2. 可供出售金融资产公允价值变动损益		
投资收益（损失以"－"号填列）	15	投资收益	41	3. 持有至到期投资重分类为可供出售金融资产损益		
其中：对联营企业和合营企业的投资收益	16		42	4. 现金流量套期损益的有效部分		
汇兑收益（损失以"－"号填列）	17		43	5. 外币财务报表折算差额		
三、营业利润（亏损以"－"号填列）	18		44	6. 其他		
加：营业外收入	19	营业外收入＋其他应付款（分析填列）	45	七、综合收益总额		
其中：非流动资产处置利得	20		46	归属于母公司所有者的综合收益总额		
非货币性资产交换利得	21		47	归属于少数股东的综合收益总额		
政府补助	22	补贴收入	48	八、每股收益：	—	
债务重组利得	23		49	基本每股收益		
减：营业外支出	24	营业外支出	50	稀释每股收益		
其中：非流动资产处置损失	25	其中：处置固定资产净损失				

会计科目转换对应表

地质勘查单位会计科目	企业会计科目	地质勘查单位会计科目	企业会计科目
资产类	**资产类**	其他未交款	应交税费
现金	库存现金		其他应付款
银行存款	银行存款	其他应付款	其他应付款
限额存款			应付职工薪酬
其他货币资金	其他货币资金	应付内部单位款	其他应付款
短期投资	以公允价值计量且其变动计入当期损益的金融资产	预提费用	其他流动负债
	持有至到期投资	长期借款	长期借款
应收票据	应收票据	长期应付款	长期应付款
应收账款	应收账款	住房周转金	
坏账准备	坏账准备	专项应付款	专项应付款
其他应收款		**净资产类**	**所有者权益类**
应收内部单位款	其他应收款	国家基金	实收资本（股本）
备用金		地勘发展基金	盈余公积
预付账款	预付账款	公益金	盈余公积
器材采购		节余	本年利润
材料		收益	
管材	原材料	节余与收益分配	利润分配
管材摊销		**成本类**	**成本类**
器材成本差异		地勘生产	
委托加工器材		多种经营生产	生产成本
产成品	库存商品（产成品）	辅助生产	
地质成果	存货	间接费用	制造费用
待摊费用	其他流动资产	多种经营生产	劳务成本
长期投资	长期股权投资+持有至到期投资+可供出售金融资产	**损益类**	**损益类**
		经营收入	营业收入
固定资产	固定资产	投资收益	投资收益
累计折旧	累计折旧	补贴收入	政府补助
在建工程	在建工程	营业外收入	营业外收入
固定资产清理	固定资产清理	经营成本	营业成本
无形资产	无形资产	经营税金及附加	营业税金及附加
递延资产	长期待摊费用	经营费用	销售费用
待处理财产损溢	其他流动资产	管理费用	管理费用
	其他非流动资产		资产减值损失
负债类	**负债类**	财务费用	财务费用
短期借款	短期借款	营业外支出	营业外支出
应付票据	应付票据	所得税	所得税费用
应付账款	应付账款	**地勘工作拨款与支出类**	
预收账款	预收账款	地勘工作拨款	营业收入
应付工资	应付职工薪酬	未完地质项目支出	营业成本
应付福利费		已完地质项目支出	营业成本
未交税金	应交税费	其他经费支出	营业成本

附件4

中央企业所属地质勘查单位财务报表转换说明

地勘单位报表转换，应当本着简单易行的原则，对与企业会计核算内容基本相同的会计科目，直接进行转换，对其他会计科目可根据其核算内容和性质按照《企业会计准则》报表格式进行分析转换。具体说明如下：

一、资产负债表项目转换说明

（一）地勘单位会计报表中"货币资金""应收票据""预付账款""在建工程""固定资产清理""无形资产""短期借款""应付票据""应付账款""预收账款""应付工资""应付福利费""长期借款""专项应付款"项目，其核算内容与《企业会计准则》基本相同，可分析后直接转换为企业会计报表有关项目。

（二）地勘单位会计报表中"短期投资"项目，一般转换为"以公允价值计量且其变动计入当期损益的金融资产"，但符合持有至到期投资条件的，应按照《企业会计准则》规定转换为企业会计报表中"持有至到期投资"项目。

（三）地勘单位会计报表中"待摊费用"项目，转换为企业会计报表中"其他流动资产"项目。

（四）地勘单位会计报表中"应收账款"项目，扣减"坏账准备"后的余额，转换为企业会计报表中"应收账款"项目。

（五）地勘单位会计报表中"其他应收款""备用金""应收内部单位款"项目，合并转换为企业会计报表中"其他应收款"项目。

地勘单位会计科目中"应收内部单位款"和"应付内部单位款"是内部独立核算单位使用的过渡科目，汇总报表时，应进行对冲，无余额。

（六）地勘单位会计报表中"存货""地质成果"项目，合并转换为企业会计报表中"存货"项目。

（七）地勘单位会计报表中"其他流动资产""待处理流动资产损失""拨付所属资金"项目，合并转换为企业会计报表中"其他流动资产"项目。

（八）地勘单位会计报表中"长期投资"项目，应按照《企业会计准则》规定分别转换为企业会计报表中"可供出售金融资产"、"持有至到期投资"和"长期股权投资"项目。

（九）地勘单位固定资产和无形资产的核算内容与《企业会计准则》规定存在一定差异，如投资性房地产和固定资产、无形资产拆分难度较大，且投资性房地产占固定资产、无形资产比重较小，根据重要性原则，可将地勘单位的"固定资产"和"无形资产"项目直接转换为企业会计报表中"固定资产"和"无形资产"项目；如投资性房地产和固定资产、无形资产可拆分的，应拆分后转换为企业会计报表中"投资性房地产"和"固定资产""无形资产"项目。

（十）地勘单位会计报表中"待处理固定资产损失""其他长期资产"项目，合并转换为企业会计报表中"其他非流动资产"项目。

（十一）地勘单位会计报表中"应付工资""应付福利费"转换为企业会计报表中"应付职工薪酬"项目。对"其他应付款"项目中核算的"住房公积金""工会经费""职工教育经费""养老保险""医疗保险""工伤保险""失业保险""生育保险"等项目，转换为企业会计报表中"应付职工薪酬"项目。

（十二）地勘单位会计报表中"未交税金""其他未交款（资源税、教育费附加等）"项目，转换为企业会计报表中"应交税费"项目。

（十三）地勘单位会计报表中"其他应付款（不含应转换为应付职工薪酬和营业外收入的部分）""其他未交款（不含资源税、教育费附加等税费）""应付内部单位款""地勘工作拨款"（减"地勘工作支出"）项目，转换为企业会计报表中"其他应付款"项目。

（十四）地勘单位会计报表中"预提费用"，转换为企业会计报表中"其他流动负债"项目。

（十五）地勘单位会计报表中"长期应付款""住房周转金"项目，转换为企业会计报表中"长期应付款"项目。

二、利润表项目转换说明

（一）地勘单位会计报表中"经营收入""补贴收入""地勘拨款（含社保经费）"三项合计减去"本年结余"项目后的余额，转换为企业会计报表中"营业收入"项目。

（二）地勘单位会计报表中"其他业务利润"项目，根据收入支出情况，分别转换为企业会计报表中"营业收入""营业成本""营业税金及附加"项目。

（三）地勘单位会计报表中"经营成本""地质工作支出"两项合计减去"本年节余"项目后的余额，转换为企业会计报表中"营业成本"项目。

（四）地勘单位会计报表中"管理费用""离退休经费支出"两项合计扣除"坏账准备"项目后的余额，转换为企业会计报表中"管理费用"项目。

地勘单位会计报表中"管理费用"项目的坏账准备，转换为企业会计报表中"资产减值损失"项目。

（五）地勘单位会计报表中"营业外收入""其他应付款（主要是源于地勘拨款形成的负债）"项目，转换为企业会计报表中"营业外收入"项目。

三、地勘单位现金流量表编制比照事业单位现金流量表执行

四、所有者权益变动表填列说明

所有者权益变动表的填列，主要考虑与转换后资产负债表中净资产变动有关的会计事项，根据事项的性质和相对应的会计处理，在填列时作如下考虑：

（一）"综合收益总额"：反映地勘单位当年实现的节余与收益，以及直接计入所有者权益的利得和损失，对应列在其他综合收益和未分配利润项目。

（二）"所有者投入和减少资本"：其中：按国家有关规定转增的国家基金，矿业权流转收入中国家投入部分增加的权益，国有基金的增减变动，对应列在实收资本项目；因事业费原因形成的其他应付款转入所有者权益部分，地勘单位之间调入、调出资产所有者权益变动部分，对应列在盈余公积项目（地勘单位无盈余公积的，相应调整实收资本）。

（三）"提取盈余公积"：反映地勘单位从当年未分配节余与收益部分中70%计提部分，对应列在盈余公积项目。

（四）"法定盈余公积"：按计提的地勘发展基金填入盈余公积。

（五）"对所有者（或股东）的分配"：反映地质成果转让上缴收益、国有资本收益上缴部分，对应列在未分配利润。

（六）"其他"：反映地勘单位从当年未分配节余与收益部分中30%计提部分，对应列在未分配利润项目。

（七）"盈余公积转增资本（或股本）"：反映地勘单位的地勘发展基金转增国有基金部分，分别列在盈余公积和实收资本项目。

（八）"盈余公积弥补亏损"：反映地勘单位盈余公积补亏，分别列在盈余公积和未分配利润项目。

五、国有资本保值增值情况表填列说明

由于地勘单位所有者权益项目的特殊构成，其增减变动对国有资本及权益的影响应根据具体内容分析填

列至补充资料相应的项目：

（一）"国家、国有单位直接或追加投资"：反映按国家有关规定增加的国家基金，地质成果转让收入中国家投入部分转入国有基金，因事业费原因形成的其他应付款转增的地勘发展基金，上级单位直接投入部分增加的国有基金。

（二）"无偿划入"：反映上级单位划入的各类资产增加的地勘发展基金。

（三）"资产评估增加"：反映对外投资时资产评估增加地勘发展基金部分。

（四）"产权界定增加"：反映清理以前年度地质成果投资，增加的地勘发展基金。

（五）"接受捐赠"：反映地勘单位接受各类捐赠，增加的地勘发展基金。

（六）"税收返还"：反映地勘单位收到的税收返还、进口退税等，增加的地勘发展基金。

（七）"经营积累"、"经营减值"：反映地勘单位当年形成的未分配节余与收益。

（八）"无偿划出"：反映上级单位划出的各类资产增加的地勘发展基金。

（九）"因自然灾害等不可抗拒因素减少"：反映因不可抗力导致资产损失，减少的地勘发展基金。

（十）"企业按规定上缴红利"：反映按上缴的国有资本收益、地质成果转让收益减少的未分配节余与收益填列。

工业和信息化部　国家统计局
国家发展和改革委员会　财政部
关于印发中小企业划型标准规定的通知

2011年6月18日　工信部联企业〔2011〕300号

各省、自治区、直辖市人民政府，国务院各部委、各直属机构及有关单位：
  为贯彻落实《中华人民共和国中小企业促进法》和《国务院关于进一步促进中小企业发展的若干意见》（国发〔2009〕36号），工业和信息化部、国家统计局、发展改革委、财政部研究制定了《中小企业划型标准规定》。经国务院同意，现印发给你们，请遵照执行。

  附件：中小企业划型标准规定

附件

中小企业划型标准规定

  一、根据《中华人民共和国中小企业促进法》和《国务院关于进一步促进中小企业发展的若干意见》（国发〔2009〕36号），制定本规定。
  二、中小企业划分为中型、小型、微型三种类型，具体标准根据企业从业人员、营业收入、资产总额等指标，结合行业特点制定。
  三、本规定适用的行业包括：农、林、牧、渔业，工业（包括采矿业，制造业，电力、热力、燃气及水生产和供应业），建筑业，批发业，零售业，交通运输业（不含铁路运输业），仓储业，邮政业，住宿业，餐饮业，信息传输业（包括电信、互联网和相关服务），软件和信息技术服务业，房地产开发经营，物业管理，租赁和商务服务业，其他未列明行业（包括科学研究和技术服务业，水利、环境和公共设施管理业，居民服务、修理和其他服务业，社会工作，文化、体育和娱乐业等）。
  四、各行业划型标准为：
  （一）农、林、牧、渔业。营业收入20000万元以下的为中小微型企业。其中，营业收入500万元及以上的为中型企业，营业收入50万元及以上的为小型企业，营业收入50万元以下的为微型企业。
  （二）工业。从业人员1000人以下或营业收入40000万元以下的为中小微型企业。其中，从业人员300人及以上，且营业收入2000万元及以上的为中型企业；从业人员20人及以上，且营业收入300万元及以上的为小型企业；从业人员20人以下或营业收入300万元以下的为微型企业。
  （三）建筑业。营业收入80000万元以下或资产总额80000万元以下的为中小微型企业。其中，营业收入 6000 万元及以上，且资产总额 5000 万元及以上的为中型企业；营业收入 300 万元及以上，且资产总额 300 万元及以上的为小型企业；营业收入 300 万元以下或资产总额 300 万元以下的为微型企业。

（四）批发业。从业人员 200 人以下或营业收入 40000 万元以下的为中小微型企业。其中，从业人员 20 人及以上，且营业收入 5000 万元及以上的为中型企业；从业人员 5 人及以上，且营业收入 1000 万元及以上的为小型企业；从业人员 5 人以下或营业收入 1000 万元以下的为微型企业。

（五）零售业。从业人员 300 人以下或营业收入 20000 万元以下的为中小微型企业。其中，从业人员 50 人及以上，且营业收入 500 万元及以上的为中型企业；从业人员 10 人及以上，且营业收入 100 万元及以上的为小型企业；从业人员 10 人以下或营业收入 100 万元以下的为微型企业。

（六）交通运输业。从业人员 1000 人以下或营业收入 30000 万元以下的为中小微型企业。其中，从业人员 300 人及以上，且营业收入 3000 万元及以上的为中型企业；从业人员 20 人及以上，且营业收入 200 万元及以上的为小型企业；从业人员 20 人以下或营业收入 200 万元以下的为微型企业。

（七）仓储业。从业人员 200 人以下或营业收入 30000 万元以下的为中小微型企业。其中，从业人员 100 人及以上，且营业收入 1000 万元及以上的为中型企业；从业人员 20 人及以上，且营业收入 100 万元及以上的为小型企业；从业人员 20 人以下或营业收入 100 万元以下的为微型企业。

（八）邮政业。从业人员 1000 人以下或营业收入 30000 万元以下的为中小微型企业。其中，从业人员 300 人及以上，且营业收入 2000 万元及以上的为中型企业；从业人员 20 人及以上，且营业收入 100 万元及以上的为小型企业；从业人员 20 人以下或营业收入 100 万元以下的为微型企业。

（九）住宿业。从业人员 300 人以下或营业收入 10000 万元以下的为中小微型企业。其中，从业人员 100 人及以上，且营业收入 2000 万元及以上的为中型企业；从业人员 10 人及以上，且营业收入 100 万元及以上的为小型企业；从业人员 10 人以下或营业收入 100 万元以下的为微型企业。

（十）餐饮业。从业人员 300 人以下或营业收入 10000 万元以下的为中小微型企业。其中，从业人员 100 人及以上，且营业收入 2000 万元及以上的为中型企业；从业人员 10 人及以上，且营业收入 100 万元及以上的为小型企业；从业人员 10 人以下或营业收入 100 万元以下的为微型企业。

（十一）信息传输业。从业人员 2000 人以下或营业收入 100000 万元以下的为中小微型企业。其中，从业人员 100 人及以上，且营业收入 1000 万元及以上的为中型企业；从业人员 10 人及以上，且营业收入 100 万元及以上的为小型企业；从业人员 10 人以下或营业收入 100 万元以下的为微型企业。

（十二）软件和信息技术服务业。从业人员 300 人以下或营业收入 10000 万元以下的为中小微型企业。其中，从业人员 100 人及以上，且营业收入 1000 万元及以上的为中型企业；从业人员 10 人及以上，且营业收入 50 万元及以上的为小型企业；从业人员 10 人以下或营业收入 50 万元以下的为微型企业。

（十三）房地产开发经营。营业收入 200000 万元以下或资产总额 10000 万元以下的为中小微型企业。其中，营业收入 1000 万元及以上，且资产总额 5000 万元及以上的为中型企业；营业收入 100 万元及以上，且资产总额 2000 万元及以上的为小型企业；营业收入 100 万元以下或资产总额 2000 万元以下的为微型企业。

（十四）物业管理。从业人员 1000 人以下或营业收入 5000 万元以下的为中小微型企业。其中，从业人员 300 人及以上，且营业收入 1000 万元及以上的为中型企业；从业人员 100 人及以上，且营业收入 500 万元及以上的为小型企业；从业人员 100 人以下或营业收入 500 万元以下的为微型企业。

（十五）租赁和商务服务业。从业人员 300 人以下或资产总额 120000 万元以下的为中小微型企业。其中，从业人员 100 人及以上，且资产总额 8000 万元及以上的为中型企业；从业人员 10 人及以上，且资产总额 100 万元及以上的为小型企业；从业人员 10 人以下或资产总额 100 万元以下的为微型企业。

（十六）其他未列明行业。从业人员 300 人以下的为中小微型企业。其中，从业人员 100 人及以上的为中型企业；从业人员 10 人及以上的为小型企业；从业人员 10 人以下的为微型企业。

五、企业类型的划分以统计部门的统计数据为依据。

六、本规定适用于在中华人民共和国境内依法设立的各类所有制和各种组织形式的企业。个体工商户和本规定以外的行业，参照本规定进行划型。

七、本规定的中型企业标准上限即为大型企业标准的下限，国家统计部门据此制定大中小微型企业的统计分类。国务院有关部门据此进行相关数据分析，不得制定与本规定不一致的企业划型标准。

八、本规定由工业和信息化部、国家统计局会同有关部门根据《国民经济行业分类》修订情况和企业发展变化情况适时修订。

九、本规定由工业和信息化部、国家统计局会同有关部门负责解释。

十、本规定自发布之日起执行，原国家经贸委、原国家计委、财政部和国家统计局2003年颁布的《中小企业标准暂行规定》同时废止。

国家统计局关于印发统计上大中小微型企业划分办法的通知

2011年9月2日　国统字〔2011〕75号

各省、自治区、直辖市统计局，新疆生产建设兵团统计局，国家统计局各调查总队，国务院有关部门：

为贯彻落实工业和信息化部、国家统计局、国家发展改革委、财政部《关于印发中小企业划型标准规定的通知》（工信部联企业〔2011〕300号），结合统计工作的实际情况，我们制定了《统计上大中小微型企业划分办法》。现印发给你们，请遵照执行。

统计上大中小微型企业划分办法

一、根据工业和信息化部、国家统计局、国家发展改革委、财政部《关于印发中小企业划型标准规定的通知》（工信部联企业〔2011〕300号），结合统计工作的实际情况，特制定本办法。

二、本办法适用对象为在中华人民共和国境内依法设立的各种组织形式的法人企业或单位。个体工商户参照本办法进行划分。

三、本办法适用范围包括：农、林、牧、渔业，采矿业，制造业，电力、热力、燃气及水生产和供应业，建筑业，批发和零售业，交通运输、仓储和邮政业，住宿和餐饮业，信息传输、软件和信息技术服务业，房地产业，租赁和商务服务业，科学研究和技术服务业，水利、环境和公共设施管理业，居民服务、修理和其他服务业，文化、体育和娱乐业等15个行业门类以及社会工作行业大类。

四、本办法按照行业门类、大类、中类和组合类别，依据从业人员、营业收入、资产总额等指标或替代指标，将我国的企业划分为大型、中型、小型、微型等四种类型。具体划分标准见附表。

五、企业划分由政府综合统计部门根据统计年报每年确定一次，定报统计原则上不进行调整。

六、本办法自印发之日起执行，国家统计局2003年印发的《统计上大中小型企业划分办法（暂行）》（国统字〔2003〕17号）同时废止。

附表：统计上大中小微型企业划分标准

附表 　　　　　　　　　统计上大中小微型企业划分标准

行业名称	指标名称	计量单位	大型	中型	小型	微型
农、林、牧、渔业	营业收入（Y）	万元	$Y \geq 20000$	$500 \leq Y < 20000$	$50 \leq Y < 500$	$Y < 50$
工业*	从业人员（X）	人	$X \geq 1000$	$300 \leq X < 1000$	$20 \leq X < 300$	$X < 20$
	营业收入（Y）	万元	$Y \geq 40000$	$2000 \leq Y < 40000$	$300 \leq Y < 2000$	$Y < 300$

续表

行业名称	指标名称	计量单位	大型	中型	小型	微型
建筑业	营业收入（Y） 资产总额（Z）	万元 万元	Y≥80000 Z≥80000	6000≤Y<80000 5000≤Z<80000	300≤Y<6000 300≤Z<5000	Y<300 Z<300
批发业	从业人员（X） 营业收入（Y）	人 万元	X≥200 Y≥40000	20≤X<200 5000≤Y<40000	5≤X<20 1000≤Y<5000	X<5 Y<1000
零售业	从业人员（X） 营业收入（Y）	人 万元	X≥300 Y≥20000	50≤X<300 500≤Y<20000	10≤X<50 100≤Y<500	X<10 Y<100
交通运输业*	从业人员（X） 营业收入（Y）	人 万元	X≥1000 Y≥30000	300≤X<1000 3000≤Y<30000	20≤X<300 200≤Y<3000	X<20 Y<200
仓储业	从业人员（X） 营业收入（Y）	人 万元	X≥200 Y≥30000	100≤X<200 1000≤Y<30000	20≤X<100 100≤Y<1000	X<20 Y<100
邮政业	从业人员（X） 营业收入（Y）	人 万元	X≥1000 Y≥30000	300≤X<1000 2000≤Y<30000	20≤X<300 100≤Y<2000	X<20 Y<100
住宿业	从业人员（X） 营业收入（Y）	人 万元	X≥300 Y≥10000	100≤X<300 2000≤Y<10000	10≤X<100 100≤Y<2000	X<10 Y<100
餐饮业	从业人员（X） 营业收入（Y）	人 万元	X≥300 Y≥10000	100≤X<300 2000≤Y<10000	10≤X<100 100≤Y<2000	X<10 Y<100
信息传输业*	从业人员（X） 营业收入（Y）	人 万元	X≥2000 Y≥100000	100≤X<2000 1000≤Y<100000	10≤X<100 100≤Y<1000	X<10 Y<100
软件和信息技术服务业	从业人员（X） 营业收入（Y）	人 万元	X≥300 Y≥10000	100≤X<300 1000≤Y<10000	10≤X<100 50≤Y<1000	X<10 Y<50
房地产开发经营	营业收入（Y） 资产总额（Z）	万元 万元	Y≥200000 Z≥10000	1000≤Y<200000 5000≤Z<10000	100≤Y<1000 2000≤Z<5000	Y<100 Z<2000
物业管理	从业人员（X） 营业收入（Y）	人 万元	X≥1000 Y≥5000	300≤X<1000 1000≤Y<5000	100≤X<300 500≤Y<1000	X<100 Y<500
租赁和商务服务业	从业人员（X） 资产总额（Z）	人 万元	X≥300 Z≥120000	100≤X<300 8000≤Z<120000	10≤X<100 100≤Z<8000	X<10 Z<100
其他未列明行业*	从业人员（X）	人	X≥300	100≤X<300	10≤X<100	X<10

说明：

1. 大型、中型和小型企业须同时满足所列指标的下限，否则下划一档；微型企业只须满足所列指标中的一项即可。

2. 附表中各行业的范围以《国民经济行业分类》（GB/T 4754—2011）为准。带*的项为行业组合类别，其中，工业包括采矿业，制造业，电力、热力、燃气及水生产和供应业；交通运输业包括道路运输业，水上运输业，航空运输业，管道运输业，装卸搬运和运输代理业，不包括铁路运输业；信息传输业包括电信、广播电视和卫星传输服务，互联网和相关服务；其他未列明行业包括科学研究和技术服务业，水利、环境和公共设施管理业，居民服务、修理和其他服务业，社会工作，文化、体育和娱乐业，以及房地产中介服务，其他房地产业等，不包括自有房地产经营活动。

3. 企业划分指标以现行统计制度为准。（1）从业人员，是指期末从业人员数，没有期末从业人员数的，采用全年平均人员数代替。（2）营业收入，工业、建筑业、限额以上批发和零售业、限额以上住宿和餐饮业以及其他设置主营业务收入指标的行业，采用主营业务收入；限额以下批发与零售业企业采用商品销售额代替；限额以下住宿与餐饮业企业采用营业额代替；农、林、牧、渔业企业采用营业总收入代替；其他未设置主营业务收入的行业，采用营业收入指标。（3）资产总额，采用资产总计代替。

国家标准：《国民经济行业分类与代码》GB/T 4754—2017（代替 GB/T 4754—2011）

前 言

本标准按照 GB/T 1.1—2009 给出的规则进行起草。

本标准代替 GB/T 4754—2011《国民经济行业分类》，与 GB/T 4754—2011 相比，主要变化如下：

——保留 GB/T 4754—2011 主要内容，对个别大类及若干中类、小类的条目、名称和范围作了调整；

——国民经济行业分类新旧结构对照参见附录 A；

——国民经济行业分类新旧类目对照参见附录 B。本标准使用重新起草法参考联合国统计委员会制定的《所有经济活动的国际标准行业分类》（2006 年，修订第四版，简称 ISIC Rev.4）编制，与 ISIC Rev.4 的一致性程度为非等效。《国民经济行业分类》与《所有经济活动的国际标准行业分类》对照参见附录 G。

本标准由国家统计局提出。本标准由中国标准化研究院归口。

本标准起草单位：国家统计局、中国标准化研究院。

本标准主要起草人：程子林、雷平静、杨小刚、王卓、曾飞、孙洪娟、孙文峰、张艳琦。本标准的历次版本发布情况为：

——GB/T 4754—1984、GB/T 4754—1994、GB/T 4754—2002、GB/T 4754—2011。

国民经济行业分类

1 范围

本标准规定了全社会经济活动的分类与代码。本标准适用于在统计、计划、财政、税收、工商等国家宏观管理中，对经济活动的分类，并用于信息处理和信息交换。

2 术语和定义

下列术语和定义适用于本文件。

2.1

行业 industry

从事相同性质的经济活动的所有单位的集合。

2.2

主要活动 principal activity

当一个单位对外从事两种以上的经济活动时，占其单位增加值份额最大的一种活动称为主要活动。如果无法用增加值确定单位的主要活动，可依据销售收入、营业收入或从业人员确定主要活动。

注：与主要活动相对应的是次要活动和辅助活动。

2.3
次要活动 secondary activity
一个单位对外从事的所有经济活动中,除主要活动以外的经济活动。

2.4
辅助活动 ancillary activity
一个单位的全部活动中,不对外提供货物和服务的活动。
注:辅助活动是为保证本单位主要活动和次要活动正常运转而进行的一种内部活动。

2.5
单位 unit
有效地开展各种经济活动的实体,是划分国民经济行业的载体。

2.6
产业活动单位 establishment
具备下列条件的单位为产业活动单位:
——在一个场所从事一种或主要从事一种经济活动;
——相对独立地组织生产、经营或业务活动;
——能够掌握收入和支出等资料。
注:产业活动单位是法人单位的附属单位。

2.7
法人单位 corporate unit
具备下列条件的单位为法人单位:
——依法成立,有自己的名称、组织机构和场所,能够独立承担负债和其他民事责任;
——独立拥有和使用(或受权使用)资产,有权与其他单位签定合同;
——会计上独立核算,能够编制资产负债表和利润表。

3 分类的原则和规定

3.1 划分行业的原则

本标准采用经济活动的同质性原则划分国民经济行业。即每一个行业类别按照同一种经济活动的性质划分,而不是依据编制、会计制度或部门管理等划分。

3.2 行业分类的基本单位

参照联合国《所有经济活动的国际标准产业分类》(ISIC Rev. 4),本标准主要以产业活动单位和法人单位作为划分行业的单位。采用产业活动单位划分行业,适合生产统计和其他不以资产负债、财务状况为对象的统计调查;采用法人单位划分行业,适合以资产负债、财务状况为对象的统计调查。

在以法人单位划分行业时,应将由多法人组成的企业集团、集团公司等联合性企业中的每个法人单位区分开,按单个法人单位划分行业。

3.3 确定单位行业归属的原则

本标准按照单位的主要经济活动确定其行业性质。当单位从事一种经济活动时,则按照该经济活动确定单位的行业;当单位从事两种以上的经济活动时,则按照主要活动确定单位的行业。

4 编码方法和代码结构

4.1 本标准采用线分类法和分层次编码方法,将国民经济行业划分为门类、大类、中类和小类四级。代码由一位拉丁字母和四位阿拉伯数字组成。

门类代码用一位拉丁字母表示,即用字母 A、B、C、……、T 依次代表不同门类;大类代码用两位阿拉伯数字表示,打破门类界限,从 01 开始按顺序编码;中类代码用三位阿拉伯数字表示,前两位为大类代码,第三位为中类顺序代码;小类代码用四位阿拉伯数字表示,前三位为中类代码,第四位为小类顺序代码。

4.2 本标准的中类和小类，根据需要设立带有"其他"字样的收容项。为了便于识别，原则上规定收容项的代码尾数为"9"。

4.3 当本标准大类、中类不再细分时，代码补"0"直至第四位。

4.4 本标准的代码结构图如下：

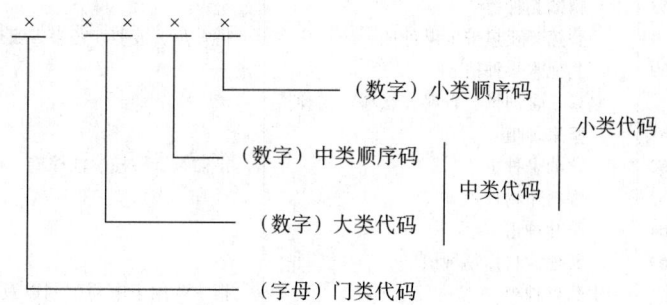

5 国民经济行业分类和代码表

国民经济行业分类和代码

代码				类别名称	说明
门类	大类	中类	小类		
A				农、林、牧、渔业	本门类包括 01~05 大类
	01			农业	指对各种农作物的种植
		011		谷物种植	指以收获籽实为主的农作物的种植，包括稻谷、小麦、玉米等农作物的种植和作为饲料和工业原料的谷物的种植
			0111	稻谷种植	
			0112	小麦种植	
			0113	玉米种植	
			0119	其他谷物种植	
		012		豆类、油料和薯类种植	
			0121	豆类种植	
			0122	油料种植	
			0123	薯类种植	
		013		棉、麻、糖、烟草种植	
			0131	棉花种植	
			0132	麻类种植	
			0133	糖料种植	指用于制糖的甘蔗和甜菜的种植
			0134	烟草种植	
		014		蔬菜、食用菌及园艺作物种植	
			0141	蔬菜种植	
			0142	食用菌种植	
			0143	花卉种植	
			0149	其他园艺作物种植	

续表

代码				类别名称	说明
门类	大类	中类	小类		
		015		水果种植	
			0151	仁果类和核果类水果种植	指苹果、梨、桃、杏、李子等水果种植
			0152	葡萄种植	
			0153	柑橘类种植	
			0154	香蕉等亚热带水果种植	指香蕉、菠萝、芒果等亚热带水果种植
			0159	其他水果种植	
		016		坚果、含油果、香料和饮料作物种植	
			0161	坚果种植	
			0162	含油果种植	指油茶、橄榄、油棕榈、油桐籽、椰子等种植
			0163	香料作物种植	
			0164	茶叶种植	
			0169	其他饮料作物种植	
		017		中药材种植	指主要用于中药配制以及中成药加工的药材作物的种植
			0171	中草药种植	指主要用于中药配制以及中成药加工的各种中草药材作物的种植
			0179	其他中药材种植	
		018		草种植及割草	
			0181	草种植	指人工种植收获牧草
			0182	天然草原割草	指天然草原刈割收获牧草
		019	0190	其他农业	
	02			林业	
		021		林木育种和育苗	
			0211	林木育种	指应用遗传学原理选育、繁殖林木良种和繁殖林木新品种核心的栽植材料的林木遗传改良活动
			0212	林木育苗	指通过人为活动将种子、穗条或植物其他组织培育成苗木的活动
		022	0220	造林和更新	指在宜林荒山荒地荒沙、采伐迹地、火烧迹地、疏林地、灌木林地等一切可造林的土地上通过人工造林、人工更新、封山育林、飞播造林等方式培育和恢复森林的活动
		023		森林经营、管护和改培	
			0231	森林经营和管护	指为促进林木生长发育,在林木生长的不同时期进行的促进林木生长发育的活动
			0232	森林改培	指为调整林分结构和树种组成,形成密度合理、物种丰富、功能完备的优质、高产、高效林而采取林分抚育、补植、补播等人工措施的活动
		024		木材和竹材采运	指对林木和竹木的采伐,并将其运出山场至贮木场的生产活动
			0241	木材采运	
			0242	竹材采运	
		025		林产品采集	指在天然林地和人工林地进行的各种林木产品和其他野生植物的采集等活动
			0251	木竹材林产品采集	
			0252	非木竹材林产品采集	指在天然林地和人工林地进行的除木材、竹材产品外的其他各种产品的采集活动
	03			畜牧业	指为了获得各种畜禽产品而从事的动物饲养、捕捉活动

续表

门类	大类	中类	小类	类别名称	说明
		031		牲畜饲养	
			0311	牛的饲养	
			0312	马的饲养	
			0313	猪的饲养	
			0314	羊的饲养	
			0315	骆驼饲养	
			0319	其他牲畜饲养	
		032		家禽饲养	
			0321	鸡的饲养	
			0322	鸭的饲养	
			0323	鹅的饲养	
			0329	其他家禽饲养	
		033	0330	狩猎和捕捉动物	指对各种野生动物的捕捉以及与此相关的活动
		039		其他畜牧业	
			0391	兔的饲养	
			0392	蜜蜂饲养	
			0399	其他未列明畜牧业	
	04			**渔业**	
		041		水产养殖	
			0411	海水养殖	指利用海水对各种水生动植物的养殖
			0412	内陆养殖	指在内陆水域进行的各种水生动植物的养殖
		042		水产捕捞	
			0421	海水捕捞	指在海洋中对各种天然水生动植物的捕捞
			0422	内陆捕捞	指在内陆水域对各种天然水生动植物的捕捞
	05			**农、林、牧、渔专业及辅助性活动**	
		051		农业专业及辅助性活动	指对农业提供的各种专业及辅助性生产活动，不包括各种科学技术和专业技术服务
			0511	种子种苗培育活动	
			0512	农业机械活动	指为农业生产提供农业机械并配备操作人员的活动
			0513	灌溉活动	指对农业生产灌溉排水系统的经营与管理
			0514	农产品初加工活动	指对各种农产品（包括天然橡胶、纺织纤维原料）进行脱水、凝固、打蜡、去籽、净化、分类、晒干、剥皮、初烤、沤软或大批包装以提供初级市场的服务，以及其他农产品的初加工；其中棉花等纺织纤维原料加工指对棉纤维、短绒剥离后的棉籽以及棉花秸秆、铃壳等副产品的综合加工和利用活动
			0515	农作物病虫害防治活动	指从事农作物重大病虫害防治等活动
			0519	其他农业专业及辅助性活动	指代耕代种代收、大田托管等其他农业活动
		052		林业专业及辅助性活动	指为林业生产提供的林业有害生物防治、林地防火等各种辅助性活动
			0521	林业有害生物防治活动	
			0522	森林防火活动	
			0523	林产品初级加工活动	指对各种林产品进行去皮、打枝或去料、净化、初包装提供至贮木场或初级加工活动
			0529	其他林业专业及辅助性活动	
		053		畜牧专业及辅助性活动	指提供牲畜繁殖、圈舍清理、畜产品生产、初级加工、动物免疫接种、标识佩戴和动物诊疗等活动

续表

门类	代码 大类	中类	小类	类别名称	说明
			0531	畜牧良种繁殖活动	
			0532	畜禽粪污处理活动	
			0539	其他畜牧专业及辅助性活动	
		054		渔业专业及辅助性活动	指对渔业生产提供的各种活动，包括鱼苗及鱼种场、水产良种场和水产增殖场等活动
			0541	鱼苗及鱼种场活动	
			0549	其他渔业专业及辅助性活动	
B				采矿业	本类包括06~12大类，采矿业指对固体（如煤和矿物）、液体（如原油）或气体（如天然气）等自然产生的矿物的采掘；包括地下或地上采掘、矿井的运行，以及一般在矿址或矿址附近从事的旨在加工原材料的所有辅助性工作，例如碾磨、选矿和处理，均属本类活动；还包括使原料得以销售所需的准备工作；不包括水的蓄集、净化和分配，以及地质勘查、建筑工程活动
	06			煤炭开采和洗选业	指对各种煤炭的开采、洗选、分级等生产活动；不包括煤制品的生产和煤炭勘探活动
		061	0610	烟煤和无烟煤开采洗选	指对地下或露天烟煤、无烟煤的开采，以及对采出的烟煤、无烟煤及其他硬煤进行洗选、分级等提高质量的活动
		062	0620	褐煤开采洗选	指对褐煤——煤化程度较低的一种燃料的地下或露天开采，以及对采出的褐煤进行洗选、分级等提高质量的活动
		069	0690	其他煤炭采选	指对生长在古生代地层中的含碳量低、灰分高的煤炭资源（如石煤、泥炭）的开采
	07			石油和天然气开采业	指在陆地或海洋，对天然原油、液态或气态天然气的开采，对煤矿瓦斯气（煤层气）的开采；为运输目的所进行的天然气液化和从天然气田气体中生产液化烃的活动，还包括对含沥青的页岩或油母页岩矿的开采，以及对焦油沙矿进行的同类作业
		071		石油开采	
			0711	陆地石油开采	
			0712	海洋石油开采	
		072		天然气开采	
			0721	陆地天然气开采	
			0722	海洋天然气及可燃冰开采	
	08			黑色金属矿采选业	
		081	0810	铁矿采选	指对铁矿石的采矿、选矿活动
		082	0820	锰矿、铬矿采选	
		089	0890	其他黑色金属矿采选	指对钒矿等钢铁工业黑色金属辅助原料矿的采矿、选矿活动
	09			有色金属矿采选业	指对常用有色金属矿、贵金属矿，以及稀有稀土金属矿的开采、选矿活动，包括深海有色金属矿开采
		091		常用有色金属矿采选	指对铜、铅锌、镍钴、锡、锑、铝、镁、汞、镉、铋等常用有色金属矿的采选
			0911	铜矿采选	
			0912	铅锌矿采选	

续表

门类	大类	中类	小类	类别名称	说明
			0913	镍钴矿采选	
			0914	锡矿采选	
			0915	锑矿采选	
			0916	铝矿采选	
			0917	镁矿采选	
			0919	其他常用有色金属矿采选	
		092		贵金属矿采选	指对在地壳中含量极少的金、银和铂族元素（铂、铱、锇、钌、钯、铑）矿的采选
			0921	金矿采选	
			0922	银矿采选	
			0929	其他贵金属矿采选	
		093		稀有稀土金属矿采选	指对在自然界中含量较小，分布稀散或难以从原料中提取，以及研究和使用较晚的金属矿开采、精选
			0931	钨钼矿采选	
			0932	稀土金属矿采选	指镧系金属及与镧系金属性质相近的金属矿的采选
			0933	放射性金属矿采选	指对主要含钍和铀的矿石开采，以及对这类矿石的精选
			0939	其他稀有金属矿采选	指对稀有轻金属矿、稀有高熔点金属矿、稀散金属矿采选活动，以及其他稀有金属矿的采选
	10			非金属矿采选业	
		101		土砂石开采	
			1011	石灰石、石膏开采	指对石灰、石膏，以及石灰石助熔剂的开采
			1012	建筑装饰用石开采	指通常在采石场切制加工各种纪念碑及建筑用石料的活动
			1013	耐火土石开采	
			1019	粘土及其他土砂石开采	指用于建筑、陶瓷等方面的粘土开采，以及用于铺路和建筑材料的石料、石渣、砂的开采
		102	1020	化学矿开采	指对化学矿和肥料矿物的开采，包括海底化学矿开采
		103	1030	采盐	指通过以海水（含沿海浅层地下卤水）为原料晒制，或以钻井汲取地下卤水，或注水溶解地下岩盐为原料，经真空蒸发干燥，以及从盐湖中采掘制成的以氯化钠为主要成分的盐产品的开采、粉碎和筛选
		109		石棉及其他非金属矿采选	指石棉、石墨、贵重宝石、金刚石、天然磨料及其他矿石的开采
			1091	石棉、云母矿采选	
			1092	石墨、滑石采选	指对天然石墨、滑石的开采
			1093	宝石、玉石采选	指对贵重宝石、玉石、彩石的开采
			1099	其他未列明非金属矿采选	
	11			开采专业及辅助性活动	指为煤炭、石油和天然气等矿物开采提供的活动
		111	1110	煤炭开采和洗选专业及辅助性活动	
		112	1120	石油和天然气开采专业及辅助性活动	
		119	1190	其他开采专业及辅助性活动	
	12			其他采矿业	
		120	1200	其他采矿业	指对地热资源、矿泉水资源以及其他未列明的自然资源的开采，但不包括利用这些资源建立的热电厂和矿泉水厂的活动

续表

代码				类别名称	说明
门类	大类	中类	小类		
C				制造业	本门类包括13~43大类,指经物理变化或化学变化后成为新的产品,不论是动力机械制造或手工制作,也不论产品是批发销售或零售,均视为制造;建筑物中的各种制成品、零部件的生产应视为制造,但在建筑预制品工地,把主要部件组装成桥梁、仓库设备、铁路与高架公路、升降机与电梯、管道设备、喷水设备、暖气设备、通风设备与空调设备、照明与安装电线等组装活动,以及建筑物的装置,均列为建筑活动;本门类包括机电产品的再制造,指将废旧汽车零部件、工程机械、机床等进行专业化修复的批量化生产过程,再制造的产品达到与原有新产品相同的质量和性能
	13			农副食品加工业	指直接以农、林、牧、渔业产品为原料进行的谷物磨制、饲料加工、植物油和制糖加工、屠宰及肉类加工、水产品加工,以及蔬菜、水果和坚果等食品的加工
		131		谷物磨制	也称粮食加工,指将稻谷、小麦、玉米、谷子、高粱等谷物去壳、碾磨,加工为成品粮的生产活动
			1311	稻谷加工	指将稻谷去壳、碾磨成大米的生产活动
			1312	小麦加工	指将小麦碾磨成小麦粉的生产活动
			1313	玉米加工	指将玉米碾碎或碾磨成玉米碴或玉米粉的生产活动,不含以玉米为原料的饲料加工、淀粉及淀粉制品制造、酒精制造等
			1314	杂粮加工	指将谷子、高粱、绿豆、红小豆等小宗谷类、豆类作物进行清理去壳、碾磨,加工为成品粮的生产活动
			1319	其他谷物磨制	
		132		饲料加工	
			1321	宠物饲料加工	指专门为合法饲养的猫、狗、鱼、鸟等小动物提供食物的加工
			1329	其他饲料加工	指适用于农场、农户饲养牲畜、家禽、水产品的饲料生产加工和用低值水产品及水产品加工废弃物(如鱼骨、内脏、虾壳)等为主要原料的饲料加工
		133		植物油加工	
			1331	食用植物油加工	指各种食用植物油料生产油脂,以及精制食用油的加工
			1332	非食用植物油加工	指用各种非食用植物油料生产油脂的活动
		134	1340	制糖业	指以甘蔗、甜菜等为原料制作成品糖,以及以原糖或砂糖为原料精炼加工各种精制糖的生产活动
		135		屠宰及肉类加工	
			1351	牲畜屠宰	指对各种牲畜进行宰杀,以及鲜肉冷冻等保鲜活动,但不包括商业冷藏活动
			1352	禽类屠宰	指对各种禽类进行宰杀,以及鲜肉冷冻等保鲜活动,但不包括商业冷藏活动
			1353	肉制品及副产品加工	指主要以各种畜、禽肉及畜、禽副产品为原料加工成熟肉制品
		136		水产品加工	

续表

门类	大类	中类	小类	类别名称	说明
			1361	水产品冷冻加工	指为了保鲜，将海水、淡水养殖或捕捞的鱼类、虾类、甲壳类、贝类、藻类等水生动物或植物进行的冷冻加工，但不包括商业冷藏活动
			1362	鱼糜制品及水产品干腌制加工	指鱼糜制品制造，以及水产品的干制、腌制等加工活动
			1363	鱼油提取及制品制造	指从鱼或鱼肝中提取油脂，并生产制品的活动
			1369	其他水产品加工	指对水生动植物进行的其他加工
		137		蔬菜、菌类、水果和坚果加工	指用脱水、干制、冷藏、冷冻、腌制等方法，对蔬菜、菌类、水果、坚果的加工
			1371	蔬菜加工	
			1372	食用菌加工	
			1373	水果和坚果加工	
		139		其他农副食品加工	
			1391	淀粉及淀粉制品制造	指用玉米、薯类、豆类及其他植物原料制作淀粉和淀粉制品的生产；还包括以淀粉为原料，经酶法或酸法转换得到的糖品生产活动
			1392	豆制品制造	指以大豆、小豆、绿豆、豌豆、蚕豆等豆类为主要原料，经加工制成食品的活动
			1393	蛋加工	
			1399	其他未列明农副食品加工	
14				食品制造业	
		141		焙烤食品制造	
			1411	糕点、面包制造	指用米粉、小麦粉、豆粉为主要原料，配以辅料，经成型、油炸、烤制而成的各种食品生产活动
			1419	饼干及其他焙烤食品制造	指以小麦粉（或糯米粉）、糖和油脂为主要原料，配以奶制品、蛋制品等辅料，经成型、焙烤制成的各种饼干，以及用薯类、谷类、豆类等制作的各种易于保存、食用方便的焙烤食品生产活动
		142		糖果、巧克力及蜜饯制造	
			1421	糖果、巧克力制造	糖果制造指以砂糖、葡萄糖浆或饴糖为主要原料，加入油脂、乳品、胶体、果仁、香料、食用色素等辅料制成甜味块状食品的生产活动；巧克力制造指以浆状、粉状或块状可可、可可脂、可可酱、砂糖、乳品等为主要原料加工制成巧克力及巧克力制品的生产活动
			1422	蜜饯制作	指以水果、坚果、果皮及植物的其他部分制作糖果蜜饯的活动
		143		方便食品制造	指以米、小麦粉、杂粮等为主要原料加工制成，只需简单烹制即可作为主食，具有食用简便、携带方便，易于储藏等特点的食品制造
			1431	米、面制品制造	指以大米、小麦粉、杂粮等为主要原料，经加工制成各种未经蒸煮类米面制品的生产活动
			1432	速冻食品制造	指以米、小麦粉、杂粮等为主要原料，以肉类、蔬菜等为辅料，经加工制成各类烹制或未烹制的主食食品后，立即采用速冻工艺制成的，并可以在冻结条件下运输储存及销售的各类主食食品的生产活动
			1433	方便面制造	

续表

代码				类别名称	说明
门类	大类	中类	小类		
			1439	其他方便食品制造	指用米、杂粮等为主要原料加工制成的，可以直接食用或只需简单蒸煮即可作为主食的各种方便主食食品的生产活动，以及其他未列明的方便食品制造
		144		乳制品制造	指以生鲜牛（羊）乳及其制品为主要原料，经加工制成的液体乳及固体乳（乳粉、炼乳、乳脂肪、干酪等）制品的生产活动；不包括含乳饮料和植物蛋白饮料生产活动
			1441	液体乳制造	
			1442	乳粉制造	
			1449	其他乳制品制造	
		145		罐头食品制造	指将符合要求的原料经处理、分选、修整、烹调（或不经烹调）、装罐、密封、杀菌、冷却（或无菌包装）等罐头生产工艺制成的，达到商业无菌要求，并可以在常温下储存的罐头食品的制造
			1451	肉、禽类罐头制造	
			1452	水产品罐头制造	
			1453	蔬菜、水果罐头制造	
			1459	其他罐头食品制造	指婴幼儿辅助食品类罐头、米面食品类罐头（如八宝粥罐头等）及上述未列明的罐头食品制造
		146		调味品、发酵制品制造	
			1461	味精制造	指以淀粉或糖蜜为原料，经微生物发酵、提取、精制等工序制成的，谷氨酸钠含量在80%及以上的鲜味剂的生产活动
			1462	酱油、食醋及类似制品制造	指以大豆和（或）脱脂大豆，小麦和（或）麸皮为原料，经微生物发酵制成的各种酱油和酱类制品，以及以单独或混合使用各种含有淀粉、糖的物料或酒精，经微生物发酵酿制的酸性调味品的生产活动
			1469	其他调味品、发酵制品制造	
		149		其他食品制造	
			1491	营养食品制造	指以新食品原料和其他富含营养成分的传统食材为原料，经各种常规食品制造技术生产的特殊医学用途配方食品、婴幼儿配方食品和其他适用于特定人群的主辅食品的生产活动
			1492	保健食品制造	指标明具有特定保健功能的食品，适用于特定人群食用，具有调节机体功能，不以治疗为目的，对人体不产生急性、亚急性或慢性危害，以补充维生素、矿物质为目的的营养素补充等保健食品制造
			1493	冷冻饮品及食用冰制造	指以砂糖、乳制品、豆制品、蛋制品、油脂、果料和食用添加剂等经混合配制、加热杀菌、均质、老化、冻结（凝冻）而成的冷食饮品的制造，以及食用冰的制造
			1494	盐加工	指以原盐为原料，经过化卤、蒸发、洗涤、粉碎、干燥、脱水、筛分等工序，或在其中添加碘酸钾及调味品等加工制成盐产品的生产活动
			1495	食品及饲料添加剂制造	指增加或改善食品特色的化学品，以及补充动物饲料的营养成分和促进生长、防治疫病的制剂的生产活动

续表

门类	大类	中类	小类	类别名称	说明
			1499	其他未列明食品制造	
	15			**酒、饮料和精制茶制造业**	
		151		酒的制造	指酒精、白酒、啤酒及其专用麦芽、黄酒、葡萄酒、果酒、配制酒以及其他酒的生产
			1511	酒精制造	指用玉米、小麦、薯类等淀粉质原料或用糖蜜等含糖质原料，经蒸煮、糖化、发酵及蒸馏等工艺制成的酒精产品的生产活动
			1512	白酒制造	指以高粱等粮谷为主要原料，以大曲、小曲或麸曲及酒母等为糖化发酵剂，经蒸煮、糖化、发酵、蒸馏、陈酿、勾兑而制成的蒸馏酒产品的生产活动
			1513	啤酒制造	指以麦芽（包括特种麦芽）、水为主要原料，加啤酒花，经酵母发酵酿制而成，含二氧化碳、起泡、低酒精度的发酵酒产品（包括无醇啤酒，也称脱醇啤酒）的生产活动，以及啤酒专用原料麦芽的生产活动
			1514	黄酒制造	指以稻米、黍米、黑米、小麦、玉米等为主要原料，加曲、酵母等为糖化发酵剂发酵酿制而成的发酵酒产品的生产活动
			1515	葡萄酒制造	指以新鲜葡萄或葡萄汁为原料，经全部或部分发酵酿制而成，含有一定酒精度的发酵酒产品的生产活动
			1519	其他酒制造	指除葡萄酒以外的果酒、配制酒以及上述未列明的其他酒产品的生产活动
		152		饮料制造	
			1521	碳酸饮料制造	指在一定条件下充入二氧化碳气的饮用品制造，其成品中二氧化碳气的含量（20℃时的体积倍数）不低于2.0倍
			1522	瓶（罐）装饮用水制造	指以地下矿泉水和符合生活饮用水卫生标准的水为水源加工制成的，密封于塑料瓶（罐）、玻璃瓶或其他容器中，不含任何添加剂，可直接饮用的水的生产活动
			1523	果菜汁及果菜汁饮料制造	指以新鲜或冷藏水果和蔬菜为原料，经加工制得的果菜汁液制品生产活动，以及在果汁或浓缩果汁、蔬菜汁中加入水、糖液、酸味剂等，经调制而成的可直接饮用的饮品（果汁含量不低于10%）的生产活动
			1524	含乳饮料和植物蛋白饮料制造	指以鲜乳或乳制品为原料（经发酵或未经发酵），加入水、糖液等调制而成的可直接饮用的含乳饮品的生产活动，以及以蛋白质含量较高的植物的果实、种子或核果类、坚果类的果仁等为原料，在其加工制得的浆液中加入水、糖液等调制而成的可直接饮用的植物蛋白饮品的生产活动
			1525	固体饮料制造	指以糖、食品添加剂、果汁或植物抽提物等为原料，加工制成粉末状、颗粒状或块状制品［其成品水分（质量分数）不高于5%］的生产活动
			1529	茶饮料及其他饮料制造	指茶饮料、特殊用途饮料以及其他未列明的饮料制造
		153	1530	精制茶加工	指对毛茶或半成品原料茶进行筛分、轧切、风选、干燥、匀堆、拼配等精制加工茶叶的生产活动

续表

代码				类别名称	说明
门类	大类	中类	小类		
	16			**烟草制品业**	
		161	1610	烟叶复烤	指在原烟（初烤）基础上进行第二次烟叶水分调整的活动
		162	1620	卷烟制造	指各种卷烟生产，但不包括生产烟用滤嘴棒的纤维丝束原料的制造
		169	1690	其他烟草制品制造	
	17			**纺织业**	
		171		棉纺织及印染精加工	指棉、棉型化纤（化纤短丝）纺织及印染精加工
			1711	棉纺纱加工	指以棉及棉型化学纤维为主要原料进行的纺纱加工
			1712	棉织造加工	指以棉纱、混纺纱、化学纤维纱为主要原料进行的机织物织造加工
			1713	棉印染精加工	指对非自产的棉和化学纤维织物进行漂白、染色、印花、轧光、起绒、缩水等工序的加工
		172		毛纺织及染整精加工	
			1721	毛条和毛纱线加工	指以毛及毛型化学纤维为原料进行梳条的加工，按毛纺工艺（精梳、粗梳、半精梳）进行纺纱的加工
			1722	毛织造加工	指以毛及毛型化学纤维纱为原料进行的机织物织造加工
			1723	毛染整精加工	指对非自产的毛织物进行漂白、染色、印花等工序的染整精加工
		173		麻纺织及染整精加工	
			1731	麻纤维纺前加工和纺纱	指以苎麻、亚麻、大麻、黄麻、剑麻、罗布麻等为原料的纺前纤维加工和纺纱加工
			1732	麻织造加工	指以苎麻、亚麻、大麻、黄麻、剑麻、罗布麻纤维纱线等为主要原料的机织物织造加工
			1733	麻染整精加工	指对非自产的麻织物进行漂白、染色、印花等工序的染整精加工
		174		丝绢纺织及印染精加工	
			1741	缫丝加工	指由蚕茧经过加工缫制成丝的活动
			1742	绢纺和丝织加工	指以丝为主要原料进行的丝织物织造加工
			1743	丝印染精加工	指对非自产的丝织物进行漂白、染色、印花、轧光、起绒、缩水等工序的加工
		175		化纤织造及印染精加工	指经纬双向或经向以化纤长丝（不包括化纤短纤）为主要原料生产的机织物
			1751	化纤织造加工	指以化纤长丝（含有色长丝）为主要原料生产的机织坯布、色织布
			1752	化纤织物染整加工	指对化纤长丝坯布进行漂白、染色、印花、轧光、起绒、缩水染整工序的加工
		176		针织或钩针编织物及其制品制造	
			1761	针织或钩针编织物织造	指采用经编、纬编、横编及钩针编工艺进行的针织物织造加工
			1762	针织或钩针编织物印染精加工	指对非自产的针织品进行漂白、染色、印花、轧光、起绒、缩水等工序的加工
			1763	针织或钩针编织品制造	指除针织或钩针编织服装以外的其他针织品或钩针编织品的加工

续表

门类	大类	中类	小类	类别名称	说明
		177		家用纺织制成品制造	
			1771	床上用品制造	指以棉、麻、竹、丝、毛、化学纤维等纤维及纺织品为主要原料，加工制造床上用品（包括含有填充物的被子、睡袋、枕头等类产品）的生产活动
			1772	毛巾类制品制造	指以棉、麻、竹、丝及化学纤维等为主要原料，加工制造毛巾类产品的生产活动
			1773	窗帘、布艺类产品制造	指以棉、麻、丝、毛及化学纤维等为主要原料，加工制造窗帘、各种装饰罩（套）、靠垫、坐垫、贮物袋等生活用布艺产品的生产活动
			1779	其他家用纺织制成品制造	指以棉、麻、丝、毛及化学纤维等为主要原料，加工制造毛毯、桌布、台布、餐巾、擦布、洗碗巾等餐厨生活用品的其他家用纺织制成品生产活动
		178		产业用纺织制成品制造	也称产业用纺织制成品制造（包括帐篷等户外及庭院休闲用品制造）
			1781	非织造布制造	指定向或随机排列的纤维，通过摩擦、抱合或粘合，或者这些方法的组合而相互结合制成的片状物、纤网或絮垫的生产活动；所用纤维可以是天然纤维、化学纤维和无机纤维，也可以是短纤维、长丝或直接形成的纤维状物
			1782	绳、索、缆制造	指用天然纤维和化学纤维制造绳、索具、缆绳、合股线的生产活动
			1783	纺织带和帘子布制造	指帘子布、复合材料用基布、输送带基布、传送带和胶管等增强材料的生产活动
			1784	篷、帆布制造	指车用篷布、帐篷布、鞋用纺织材料、灯箱布等纺织材料的生产活动
			1789	其他产业用纺织制成品制造	指革基布、过滤、防护用纺织品，工业用毡、呢，建筑用纺织品，交通运输用纺织品，包装用纺织品，文体用纺织品，绝缘隔热纺织品，农业用纺织品，渔业用纺织品，造纸用纺织品等其他产业用纺织制成品的生产活动
	18			纺织服装、服饰业	
		181		机织服装制造	指以机织面料为主要原料，缝制各种男、女服装，以及儿童成衣的活动；包括非自产原料制作的服装，以及固定生产地点的服装制作活动
			1811	运动机织服装制造	指运动服、滑雪服、登山服、游泳衣等服装制造
			1819	其他机织服装制造	指除运动机织服装以外的其他机织服装制造
		182		针织或钩针编织服装制造	指以针织、钩针编织面料为主要原料，经裁剪后缝制各种男、女服装，以及儿童成衣的活动
			1821	运动休闲针织服装制造	指针织T恤、针织休闲衫、针织运动类服装制造
			1829	其他针织或钩针编织服装制造	指除运动休闲针织服装以外其他针织或钩织编织服装制造
		183	1830	服饰制造	指帽子、手套、围巾、领带、领结、手绢，以及袜子等服装饰品的加工
	19			皮革、毛皮、羽毛及其制品和制鞋业	
		191	1910	皮革鞣制加工	指动物生皮经脱毛、鞣制等物理和化学方法加工，再经涂饰和整理，制成具有不易腐烂、柔韧、透气等性能的皮革生产活动
		192		皮革制品制造	

续表

代码				类别名称	说明
门类	大类	中类	小类		
			1921	皮革服装制造	指全部或大部分用皮革、人造革、合成革为面料，制作各式服装的活动
			1922	皮箱、包（袋）制造	指全部或大部分用皮革、人造革、合成革为材料，或者以塑料、纺织物为材料，制作各种用途的皮箱、皮包（袋），或其他材料的箱、包（袋）等制作活动
			1923	皮手套及皮装饰制品制造	指全部或大部分用皮革、人造革、合成革为材料制成的皮手套、皮带，以及皮领带等皮装饰制品的生产活动
			1929	其他皮革制品制造	指全部或大部分用皮革、人造革、合成革为材料制成上述未列明的其他各种皮革制品的生产活动
		193		毛皮鞣制及制品加工	
			1931	毛皮鞣制加工	指带毛动物生皮经鞣制等化学和物理方法处理后，保持其绒毛形态及特点的毛皮（又称裘皮）的生产活动
			1932	毛皮服装加工	指用各种动物毛皮和人造毛皮为面料或里料，加工制作毛皮服装的生产活动
			1939	其他毛皮制品加工	指用各种动物毛皮和人造毛皮为材料，加工制作上述类别未列明的其他各种用途毛皮制品的生产活动
		194		羽毛（绒）加工及制品制造	
			1941	羽毛（绒）加工	指对鹅、鸭等禽类羽毛进行加工成标准毛的生产活动
			1942	羽毛（绒）制品加工	指用加工过的羽毛（绒）作为填充物制作各种用途的羽绒制品（如羽绒服装、羽绒寝具、羽绒睡袋等）的生产活动
		195		制鞋业	指纺织面料鞋、皮鞋、塑料鞋、橡胶鞋及其他各种鞋的生产活动
			1951	纺织面料鞋制造	指用各种纺织面料、木材、棕草等原料缝制、模压或编制各种鞋的生产活动
			1952	皮鞋制造	指全部或大部分用皮革、人造革、合成革为面料，以橡胶、塑料或合成材料等为外底，按缝绷、胶粘、模压、注塑等工艺方法制作各种皮鞋的生产活动
			1953	塑料鞋制造	指以聚氯乙烯、聚乙烯、聚氨酯和乙烯醋酸乙烯等树脂为原料生产发泡或不发泡的塑料鞋类制品的活动
			1954	橡胶鞋制造	指以橡胶作为鞋底、鞋帮的运动鞋及其他橡胶鞋和橡胶鞋部件的生产活动
			1959	其他制鞋业	
	20			**木材加工和木、竹、藤、棕、草制品业**	
		201		木材加工	
			2011	锯材加工	指以原木为原料，利用锯木机械或手工工具将原木纵向锯成具有一定断面尺寸（宽、厚度）的木材加工生产活动，用防腐剂和其他物质浸渍木料或对木料进行化学处理的加工，以及地板毛料的制造
			2012	木片加工	指利用森林采伐、造材、加工等剩余物和定向培育的木材，经削（刨）片机加工成一定规格的产品生产活动

续表

门类	代码 大类	代码 中类	代码 小类	类别名称	说明
			2013	单板加工	指用于胶合板、细工木板、木质重组装饰材、装饰单板（厚度0.55mm以下）、单层板积材（LVL）、纺织用木质层压板、电工层压板和木质层积塑料等材料的生产活动
			2019	其他木材加工	指对木材进行干燥、防腐、改性、染色加工等活动
		202		人造板制造	指用木材及其剩余物、棉秆、甘蔗渣和芦苇等植物纤维为原料，加工成符合国家标准的胶合板、纤维板、刨花板、细工木板和木丝板等产品的生产活动，以及人造板二次加工装饰板的制造
			2021	胶合板制造	指具有一定规格的原木经旋（刨）切成单板，再经干燥、涂胶、组坯、热压而成的符合国家标准及供需双方协定标准的产品生产活动
			2022	纤维板制造	指木材碎料（包括木片）、棉秆、甘蔗渣、芦苇等植物纤维作原料，经削片纤维分离，铺装成型，热压而成的产品生产活动
			2023	刨花板制造	指木材碎料（包括木片）和其他植物纤维作原料，制成刨花，经干燥、施胶、铺装成型，热压而成的产品生产活动
			2029	其他人造板制造	包括非木质人造板、细工木板、胶合木等其他各类人造板的制造
		203		木质制品制造	指以木材为原料加工成建筑用木料和木材组件、木容器、软木制品及其他木制品的生产活动，但不包括木质家具的制造
			2031	建筑用木料及木材组件加工	指主要用于建筑施工工程的木质制品，如建筑施工用的大木工或其他支撑物，以及建筑木工的生产活动
			2032	木门窗制造	
			2033	木楼梯制造	
			2034	木地板制造	
			2035	木制容器制造	
			2039	软木制品及其他木制品制造	指天然软木除去表皮，经初加工后获得的结块软木及其制品的生产活动，以及其他未列明的木质产品的生产活动，包括整体定制家具制造的活动
		204		竹、藤、棕、草等制品制造	指除木材以外，以竹、藤、棕、草等天然植物为原料生产制品的活动，但不包括家具的制造
			2041	竹制品制造	指竹胶合板、竹地板、竹丝板、竹梯子、竹键盘、竹篮子、竹筷子、竹席、高温竹炭制品等竹制工业用品、建筑用品、包装用品、保健品和生活日用品的制造
			2042	藤制品制造	
			2043	棕制品制造	
			2049	草及其他制品制造	
	21			**家具制造业**	指用木材、金属、塑料、竹、藤等材料制作的，具有坐卧、凭倚、储藏、间隔等功能，可用于住宅、旅馆、办公室、学校、餐馆、医院、剧场、公园、船舰、飞机、机动车等任何场所的各种家具的制造

续表

门类	大类	中类	小类	类别名称	说明
		211	2110	木质家具制造	指以天然木材和木质人造板为主要材料，配以其他辅料（如油漆、贴面材料、玻璃、五金配件等）制作各种家具的生产活动
		212	2120	竹、藤家具制造	指以竹材和藤材为主要材料，配以其他辅料制作各种家具的生产活动
		213	2130	金属家具制造	指支（框）架及主要部件以铸铁、钢材、钢板、钢管、合金等金属为主要材料，结合使用木、竹、塑等材料，配以人造革、尼龙布、泡沫塑料等其他辅料制作各种家具的生产活动
		214	2140	塑料家具制造	指用塑料管、板、异型材加工或用塑料、玻璃钢（即增强塑料）直接在模具中成型的家具的生产活动
		219	2190	其他家具制造	指主要由弹性材料（如弹簧、蛇簧、拉簧等）和软质材料（如棕丝、棉花、乳胶海绵、泡沫塑料等），辅以绷结材料（如绷绳、绷带、麻布等）和装饰面料及饰物（如棉、毛、化纤织物及牛皮、羊皮、人造革等）制成的各种软家具；以玻璃为主要材料，辅以木材或金属材料制成的各种玻璃家具，以及其他未列明的原材料制作各种家具的生产活动
	22			造纸和纸制品业	
		221		纸浆制造	指经机械或化学方法加工纸浆的生产活动
			2211	木竹浆制造	
			2212	非木竹浆制造	
		222		造纸	指纸浆或其他原料（如矿渣棉、云母、石棉等）悬浮在流体中的纤维，经过造纸机或其他设备成型，或手工操作而成的纸及纸板的制造
			2221	机制纸及纸板制造	
			2222	手工纸制造	指采用手工操作成型，制成纸的生产活动
			2223	加工纸制造	指对原纸及纸板进一步加工的生产活动
		223		纸制品制造	指用纸及纸板为原料，进一步加工制成纸制品的生产活动
			2231	纸和纸板容器制造	
			2239	其他纸制品制造	指符合出售规格或包装要求的纸制品，以及其他未列明的纸制品的制造
	23			印刷和记录媒介复制业	
		231		印刷	
			2311	书、报刊印刷	
			2312	本册印制	指由各种纸及纸板制作的，用于书写和其他用途的本册生产活动
			2319	包装装潢及其他印刷	指根据一定的商品属性、形态，采用一定的包装材料，经过对商品包装的造型结构艺术和图案文字的设计与安排来装饰美化商品的印刷，以及其他印刷活动
		232	2320	装订及印刷相关服务	指专门企业从事的装订、压印媒介制造等与印刷有关的服务
		233	2330	记录媒介复制	指将母带、母盘上的信息进行批量翻录的生产活动
	24			文教、工美、体育和娱乐用品制造业	
		241		文教办公用品制造	

续表

门类	大类	中类	小类	类别名称	说明
			2411	文具制造	指办公、学习等使用的各种文具的制造
			2412	笔的制造	指用于学习、办公或绘画等用途的各种笔制品的制造
			2413	教学用模型及教具制造	指主要用于教学的各种专用模型、标本及教具的制造
			2414	墨水、墨汁制造	
			2419	其他文教办公用品制造	指上述未列明的文教办公类用品的制造
		242		乐器制造	指中国民族乐器、西乐器等各种乐器及乐器零部件和配套产品的制造,但不包括玩具乐器的制造
			2421	中乐器制造	
			2422	西乐器制造	
			2423	电子乐器制造	
			2429	其他乐器及零件制造	指其他未列明的乐器、乐器零件及配套产品的制造
		243		工艺美术及礼仪用品制造	
			2431	雕塑工艺品制造	指以玉石、宝石、象牙、角、骨、贝壳等硬质材料,木、竹、椰壳、树根、软木等天然植物,以及石膏、泥、面、塑料等为原料,经雕刻、琢、磨、捏或塑等艺术加工而制成的各种供欣赏、实用和礼仪用的工艺品制作活动
			2432	金属工艺品制造	指以金、银、铜、铁、锡等各种金属为原料,经过制胎、浇铸、锻打、錾刻、搓丝、焊接、纺织、镶嵌、点兰、烧制、打磨、电镀等各种工艺加工制成的造型美观、花纹图案精致的各种供欣赏、实用和礼仪用的工艺美术品制作活动
			2433	漆器工艺品制造	指将半生漆、腰果漆加工调配成各种鲜艳的漆料,以木、纸、塑料、铜、布等作胎,采用推光、雕填、彩画、镶嵌、刻灰等传统工艺和现代漆器工艺进行的各种供欣赏、实用和礼仪用的工艺制品制作活动
			2434	花画工艺品制造	指以绢、丝、绒、纸、涤纶、塑料、羽毛、通草以及鲜花草等为原料,经造型设计、模压、剪贴、干燥等工艺精制而成的花、果、叶等人造花类工艺品,以画面出现、可以挂或摆的具有欣赏性、装饰性和礼仪用的画类工艺品制作活动
			2435	天然植物纤维编织工艺品制造	指以竹、藤、棕、草、柳、葵、麻等天然植物纤维为材料,经编织或镶嵌而成具有造型艺术或图案花纹,以欣赏为主的工艺陈列品、礼仪用品以及工艺实用品的制作活动
			2436	抽纱刺绣工艺品制造	指以棉、麻、丝、毛及人造纤维纺织品等为主要原料,经设计、刺绣、抽、拉、钩等工艺加工各种生活装饰用品,以及以纺织品为主要原料,经特殊手工工艺或民间工艺方法加工成各种具有较强装饰效果的生活用纺织品和礼仪用品的制作活动
			2437	地毯、挂毯制造	指以羊毛、丝、棉、麻及人造纤维等为原料,经手工编织、机织、裁绒等方式加工而成的各种具有装饰性的地面覆盖物或可用于悬挂、垫坐等用途的生活装饰用品和礼仪用品的制作活动

续表

门类	大类	中类	小类	类别名称	说明
			2438	珠宝首饰及有关物品制造	指以金、银、铂等贵金属及其合金以及钻石、宝石、玉石、翡翠、珍珠等为原料，经金属加工和连结组合、镶嵌等工艺加工制作各种图案的装饰品和礼仪用品的制作活动
			2439	其他工艺美术及礼仪用品制造	
		244		体育用品制造	
			2441	球类制造	指各种皮制、胶制、革制的可充气的运动用球，以及其他材料制成的各种运动用硬球、软球等球类产品的生产活动
			2442	专项运动器材及配件制造	指各项竞技比赛和训练用器材及用品，体育场馆设施及器件的生产活动
			2443	健身器材制造	指供健身房、家庭或体育训练用的健身器材及运动物品的制造
			2444	运动防护用具制造	指用各种材质，为各项运动特制手套、鞋、帽和护具的生产活动
			2449	其他体育用品制造	指钓鱼专用的各种用具及用品，以及上述未列明的体育用品制造
		245		玩具制造	指以儿童为主要使用者，用于玩耍、智力开发等娱乐器具的制造
			2451	电玩具制造	指制造供14岁以下儿童玩耍的、至少有一种玩耍功能需要使用额定电压小于或等于24V的玩具产品
			2452	塑胶玩具制造	指制造供14岁以下儿童玩耍的、玩具主体或主要玩耍部分由塑胶制成的，非预定承载儿童体重的非电玩具产品
			2453	金属玩具制造	指制造供14岁以下儿童玩耍的、玩具主体或主要玩耍部分由金属材料制成的，非预定承载儿童体重的非电玩具产品
			2454	弹射玩具制造	指制造供14岁以下儿童玩耍的、各种材质的通过可贮存和释放能量的弹射机构发射弹射物的蓄能弹射玩具和由儿童给予的能量发射弹射物的非蓄能弹射玩具的玩具产品
			2455	娃娃玩具制造	指制造供14岁以下儿童玩耍的、至少头部和四肢由非纺织物材质的聚合材料制成，并带有服装或身体由软性材料填充的非电的婴儿娃娃或人物娃娃玩具产品
			2456	儿童乘骑玩耍的童车类产品制造	指制造供儿童乘骑玩耍的童车类产品（含儿童推车、婴儿学步车）
			2459	其他玩具制造	
		246		游艺器材及娱乐用品制造	
			2461	露天游乐场所游乐设备制造	指主要安装在公园、游乐园、水上乐园、儿童乐园等露天游乐场所的电动及非电动游乐设备和游艺器材的制造
			2462	游艺用品及室内游艺器材制造	指主要供室内、桌上等游艺及娱乐场所使用的游乐设备、游艺器材和游艺娱乐用品，以及主要安装在室内游乐场所的电子游乐设备的制造
			2469	其他娱乐用品制造	
	25			石油、煤炭及其他燃料加工业	
		251		精炼石油产品制造	

续表

门类	大类	中类	小类	类别名称	说明
			2511	原油加工及石油制品制造	指从天然原油、人造原油中提炼液态或气态燃料以及石油制品的生产活动
			2519	其他原油制造	指采用油页岩、油砂、焦油以及一氧化碳、氢等气体等加工得到的类似天然石油的液体燃料的生产活动
		252		煤炭加工	
			2521	炼焦	指主要从硬煤和褐煤中生产焦炭、干馏炭及煤焦油或沥青等副产品的炼焦炉的操作活动
			2522	煤制合成气生产	
			2523	煤制液体燃料生产	指通过化学加工过程把固体煤炭转化成为液体燃料、化工原料和产品的活动，如煤制甲醇、煤制烯烃等
			2524	煤制品制造	指用烟煤、无烟煤、褐煤及其他各种煤炭制成的煤砖、煤球等固体燃料制品的活动
			2529	其他煤炭加工	指煤质活性炭等其他煤炭加工活动
		253	2530	核燃料加工	指从沥青铀矿或其他含铀矿石中提取铀、浓缩铀的生产，对铀金属的冶炼、加工，以及其他放射性元素、同位素标记、核反应堆燃料元件的制造，还包括与核燃料加工有关的核废物处置活动
		254		生物质燃料加工	
			2541	生物质液体燃料生产	指利用农作物秸秆和农业加工剩余物、薪材及林业加工剩余物、禽畜粪便、工业有机废水和废渣、城市生活垃圾和能源植物等生物质资源作为原料转化为液体燃料的活动
			2542	生物质致密成型燃料加工	包括对下列生物质燃料的加工活动：林木致密成型燃料，秸秆致密成型燃料，废、废致密成型燃料，其他生物致密成型燃料；不包括：木炭、竹炭加工
	26			化学原料和化学制品制造业	
		261		基础化学原料制造	
			2611	无机酸制造	
			2612	无机碱制造	指烧碱、纯碱等生产活动
			2613	无机盐制造	
			2614	有机化学原料制造	
			2619	其他基础化学原料制造	
		262		肥料制造	指化学肥料、有机肥料及微生物肥料的制造
			2621	氮肥制造	指矿肥氮肥及用化学方法制成含有作物营养元素氮的化肥的生产活动
			2622	磷肥制造	指以磷矿石为主要原料，用化学或物理方法制成含有作物营养元素磷的化肥的生产活动
			2623	钾肥制造	指用天然钾盐矿经富集精制加工制成含有作物营养元素钾的化肥的生产活动
			2624	复混肥料制造	指经过化学或物理方法加工制成的，含有两种以上作物所需主要营养元素（氮、磷、钾）的化肥的生产活动；包括通用型复混肥料和专用型复混肥料
			2625	有机肥料及微生物肥料制造	指来源于动植物，经发酵或腐熟等化学处理后，适用于土壤并提供植物养分供给的，其主要成分为含氮物质的肥料制造

续表

代码				类别名称	说明
门类	大类	中类	小类		
			2629	其他肥料制造	指上述未列明的微量元素肥料及其他肥料的生产
		263		农药制造	指用于防治农业、林业作物的病、虫、草、鼠和其他有害生物，调节植物生长的各种化学农药、微生物农药、生物化学农药，以及仓储、农林产品的防蚀、河流堤坝、铁路、机场、建筑物及其他场所用药的原药和制剂的生产活动
			2631	化学农药制造	指化学农药原药，以及经过机械粉碎、混合或稀释制成粉状、乳状和水状的化学农药制剂的生产活动
			2632	生物化学农药及微生物农药制造	指由细菌、真菌、病毒和原生动物或基因修饰的微生物等自然产生，以及由植物提取的防治病、虫、草、鼠和其他有害生物的农药制剂生产活动
		264		涂料、油墨、颜料及类似产品制造	
			2641	涂料制造	指在天然树脂或合成树脂中加入颜料、溶剂和辅助材料，经加工后制成的覆盖材料的生产活动
			2642	油墨及类似产品制造	指由颜料、联接料（植物油、矿物油、树脂、溶剂）和填充料经过混合、研磨调制而成，用于印刷的有色胶浆状物质，以及用于计算机打印、复印机用墨等生产活动
			2643	工业颜料制造	指用于陶瓷、搪瓷、玻璃等工业的无机颜料及类似材料的生产活动
			2644	工艺美术颜料制造	指油画、水粉画、广告等艺术用颜料的制造
			2645	染料制造	指有机合成、植物性或动物性色料，以及有机颜料的生产活动
			2646	密封用填料及类似品制造	指用于建筑涂料、密封和漆工用的填充料，以及其他类似化学材料的制造
		265		合成材料制造	
			2651	初级形态塑料及合成树脂制造	也称初级塑料或原状塑料的生产活动，包括通用塑料、工程塑料、功能高分子塑料的制造
			2652	合成橡胶制造	指用一种或多种单体为原料进行聚合生产合成橡胶或高分析弹性体的生产活动
			2653	合成纤维单（聚合）体制造	指以石油、天然气、煤等为主要原料，用有机合成的方法制成合成纤维单体或聚合体的生产活动
			2659	其他合成材料制造	指陶瓷纤维等特种纤维及其增强的复合材料的生产活动；其他专用合成材料的制造
		266		专用化学产品制造	
			2661	化学试剂和助剂制造	指各种化学试剂、催化剂及专用助剂的生产活动
			2662	专项化学用品制造	指水处理化学品、造纸化学品、皮革化学品、油脂化学品、油田化学品、生物工程化学品、日化产品专用化学品等产品的生产活动
			2663	林产化学产品制造	指以林产品为原料，经过化学和物理加工方法生产产品的活动，包括木炭、竹炭生产活动
			2664	文化用信息化学品制造	指电影、照相、幻灯及投影用感光材料、冲洗套药，磁、光记录材料，光纤维通讯用辅助材料，及其专用化学制剂的制造
			2665	医学生产用信息化学品制造	指医学和其他生产用感光材料、冲洗套药等化学制剂制造
			2666	环境污染处理专用药剂材料制造	指对水污染、空气污染、固体废物、土壤污染等污染物处理所专用的化学药剂及材料的制造

续表

代码				类别名称	说明
门类	大类	中类	小类		
			2667	动物胶制造	指以动物骨、皮为原料,经一系列工艺处理制成有一定透明度、黏度、纯度的胶产品的生产活动
			2669	其他专用化学产品制造	指其他各种用途的专用化学用品的制造
		267		炸药、火工及焰火产品制造	
			2671	炸药及火工产品制造	指各种军用和生产用炸药、雷管及类似的火工产品的制造
			2672	焰火、鞭炮产品制造	指节日、庆典用焰火及民用烟花、鞭炮等产品的制造
		268		日用化学产品制造	
			2681	肥皂及洗涤剂制造	指以喷洒、涂抹、浸泡等方式施用于肌肤、器皿、织物、硬表面,即冲即洗,起到清洁、去污、渗透、乳化、分散、护理、消毒除菌等功能,广泛用于家居、个人清洁卫生、织物清洁护理、工业清洗、公共设施及环境卫生清洗等领域的产品(固、液、粉、膏、片状等),以及中间体表面活性剂产品的制造
			2682	化妆品制造	指以涂抹、喷洒或者其他类似方法,撒布于人体表面任何部位(皮肤、毛发、指甲、口唇等),以达到清洁、消除不良气味、护肤、美容和修饰目的的日用化学工业产品的制造
			2683	口腔清洁用品制造	指用于口腔或牙齿清洁卫生制品的生产活动
			2684	香料、香精制造	指具有香气和香味,用于调配香精的物质——香料的生产,以及以多种天然香料和合成香料为主要原料,并与其他辅料一起按合理的配方和工艺调配制得的具有一定香型的复杂混合物,主要用于各类加香产品中的香精的生产活动
			2689	其他日用化学产品制造	指室内散香或除臭制品,光洁用品,擦洗膏及类似制品,动物用化妆盥洗品,火柴、蜡烛及类似制品等日用化学产品的生产活动
	27			医药制造业	
		271	2710	化学药品原料药制造	指供进一步加工化学药品制剂、生物药品制剂所需的原料药生产活动
		272	2720	化学药品制剂制造	指直接用于人体疾病防治、诊断的化学药品制剂的制造
		273	2730	中药饮片加工	指对采集的天然或人工种植、养殖的动物、植物和矿物的药材部位进行加工、炮制,使其符合中药处方调剂或中成药生产使用的活动
		274	2740	中成药生产	指对采集的天然或人工种植、养殖的动物和、植物和矿物的药材部位进行加工、炮制,使其符合中药处方调剂或中成药生产使用的活动
		275	2750	兽用药品制造	指用于动物疾病防治医药的制造
		276		生物药品制品制造	指利用生物技术生产生物化学药品、基因工程药物和疫苗的制剂生产活动
			2761	生物药品制造	指利用生物技术生产生物化学药品的生产活动
			2762	基因工程药物和疫苗制造	
		277	2770	卫生材料及医药用品制造	指卫生材料、外科敷料以及其他内、外科用医药制品的制造
		278	2780	药用辅料及包装材料	指药品用辅料和包装材料等制造
	28			化学纤维制造业	

续表

门类	大类	中类	小类	类别名称	说明
		281		纤维素纤维原料及纤维制造	
			2811	化纤浆粕制造	指纺织生产用粘胶纤维的基本原料生产活动
			2812	人造纤维（纤维素纤维）制造	指用化纤浆粕经化学加工生产纤维的活动
		282		合成纤维制造	指以石油、天然气、煤等为主要原料，用有机合成的方法制成单体，聚合后经纺丝加工生产纤维的活动
			2821	锦纶纤维制造	也称聚酰胺纤维制造，指由尼龙66盐和聚己内酰胺为主要原料生产合成纤维的活动
			2822	涤纶纤维制造	是聚酯纤维制造的一种，指以聚对苯二甲酸乙二醇酯为原料生产合成纤维的活动
			2823	腈纶纤维制造	也称聚丙烯腈纤维制造，指以丙烯腈为主要原料（含丙烯腈85%以上）生产合成纤维的活动
			2824	维纶纤维制造	也称聚乙烯醇纤维制造，指以聚乙烯醇为主要原料生产合成纤维的活动
			2825	丙纶纤维制造	也称聚丙烯纤维制造，指以聚丙烯为主要原料生产合成纤维的活动
			2826	氨纶纤维制造	也称聚氨酯纤维制造，指以聚氨基甲酸酯为主要原料生产合成纤维的活动
			2829	其他合成纤维制造	
		283		生物基材料制造	
			2831	生物基化学纤维制造	指以生物单体或天然有机高分子为原料生产纤维的活动，除天然动植物纤维外，特指生物基再生纤维、生物基合成纤维等
			2832	生物基、淀粉基新材料制造	指使用可再生生物资源（如玉米、木薯、秸秆等）经过糖化、发酵、聚合等步骤制成的聚乳酸等生物基、淀粉基材料的活动
	29			橡胶和塑料制品业	
		291		橡胶制品业	指以天然及合成橡胶为原料生产各种橡胶制品的活动，还包括利用废橡胶再生产橡胶制品的活动；不包括橡胶鞋制造
			2911	轮胎制造	
			2912	橡胶板、管、带制造	指用未硫化的、硫化的或硬质橡胶生产橡胶板状、片状、管状、带状、棒状和异型橡胶制品的活动，以及以橡胶为主要成分，用橡胶灌注、涂层、覆盖或层叠的纺织物、纱绳、钢丝（钢缆）等制作的传动带或输送带的生产活动
			2913	橡胶零件制造	指各种用途的橡胶异形制品、橡胶零配件制品的生产活动
			2914	再生橡胶制造	指用废橡胶生产再生橡胶的活动
			2915	日用及医用橡胶制品制造	
			2916	运动场地用塑胶制造	指运动场地、操场及其他特殊场地用的合成材料跑道面层制造和其他塑胶制造
			2919	其他橡胶制品制造	
		292		塑料制品业	指以合成树脂（高分子化合物）为主要原料，经采用挤塑、注塑、吹塑、压延、层压等工艺加工成型的各种制品的生产，以及利用回收的废旧塑料加工再生产塑料制品的活动；不包括塑料鞋制造
			2921	塑料薄膜制造	指用于农业覆盖、工业、商业及日用包装薄膜的制造

续表

代码				类别名称	说明
门类	大类	中类	小类		
			2922	塑料板、管、型材制造	指各种塑料板、管及管件、棒材、薄片等生产活动，以及以聚氯乙烯为主要原料，经连续挤出成型的塑料异型材的生产活动
			2923	塑料丝、绳及编织品制造	指塑料制丝、绳、扁条，塑料袋及编织袋、编织布等生产活动
			2924	泡沫塑料制造	指以合成树脂为主要原料，经发泡成型工艺加工制成内部具有微孔的塑料制品的生产活动
			2925	塑料人造革、合成革制造	指外观和手感似皮革，其透气、透湿性虽然略逊色于天然革，但具有优异的物理、机械性能，如强度和耐磨性等，并可代替天然革使用的塑料人造革的生产活动；模拟天然人造革的组成和结构，正反面都与皮革十分相似，比普通人造革更近似天然革，并可代替天然革的塑料合成革的生产活动
			2926	塑料包装箱及容器制造	指用吹塑或注塑工艺等制成的，可盛装各种物品或液体物质，以便于储存、运输等用途的塑料包装箱及塑料容器制品的生产活动
			2927	日用塑料制品制造	指塑料制餐、厨用具，卫生设备、洁具及其配件，塑料服装，日用塑料装饰品，以及其他日用塑料制品的生产活动
			2928	人造草坪制造	指采用合成纤维，植入在机织的基布上，并具有天然草运动性能的人造草制造
			2929	塑料零件及其他塑料制品制造	指塑料制绝缘零件、密封制品、紧固件，以及汽车、家具等专用零配件的制造，以及上述未列明的其他各类非日用塑料制品的生产活动
	30			非金属矿物制品业	
		301		水泥、石灰和石膏制造	
			3011	水泥制造	指以水泥熟料加入适量石膏或一定混合材，经研磨设备（水泥磨）磨制到规定的细度，制成水凝水泥的生产活动，还包括水泥熟料的生产活动
			3012	石灰和石膏制造	
		302		石膏、水泥制品及类似制品制造	
			3021	水泥制品制造	指水泥制管、杆、桩、砖、瓦等制品制造
			3022	混凝土结构构件制造	指用于建筑施工工程的水泥混凝土预制构件的生产活动
			3023	石棉水泥制品制造	
			3024	轻质建筑材料制造	指石膏板、石膏制品及类似轻质建筑材料的制造
			3029	其他水泥类似制品制造	指玻璃纤维增强水泥制品，以及其他未列明的水泥制品的制造
		303		砖瓦、石材等建筑材料制造	指粘土、陶瓷砖瓦的生产，建筑用石的加工，用废料或废渣生产的建筑材料，以及其他建筑材料的制造
			3031	粘土砖瓦及建筑砌块制造	指用粘土和其他材料生产的砖、瓦及建筑砌块的活动
			3032	建筑用石加工	指用于建筑、筑路、墓地及其他用途的大理石板、花岗岩等石材的切割、成形和修饰活动
			3033	防水建筑材料制造	指以沥青或类似材料为主要原料制造防水材料的活动

续表

代码				类别名称	说明
门类	大类	中类	小类		
			3034	隔热和隔音材料制造	指用于隔热、隔音、保温的岩石棉、矿渣棉、膨胀珍珠岩、膨胀蛭石等矿物绝缘材料及其制品的制造，但不包括石棉隔热、隔音材料的制造
			3039	其他建筑材料制造	
		304		玻璃制造	指任何形态玻璃的生产，以及利用废玻璃再生产玻璃活动，包括特制玻璃的生产
			3041	平板玻璃制造	指用浮法、垂直引上法、压延法等生产平板玻璃原片的活动
			3042	特种玻璃制造	指具有钢化、单向透视、耐高压、耐高温、隔音、防紫外线、防弹、防爆、中空、夹层、变形、超厚、超薄等某一种特殊功能或特殊工艺的玻璃制造
			3049	其他玻璃制造	指未列明的玻璃制造
		305		玻璃制品制造	指任何形态玻璃制品的生产，以及利用废玻璃再生产玻璃制品的活动
			3051	技术玻璃制品制造	指用于建筑、工业生产的技术玻璃制品的制造
			3052	光学玻璃制造	指用于放大镜、显微镜、光学仪器等方面的光学玻璃，日用光学玻璃，钟表用玻璃或类似玻璃，光学玻璃眼镜毛坯的制造，以及未进行光学加工的光学玻璃元件的制造
			3053	玻璃仪器制造	指实验室、医疗卫生用各种玻璃仪器和玻璃器皿以及玻璃管的制造
			3054	日用玻璃制品制造	指餐厅、厨房、卫生间、室内装饰及其他生活用玻璃制品的制造
			3055	玻璃包装容器制造	指主要用于产品包装的各种玻璃容器的制造
			3056	玻璃保温容器制造	指玻璃保温瓶和其他个人或家庭用玻璃保温容器的制造
			3057	制镜及类似品加工	指以平板玻璃为材料，经对其进行镀银、镀铝，或冷、热加工后成型的镜子及类似制品的制造
			3059	其他玻璃制品制造	
		306		玻璃纤维和玻璃纤维增强塑料制品制造	
			3061	玻璃纤维及制品制造	
			3062	玻璃纤维增强塑料制品制造	也称玻璃钢，指用玻璃纤维增强热固性树脂生产塑料制品的活动
		307		陶瓷制品制造	
			3071	建筑陶瓷制品制造	指用于建筑物的内、外墙及地面装饰或耐酸腐蚀的陶瓷材料（不论是否涂釉）的生产活动，以及水道、排水沟的陶瓷管道及配件的制造
			3072	卫生陶瓷制品制造	指卫生和清洁盥洗用的陶瓷用具的生产活动
			3073	特种陶瓷制品制造	指专为工业、农业、实验室等领域的各种特定用途和要求，采用特殊生产工艺制造陶瓷制品的生产活动
			3074	日用陶瓷制品制造	指以粘土、瓷石、长石、石英等为原料，经破碎、制泥、成型、烧炼等工艺制成，主要供日常生活用的各种瓷器、炻器、陶器等陶瓷制品的制造
			3075	陈设艺术陶瓷制造	指以粘土、瓷土、瓷石、长石、石英等为原料，经制胎、施釉、装饰、烧制等工艺制成，主要供欣赏、装饰的陶瓷工艺美术品制造

续表

代码				类别名称	说明
门类	大类	中类	小类		
			3076	园艺陶瓷制造	指专门为园林、公园、室外景观的摆设或具有一定功能的大型陶瓷制造
			3079	其他陶瓷制品制造	指以石英、长石、瓷土等为原料，经制胎、施釉、装饰、烧成等工艺制成的实用陶瓷的制造，以及其他未列明的陶瓷制品的制造
		308		耐火材料制品制造	
			3081	石棉制品制造	指以石棉或其他矿物纤维素为基础，制造摩擦制品、石棉纺织制品、石棉橡胶制品、石棉保温隔热材料制品的生产活动
			3082	云母制品制造	
			3089	耐火陶瓷制品及其他耐火材料制造	指用硅质、粘土质、高铝质等石粉成形的陶瓷隔热制品的制造
		309		石墨及其他非金属矿物制品制造	
			3091	石墨及碳素制品制造	指以炭、石墨材料加工的特种石墨制品、石墨烯、碳素制品、异形制品，以及用树脂和各种有机物浸渍加工而成的碳素异形产品的制造
			3099	其他非金属矿物制品制造	
	31			**黑色金属冶炼和压延加工业**	
		311	3110	炼铁	指用高炉法、直接还原法、熔融还原法等，将铁从矿石等含铁化合物中还原出来的生产活动
		312	3120	炼钢	指利用不同来源的氧（如空气、氧气）来氧化炉料（主要是生铁）所含杂质的金属提纯活动
		313	3130	钢压延加工	指通过热轧、冷加工、锻压和挤压等塑性加工使连铸坯、钢锭产生塑性变形，制成具有一定形状尺寸的钢材产品的生产活动
		314	3140	铁合金冶炼	指铁与其他一种或一种以上的金属或非金属元素组成的合金生产活动
	32			**有色金属冶炼和压延加工业**	
		321		常用有色金属冶炼	指通过熔炼、精炼、电解或其他方法从有色金属矿、废杂金属料等有色金属原料中提炼常用有色金属的生产活动
			3211	铜冶炼	指对铜精矿等矿山原料、废杂铜料进行熔炼、精炼、电解等提炼铜的生产活动
			3212	铅锌冶炼	
			3213	镍钴冶炼	
			3214	锡冶炼	
			3215	锑冶炼	
			3216	铝冶炼	指对铝矿山原料通过冶炼、电解、铸型，以及对废杂铝料进行熔炼等提炼铝的生产活动
			3217	镁冶炼	
			3218	硅冶炼	
			3219	其他常用有色金属冶炼	
		322		贵金属冶炼	指对金、银及铂族金属的提炼活动
			3221	金冶炼	指用金精（块）矿、阳极泥（冶炼其他有色金属时回收的阳极泥含金）、废杂金提炼黄金的生产活动
			3222	银冶炼	指用银精（块）矿、阳极泥（冶炼其他有色金属时回收的阳极泥含银）、废杂银提炼白银的生产活动
			3229	其他贵金属冶炼	

续表

门类	大类	中类	小类	类别名称	说明
		323		稀有稀土金属冶炼	指钨钼、稀有轻金属、稀有高熔点金属、稀散金属、稀土金属及其他稀有稀土金属冶炼活动,但不包括钍和铀等放射性金属的冶炼加工
			3231	钨钼冶炼	
			3232	稀土金属冶炼	
			3239	其他稀有金属冶炼	
		324	3240	有色金属合金制造	指以有色金属为基体,加入一种或几种其他元素所构成的合金生产活动
		325		有色金属压延加工	
			3251	铜压延加工	指铜及铜合金的压延加工生产活动
			3252	铝压延加工	指铝及铝合金的压延加工生产活动
			3253	贵金属压延加工	指对金、银及铂族等贵金属,进行轧制、拉制或挤压加工的生产活动
			3254	稀有稀土金属压延加工	指对钨、钼、钽等稀有金属材的加工
			3259	其他有色金属压延加工	
	33			金属制品业	
		331		结构性金属制品制造	
			3311	金属结构制造	指以铁、钢或铝等金属为主要材料,制造金属构件、金属构件零件、建筑用钢制品及类似品的生产活动,这些制品可以运输,并便于装配、安装或竖立
			3312	金属门窗制造	指用金属材料(铝合金或其他金属)制作建筑物用门窗及类似品的生产活动
		332		金属工具制造	
			3321	切削工具制造	指手工或机床用可互换的切削工具的制造
			3322	手工具制造	指在生产和日常生活中,进行装配、安装、维修时使用的手工工具的制造
			3323	农用及园林用金属工具制造	指主要用于农牧业生产的小农具,园艺或林业作业用金属工具的制造
			3324	刀剪及类似日用金属工具制造	指日常生活用刀剪、刀具、指甲钳等类似金属工具的制造
			3329	其他金属工具制造	指上述类别未包括的用于各种用途的金属工具的制造
		333		集装箱及金属包装容器制造	
			3331	集装箱制造	指专门设计,可长期反复使用,不用换内货物,便可从一种运输方式转移到另一种运输方式的放置货物的钢质箱体(其容积大于$1m^3$)的生产活动
			3332	金属压力容器制造	指用于存装压缩气体、液化气体及其他具有一定压力的液体物质的金属容器(不论其是否配有顶盖、塞子,或衬有除铁、钢、铝以外的材料)的制造
			3333	金属包装容器及材料制造	指主要为商品运输或包装而制作的金属包装容器及附件的制造
		334	3340	金属丝绳及其制品制造	
		335		建筑、安全用金属制品制造	
			3351	建筑、家具用金属配件制造	指用于建筑物、家具、交通工具或其他场所和用具的金属装置、锁及其金属配件的制造
			3352	建筑装饰及水暖管道零件制造	指用于建筑方面的金属装饰材料,以及建筑工程对中性介质(如水、油、蒸汽、空气、煤气等没有腐蚀性的气体和液体物质)在低压下进行工作的设备和管道上所使用的金属附件的制造

续表

门类	大类	中类	小类	类别名称	说明
			3353	安全、消防用金属制品制造	指安全、消防用金属保险柜、保险箱、消防梯等金属制品的制造
			3359	其他建筑、安全用金属制品制造	
		336	3360	金属表面处理及热处理加工	指对外来的金属物件表面进行的电镀、镀层、抛光、喷涂、着色等专业性作业加工
		337		搪瓷制品制造	指在金属坯体表面涂搪瓷釉制成的，具有金属机械强度和瓷釉物化特征，及可装饰性的制品制造
			3371	生产专用搪瓷制品制造	指专为工业生产设备、工业产品及家电配套的各种搪瓷制品的制造
			3372	建筑装饰搪瓷制品制造	指用于建筑及其装饰方面的搪瓷制品和搪瓷制建筑材料的制造
			3373	搪瓷卫生洁具制造	指卫生用和清洁盥洗用搪瓷用具的生产活动
			3379	搪瓷日用品及其他搪瓷制品制造	指金属薄板经过成型、搪烧制成的日用品及其他搪瓷制品的制造
		338		金属制日用品制造	指以不锈钢、铝等金属为主要原材料，加工制作各种日常生活用金属制品的生产活动
			3381	金属制厨房用器具制造	指厨房烹制、调理用各种金属器具、用具的生产活动
			3382	金属制餐具和器皿制造	
			3383	金属制卫生器具制造	指卫生用和清洁盥洗用的各种金属器具、用具的生产活动
			3389	其他金属制日用品制造	
		339		铸造及其他金属制品制造	
			3391	黑色金属铸造	指铸铁件、铸钢件等各种成品、半成品的制造
			3392	有色金属铸造	指有色金属及其合金铸造的各种成品、半成品的制造
			3393	锻件及粉末冶金制品制造	指通过对金属坯料进行锻造变形而得到的工件或毛坯，或者将金属粉末和与非金属粉末的混合物通过压制变形、烘焙制作制品和材料的活动，包括自由锻件、模锻件、特殊成形锻件、冷锻件、温锻件、粉末冶金件等制造
			3394	交通及公共管理用金属标牌制造	
			3399	其他未列明金属制品制造	指其他上述未包括的金属制品的制造；本类别还包括武器弹药的制造
	34			通用设备制造业	
		341		锅炉及原动设备制造	
			3411	锅炉及辅助设备制造	指各种蒸汽锅炉、汽化锅炉，以及除同位素分离器以外的各种核反应堆的制造
			3412	内燃机及配件制造	指用于移动或固定用途的往复式、旋转式、火花点火式或压燃式内燃机及配件的制造，但不包括飞机、汽车和摩托车发动机的制造
			3413	汽轮机及辅机制造	指汽轮机和燃气轮机（蒸汽涡轮机）的制造
			3414	水轮机及辅机制造	
			3415	风能原动设备制造	指风能发电设备及其他风能原动设备制造
			3419	其他原动设备制造	
		342		金属加工机械制造	
			3421	金属切削机床制造	指用于加工金属的各种切削加工数控机床及普通机床的制造

续表

代码				类别名称	说明
门类	大类	中类	小类		
			3422	金属成形机床制造	指以锻压、锤击和模压方式加工金属的机床，或以弯曲、折叠、矫直、剪切、冲压、开槽、拉丝等方式加工金属的数控机床及普通机床的制造
			3423	铸造机械制造	指金属铸件（机械零件毛坯件）铸造用专用设备及其专门配套件的制造，普通铸造设备、制芯设备、砂处理设备、清理设备和特种铸造设备等制造
			3424	金属切割及焊接设备制造	指将电能及其他形式的能量转换为切割、焊接能量对金属进行切割、焊接设备的制造
			3425	机床功能部件及附件制造	指实现机床核心功能的零件和部件的制造，以及扩大机床加工性能和使用范围的附属装置的制造
			3429	其他金属加工机械制造	
		343		物料搬运设备制造	指在工厂、仓库、码头、站台及其他场地，进行起重、输送、装卸、搬运、堆码、存储等作业的机械设备以及车辆及其专门配套件的制造
			3431	轻小型起重设备制造	指结构轻巧、动作简单、可在狭小场地升降或移动重物的简易起重设备及器具的制造；包括起重滑车、手动葫芦、电动葫芦、普通卷扬机、千斤顶、汽车举升机、单轨小车等制造
			3432	生产专用起重机制造	指具有起升、行走等主要工作机构的各种起重机及其专门配套件的制造
			3433	生产专用车辆制造	指用于生产企业内部，进行装卸、堆垛或短距离搬运、牵引、顶推等作业的无轨车辆及其专门配套件的制造；包括电动叉车、内燃叉车、集装箱正面吊运机、短距离牵引车及固定平台搬运车、跨运车，以及手动搬运、堆垛车等制造
			3434	连续搬运设备制造	指在同一方向上，按照规定的线路连续或间歇地运送或装卸散状物料和成件物品的搬运设备及其专门配套件的制造；包括输送机械、装卸机械、给料机械等三类产品及其专门配套件的制造
			3435	电梯、自动扶梯及升降机制造	指各种电梯、自动扶梯及自动人行道、升降机及其专门配套件的制造
			3436	客运索道制造	指动力驱动，利用柔性绳索牵引箱体等运载工具运送人员的机电设备，包括客运架空索道、客运缆车、客运拖牵索道等制造
			3437	机械式停车设备制造	指采用机械方法存取、停放汽车的机械装置或设备系统的制造，包括平面移动类、巷道堆垛类、垂直升降类、升降横移类、简易升降类停车设备
			3439	其他物料搬运设备制造	指除上述以外的其他物料搬运设备及其专门配套件的制造
		344		泵、阀门、压缩机及类似机械制造	指泵、真空设备、压缩机，液压和气压动力机械及类似机械和阀门的制造
			3441	泵及真空设备制造	指用以输送各种液体、液固混合体、液气混合体及其增压、循环、真空等用途的设备制造
			3442	气体压缩机械制造	指对气体进行压缩，使其压力提高到340kPa以上的压缩机械的制造
			3443	阀门和旋塞制造	指通过改变其流道面积的大小，用以控制流体流量、压力和流向的装置制造

续表

代码				类别名称	说明
门类	大类	中类	小类		
			3444	液压动力机械及元件制造	指以液体为工作介质，依靠液体压力能，来进行能量转换、传递、控制和分配的元件和装置制造
			3445	液力动力机械元件制造	指以液体为工作介质，依靠液体动量矩，来进行能量转换、传递、控制和分配的元件和装置制造
			3446	气压动力机械及元件制造	指以气体为工作介质，靠气压动力来传送能量的装置制造
		345		轴承、齿轮和传动部件制造	
			3451	滚动轴承制造	指将运转的轴与轴座之间的滑动摩擦变为滚动摩擦，从而减少摩擦损失的一种精密的机械元件的制造
			3452	滑动轴承制造	指在滑动摩擦下工作的轴承制造
			3453	齿轮及齿轮减、变速箱制造	指用于传递动力和转速的齿轮和齿轮减（增）速箱（机、器）、齿轮变速箱的制造；不包括汽车变速箱等制造
			3459	其他传动部件制造	指除齿轮及齿轮减、变速箱以外的其他相关传动装置制造；包括链传动、带传动、离合器、联轴节、制动器、平衡系统及其配套件制造
		346		烘炉、风机、包装等设备制造	
			3461	烘炉、熔炉及电炉制造	指使用液体燃料、粉状固体燃料（焚化炉）或气体燃料，进行煅烧、熔化或其他热处理用的非电力熔炉、窑炉和烘炉等燃烧器的制造，以及工业或实验室用电炉及零件的制造
			3462	风机、风扇制造	指用来输送各种气体，以及气体增压、循环、通风换气、排尘等设备的制造
			3463	气体、液体分离及纯净设备制造	指对气体进行杂质的去除，提高气体的纯度的气体净化设备制造；仅对气、液混合物进行分离，不改变气体、液体性质的气、液分离设备制造；对各种混合气体进行分离及液化的气体分离成套设备制造
			3464	制冷、空调设备制造	指用于专业生产、商业经营等方面的制冷设备和空调设备的制造，但不包括家用空调设备的制造
			3465	风动和电动工具制造	指带有电动机、非电力发动机或风动装置的手工操作加工工具的制造
			3466	喷枪及类似器具制造	
			3467	包装专用设备制造	指对瓶、桶、箱、袋或其他容器的洗涤、干燥、装填、密封和贴标签等专用包装机械的制造
		347		文化、办公用机械制造	
			3471	电影机械制造	指各种类型或用途的电影摄影机、电影录音摄影机、影像放映机及电影辅助器材和配件的制造
			3472	幻灯及投影设备制造	指通过媒质将在电子成像器件上的文字图像、胶片上的文字图像、纸张上的文字图像及实物投射到银幕上的各种设备、器材及零配件的制造
			3473	照相机及器材制造	指各种类型或用途的照相机的制造；包括用以制备印刷板，用于水下或空中照相的照相机制造，以及照相机用闪光装置、摄影暗室装置和零件的制造
			3474	复印和胶印设备制造	指各种用途的复印设备和集复印、打印、扫描、传真为一体的多功能一体机的制造；以及主要用于办公室的胶印设备、文字处理设备及零件的制造

续表

门类	大类	中类	小类	类别名称	说明
			3475	计算器及货币专用设备制造	指金融、商业、交通及办公等使用的电子计算器、具有计算功能的数据记录、重现和显示机器的制造；以及货币专用设备及类似机械的制造
			3479	其他文化、办公用机械制造	
		348		通用零部件制造	
			3481	金属密封件制造	指以金属为原料制作密封件的生产活动
			3482	紧固件制造	
			3483	弹簧制造	
			3484	机械零部件加工	指对专用和通用机械零部件的加工
			3489	其他通用零部件制造	
		349		其他通用设备制造业	
			3491	工业机器人制造	指用于工业自动化领域的工业机器人的制造
			3492	特殊作业机器人制造	指用于特殊性作业的机器人制造，如水下、危险环境、高空作业、国防、科考、特殊搬运、农业等特殊作业机器人制造
			3493	增材制造装备制造	指以增材制造技术进行加工的设备制造和零部件制造
			3499	其他未列明通用设备制造业	
	35			专用设备制造业	
		351		采矿、冶金、建筑专用设备制造	
			3511	矿山机械制造	指用于各种固体矿物及石料的开采和洗选的机械设备及其专门配套设备的制造；包括建井设备，采掘、凿岩设备，矿山提升设备，矿物破碎、粉磨设备，矿物筛分、洗选设备，矿用牵引车及矿车等产品及其专用配套件的制造
			3512	石油钻采专用设备制造	指对陆地和近海石油、天然气等专用开采设备的制造；不包括深海石油、天然气勘探开采平台及相关漂浮设备的制造
			3513	深海石油钻探设备制造	指对万米以上海洋的石油、天然气等专用开采设备的制造；不包括万米以下浅海和陆地石油、天然气勘探开采平台及相关漂浮设备的制造
			3514	建筑工程用机械制造	指建筑施工及市政公共工程用机械的制造，包括土方机械、筑路机械、具有回转、变幅功能的工程起重机、建筑起重机等
			3515	建筑材料生产专用机械制造	指生产水泥、水泥制品、玻璃及玻璃纤维、建筑陶瓷、砖瓦等建筑材料所使用的各种生产、搅拌成型机械的制造
			3516	冶金专用设备制造	指金属冶炼、锭坯铸造、轧制及其专用配套设备等生产专用设备的制造
			3517	隧道施工专用机械制造	指用于地下非开挖施工专用机械的制造，包括隧道掘进机（盾构机和硬岩掘进机）、顶管机、水平定向钻等
		352		化工、木材、非金属加工专用设备制造	
			3521	炼油、化工生产专用设备制造	指炼油、化学工业生产专用设备的制造，但不包括包装机械等通用设备的制造
			3522	橡胶加工专用设备制造	指加工橡胶，或以橡胶为材料生产橡胶制品的专用机械制造

续表

代码				类别名称	说明
门类	大类	中类	小类		
			3523	塑料加工专用设备制造	指塑料加工工业中所使用的各类专用机械和装置的制造
			3524	木竹材加工机械制造	指在木竹材、木竹质板材、木制品及竹制品加工过程中的各类机械和设备的制造
			3525	模具制造	指金属铸造用模具、矿物材料用模具、橡胶或塑料用模具及其他用途的模具的制造
			3529	其他非金属加工专用设备制造	
		353		食品、饮料、烟草及饲料生产专用设备制造	
			3531	食品、酒、饮料及茶生产专用设备制造	指主要用于食品、酒、饮料生产及茶制品加工等专用设备的制造
			3532	农副食品加工专用设备制造	指对谷物、干豆类等农作物的筛选、碾磨、储存等专用机械，糖料和油料作物加工机械，畜禽屠宰、水产品加工及盐加工机械的制造
			3533	烟草生产专用设备制造	
			3534	饲料生产专用设备制造	
		354		印刷、制药、日化及日用品生产专用设备制造	
			3541	制浆和造纸专用设备制造	指在制浆、造纸、纸加工及纸制品的生产过程中所用的各类机械和设备的制造
			3542	印刷专用设备制造	指使用印刷或其他方式将图文信息转移到承印物上的专用生产设备的制造
			3543	日用化工专用设备制造	指日用化学工业产品，如洗涤用品、口腔清洁用品、化妆品、香精、香料、动物胶、感光材料及其他日用化学制品专用生产设备的制造
			3544	制药专用设备制造	指化学原料药和药剂、中药饮片及中成药专用生产设备的制造
			3545	照明器具生产专用设备制造	指用于生产各种类型电光源产品和各种照明器具产品的专用生产设备的制造
			3546	玻璃、陶瓷和搪瓷制品生产专用设备制造	指用于生产加工玻璃制品、玻璃器皿的专用机械，陶瓷器等类似产品的加工机床和生产专用机械，以及搪瓷制品生产设备的制造
			3549	其他日用品生产专用设备制造	指上述未列明的日用品、工艺美术品的生产专用机械设备的制造
		355		纺织、服装和皮革加工专用设备制造	
			3551	纺织专用设备制造	指纺织纤维预处理、纺纱、织造和针织机械的制造
			3552	皮革、毛皮及其制品加工专用设备制造	指在制革、毛皮鞣制及其制品的加工生产过程中所使用的各种专用设备的制造
			3553	缝制机械制造	指用于服装、鞋帽、箱包等制作的专用缝纫机械制造，以及生产加工各种面料服装、鞋帽所包括的铺布、裁剪、整烫、输送管理等机械和羽绒加工设备的制造
			3554	洗涤机械制造	指洗衣店等专业洗衣机械的制造；不包括家用洗衣机的制造
		356		电子和电工机械专用设备制造	
			3561	电工机械专用设备制造	指电机、电线、电缆等电站、电工专用机械及器材的生产设备的制造

续表

代码				类别名称	说明
门类	大类	中类	小类		
			3562	半导体器件专用设备制造	指生产集成电路、二极管（含发光二极管）、三极管、太阳能电池片的设备的制造
			3563	电子元器件与机电组件设备制造	指生产电容、电阻、电感、印制电路板、电声元件、锂离子电池等电子元器件与机电组件的设备的制造
			3569	其他电子专用设备制造	指电子（气）物理设备及其他未列明的电子设备的制造
		357		农、林、牧、渔专用机械制造	
			3571	拖拉机制造	
			3572	机械化农业及园艺机具制造	指用于土壤处理，作物种植或施肥，种植物收割的农业、园艺或其他机械的制造
			3573	营林及木竹采伐机械制造	
			3574	畜牧机械制造	指草原建设、管理，畜禽养殖及畜禽产品采集等专用机械的制造
			3575	渔业机械制造	指渔业养殖、渔业捕捞等专用设备的制造
			3576	农林牧渔机械配件制造	指拖拉机配件和其他农林牧渔机械配件的制造
			3577	棉花加工机械制造	指棉花加工专用机械制造，棉花加工成套设备的制造和安装
			3579	其他农、林、牧、渔业机械制造	指用于农产品初加工机械，以及其他未列明的农、林、牧、渔业机械的制造
		358		医疗仪器设备及器械制造	
			3581	医疗诊断、监护及治疗设备制造	指用于内科、外科、眼科、妇产科等医疗专用诊断、监护、治疗等方面的设备制造
			3582	口腔科用设备及器具制造	指用于口腔治疗、修补设备及器械的制造
			3583	医疗实验室及医用消毒设备和器具制造	指医疗实验室或医用消毒、灭菌设备及器具的制造
			3584	医疗、外科及兽医用器械制造	指各种手术室、急救室、诊室等医疗专用及兽医用手术器械、医疗诊断用品和医疗用具的制造
			3585	机械治疗及病房护理设备制造	指各种治疗设备、病房护理及康复专用设备的制造
			3586	康复辅具制造	指用于改善、补偿、替代人体功能和辅助性治疗康复辅助器具的制造，适用于残疾人和老年人生活护理、运动康复、教育和就业辅助、残疾儿童康复等；主要包括假肢、矫形器、轮椅和助行器、助听器和人工耳蜗等产品和零部件的制造，也包括智能仿生假肢、远程康复系统、虚拟现实康复训练设备等其他康复类产品的制造
			3587	眼镜制造	指眼镜成镜、眼镜框架和零配件、眼镜镜片、角膜接触镜（隐形眼镜）及护理产品的制造
			3589	其他医疗设备及器械制造	指外科、牙科等医疗专用及兽医用家具器械的制造和人工器官及植（介）入器械制造，以及其他未列明的医疗设备及器械的制造
		359		环保、邮政、社会公共服务及其他专用设备制造	
			3591	环境保护专用设备制造	指用于大气污染防治、水污染防治、固体废弃物处理、土壤修复和抽样、噪声与振动控制、环境应急等环境污染防治专用设备制造
			3592	地质勘查专用设备制造	指地质勘查（勘探）专用设备的制造；不包括通用钻采、挖掘机械的制造

续表

代码				类别名称	说明
门类	大类	中类	小类		
			3593	邮政专用机械及器材制造	
			3594	商业、饮食、服务专用设备制造	
			3595	社会公共安全设备及器材制造	指公安、消防、安全等社会公共安全设备及器材的制造和加工
			3596	交通安全、管制及类似专用设备制造	指除铁路运输以外的道路运输、水上运输及航空运输等有关的管理、安全、控制专用设备的制造；不包括电气照明设备、信号设备的制造
			3597	水资源专用机械制造	指水利工程管理、节水工程及水的生产、供应专用设备的制造
			3599	其他专用设备制造	指上述类别中未列明的其他专用设备的制造，包括同位素设备的制造
	36			**汽车制造业**	
		361		汽车整车制造	
			3611	汽柴油车整车制造	指由传统燃料动力装置驱动，具有四个以上车轮的非轨道、无架线的车辆，并主要用于载送人员和（或）货物、牵引输送人员和（或）货物的车辆制造
			3612	新能源车整车制造	指采用新型动力系统，完全或主要依靠新型能源驱动的汽车，包括插电式混合动力（含增程式）汽车、纯电动汽车和燃料电池电动汽车等
		362	3620	汽车用发动机制造	
		363	3630	改装汽车制造	指利用外购汽车底盘改装各类汽车的制造
		364	3640	低速汽车制造	指最高时速限制在规定范围内的农用三轮或四轮等载货汽车的制造
		365	3650	电车制造	指以电作为动力，以屏板或可控硅方式控制的城市内交通工具和专用交通工具的制造
		366	3660	汽车车身、挂车制造	指其设计和技术特性需由汽车牵引，才能正常行驶的一种无动力的道路车辆的制造
		367	3670	汽车零部件及配件制造	指机动车辆及其车身的各种零配件的制造
	37			**铁路、船舶、航空航天和其他运输设备制造业**	
		371		铁路运输设备制造	
			3711	高铁车组制造	指以外来电源或以蓄电池驱动的，或以压燃式发动机及其他方式驱动的，能够牵引高速铁路车辆的动力机车、高铁车组、铁路动车组的制造
			3712	铁路机车车辆制造	指非高铁、动车机组的铁路机车制造，以及用于运送旅客和用以装运货物的客车、货车及其他铁路专用车辆的制造
			3713	窄轨机车车辆制造	指可用于交通运输的窄轨内燃机车、电力机车和窄轨非机动车的制造
			3714	高铁设备、配件制造	
			3715	铁路机车车辆配件制造	指铁道或有轨机车及其拖拽车辆的专用零配件的制造
			3716	铁路专用设备及器材、配件制造	指铁路安全或交通控制设备的制造，以及其他铁路专用设备及器材、配件的制造
			3719	其他铁路运输设备制造	
		372	3720	城市轨道交通设备制造	
		373		船舶及相关装置制造	

续表

门类	大类	中类	小类	类别名称	说明
			3731	金属船舶制造	指以钢质、铝质等各种金属为主要材料，为民用或军事部门建造远洋、近海或内陆河湖的金属船舶的制造
			3732	非金属船舶制造	指以各种木材、水泥、玻璃钢等非金属材料，为民用或军事部门建造船舶的活动
			3733	娱乐船和运动船制造	指游艇和用于娱乐或运动的其他船只的制造
			3734	船用配套设备制造	指船用主机、辅机设备的制造
			3735	船舶改装	指按规范要求对船舶船体、设备、系统、结构等改装
			3736	船舶拆除	
			3737	海洋工程装备制造	指海上工程、海底工程、近海工程的专用设备制造，不含港口工程设备以及船舶、潜水、救捞等设备制造
			3739	航标器材及其他相关装置制造	指用于航标的各种器材，以及不以航行为主的船只的制造，不含海上浮动装置的制造
		374		航空、航天器及设备制造	
			3741	飞机制造	指在大气同温层以内飞行的用于运货或载客，用于国防，以及用于体育运动或其他用途的各种飞机及其零件的制造，包括飞机发动机的制造
			3742	航天器及运载火箭制造	
			3743	航天相关设备制造	包括航天试验专用设备设施（宇航模拟设备、航天风洞、电磁、真空专用设备设施、其他航天试验专用设备设施）和总装调试测试设备（航天器总装调试测试设备、运载火箭总装调试测试设备）等专用设备、设施的制造
			3744	航空相关设备制造	
			3749	其他航空航天器制造	
		375		摩托车制造	
			3751	摩托车整车制造	指不论是否装有边斗的摩托车制造，包括摩托车发动机的制造
			3752	摩托车零部件及配件制造	
		376		自行车和残疾人座车制造	
			3761	自行车制造	指未装马达，主要以脚蹬驱动，装有一个或多个轮子的脚踏车辆及其零件的制造
			3762	残疾人座车制造	
		377	3770	助动车制造	指以出行代步为主要功能，主要以蓄电池等作为辅助能源，具有两个、三个、四个车轮，电动或电动助力功能的特种助动车及其零件的制造
		378	3780	非公路休闲车及零配件制造	指以运动休闲娱乐为主要功能，包括运动休闲车（不含跑车、山地车和越野车）、一轮、两轮、四轮休闲车、滑板车、草地车、观光车等制造
		379		潜水救捞及其他未列明运输设备制造	
			3791	潜水装备制造	指潜水装置的制造
			3792	水下救捞装备制造	指水下作业、救捞装备的制造
			3799	其他未列明运输设备制造	指手推车辆、牲畜牵引车辆的制造，以及上述未列明的交通运输设备的制造
	38			电气机械和器材制造业	
		381		电机制造	

340

续表

门类	大类	中类	小类	类别名称	说明
			3811	发电机及发电机组制造	指发电机及其辅助装置、发电成套设备的制造
			3812	电动机制造	指交流或直流电动机及零件的制造
			3813	微特电机及组件制造	指微型特种电机、减速器及零组件的制造
			3819	其他电机制造	
		382		输配电及控制设备制造	
			3821	变压器、整流器和电感器制造	指变压器、静止式变流器等电力电子设备和互感器的制造
			3822	电容器及其配套设备制造	指电力电容器及其配套装置和电容器零件的制造
			3823	配电开关控制设备制造	指用于电压超过1000V的，诸如一般在配电系统中使用的接通及断开或保护电路的电器，以及用于电压不超过1000V的，如在住房、工业设备或家用电器中使用的配电开关控制设备及其零件的制造
			3824	电力电子元器件制造	指用于电能变换和控制（从而实现运动控制）的电子元器件的制造
			3825	光伏设备及元器件制造	指太阳能组件（太阳能电池）、控制设备及其他太阳能设备和元器件制造；不包括太阳能用蓄电池制造
			3829	其他输配电及控制设备制造	指开关设备和控制设备内部的元器件之间，以及与外部电路之间的电连接所需用的器件和配件的制造
		383		电线、电缆、光缆及电工器材制造	
			3831	电线、电缆制造	指在电力输配、电能传送，声音、文字、图像等信息传播，以及照明等各方面所使用的电线电缆的制造
			3832	光纤制造	指将电的信号变成光的信号，进行声音、文字、图像等信息传输的光纤的制造
			3833	光缆制造	指利用置于包覆套中的一根或多根光纤作为传输媒质并可以单独或成组使用的光缆的制造
			3834	绝缘制品制造	指电气绝缘子、电机或电气设备用的绝缘零件，以及带有绝缘材料的金属制电导管及接头的制造，但不包括玻璃、陶瓷绝缘体和绝缘漆制品的制造
			3839	其他电工器材制造	
		384		电池制造	指以正极活性材料、负极活性材料，配合电介质，以密封式结构制成的，并具有一定公称电压和额定容量的化学电源的制造；包括一次性、不可充电和二次可充电，重复使用的干电池、蓄电池（含太阳能用蓄电池）的制造，以及利用氢与氧的合成转换成电能的装置，即燃料电池制造；不包括利用太阳光转换成电能的太阳能电池制造
			3841	锂离子电池制造	指以锂离子嵌入化合物为正极材料电池的制造
			3842	镍氢电池制造	指以储氢合金为负极材料，氢氧化镍为正极材料，电解液是含氢氧化锂（LiOH）的氢氧化钾（KOH）水溶液的电池的制造
			3843	铅蓄电池制造	指以铅及氧化物为正负极材料，电解液为硫酸水溶液的电池制造
			3844	锌锰电池制造	指以二氧化锰为正极，锌为负极的原电池的制造
			3849	其他电池制造	
		385		家用电力器具制造	指使用交流电源或电池的各种家用电器的制造

续表

代码				类别名称	说明
门类	大类	中类	小类		
			3851	家用制冷电器具制造	
			3852	家用空气调节器制造	指使用交流电源（制冷量14000W及以下），调节室内温度、湿度、气流速度和空气洁净度的房间空气调节器的制造
			3853	家用通风电器具制造	指由单相交流电动机驱动扇叶旋转，产生强制气流，以改善人体与周围空气间的热交换条件的电器制造
			3854	家用厨房电器具制造	指家庭厨房用的电热蒸煮器具、电热烘烤器具、电热水和饮料加热器具、电热煎炒器具、家用电灶、家用食品加工电器具、家用厨房电清洁器具等电器具的制造
			3855	家用清洁卫生电器具制造	指家用洗衣机、吸尘器等电力器具的制造
			3856	家用美容、保健护理电器具制造	
			3857	家用电力器具专用配件制造	指家用电力器具专用配件的制造，不包括通用零部件制造
			3859	其他家用电力器具制造	
		386		非电力家用器具制造	
			3861	燃气及类似能源家用器具制造	指以液化气、天然气、人工煤气、沼气作燃料，以马口铁、搪瓷、不锈钢等为材料加工制成的家用器具的生产活动
			3862	太阳能器具制造	
			3869	其他非电力家用器具制造	
		387		照明器具制造	
			3871	电光源制造	指将电能转变为光的器件的制造，按发光原理可分为白炽灯（指对灯丝通电加热到白炽状态，利用热辐射发出可见光的电光源）；气体放电灯（指通过气体放电将电能转换为光的一种电光源）；半导体照明等固态光源（通过半导体芯片作为发光材料，将电能转换为光的一种电光源）
			3872	照明灯具制造	指将起支撑、固定和保护作用的零部件与能反射、透过、分配、控制或改变一个或多个电光源发出的光的零部件以及所必需的电路辅助装置组合在一起的制造，包括室内外建筑照明、道路照明、生产照明、运输设备照明及特种照明等各种灯具的制造，不包括舞台及场地用灯制造
			3873	舞台及场地用灯制造	指演出舞台、演出场地、运动场地、大型活动场地用灯制造
			3874	智能照明器具制造	指利用计算机、无线通讯数据传输、扩频电力载波通讯技术、计算机智能化信息处理及节能型电器控制等技术组成的分布式无线遥测、遥控、遥讯控制系统，具有灯光亮度的强弱调节、灯光软启动、定时控制、场景设置等功能的照明器具制造
			3879	灯用电器附件及其他照明器具制造	指用于生产各种电光源用电器附件以及为各类电光源配套的灯座及其他照明器具的制造
		389		其他电气机械及器材制造	
			3891	电气信号设备装置制造	指交通运输工具（如机动车、船舶、铁道车辆等）专用信号装置及各种电气音响或视觉报警、警告、指示装置的制造，以及其他电气声像信号装置的制造

续表

代码				类别名称	说明
门类	大类	中类	小类		
			3899	其他未列明电气机械及器材制造	指上述未列明的电气机械及器材的制造
	39			**计算机、通信和其他电子设备制造业**	
		391		计算机制造	
			3911	计算机整机制造	指将可进行算术或逻辑运算的中央处理器和外围设备集成计算整机的制造，也包括硬件与软件集成计算机系统的制造，还包括来件组装计算机的加工
			3912	计算机零部件制造	指组成电子计算机的内存、板卡、硬盘、电源、机箱、显示器等部件的制造
			3913	计算机外围设备制造	指计算机外围设备及附属设备的制造；包括输入设备、输出设备和外存储设备等制造
			3914	工业控制计算机及系统制造	是一种采用总线结构，对生产过程及机电设备、工艺装备进行检测与控制的工具总称；工控机具有重要的计算机属性和特征，如具有计算机CPU、硬盘、内存、外设及接口，并有操作系统、控制网络和协议、计算能力、友好的人机界面；工控行业的产品和技术非常特殊，属于中间产品，是为其他各行业提供可靠、嵌入式、智能化的工业计算机制造
			3915	信息安全设备制造	指用于保护网络和计算机中信息和数据安全的专用设备的制造，包括边界安全、通信安全、身份鉴别与访问控制、数据安全、基础平台、内容安全、评估审计与监控、安全应用设备等制造
			3919	其他计算机制造	指计算机应用电子设备（以中央处理器为核心，配以专业功能模块、外围设备等构成各行业应用领域专用的电子产品及设备，如金融电子、汽车电子、医疗电子、工业控制计算机及装置、信息采集及识别设备、数字化3C产品等），以及其他未列明计算机设备的制造
		392		通信设备制造	
			3921	通信系统设备制造	指固定或移动通信接入、传输、交换设备等通信系统建设所需设备的制造
			3922	通信终端设备制造	指固定或移动通信终端设备的制造
		393		广播电视设备制造	
			3931	广播电视节目制作及发射设备制造	指广播电视节目制作、发射设备及器材的制造
			3932	广播电视接收设备制造	指专业广播电视接收设备的制造，但不包括家用广播电视接收设备的制造
			3933	广播电视专用配件制造	指专业用录像重放及其他配套的广播电视设备的制造，但不包括家用广播电视装置的制造
			3934	专业音响设备制造	指广播电视、影剧院、各种场地等专业用录音、音响设备及其他配套设备的制造
			3939	应用电视设备及其他广播电视设备制造	指应用电视设备、其他广播电视设备和器材的制造
		394	3940	雷达及配套设备制造	指雷达整机及雷达配套产品的制造
		395		非专业视听设备制造	
			3951	电视机制造	指非专业用电视机制造
			3952	音响设备制造	指非专业用智能音响、无线电收音机、收录音机、唱机等音响设备的制造
			3953	影视录放设备制造	指非专业用智能机顶盒、录像机、摄像机、激光视盘机等影视设备整机及零部件的制造，包括教学用影视设备的制造，但不包括广播电视等专业影视设备的制造

续表

代码				类别名称	说明
门类	大类	中类	小类		
		396		智能消费设备制造	
			3961	可穿戴智能设备制造	指由用户穿戴和控制，并且自然、持续地运行和交互的个人移动计算设备产品的制造，包括可穿戴运动监测设备制造
			3962	智能车载设备制造	指包含具备汽车联网、自动驾驶、车内及车际通讯、智能交通基础设施通信等功能要素，融合了传感器、雷达、卫星定位、导航、人工智能等技术，使汽车具备智能环境感知能力，自动分析汽车行驶的安全及危险状态目的的车载终端产品及相关配套设备的制造
			3963	智能无人飞行器制造	指按照国家有关安全规定标准，经允许生产并主要用于娱乐、科普等的智能无人飞行器的制造
			3964	服务消费机器人制造	指除工业和特殊作业以外的各种机器人，包括用于个人、家庭及商业服务类机器人，如家务机器人、餐饮用机器人、宾馆用机器人、销售用机器人、娱乐机器人、助老助残机器人、医疗机器人、清洁机器人等
			3969	其他智能消费设备制造	指其他未列明的智能消费设备的制造
		397		电子器件制造	
			3971	电子真空器件制造	指电子热离子管、冷阴极管或光电阴极管及其他真空电子器件，以及电子管零件的制造
			3972	半导体分立器件制造	
			3973	集成电路制造	指单片集成电路、混合式集成电路的制造
			3974	显示器件制造	指基于电子手段呈现信息供视觉感受的器件及模组的制造，包括薄膜晶体管液晶显示器件（TN/STN–LCD、TFT–LCD）、场发射显示器件（FED）、真空荧光显示器件（VFD）、有机发光二极管显示器件（OLED）、等离子显示器件（PDP）、发光二极管显示器件（LED）、曲面显示器件以及柔性显示器件等
			3975	半导体照明器件制造	指用于半导体照明的发光二极管（LED）、有机发光二极管（OLED）器件等制造
			3976	光电子器件制造	指利用半导体光—电子（或电—光子）转换效应制成的各种功能器件制造
			3979	其他电子器件制造	指其他未列明的电子器件的制造
		398		电子元件及电子专用材料制造	
			3981	电阻电容电感元件制造	指电容器（包括超级电容器）、电阻器、电位器、电感器件、电子变压器件的制造
			3982	电子电路制造	指在绝缘基材上采用印制工艺形成电气电子连接电路，以及附有无源与有源元件的制造，包括印刷电路板及附有元器件构成电子电路功能组合件
			3983	敏感元件及传感器制造	指按一定规律，将感受到的信息转换成为电信号或其他所需形式的信息输出的敏感元件及传感器的制造
			3984	电声器件及零件制造	指扬声器、送受话器、耳机、音箱及零件等制造
			3985	电子专用材料制造	指用于电子元器件、组件及系统制备的专用电子功能材料、互联与封装材料、工艺及辅助材料的制造，包括半导体材料、光电子材料、磁性材料、锂电池材料、电子陶瓷材料、覆铜板及铜箔材料、电子化工材料等

续表

门类	大类	中类	小类	类别名称	说明
			3989	其他电子元件制造	指未列明的电子元件及组件的制造
		399	3990	其他电子设备制造	指电子（气）物理设备及其他未列明的电子设备的制造
	40			**仪器仪表制造业**	
		401		通用仪器仪表制造	
			4011	工业自动控制系统装置制造	指用于连续或断续生产制造过程中，测量和控制生产制造过程的温度、压力、流量、物位等变量或者物体位置、倾斜、旋转等参数的工业用计算机控制系统、检测仪表、执行机构和装置的制造
			4012	电工仪器仪表制造	指用于电压、电流、电阻、功率等电磁量的测量、计量、采集、监测、分析、处理、检验与控制用仪器仪表及系统装置的制造
			4013	绘图、计算及测量仪器制造	指供设计、制图、绘图、计算、测量，以及学习或办公、教学等使用的测量和绘图用具、器具及量仪的制造
			4014	实验分析仪器制造	指利用物质的物理、化学、电学等性能对物质进行定性、定量分析和结构分析，以及湿度、粘度、质量、比重等性能测定所使用的仪器的制造；用于对各种物体在温度、湿度、光照、辐射等环境变化后适应能力的实验装置的制造；各种物体物化特性参数测量的仪器、实验装置及相关器具的制造
			4015	试验机制造	指测试、评定和研究材料、零部件及其制成品的物理性能、机械（力学）性能、工艺性能、安全性能、舒适性能的实验仪器和设备的制造
			4016	供应用仪器仪表制造	指电、气、水、油和热等类似气体或液体的供应过程中使用的计量仪表、自动调节或控制仪器及装置的制造
			4019	其他通用仪器制造	指其他未列明的通用仪器仪表和仪表元器件的制造
		402		专用仪器仪表制造	
			4021	环境监测专用仪器仪表制造	指对环境中的污染物、噪声、放射性物质、电磁波等进行监测和监控的专用仪器仪表及系统装置的制造
			4022	运输设备及生产用计数仪表制造	指汽车、船舶及工业生产用转数计、生产计数器、里程记录器及类似仪表的制造
			4023	导航、测绘、气象及海洋专用仪器制造	指用于气象、海洋、水文、天文、航海、航空等方面的导航、测绘、制导、测量仪器和仪表及类似装置的制造
			4024	农林牧渔专用仪器仪表制造	指农、林、牧、渔生产专用仪器、仪表及类似装置的制造
			4025	地质勘探和地震专用仪器制造	指地质勘探、钻采、地震等地球物理专用仪器、仪表及类似装置的制造
			4026	教学专用仪器制造	指专供教学示范或展览，而无其他用途的专用仪器的制造
			4027	核子及核辐射测量仪器制造	指专门用于核离子射线的测量或检验的仪器、装置，核辐射探测器等核专用仪器仪表的制造
			4028	电子测量仪器制造	指用电子技术实现对被测对象（电子产品）的电参数定量检测装置的制造

续表

门类	代码 大类	中类	小类	类别名称	说明
			4029	其他专用仪器制造	指用于纺织、电站热工仪表等其他未列明的专用仪器的制造
		403	4030	钟表与计时仪器制造	指各种钟、表、钟表机芯、时间记录装置、计时器的制造，还包括装有钟表机芯或同步马达，用以测量、记录或指示时间间隔的装置、定时开关、卫星导航时间频率原子钟，以及钟表零配件的制造
		404	4040	光学仪器制造	指用玻璃或其他材料（如石英、萤石、塑料或金属）制作的光学配件、装配好的光学元件、组合式光学显微镜，以及军用望远镜等光学仪器的制造
		405	4050	衡器制造	指用来测定物质重量的各种机械、电子或机电结合的装置或设备的生产活动
		409	4090	其他仪器仪表制造业	指上述未列明的仪器、仪表的制造
	41			其他制造业	
		411		日用杂品制造	
			4111	鬃毛加工、制刷及清扫工具制造	指用原毛加工成生产刷子类产品的成品毛的生产，或以成品毛及棕、金属丝、塑料丝等为原料加工制刷的生产，以及其他清扫工具的制造
			4119	其他日用杂品制造	指制伞及其他未列明的各种日常生活用杂品的生产活动
		412	4120	核辐射加工	指核技术与同位素技术的应用，由核辐照站利用核技术对原有产品改良、改变性质并使其增值的加工活动
		419	4190	其他未列明制造业	
	42			废弃资源综合利用业	指废弃资源和废旧材料回收加工
		421	4210	金属废料和碎屑加工处理	指从各种废料［包括固体废料、废水（液）、废气等］中回收，并使之便于转化为新的原材料，或适于进一步加工为金属原料的金属废料和碎屑的再加工处理活动，包括废旧电器、电子产品拆解回收
		422	4220	非金属废料和碎屑加工处理	指从各种废料［包括固体废料、废水（液）、废气等］中回收，或经过分类，使其适于进一步加工为新原料的非金属废料和碎屑的再加工处理活动
	43			金属制品、机械和设备修理业	
		431	4310	金属制品修理	
		432	4320	通用设备修理	
		433	4330	专用设备修理	
		434		铁路、船舶、航空航天等运输设备修理	
			4341	铁路运输设备修理	不包括火车机车回厂修理和发动机修理活动
			4342	船舶修理	不包括船舶回厂修复、发动机修理以及船舶拆除活动
			4343	航空航天器修理	不包括航空航天器回厂修理和发动机修理活动
			4349	其他运输设备修理	
		435	4350	电气设备修理	
		436	4360	仪器仪表修理	
		439	4390	其他机械和设备修理业	
D				电力、热力、燃气及水生产和供应业	本门类包括44～46大类
	44			电力、热力生产和供应业	
		441		电力生产	

续表

代码				类别名称	说明
门类	大类	中类	小类		
			4411	火力发电	不包括既发电又提供热力的活动
			4412	热电联产	指既发电又提供热力的生产活动
			4413	水力发电	指通过建设水电站、水利枢纽、航电枢纽等工程，将水能转换成电能的生产活动
			4414	核力发电	指利用核反应堆中重核裂变所释放出的热能转换成电能的生产活动
			4415	风力发电	
			4416	太阳能发电	
			4417	生物质能发电	指主要利用农业、林业和工业废弃物、甚至城市垃圾为原料，采取直接燃烧或气化等方式的发电活动
			4419	其他电力生产	指利用地热、潮汐能、温差能、波浪能及其他未列明的能源的发电活动
		442	4420	电力供应	指利用电网出售给用户电能的输送与分配活动，以及供电局的供电活动
		443	4430	热力生产和供应	指利用煤炭、油、燃气等能源，通过锅炉等装置生产蒸汽和热水，或外购蒸汽、热水进行供应销售、供热设施的维护和管理的活动，包括利用地热和温泉供应销售的活动
	45			燃气生产和供应业	
		451		燃气生产和供应业	指利用煤炭、油、燃气等能源生产燃气，或外购液化石油气、天然气等燃气，并进行输配，向用户销售燃气的活动，以及对煤气、液化石油气、天然气输配及使用过程中的维修和管理活动
			4511	天然气生产和供应业	
			4512	液化石油气生产和供应业	
			4513	煤气生产和供应业	
		452	4520	生物质燃气生产和供应业	指利用农作物秸秆、林木废弃物、食用菌渣、禽畜粪便等生物质资源作为原料转化为可燃性气体能源
	46			水的生产和供应业	
		461	4610	自来水生产和供应	指将天然水（地下水、地表水）经过蓄集、净化达到生活饮用水或其他用水标准，并向居民家庭、企业和其他用户供应的活动
		462	4620	污水处理及其再生利用	指对污水污泥的处理和处置，及净化后的再利用活动
		463	4630	海水淡化处理	指将海水淡化处理，达到可以使用标准的生产活动
		469	4690	其他水的处理、利用与分配	指对雨水、微咸水等类似水进行收集、处理和利用活动
E				建筑业	本门类包括47~50大类
	47			房屋建筑业	指指房屋主体工程的施工活动；不包括主体工程施工前的工程准备活动
		471	4710	住宅房屋建筑	
		472	4720	体育场馆建筑	指体育馆工程服务、体育及休闲健身用房屋建设活动
		479	4790	其他房屋建筑业	
	48			土木工程建筑业	指土木工程主体的施工活动；不包括施工前的工程准备活动
		481		铁路、道路、隧道和桥梁工程建筑	

续表

代码				类别名称	说明
门类	大类	中类	小类		
			4811	铁路工程建筑	
			4812	公路工程建筑	
			4813	市政道路工程建筑	
			4814	城市轨道交通工程建筑	
			4819	其他道路、隧道和桥梁工程建筑	
		482		水利和水运工程建筑	
			4821	水源及供水设施工程建筑	
			4822	河湖治理及防洪设施工程建筑	
			4823	港口及航运设施工程建筑	
		483		海洋工程建筑	指海上工程、海底工程、近海工程建筑活动，不含港口工程建筑活动
			4831	海洋油气资源开发利用工程建筑	
			4832	海洋能源开发利用工程建筑	
			4833	海底隧道工程建筑	
			4834	海底设施铺设工程建筑	
			4839	其他海洋工程建筑	
		484	4840	工矿工程建筑	指除厂房、电力工程外的非节能环保型矿山和工厂生产设施、设备的施工和安装
		485		架线和管道工程建筑	指建筑物外的架线、管道和设备的施工活动
			4851	架线及设备工程建筑	指敷设于地面以上的电力、通信、广播电视等线缆、杆塔等工程建筑
			4852	管道工程建筑	指供水、排水、燃气、集中供热、线缆排管、工业和长输等管道工程建筑
			4853	地下综合管廊工程建筑	指建于城市地下用于容纳两类及以上城市工程管线的构筑物及其附属设施，如水管网、燃气网、电信网等
		486		节能环保工程施工	
			4861	节能工程施工	
			4862	环保工程施工	
			4863	生态保护工程施工	
		487		电力工程施工	
			4871	火力发电工程施工	
			4872	水力发电工程施工	
			4873	核电工程施工	
			4874	风能发电工程施工	
			4875	太阳能发电工程施工	
			4879	其他电力工程施工	
		489		其他土木工程建筑	
			4891	园林绿化工程施工	
			4892	体育场地设施工程施工	指田径场、篮球场、足球场、网球场、高尔夫球场、跑马场、赛车场、卡丁车赛场、全民体育健身工程设施等室内外场地设施的工程施工
			4893	游乐设施工程施工	
			4899	其他土木工程建筑施工	
	49			**建筑安装业**	指建筑物主体工程竣工后，建筑物内各种设备的安装活动，以及施工中的线路敷设和管道安装活动；不包括工程收尾的装饰，如对墙面、地板、天花板、门窗等处理活动

续表

门类	代码 大类	代码 中类	代码 小类	类 别 名 称	说 明
		491	4910	电气安装	指建筑物及土木工程构筑物内电气系统（含电力线路）的安装活动
		492	4920	管道和设备安装	指管道、取暖及空调系统等安装活动
		499		其他建筑安装业	
			4991	体育场地设施安装	指运动地面（如足球场、篮球场、网球场等）、滑冰、游泳设施（含可拼装设施、健身步道）的安装等
			4999	其他建筑安装	包括智能化安装、救援逃生设备安装及其他未列明的安装活动
	50			建筑装饰、装修和其他建筑业	
		501		建筑装饰和装修业	指对建筑工程后期的装饰、装修、维护和清理活动，以及对居室的装修活动
			5011	公共建筑装饰和装修	
			5012	住宅装饰和装修	
			5013	建筑幕墙装饰和装修	
		502		建筑物拆除和场地准备活动	指房屋、土木工程建筑施工前的准备活动
			5021	建筑物拆除活动	
			5022	场地准备活动	
		503	5030	提供施工设备服务	指为建筑工程提供配有操作人员的施工设备的服务
		509	5090	其他未列明建筑业	指上述未列明的其他工程建筑活动
F				批发和零售业	本门类包括51和52大类，指商品在流通环节中的批发活动和零售活动
	51			批发业	指向其他批发或零售单位（含个体经营者）及其他企事业单位、机关团体等批量销售生活用品、生产资料的活动，以及从事进出口贸易和贸易经纪与代理的活动，包括拥有货物所有权，并以本单位（公司）的名义进行交易活动，也包括不拥有货物的所有权，收取佣金的商品代理、商品代售活动；本类还包括各类商品批发市场中固定摊位的批发活动，以及以销售为目的的收购活动
		511		农、林、牧、渔产品批发	指未经过加工的农作物、林产品及牲畜、畜产品、鱼苗的批发和进出口活动，但不包括蔬菜、水果、肉、禽、蛋、奶及水产品的批发和进出口活动，包括以批发为目的的农副产品收购活动
			5111	谷物、豆及薯类批发	
			5112	种子批发	
			5113	畜牧渔业饲料批发	不包括宠物
			5114	棉、麻批发	
			5115	林业产品批发	指林木种苗、采伐产品及采集产品等批发和进出口活动
			5116	牲畜批发	
			5117	渔业产品批发	
			5119	其他农牧产品批发	
		512		食品、饮料及烟草制品批发	指经过加工和制造的食品、饮料及烟草制品的批发和进出口活动，以及蔬菜、水果、肉、禽、蛋、奶及水产品的批发和进出口活动
			5121	米、面制品及食用油批发	
			5122	糕点、糖果及糖批发	

续表

代码				类别名称	说　　明
门类	大类	中类	小类		
			5123	果品、蔬菜批发	
			5124	肉、禽、蛋、奶及水产品批发	
			5125	盐及调味品批发	
			5126	营养和保健品批发	
			5127	酒、饮料及茶叶批发	指可直接饮用或稀释、冲泡后饮用的饮料、酒及茶叶的批发和进出口活动
			5128	烟草制品批发	指经过加工、生产的烟草制品的批发和进出口活动
			5129	其他食品批发	
		513		纺织、服装及家庭用品批发	指纺织面料、纺织品、服装、鞋、帽及日杂品、家用电器、家具等生活日用品的批发和进出口活动
			5131	纺织品、针织品及原料批发	
			5132	服装批发	
			5133	鞋帽批发	
			5134	化妆品及卫生用品批发	
			5135	厨具卫具及日用杂品批发	指灶具、炊具、厨具、餐具及各种容器、器皿等批发和进出口活动；卫生间的用品用具和生活用清洁、清扫用品、用具等批发和进出口活动
			5136	灯具、装饰物品批发	
			5137	家用视听设备批发	
			5138	日用家电批发	
			5139	其他家庭用品批发	指上述未列明的其他生活日用品的批发和进出口活动
		514		文化、体育用品及器材批发	指各类文具用品、体育用品、图书、报刊、音像制品、电子出版物、数字出版物、首饰、工艺美术品、收藏品及其他文化用品、器材的批发和进出口活动
			5141	文具用品批发	
			5142	体育用品及器材批发	
			5143	图书批发	
			5144	报刊批发	
			5145	音像制品、电子和数字出版物批发	
			5146	首饰、工艺品及收藏品批发	
			5147	乐器批发	
			5149	其他文化用品批发	
		515		医药及医疗器材批发	指各种化学药品、生物药品、中药及医疗器材的批发和进出口活动；包括兽用药的批发和进出口活动
			5151	西药批发	指人用化学药品和生物药品的批发与进出口活动
			5152	中药批发	指人用中成药、中药材中药饮片（含中药配方颗粒）的批发和进出口活动
			5153	动物用药品批发	
			5154	医疗用品及器材批发	
		516		矿产品、建材及化工产品批发	指煤及煤制品、石油制品、矿产品及矿物制品、金属材料、建筑和装饰装修材料以及化工产品的批发和进出口活动
			5161	煤炭及制品批发	
			5162	石油及制品批发	
			5163	非金属矿及制品批发	

续表

门类	大类	中类	小类	类别名称	说明
			5164	金属及金属矿批发	
			5165	建材批发	指建筑用材料和装饰装修材料的批发和进出口活动
			5166	化肥批发	
			5167	农药批发	
			5168	农用薄膜批发	
			5169	其他化工产品批发	
		517		机械设备、五金产品及电子产品批发	指提供通用机械、专用设备、交通运输设备、电气机械、五金、交通器材、电料、计算机设备、通讯设备、电子产品、仪器仪表及办公用机械的批发和进出口活动
			5171	农业机械批发	
			5172	汽车及零配件批发	
			5173	摩托车及零配件批发	
			5174	五金产品批发	指小五金、工具、水暖部件及材料的批发和进出口活动,不包括自行车及零配件的批发和进出口
			5175	电气设备批发	
			5176	计算机、软件及辅助设备批发	
			5177	通讯设备批发	指电信设备的批发和进出口活动
			5178	广播影视设备批发	指广播影视设备的批发和进出口活动
			5179	其他机械设备及电子产品批发	
		518		贸易经纪与代理	指办商、商品经纪人、拍卖商的活动;专门为某一生产企业做销售代理的活动;为买卖双方提供贸易机会或代表委托人进行商品交易代理活动
			5181	贸易代理	指不拥有货物的所有权,为实现供求双方达成交易,按协议收取佣金的贸易代理
			5182	一般物品拍卖	
			5183	艺术品、收藏品拍卖	
			5184	艺术品代理	指艺术品、收藏品销售代理,以及画廊艺术经纪代理
			5189	其他贸易经纪与代理	
		519		其他批发业	指上述未包括的批发和进出口活动
			5191	再生物资回收与批发	指将可再生的废旧物资回收,并批发给制造企业作初级原料的活动
			5192	宠物食品用品批发	
			5193	互联网批发	指通过互联网电子商务平台开展的商品批发活动
			5199	其他未列明批发业	
	52			零售业	指百货商店、超级市场、专门零售商店、品牌专卖店、售货摊等主要面向最终消费者(如居民等)的销售活动,以互联网、邮政、电话、售货机等方式的销售活动,还包括在同一地点,后面加工生产,前面销售的店铺(如面包房);谷物、种子、饲料、牲畜、矿产品、生产用原料、化工原料、农用化工产品、机械设备(乘用车、计算机及通信设备除外)等生产资料的销售不作为零售活动;多数零售商对其销售的货物拥有所有权,但有些则是充当委托人的代理人,进行委托销售或以收取佣金的方式进行销售;零售业按销售渠道分为有店铺零售和无店铺零售,其中有店铺零售分为综合零售和专门零售

续表

门类	大类	中类	小类	类别名称	说明
		521		综合零售	
			5211	百货零售	指经营的商品品种较齐全，经营规模较大的综合零售活动
			5212	超级市场零售	指经营生鲜、食品、日用品等大众化实用品的超级市场的综合零售活动
			5213	便利店零售	指以满足顾客便利性需求为主要目的，以小型超市形式的零售活动
			5219	其他综合零售	指日用杂品综合零售活动；在街道、社区、乡镇、农村、工矿区、校区、交通要道口等人口稠密地区开办的小型综合零售店的活动；农村供销社的零售活动；不包括便利店零售
		522		食品、饮料及烟草制品专门零售	指专门经营粮油、食品、饮料及烟草制品的店铺零售活动
			5221	粮油零售	
			5222	糕点、面包零售	
			5223	果品、蔬菜零售	
			5224	肉、禽、蛋、奶及水产品零售	
			5225	营养和保健品零售	
			5226	酒、饮料及茶叶零售	指专门经营酒、茶叶及各种饮料的店铺零售活动
			5227	烟草制品零售	
			5229	其他食品零售	指上述未列明的店铺食品零售活动
		523		纺织、服装及日用品专门零售	指专门经营纺织面料、纺织品、服装、鞋、帽及各种生活日用品的店铺零售活动
			5231	纺织品及针织品零售	
			5232	服装零售	
			5233	鞋帽零售	
			5234	化妆品及卫生用品零售	
			5235	厨具卫具及日用杂品零售	指专门经营炊具、厨具、餐具、日用陶瓷、日用玻璃器皿、塑料器皿、清洁用具和用品的店铺零售活动，以及各种材质其他日用杂品的零售活动
			5236	钟表、眼镜零售	
			5237	箱包零售	
			5238	自行车等代步设备零售	包括自行车、助动自行车（包括电力助动自行车和燃油助动自行车）以及平衡车、老年代步车、三轮车等汽车、摩托车以外的代步车及零配件零售
			5239	其他日用品零售	指专门经营小饰物、礼品花卉及其他未列明日用品的店铺零售活动
		524		文化、体育用品及器材专门零售	指专门经营文具、体育用品、图书、报刊、音像制品、电子出版物、数字出版物、首饰、工艺美术品、收藏品、照相器材及其他文化用品的店铺零售活动
			5241	文具用品零售	
			5242	体育用品及器材零售	
			5243	图书、报刊零售	
			5244	音像制品、电子和数字出版物零售	
			5245	珠宝首饰零售	
			5246	工艺美术品及收藏品零售	指专门经营具有收藏价值和艺术价值的工艺品、艺术品、古玩、字画、邮品等店铺零售活动

续表

门类	代码 大类	中类	小类	类别名称	说明
			5247	乐器零售	
			5248	照相器材零售	
			5249	其他文化用品零售	指专门经营游艺用品及其他未列明文化用品的店铺零售活动
		525		医药及医疗器材专门零售	指专门经营各种化学药品、生物药品、中药、医疗用品及器材的店铺零售活动
			5251	西药零售	指人用化学药品和生物药品的零售活动
			5252	中药零售	指人用中成药、中药材中药饮片的零售活动
			5253	动物用药品零售	指畜牧业、渔业及禽类等动物用药品的零售
			5254	医疗用品及器材零售	
			5255	保健辅助治疗器材零售	
		526		汽车、摩托车、零配件和燃料及其他动力销售	指专门经营汽车、摩托车、汽车部件、汽车零配件及燃料、燃气的零售活动以及汽车充电桩服务
			5261	汽车新车零售	
			5262	汽车旧车零售	
			5263	汽车零配件零售	
			5264	摩托车及零配件零售	
			5265	机动车燃油零售	指专门经营机动车燃油及相关产品（润滑油）的店铺零售活动
			5266	机动车燃气零售	
			5267	机动车充电销售	
		527		家用电器及电子产品专门零售	指专门经营家用电器和计算机、软件及辅助设备、电子通信设备、电子元器件和办公设备的店铺零售活动
			5271	家用视听设备零售	指专门经营电视、音响设备、摄录像设备等店铺零售活动
			5272	日用家电零售	指专门经营冰箱、洗衣机、空调、吸尘器及其他家用电器设备的店铺零售活动
			5273	计算机、软件及辅助设备零售	
			5274	通信设备零售	不包括专业通信设备的销售
			5279	其他电子产品零售	
		528		五金、家具及室内装饰材料专门零售	指专门经营五金用品、家具和装修材料的店铺零售活动，以及在家具、家居装饰、建材城（中心）及展销会上设摊位的销售活动
			5281	五金零售	
			5282	灯具零售	
			5283	家具零售	
			5284	涂料零售	
			5285	卫生洁具零售	
			5286	木质装饰材料零售	指专门经营木质地板、门、窗等店铺零售活动，不包括板材销售活动
			5287	陶瓷、石材装饰材料零售	指专门经营陶瓷、石材制地板砖、壁砖等店铺零售活动
			5289	其他室内装饰材料零售	
		529		货摊、无店铺及其他零售业	
			5291	流动货摊零售	
			5292	互联网零售	指零售商通过电子商务平台开展销售的活动，不包括仅提供网络支付的活动，以及仅建立或提供网络交易平台和接入的活动

续表

门类	代码 大类	中类	小类	类 别 名 称	说 明
			5293	邮购及电视、电话零售	指通过寄递及电视、电话等方式进行销售，并送货上门的零售活动
			5294	自动售货机零售	
			5295	旧货零售	
			5296	生活用燃料零售	指从事生活用煤、煤油、酒精、薪柴、木炭以及罐装液化石油气等专门零售活动
			5297	宠物食品用品零售	
			5299	其他未列明零售业	
G				交通运输、仓储和邮政业	本门类包括53～60大类
	53			铁路运输业	指铁路的安全管理、调度指挥、行车组织、客运组织、货运组织，以及机车车辆、线桥隧涵、牵引供电、通信信号、信息系统的运用及维修养护；不包括铁路机车车辆、线桥隧涵、牵引供电、通信信号、信息系统设备的制造厂（公司）、建筑工程公司、商店、学校、科研所、医院等活动
		531		铁路旅客运输	
			5311	高速铁路旅客运输	
			5312	城际铁路旅客运输	
			5313	普通铁路旅客运输	
		532	5320	铁路货物运输	
		533		铁路运输辅助活动	
			5331	客运火车站	
			5332	货运火车站（场）	
			5333	铁路运输维护活动	指车辆运用及维护、线桥遂涵运用及维护、牵引供电运用及维护、通信信号运用及维护、铁路专用线运用及维护等
			5339	其他铁路运输辅助活动	指除铁路旅客和货物公共运输、专用铁路运输和为其服务的铁路场站、机车车辆、线桥隧涵、牵引供电、通信信号的运用及维修养护，以及铁路专用线外的运输辅助活动
	54			道路运输业	
		541		城市公共交通运输	指城市旅客运输活动
			5411	公共电汽车客运	
			5412	城市轨道交通	指城市地铁、轻轨、有轨电车等活动
			5413	出租车客运	指出租车公司以及与出租车公司签协议的出租车驾驶员的服务，还包括网络约车公司以及承揽网络预约客运的驾驶员的服务
			5414	公共自行车服务	指政府或社会机构以低价格为居民提供的自行车出行服务
			5419	其他城市公共交通运输	指其他未列明的城市旅客运输活动
		542		公路旅客运输	指城市以外道路的旅客运输活动
			5421	长途客运	指由始发站至终点站定线、定站、定班运行和停靠的旅客运输
			5422	旅游客运	指专门为观光消遣为目的的团体或个人提供的，或者在特定旅游线路上提供的客运服务
			5429	其他公路客运	指其他未列明的公路旅客运输活动
		543		道路货物运输	指所有道路的货物运输活动

续表

门类	大类	中类	小类	类别名称	说明
			5431	普通货物道路运输	指对运输、装卸、保管没有特殊要求的道路货物运输活动
			5432	冷藏车道路运输	指农产品、食品、植物等货物始终处于适宜温度环境下，保证产品质量的配有专门运输设备的道路货物运输活动
			5433	集装箱道路运输	指以集装箱为承载货物容器的道路运输活动
			5434	大型货物道路运输	指具备长度超过6m，高度超过2.7m，宽度超过2.5m，质量超过4t中一个及以上条件货物的道路运输活动
			5435	危险货物道路运输	指具有燃烧、爆炸、腐蚀、有毒、放射性等物质，在运输、装卸、保管过程中可能引起人身伤亡和财产毁损而需要特别防护的货物道路运输活动
			5436	邮件包裹道路运输	
			5437	城市配送	指服务于城区以及市近郊的货物配送活动的货物临时存放地，在经济合理区域内，根据客户的要求对物品进行加工、包装、分割、组配等作业，并按时送达指定地点的物流活动
			5438	搬家运输	
			5439	其他道路货物运输	指其他未列明的道路货物运输活动
		544		道路运输辅助活动	指与道路运输相关的运输辅助活动
			5441	客运汽车站	指长途旅客运输汽车站的服务
			5442	货运枢纽（站）	
			5443	公路管理与养护	
			5449	其他道路运输辅助活动	
	55			水上运输业	
		551		水上旅客运输	
			5511	海上旅客运输	指沿海、远洋客轮的运输活动和以客运为主的沿海、远洋运输活动
			5512	内河旅客运输	指江、河、湖泊、水库的水上旅客运输活动
			5513	客运轮渡运输	指城市及其他水域旅客轮渡运输活动
		552		水上货物运输	
			5521	远洋货物运输	
			5522	沿海货物运输	
			5523	内河货物运输	指江、河、湖泊、水库的水上货物运输活动
		553		水上运输辅助活动	
			5531	客运港口	含水上运动码头
			5532	货运港口	
			5539	其他水上运输辅助活动	指其他未列明的水上运输辅助活动
	56			航空运输业	
		561		航空客货运输	
			5611	航空旅客运输	指以旅客运输为主的航空运输活动
			5612	航空货物运输	指以货物或邮件为主的航空运输活动
		562		通用航空服务	指使用民用航空器从事除公共航空运输以外的民用航空活动
			5621	通用航空生产服务	指通用航空为农业、测绘、航拍、抢险、救援等活动的服务
			5622	观光游览航空服务	包括直升机、热气球的游览服务

续表

门类	大类	中类	小类	类别名称	说明
			5623	体育航空运动服务	指通过各种航空器进行运动活动的服务，包括航空俱乐部服务
			5629	其他通用航空服务	
		563		航空运输辅助活动	
			5631	机场	
			5632	空中交通管理	
			5639	其他航空运输辅助活动	指其他未列明的航空运输辅助活动
	57			管道运输业	
		571	5710	海底管道运输	指通过海底管道对气体、液体等运输活动
		572	5720	陆地管道运输	指通过陆地管道对气体、液体等运输活动
	58			多式联运和运输代理业	
		581	5810	多式联运	指由两种及其以上的交通工具相互衔接、转运而共同完成的货物复合运输活动
		582		运输代理业	指与运输有关的代理及服务活动
			5821	货物运输代理	
			5822	旅客票务代理	
			5829	其他运输代理业	
	59			装卸搬运和仓储业	指装卸搬运活动和专门从事货物仓储、货物运输中转仓储，以及以仓储为主的货物送配活动，还包括以仓储为目的的收购活动
		591	5910	装卸搬运	
		592	5920	通用仓储	指除冷藏冷冻物品、危险物品、谷物、棉花、中药材等具有特殊要求以外的物品的仓储活动
		593	5930	低温仓储	指对冷藏冷冻物品等低温货物的仓储活动
		594		危险品仓储	指对具有易燃易爆物品、危险化学品、放射性物品等能够危及人身安全和财产安全的物品的仓储活动
			5941	油气仓储	
			5942	危险化学品仓储	
			5949	其他危险品仓储	
		595		谷物、棉花等农产品仓储	
			5951	谷物仓储	指国家储备及其他谷物仓储活动
			5952	棉花仓储	指棉花加工厂仓储、中转仓储、棉花专业仓储、棉花物流配送活动，还包括在棉花仓储、物流配送过程中的棉花信息化管理活动
			5959	其他农产品仓储	指未列明的其他农产品仓储活动，包括林产品的仓储
		596	5960	中药材仓储	
		599	5990	其他仓储业	
	60			邮政业	
		601	6010	邮政基本服务	指邮政企业或者受邮政企业委托的企业提供的信件、印刷品、包裹、汇兑、报刊发行等邮政服务，以及国家规定的其他邮政服务；不包括邮政企业提供的快递服务
		602	6020	快递服务	指快递服务组织在承诺的时限内快速完成的寄递服务
		609	6090	其他寄递服务	指邮政企业和快递企业之外的企业提供的多种类型的寄递服务

续表

代码				类别名称	说明
门类	大类	中类	小类		
H				住宿和餐饮业	本门类包括61和62大类
	61			住宿业	指为旅行者提供短期留宿场所的活动,有些单位只提供住宿,也有些单位提供住宿、饮食、商务、娱乐一体的服务,本类不包括主要按月或按年长期出租房屋住所的活动
		611	6110	旅游饭店	指按照国家有关规定评定的旅游饭店和具有同等质量、水平的饭店活动
		612		一般旅馆	指不具备评定旅游饭店和同等水平饭店的一般旅馆的活动
			6121	经济型连锁酒店	指以客房为唯一或核心产品,以连锁为经营模式,统一装修风格,统一服务标准,面向大众、价格经济、满足消费者在外出住宿时对安全、卫生、便捷等方面基本要求的并具有国际接待水准的有限服务型住宿企业
			6129	其他一般旅馆	
		613	6130	民宿服务	指城乡居民及社会机构利用闲置房屋开展的住宿活动和短期出租公寓服务
		614	6140	露营地服务	指在游览景区或其他地区,为自驾游、自行车游客及其他游客外出旅行提供使用自备露营设施(如帐篷、房车)或租借小木屋、移动别墅、房车等住宿和生活场所
		619	6190	其他住宿业	指上述未列明的住宿服务
	62			餐饮业	指通过即时制作加工、商业销售和服务性劳动等,向消费者提供食品和消费场所及设施的服务
		621	6210	正餐服务	指在一定场所内提供以中餐、晚餐为主的各种中西式炒菜和主食,并由服务员送餐上桌的餐饮活动
		622	6220	快餐服务	指在一定场所内或通过特定设备提供快捷、便利的餐饮服务
		623		饮料及冷饮服务	指在一定场所内以提供饮料和冷饮为主的服务
			6231	茶馆服务	
			6232	咖啡馆服务	
			6233	酒吧服务	
			6239	其他饮料及冷饮服务	
		624		餐饮配送及外卖送餐服务	
			6241	餐饮配送服务	指根据协议或合同,为民航、铁路、学校、公司、机关等机构提供餐饮配送服务
			6242	外卖送餐服务	指根据消费者的订单和食品安全的要求,选择适当的交通工具、设备,按时、按质、按量送达消费者,并提供相应单据的服务
		629		其他餐饮业	
			6291	小吃服务	指提供全天就餐的简便餐饮服务,包括路边小饭馆、农家饭馆、流动餐饮和单一小吃等餐饮服务
			6299	其他未列明餐饮业	
I				信息传输、软件和信息技术服务业	本门类包括63~65大类
	63			电信、广播电视和卫星传输服务	
		631		电信	指利用有线、无线的电磁系统或者光电系统,传送、发射或者接收语音、文字、数据、图像以及其他任何形式信息的活动

续表

代码				类别名称	说明
门类	大类	中类	小类		
			6311	固定电信服务	指从事固定通信业务活动
			6312	移动电信服务	指从事移动通信业务活动
			6319	其他电信服务	指除固定电信服务、移动电信服务外,利用固定、移动通信网从事的信息服务
		632		广播电视传输服务	
			6321	有线广播电视传输服务	指有线广播电视网络及其信息传输分发交换接入服务和信号的传输服务
			6322	无线广播电视传输服务	指无线广播电视传输覆盖网及其信息传输分发交换服务信号的传输服务
		633		卫星传输服务	指利用卫星提供通讯传输和广播电视传输服务、以及导航、定位、测绘、气象、地质勘查、空间信息等应用服务
			6331	广播电视卫星传输服务	
			6339	其他卫星传输服务	
	64			互联网和相关服务	
		641	6410	互联网接入及相关服务	指除基础电信运营商外,基于基础传输网络为存储数据、数据处理及相关活动,提供接入互联网的有关应用设施的服务
		642		互联网信息服务	指除基础电信运营商外,通过互联网提供在线信息、电子邮箱、数据检索、网络游戏、网上新闻、网上音乐等信息服务;不包括互联网支付、互联网基金销售、互联网保险、互联网信托和互联网消费金融,有关内容列入相应的金融行业中
			6421	互联网搜索服务	
			6422	互联网游戏服务	含互联网电子竞技服务
			6429	互联网其他信息服务	
		643		互联网平台	
			6431	互联网生产服务平台	指专门为生产服务提供第三方服务平台的互联网活动,包括互联网大宗商品交易平台、互联网货物运输平台等
			6432	互联网生活服务平台	指专门为居民生活服务提供第三方服务平台的互联网活动,包括互联网销售平台、互联网约车服务平台、互联网旅游出行服务平台、互联网体育平台等
			6433	互联网科技创新平台	指专门为科技创新、创业等提供第三方服务平台的互联网活动,包括网络众创平台、网络众包平台、网络众扶平台、技术创新网络平台、技术交易网络平台、科技成果网络推广平台、知识产权交易平台、开源社区平台等
			6434	互联网公共服务平台	指专门为公共服务提供第三方服务平台的互联网活动
			6439	其他互联网平台	
		644	6440	互联网安全服务	包括网络安全监控,以及网络服务质量、可信度和安全等评估测评活动
		645	6450	互联网数据服务	指以互联网技术为基础的大数据处理、云存储、云计算、云加工等服务
		649	6490	其他互联网服务	指除基础电信运营商服务、互联网接入及相关服务、互联网信息服务以外的其他未列明互联网服务

续表

代码				类别名称	说明
门类	大类	中类	小类		
	65			软件和信息技术服务业	指对信息传输、信息制作、信息提供和信息接收过程中产生的技术问题或技术需求所提供的服务
		651		软件开发	
			6511	基础软件开发	指能够对硬件资源进行调度和管理、为应用软件提供运行支撑的软件，包括操作系统、数据库、中间件、各类固件等
			6512	支撑软件开发	指软件开发过程中使用到的支撑软件开发的工具和集成环境、测试工具软件等
			6513	应用软件开发	指独立销售的面向应用需求的软件和解决方案软件等，包括通用软件、工业软件、行业软件、嵌入式应用软件等
			6519	其他软件开发	指未列明的软件开发，如平台软件、信息安全软件等
		652	6520	集成电路设计	指IC设计服务，即企业开展的集成电路功能研发、设计等服务
		653		信息系统集成和物联网技术服务	
			6531	信息系统集成服务	指基于需方业务需求进行的信息系统需求分析和系统设计，并通过结构化的综合布缆系统、计算机网络技术和软件技术，将各个分离的设备、功能和信息等集成到相互关联的、统一和协调的系统之中，以及为信息系统的正常运行提供支持的服务；包括信息系统设计、集成实施、运行维护等服务
			6532	物联网技术服务	指提供各种物联网技术支持服务
		654	6540	运行维护服务	指基础环境运行维护、网络运行维护、软件运行维护、硬件运行维护、其他运行维护服务
		655	6550	信息处理和存储支持服务	指供方向需方提供的信息和数据的分析、整理、计算、编辑、存储等加工处理服务，以及应用软件、信息系统基础设施等租用服务；包括在线企业资源规划（ERP）、在线杀毒、服务器托管、虚拟主机等
		656	6560	信息技术咨询服务	指在信息资源开发利用、工程建设、人员培训、管理体系建设、技术支撑等方面向需方提供的管理或技术咨询评估服务；包括信息化规划、信息技术管理咨询、信息系统工程监理、测试评估、信息技术培训等
		657		数字内容服务	指数字内容的加工处理，即将图片、文字、视频、音频等信息内容运用数字化技术进行加工处理并整合应用的服务
			6571	地理遥感信息服务	指互联网地图服务软件、地理信息系统软件、测绘软件、遥感软件、导航与位置服务软件、地图制图软件等，以及地理信息加工处理（包括导航电子地图制作、遥感影像处理等）、地理信息系统工程服务、导航及位置服务等
			6572	动漫、游戏数字内容服务	
			6579	其他数字内容服务	含数字文化和数字体育内容服务
		659		其他信息技术服务业	
			6591	呼叫中心	指受企事业单位委托，利用与公用电话网或因特网连接的呼叫中心系统和数据库技术，经过信息采集、加工、存储等建立信息库，通过固定网、移动网或因特网等公众通信网络向用户提供有关该企事业单位的业务咨询、信息咨询和数据查询等服务

续表

代码				类别名称	说明
门类	大类	中类	小类		
			6599	其他未列明信息技术服务业	
J				金融业	本门类包括66~69大类
	66			货币金融服务	
		661	6610	中央银行服务	指代表政府管理金融活动，并制定和执行货币政策，维护金融稳定，管理金融市场的特殊金融机构的活动
		662		货币银行服务	指除中央银行以外的各类银行所从事存款、贷款和信用卡等货币媒介活动，还包括在中国开展货币业务的外资银行及分支机构的活动
			6621	商业银行服务	
			6622	政策性银行服务	
			6623	信用合作社服务	
			6624	农村资金互助社服务	指经银行业监督管理机构批准，由自愿入股组成的社区互助性银行业金融业务
			6629	其他货币银行服务	
		663		非货币银行服务	指主要与非货币媒介机构以各种方式发放贷款有关的金融服务
			6631	融资租赁服务	指经银行业监督管理部门或商务部批准，以经营融资租赁业务为主的活动
			6632	财务公司服务	指经银行业监督管理部门批准，为企业融资提供的金融活动
			6633	典当	指以动产、不动产或其他财产权利质押或抵押的融资活动
			6634	汽车金融公司服务	指经中国银监会批准设立的专门为中国境内的汽车购买者及销售者提供金融服务的非银行金融机构的活动
			6635	小额贷款公司服务	包括中国银监会和地方政府批准设立的贷款公司，即由境内商业银行或农村合作银行在农村地区设立的专门为县域农民、农业、农村经济发展提供贷款服务的金融机构
			6636	消费金融公司服务	指经中国银监会批准设立的为中国境内居民个人提供以消费（不包括购买房屋和汽车）为目的贷款的非银行金融机构的活动
			6637	网络借贷服务	指依法成立，专门从事网络借贷信息中介业务活动的金融信息中介公司，以及个体和个体之间通过互联网平台实现的直接借贷，个体包含自然人、法人及其他组织
			6639	其他非货币银行服务	指上述未包括的从事融资、抵押等非货币银行的服务，包括各种消费信贷抵押顾问和经纪人的活动；还包括金融保理活动
		664	6640	银行理财服务	指银行提供的非保本理财产品服务
		665	6650	银行监管服务	指代表政府管理银行业活动，制定并发布对银行业金融机构及其业务活动监督管理的规章、规则
	67			资本市场服务	
		671		证券市场服务	
			6711	证券市场管理服务	指非政府机关进行的证券市场经营和监管，包括证券交易所、登记结算机构的活动
			6712	证券经纪交易服务	指在金融市场上代他人进行交易、代理发行证券

续表

门类	大类	中类	小类	类别名称	说明
					和其他有关活动,包括证券经纪、证券承销与保荐、融资融券业务、客户资产管理业务等活动
		672	6720	公开募集证券投资基金	指向不特定投资者公开发行受益凭证的证券投资基金,由专业基金管理人管理,在法律的严格监管下进行投资,依照《公开募集证券投资基金运作管理办法》进行运作(包括基金投资类理财服务)
		673		非公开募集证券投资基金	指以投资活动为目的设立,非公开募集,由基金管理人或者普通合伙人管理的基金,依照《私募投资基金监督管理暂行办法》进行运作
			6731	创业投资基金	指向处于创业各阶段的成长性企业进行股权投资,以期所投资的企业成熟或相对成熟后主要通过股权转让获得增值收益的基金
			6732	天使投资	指除被投资企业职员及其家庭成员和直系亲属以外的个人以其自有资金开展的创业投资的活动
			6739	其他非公开募集证券投资基金	包括基金投资类理财服务
		674		期货市场服务	
			6741	期货市场管理服务	指非政府机关进行的期货市场经营和监管,包括商品期货交易所、金融期货交易所、期货保证金监控中心的活动
			6749	其他期货市场服务	指商品合约经纪及其他未列明的期货市场的服务
		675	6750	证券期货监管服务	指由政府或行业自律组织进行的对证券期货市场的监管活动
		676	6760	资本投资服务	指经批准的证券投资机构的自营投资、直接投资活动和其他投资活动
		679	6790	其他资本市场服务	指投资咨询服务、财务咨询服务、资信评级服务,以及其他未列明的资本市场的服务
	68			保险业	
		681		人身保险	指以人的寿命和身体为保险标的的保险活动,包括人寿保险、年金保险、健康保险和意外伤害保险
			6811	人寿保险	指以人的寿命为保险标的的人身保险,包括定期寿险、终身寿险和两全保险
			6812	年金保险	指以被保险人生存为给付保险金条件,并按约定的时间间隔分期给付生存保险金的人身保险
			6813	健康保险	指以因健康原因导致损失为给付保险金条件的人身保险,包括疾病保险、医疗保险、失能收入损失保险和护理保险
			6814	意外伤害保险	指以被保险人因意外事故而导致身故、残疾或者发生保险合同约定的其他事故为给付保险金条件的人身保险
		682	6820	财产保险	指以财产及其有关利益为保险标的的保险,包括财产损失保险、责任保险、信用保险、保证保险等
		683	6830	再保险	指承担与其他保险公司承保的现有保单相关的所有或部分风险的活动
		684	6840	商业养老金	指专为个人和单位雇员或成员提供退休金补贴而设立的法定实体的活动(如基金、计划、项目等),包括养老金定额补贴计划以及完全根据成员贡献确定补贴数额的个人养老金计划等

续表

代码				类别名称	说明
门类	大类	中类	小类		
		685		保险中介服务	指保险代理人、保险经纪人开展的保险销售、谈判、促成以及防灾、防损或风险评估、风险管理咨询、协助查勘理赔等活动,以及保险公估人开展的对保险标的或保险事故的评估、鉴定、勘验、估损、理算等活动
			6851	保险经纪服务	指基于投保人的利益,为投保人与保险人订立保险合同提供中介服务并依法收取佣金的活动
			6852	保险代理服务	指根据保险人的委托,向保险人收取佣金,并在保险人授权的范围内代为办理保险业务的活动
			6853	保险公估服务	指接受委托,专门从事保险标的或者保险事故评估、勘验、鉴定、估损理算等业务,并按约定收取报酬的活动
		686	6860	保险资产管理	指保险资产管理公司接受委托,开展的保险资金、商业养老金等资金的投资管理活动
		687	6870	保险监管服务	指根据国务院授权及相关法律、法规规定所履行的对保险市场的监督、管理活动
		689	6890	其他保险活动	指其他未列明的与保险和商业养老金相关或密切相关的活动,包括救助管理、保险精算等
	69			其他金融业	
		691		金融信托与管理服务	指根据委托书、遗嘱或代理协议代表受益人管理的信托基金、房地产账户或代理账户等活动,包括单位投资信托管理,还包括信托公司通过互联网销售信托产品及开展其他信托业务的互联网信托活动
			6911	信托公司	指经中国银监会批准设立的,主要经营信托业务的金融机构;信托业务是指信托公司以营业和收取报酬为目的,以受托人身份承诺信托和处理信托事务的经营行为
			6919	其他金融信托与管理服务	
		692	6920	控股公司服务	指通过一定比例股份,控制某个公司或多个公司的集团,控股公司仅控制股权,不直接参与经营管理,以及其他类似的活动
		693	6930	非金融机构支付服务	指非金融机构在收付款人之间作为中介机构提供下列部分或全部货币资金转移服务,包括第三方支付机构从事的互联网支付、预付卡的发行与受理、银行卡收单及中国人民银行确定的其他支付等服务
		694	6940	金融信息服务	指向从事金融分析、金融交易、金融决策或者其他金融活动的用户提供可能影响金融市场的信息(或者金融数据)的服务,包括征信机构服务
		695	6950	金融资产管理公司	指经批准成立的,以从事收购、管理和处置不良资产业务为主,同时通过全资或控股金融类子公司提供银行、信托、证券、租赁、保险等综合化金融服务的金融企业
		699		其他未列明金融业	
			6991	货币经纪公司服务	指经中国银监会批准设立的专门从事促进金融机构间资金融通和外汇交易等经纪服务的非银行金融机构的活动

续表

代码				类别名称	说明
门类	大类	中类	小类		
			6999	其他未包括金融业	指主要与除提供贷款以外的资金分配有关的其他金融媒介活动，包括保理活动、掉期、期权和其他套期保值安排、保单贴现公司的活动、金融交易处理与结算，以及借款担保服务、发行债券担保服务等融资担保活动，还包括信用卡交易的处理与结算、外币兑换等活动
K				房地产业	本门类包括70大类
	70			房地产业	
		701	7010	房地产开发经营	指房地产开发企业进行的房屋、基础设施建设等开发，以及转让房地产开发项目或者销售房屋等活动
		702	7020	物业管理	指物业服务企业按照合同约定，对房屋及配套的设施设备和相关场地进行维修、养护、管理，维护环境卫生和相关秩序的活动
		703	7030	房地产中介服务	指房地产咨询、房地产价格评估、房地产经纪等活动
		704	7040	房地产租赁经营	指各类单位和居民住户的营利性房地产租赁活动，以及房地产管理部门和企事业单位、机关提供的非营利性租赁服务，包括体育场地租赁服务
		709	7090	其他房地产业	
L				租赁和商务服务业	本门类包括71和72大类
	71			租赁业	
		711		机械设备经营租赁	指不配备操作人员的机械设备的租赁服务
			7111	汽车租赁	
			7112	农业机械经营租赁	
			7113	建筑工程机械与设备经营租赁	
			7114	计算机及通讯设备经营租赁	
			7115	医疗设备经营租赁	
			7119	其他机械与设备经营租赁	
		712		文体设备和用品出租	
			7121	休闲娱乐用品设备出租	
			7122	体育用品设备出租	
			7123	文化用品设备出租	不包括图书、音响制品出租
			7124	图书出租	
			7125	音像制品出租	
			7129	其他文体设备和用品出租	
		713	7130	日用品出租	
	72			商务服务业	
		721		组织管理服务	指市场化组织管理和经营性组织管理
			7211	企业总部管理	指不具体从事对外经营业务，只负责企业的重大决策、资产管理，协调管理下属各机构和内部日常工作的企业总部的活动，其对外经营业务由下属的独立核算单位或单独核算单位承担，还包括派出机构的活动（如办事处等）
			7212	投资与资产管理	指政府主管部门转变职能后，成立的国有资产管理机构和行业管理机构的活动；不包括资本活动的投资
			7213	资源与产权交易服务	指除货物、资本市场、黄金、外汇、房地产、土地、知识产权交易以外的所有资源与产权交易活动

续表

代码				类别名称	说明
门类	大类	中类	小类		
			7214	单位后勤管理服务	指为企事业、机关提供综合后勤服务的活动
			7215	农村集体经济组织管理	指以土地等生产资料劳动群众集体所有制为基础，承担管理集体资产、开发集体资源、发展集体经济、服务集体成员的基层经济组织
			7219	其他组织管理服务	指其他各类企业、行业管理机构和未列明的综合跨界管理的活动
		722		综合管理服务	
			7221	园区管理服务	指非政府部门的各类园区管理服务
			7222	商业综合体管理服务	指以购物中心为主导，融合了商业零售、餐饮、休闲健身、娱乐、文化等多项活动的大型建筑综合体
			7223	市场管理服务	指各种交易市场的管理活动
			7224	供应链管理服务	指基于现代信息技术对供应链中的物流、商流、信息流和资金流进行设计、规划、控制和优化，将单一、分散的订单管理、采购执行、报关退税、物流管理、资金融通、数据管理、贸易商务、结算等进行一体化整合的服务
			7229	其他综合管理服务	指其他未列明的综合跨界管理的活动
		723		法律服务	指律师、公证、仲裁、调解等活动
			7231	律师及相关法律服务	指在民事案件、刑事案件和其他案件中，为原被告双方提供法律代理服务，以及为一般民事行为提供的法律咨询服务
			7232	公证服务	
			7239	其他法律服务	
		724		咨询与调查	
			7241	会计、审计及税务服务	
			7242	市场调查	包含广播电视收听、收视调查
			7243	社会经济咨询	
			7244	健康咨询	
			7245	环保咨询	
			7246	体育咨询	含体育策划
			7249	其他专业咨询与调查	指上述咨询以外的其他专业咨询和其他调查活动
		725		广告业	指在报纸、期刊、路牌、灯箱、橱窗、互联网、通讯设备及广播电影电视等媒介上为客户策划、制作的有偿宣传活动
			7251	互联网广告服务	指提供互联网推送及其他互联网广告服务
			7259	其他广告服务	指除互联网广告以外的广告服务
		726		人力资源服务	指为劳动者就业和职业发展，为用人单位管理和开发人力资源提供的相关服务，主要包括人力资源招聘、职业指导、人力资源和社会保障事务代理、人力资源外包、人力资源管理咨询、人力资源信息软件服务等
			7261	公共就业服务	指向劳动者提供公益性的就业服务
			7262	职业中介服务	指为求职者寻找、选择、介绍工作，为用人单位提供劳动力的服务
			7263	劳务派遣服务	指劳务派遣单位招用劳动力后，将其派到用工单位从事劳动的行为

续表

门类	大类	中类	小类	类别名称	说明
			7264	创业指导服务	指除众创空间、孵化器等创业服务载体外的其他机构为初创企业或创业者提供的创业辅导、创业培训、技术转移、人才引进、金融投资、市场开拓、国际合作等一系列服务
			7269	其他人力资源服务	指其他未列明的人力资源服务
		727		安全保护服务	指为社会提供的专业化、有偿安全防范服务
			7271	安全服务	
			7272	安全系统监控服务	
			7279	其他安全保护服务	
		728		会议、展览及相关服务	指以会议、展览为主,也可附带其他相关的活动形式,包括项目策划组织、场馆租赁、安全保障等相关服务
			7281	科技会展服务	
			7282	旅游会展服务	
			7283	体育会展服务	
			7284	文化会展服务	
			7289	其他会议、会展及相关服务	
		729		其他商务服务业	
			7291	旅行社及相关服务	指为社会各界提供商务、组团和散客旅游的服务,包括向顾客提供咨询、旅游计划和建议、日程安排、导游、食宿和交通等服务
			7292	包装服务	指有偿或按协议为客户提供包装服务
			7293	办公服务	指为商务、公务及个人提供的各种办公服务
			7294	翻译服务	指专业提供口译和笔译的服务
			7295	信用服务	指专门从事信用信息采集、整理和加工,并提供相关信用产品和信用服务的活动,包括信用评级、商账管理等活动
			7296	非融资担保服务	指保证人和债权人约定,当债务人不履行债务时,保证人按照约定履行债务或者承担责任的专业担保机构的活动;不包括贷款担保服务和信誉担保服务,相关内容列入相应的金融行业中
			7297	商务代理代办服务	指为机构单位提供的各种代理、代办服务
			7298	票务代理服务	指除旅客交通票务代理外的各种票务代理服务(旅客交通票务代理是指除交通运输外的票务代理,包含体育文化等)
			7299	其他未列明商务服务业	指上述未列明的商务、代理等活动,包括商业保理活动
M				科学研究和技术服务业	本门类包括73~75大类
	73			研究和试验发展	指为了增加知识(包括有关自然、工程、人类、文化和社会的知识),以及运用这些知识创造新的应用,所进行的系统的、创造性的活动;该活动仅限于对新发现、新理论的研究,新技术、新产品、新工艺的研制研究与试验发展,包括基础研究、应用研究和试验发展
		731	7310	自然科学研究和试验发展	
		732	7320	工程和技术研究和试验发展	
		733	7330	农业科学研究和试验发展	
		734	7340	医学研究和试验发展	

续表

代码				类别名称	说明
门类	大类	中类	小类		
		735	7350	社会人文科学研究	
	74			**专业技术服务业**	
		741	7410	气象服务	指从事气象探测、预报、服务和气象灾害防御、气候资源利用等活动
		742	7420	地震服务	指地震监测预报、震灾预防和紧急救援等防震减灾活动
		743		海洋服务	
			7431	海洋气象服务	
			7432	海洋环境服务	
			7439	其他海洋服务	
		744		测绘地理信息服务	
			7441	遥感测绘服务	
			7449	其他测绘地理信息服务	
		745		质检技术服务	指通过专业技术手段对动植物、工业产品、商品、专项技术、成果及其他需要鉴定的物品、服务、管理体系、人员能力等所进行的检测、检验、检疫、测试、鉴定等活动，还包括产品质量、标准、计量、认证认可等活动
			7451	检验检疫服务	指审查产品设计、产品、过程或安装并确定其与特定要求的符合性，或根据专业判断确定其与通用要求的符合性的活动；对出入境的货物、人员、交通工具、集装箱、行李邮包携带物等进行检验检疫，以保障人员、动植物安全卫生和商品质量的活动
			7452	检测服务	指依据相关标准或者技术规范，利用仪器设备、环境设施等技术条件，对产品或者特定对象进行的技术判断
			7453	计量服务	指为了保障国家计量单位的统一和量值的准确可靠，维护国家、公民，法人和其他社会组织的利益，计量技术机构或相关单位开展的检定、校准、检验、检测、测试、鉴定、仲裁、技术咨询和技术培训等计量活动
			7454	标准化服务	指利用标准化的理念、原理和方法，为各类主体提供标准化解决方案的产业，包括标准技术指标实验验证、标准信息服务、标准研制过程指导、标准实施宣贯等服务，基于标准化的组织战略咨询、管理流程再造、科技成果转移转化等服务，标准与相关产业融合发展而衍生的各类"标准化+"服务
			7455	认证认可服务	指由认证机构证明产品、服务、管理体系符合相关技术规范、相关技术规范的强制性要求或者标准的合格评定活动；由认可机构对认证机构、检查机构、实验室以及从事评审、审核等认证活动人员的能力和执业资格，予以承认的合格评定活动
			7459	其他质检技术服务	指质量相关的代理、咨询、评价、保险等活动，还包括质量品牌保护等活动
		746		环境与生态监测检测服务	
			7461	环境保护监测	指对环境各要素，对生产与生活等各类污染源排放的液体、气体、固体、辐射等污染物或污染因子指标进行的测试、监测和评估活动

续表

门类	大类	中类	小类	类别名称	说明
			7462	生态资源监测	指对海洋资源、森林资源、湿地资源、荒漠化、珍稀濒危野生动植物资源及外来物种的调查与监测活动，以及对生态工程的监测活动
			7463	野生动物疫源疫病防控监测	
		747		地质勘查	指对矿产资源、工程地质、科学研究进行的地质勘查、测试、监测、评估等活动
			7471	能源矿产地质勘查	
			7472	固体矿产地质勘查	
			7473	水、二氧化碳等矿产地质勘查	
			7474	基础地质勘查	指区域、海洋、环境和水文地质勘查活动
			7475	地质勘查技术服务	指除矿产地质勘查、基础地质勘查以外的其他勘查和相关的技术服务
		748		工程技术与设计服务	
			7481	工程管理服务	指工程项目建设中的项目策划、投资与造价咨询、招标代理、项目管理等服务
			7482	工程监理服务	
			7483	工程勘察活动	指建筑工程施工前的工程测量、工程地质勘察和咨询等活动
			7484	工程设计活动	
			7485	规划设计管理	指对区域和城镇、乡村的规划，以及其他规划
			7486	土地规划服务	指开展土地利用总体规划、专项规划、详细规划的调查评价、编制设计、论证评估、修改、咨询活动
		749		工业与专业设计及其他专业技术服务	
			7491	工业设计服务	
			7492	专业设计服务	指除工程设计、软件设计、集成电路设计、工业设计以外的各种专业设计服务
			7493	兽医服务	指除宠物医院以外的各类兽医服务
			7499	其他未列明专业技术服务业	
	75			科技推广和应用服务业	
		751		技术推广服务	指将新技术、新产品、新工艺直接推向市场而进行的相关技术活动，以及技术推广和转让活动
			7511	农林牧渔技术推广服务	
			7512	生物技术推广服务	
			7513	新材料技术推广服务	
			7514	节能技术推广服务	指仅包括节能技术和产品的开发、交流、转让、推广服务，以及一站式合同能源管理综合服务；节能技术咨询、节能评估、能源审计、节能量审核服务
			7515	新能源技术推广服务	
			7516	环保技术推广服务	
			7517	三维（3D）打印技术推广服务	
			7519	其他技术推广服务	
		752	7520	知识产权服务	指专利、商标、版权、软件、集成电路布图设计、技术秘密、地理标志等各类知识产权的代理、转让、登记、鉴定、检索、分析、咨询、评估、运营、认证等服务

续表

门类	大类	中类	小类	类别名称	说明
		753	7530	科技中介服务	指为科技活动提供社会化服务与管理，在政府、各类科技活动主体与市场之间提供居间服务的组织，主要开展信息交流、技术咨询、科技评估和科技鉴证等活动
		754	7540	创业空间服务	指顺应新科技革命和产业变革新趋势、有效满足网络时代大众创业创新需求的新型创业服务平台，它是针对早期创业的重要服务载体，主要为创业者提供低成本的工作空间、网络空间、社交空间和资源共享空间，包括众创空间、孵化器、创业基地等
		759	7590	其他科技推广服务业	指除技术推广、科技中介以外的其他科技服务，但不包括短期的日常业务活动
N	76			水利、环境和公共设施管理业 水利管理业	本门类包括76~79大类
		761	7610	防洪除涝设施管理	指对江河湖泊开展的河道、堤防、岸线整治等活动及对河流、湖泊、行蓄洪区和沿海的防洪设施的管理活动，包括防洪工程设施的管理及运行维护等
		762	7620	水资源管理	指对水资源的开发、利用、配置、节约、保护、监测、管理等活动
		763	7630	天然水收集与分配	指通过各种方式收集、分配天然水资源的活动，包括通过蓄水（水库、塘堰等）、提水、引水和井等水源工程，收集和分配各类地表和地下淡水资源的活动
		764	7640	水文服务	指通过布设水文站网对水的时空分布规律、泥沙、水质进行监测、收集和分析处理的活动
		769	7690	其他水利管理业	
	77			生态保护和环境治理业	
		771		生态保护	
			7711	自然生态系统保护管理	指对自然生态系统的保护和管理活动，包括森林、草原和草甸、荒漠、湿地、内陆水域以及海洋生态系统的保护和管理
			7712	自然遗迹保护管理	包括地质遗迹保护管理、古生物遗迹保护管理等
			7713	野生动物保护	指对野生及濒危动物的饲养、繁殖等保护活动，以及对栖息地的管理活动，包括野生动物保护区管理
			7714	野生植物保护	指对野生及濒危植物的收集、保存、培育及其生存环境的维持等保护活动，包括野生植物保护区管理
			7715	动物园、水族馆管理服务	
			7716	植物园管理服务	
			7719	其他自然保护	指除自然生态系统保护管理、自然遗迹保护管理、野生动植物保护以外的其他自然保护活动
		772		环境治理业	
			7721	水污染治理	指对江、河、湖泊、水库及地下水、地表水的污染综合治理活动，不包括排放污水的搜集和治理活动
			7722	大气污染治理	指对大气污染的综合治理以及对工业废气的治理活动
			7723	固体废物治理	指除城乡居民生活垃圾以外的固体废物治理及其他非危险废物的治理

续表

门类	大类	中类	小类	类 别 名 称	说 明
			7724	危险废物治理	指对制造、维修、医疗等活动产生的危险废物进行收集、贮存、利用、处理和处置等活动
			7725	放射性废物治理	指对生产及其他活动过程产生的放射性废物进行收集、运输、贮存、利用、处理和处置等活动
			7726	土壤污染治理与修复服务	
			7727	噪声与振动控制服务	
			7729	其他污染治理	指除上述治理以外的其他环境治理活动
	78			公共设施管理业	
		781	7810	市政设施管理	指污水排放、雨水排放、路灯、道路、桥梁、隧道、广场、涵洞、防空等城乡公共设施的抢险、紧急处理、管理等活动
		782	7820	环境卫生管理	指城乡生活垃圾的清扫、收集、运输、处理和处置、管理等活动,以及对公共厕所、化粪池的清扫、收集、运输、处理和处置、管理等活动
		783	7830	城乡市容管理	指城市户外广告和景观灯光的规划、设置、设计、运行、维护、安全监督等管理活动;城市路街整治的管理和监察活动;乡、村户外标志、村容镇貌、柴草堆放、树木花草养护等管理活动
		784	7840	绿化管理	指城市绿地和生产绿地、防护绿地、附属绿地等管理活动
		785	7850	城市公园管理	指主要为人们提供休闲、观赏、运动、游览以及开展科普活动的城市各类公园管理活动
		786		游览景区管理	指对具有一定规模的自然景观、人文景物的管理和保护活动,以及对环境优美,具有观赏、文化或科学价值的风景名胜区的保护和管理活动;包括风景名胜和其他类似的自然景区管理
			7861	名胜风景区管理	不含自然保护区管理
			7862	森林公园管理	
			7869	其他游览景区管理	
	79			土地管理业	
		791	7910	土地整治服务	指对土地开发、整理、复垦等进行勘测、监测监管、评估等活动
		792	7920	土地调查评估服务	指对土地利用现状、城乡地籍、土地变更等进行调查和进行城镇基准地价评估、宗地价格评估、地价监测、土地等级评定、土地节约集约利用评价咨询活动
		793	7930	土地登记服务	指在土地登记过程中进行受理申请、登记事项审核、登记簿册填写和权属证书发放、土地产权产籍档案管理和应用等活动
		794	7940	土地登记代理服务	指接受申请人委托,通过实地调查、资料收集、权属判别等工作,代为办理土地、林木等不动产登记的申请和领证等事项,提供社会服务等活动
		799	7990	其他土地管理服务	指土地交易服务、土地储备管理及其他未列明的土地管理服务
O				居民服务、修理和其他服务业	本门类包括80~82大类
	80			居民服务业	
		801	8010	家庭服务	指雇佣家庭雇工的家庭住户和家庭户的自营活动,以及在雇主家庭从事有报酬的家庭雇工的活动,包括钟点工和居住在雇主家里的家政劳动者的活动

续表

门类	大类	中类	小类	类别名称	说明
		802	8020	托儿所服务	指社会、街道、个人办的面向不足三岁幼儿的看护活动，可分为全托、日托、半托，或计时的服务
		803	8030	洗染服务	指专营的洗染店的服务，含各种干洗、湿洗等服务
		804	8040	理发及美容服务	指专业理发、美发、美容、美甲等保健服务
		805		洗浴和保健养生服务	
			8051	洗浴服务	指专业洗浴以及温泉、水疗等服务
			8052	足浴服务	
			8053	养生保健服务	指中医养生保健（非医疗）和其他专业养生保健等服务
		806	8060	摄影扩印服务	
		807	8070	婚姻服务	指婚姻介绍、婚庆典礼等服务
		808	8080	殡葬服务	指与殡葬有关的各类服务
		809	8090	其他居民服务业	指上述未包括的居民服务
	81			**机动车、电子产品和日用产品修理业**	
		811		汽车、摩托车等修理与维护	
			8111	汽车修理与维护	指汽车修理厂及路边门店的专业修理服务，包括为汽车提供上油、充气、打蜡、抛光、喷漆、清洗、换零配件、出售零部件等服务，不包括汽车回厂拆卸、改装、大修的活动
			8112	大型车辆装备修理与维护	
			8113	摩托车修理与维护	
			8114	助动车等修理与维护	
		812		计算机和办公设备维修	指对计算机硬件及系统环境的维护和修理活动
			8121	计算机和辅助设备修理	
			8122	通讯设备修理	
			8129	其他办公设备维修	指其他未列明的各种办公设备的修理公司（中心）、修理门市部和修理网点的修理活动
		813		家用电器修理	
			8131	家用电子产品修理	指电视、音响等家用视频、音频产品的修理活动
			8132	日用电器修理	指洗衣机、电冰箱、空调等日用电器维修门市部，以及生产企业驻各地的维修网点和维修公司（中心）的修理活动
		819		其他日用产品修理业	
			8191	自行车修理	
			8192	鞋和皮革修理	
			8193	家具和相关物品修理	
			8199	其他未列明日用产品修理业	指其他日用产品维修门市部、修理摊点的活动，以及生产企业驻各地的维修网点和维修中心的修理活动
	82			**其他服务业**	
		821		清洁服务	指对建筑物、办公用品、家庭用品的清洗和消毒服务；包括专业公司和个人提供的清洗服务
			8211	建筑物清洁服务	指对建筑物内外墙、玻璃幕墙、地面、天花板及烟囱的清洗活动
			8219	其他清洁服务	指专业清洗人员为企业的机器、办公设备的清洗活动，以及为居民的日用品、器具及设备的清洗活动，包括清扫、消毒等服务

续表

门类	代码 大类	中类	小类	类 别 名 称	说 明
		822		宠物服务	
			8221	宠物饲养	指专门以观赏、领养（出售）为目的的宠物饲养活动
			8222	宠物医院服务	
			8223	宠物美容服务	
			8224	宠物寄托收养服务	
			8229	其他宠物服务	指宠物运输、宠物培训及其他未列明的宠物活动
		829	8290	其他未列明服务业	
P				教育	本门类包括83大类
	83			教育	
		831	8310	学前教育	指经教育行政部门批准举办的对学龄前幼儿进行保育和教育的活动
		832		初等教育	指《义务教育法》规定的小学教育以及成人小学教育（含扫盲）的活动
			8321	普通小学教育	
			8322	成人小学教育	
		833		中等教育	
			8331	普通初中教育	指《义务教育法》规定的对小学毕业生进行初级中等教育的活动
			8332	职业初中教育	
			8333	成人初中教育	
			8334	普通高中教育	指非义务教育阶段，通过考试招收初中毕业生进行普通高中教育的活动
			8335	成人高中教育	
			8336	中等职业学校教育	指经教育行政部门或人力资源社会保障行政部门批准举办的中等技术学校、中等师范学校、成人中等专业学校、职业高中学校、技工学校等教育活动
		834		高等教育	
			8341	普通高等教育	指经教育行政部门批准，由国家、地方、社会办的在完成高级中等教育基础上实施的获取学历的高等教育活动
			8342	成人高等教育	指经教育主管部门批准办的成人高等教育活动
		835	8350	特殊教育	指为残障儿童提供的特殊教育活动
		839		技能培训、教育辅助及其他教育	指我国学校教育制度以外，经教育主管部门、劳动部门或有关主管部门批准，由政府部门、企业、社会办的职业培训、就业培训和各种知识、技能的培训活动，以及教育辅助和其他教育活动
			8391	职业技能培训	指由教育部门、劳动部门或其他政府部门批准举办，或由社会机构举办的为提高就业人员就业技能的就业前的培训和其他技能培训活动，不包括社会上办的各类培训班、速成班、讲座等
			8392	体校及体育培训	指各类、各级体校培训，以及其他各类体育运动培训活动，不包括学校教育制度范围内的体育大学、学院、学校的体育专业教育
			8393	文化艺术培训	指国家学校教育制度以外，由正规学校或社会各界办的文化艺术培训活动，不包括少年儿童的课外艺术辅导班
			8394	教育辅助服务	指专门从事教育检测、评价、考试、招生等辅助活动

续表

代码				类别名称	说明
门类	大类	中类	小类		
			8399	其他未列明教育	指经批准的宗教院校教育及上述未列明的教育活动
Q				卫生和社会工作	本门类包括84和85大类
	84			卫生	
		841		医院	
			8411	综合医院	
			8412	中医医院	
			8413	中西医结合医院	
			8414	民族医院	指民族医医院
			8415	专科医院	
			8416	疗养院	指以疗养、康复为主，治疗为辅的医疗服务活动
		842		基层医疗卫生服务	
			8421	社区卫生服务中心（站）	
			8422	街道卫生院	
			8423	乡镇卫生院	
			8424	村卫生室	
			8425	门诊部（所）	指门诊部、诊所、医务室、卫生站、护理院等卫生机构的活动
		843		专业公共卫生服务	
			8431	疾病预防控制中心	指卫生防疫站、卫生防病中心、预防保健中心等活动
			8432	专科疾病防治院（所、站）	指对各种专科疾病进行预防及群众预防的活动
			8433	妇幼保健院（所、站）	指非医院的妇女及婴幼儿保健活动
			8434	急救中心（站）服务	
			8435	采供血机构服务	
			8436	计划生育技术服务活动	指各地区计划生育技术服务机构的活动
		849		其他卫生活动	指急救中心及其他未列明的卫生机构的活动
			8491	健康体检服务	
			8492	临床检验服务	
			8499	其他未列明卫生服务	
	85			社会工作	指提供慈善、救助、福利、护理、帮助等社会工作的活动
		851		提供住宿社会工作	指提供临时、长期住宿的福利和救济活动
			8511	干部休养所	
			8512	护理机构服务	指各级政府、企业和社会力量兴办的主要面向老年人、残疾人提供的专业化护理的服务机构的活动
			8513	精神康复服务	指智障、精神疾病、吸毒、酗酒等人员的住宿康复治疗活动
			8514	老年人、残疾人养护服务	指各级政府、企业和社会力量兴办的主要面向老年人和残疾人提供的长期照料、养护、关爱等服务机构的活动
			8515	临终关怀服务	
			8516	孤残儿童收养和庇护服务	指对孤残儿童、生活无着流浪儿童等人员的收养救助活动
			8519	其他提供住宿社会救助	指对生活无着流浪等其他人员的收养救助等活动
		852		不提供住宿社会工作	指为孤儿、老人、残疾人、智障、军烈属、五保户、低保户、受灾群众及其他弱势群体提供不住宿的看护、帮助活动，以及慈善、募捐等其他社会工作的活动

续表

代码				类别名称	说明
门类	大类	中类	小类		
			8521	社会看护与帮助服务	指为老人、残疾人、五保户及其他弱势群体提供不住宿的看护、帮助活动
			8522	康复辅具适配服务	指为老年人、残疾人、运动伤残人员、孤残儿童及其他弱势群体提供的假肢、矫形器、轮椅车、助行器、助听器等康复辅具适配服务的活动
			8529	其他不提供住宿社会工作	指慈善、募捐等其他社会工作的活动
R				文化、体育和娱乐业	本门类包括86~90大类
	86			新闻和出版业	
		861	8610	新闻业	
		862		出版业	
			8621	图书出版	
			8622	报纸出版	
			8623	期刊出版	
			8624	音像制品出版	
			8625	电子出版物出版	
			8626	数字出版	指利用数字技术进行内容编辑加工,并通过网络传播数字内容产品的出版服务
			8629	其他出版业	
	87			广播、电视、电影和录音制作业	指对广播、电视、电影、影视录音内容的制作、编导、主持、播出、放映等活动;不包括广播电视信号的传输和接收活动
		871	8710	广播	指广播节目的现场制作、播放及其他相关活动,还包括互联网广播
		872	8720	电视	指有线和无线电视节目的现场制作、播放及其他相关活动,还包括互联网电视
		873	8730	影视节目制作	指电影、电视、录像(含以磁带、光盘为载体)和网络节目的制作活动,该节目可以作为电视、电影播出、放映,也可以作为出版、销售的原版录像带(或光盘),还可以在其他场合宣传播放,还包括影视节目的后期制作,但不包括电视台制作节目的活动
		874	8740	广播电视集成播控	指IP电视、手机电视、互联网电视等专网及定向传播视听节目服务的集成播控
		875	8750	电影和广播电视节目发行	不含录像制品(以磁带、光盘为载体)的发行
		876	8760	电影放映	指专业电影院以及设在娱乐场所独立(或相对独立)的电影放映等活动
		877	8770	录音制作	指从事录音节目、音乐作品的制作活动,其节目或作品可以在广播电台播放,也可以制作成出版、销售的原版录音带(磁带或光盘),还可以在其他宣传场合播放,但不包括广播电台制作节目的活动
	88			文化艺术业	
		881	8810	文艺创作与表演	指文学、美术创造和表演艺术(如戏曲、歌舞、话剧、音乐、杂技、马戏、木偶等表演艺术)等活动
		882	8820	艺术表演场馆	指有观众席、舞台、灯光设备,专供文艺团体演出的场所管理活动
		883		图书馆与档案馆	
			8831	图书馆	

373

续表

代码				类别名称	说明
门类	大类	中类	小类		
			8832	档案馆	
		884	8840	文物及非物质文化遗产保护	指对具有历史、文化、艺术、体育、科学价值，并经有关部门鉴定，列入文物保护范围的不可移动文物的保护和管理活动；对我国口头传统和表现形式，传统表演艺术，社会实践、意识、节庆活动，有关的自然界和宇宙的知识和实践，传统手工艺等非物质文化遗产的保护和管理活动
		885	8850	博物馆	指收藏、研究、展示文物和标本的博物馆的活动，以及展示人类文化、艺术、体育、科技、文明的美术馆、艺术馆、展览馆、科技馆、天文馆等管理活动
		886	8860	烈士陵园、纪念馆	
		887	8870	群众文体活动	指对各种主要由城乡群众参与的文艺类演出、比赛、展览、文艺知识鉴赏等公益性文化活动的管理活动，以及群众参与的各级各类体育竞赛和活动
		889	8890	其他文化艺术业	
	89			体育	
		891		体育组织	指专业从事体育比赛、训练、辅导和管理的组织的活动
			8911	体育竞赛组织	指专业从事各类体育比赛、表演、训练、辅导、管理的体育组织
			8912	体育保障组织	指体育战略规划、竞技体育、全民健身、体育产业、反兴奋剂、体育器材装备及其他未列明的保障性体育管理和服务
			8919	其他体育组织	指其他由体育专业协会、体育类社会服务机构、基层体育组织、全民健身活动站点、互联网体育组织等提供的服务
		892		体育场地设施管理	指可供观赏比赛的场馆和专供运动员训练用的场地设施管理活动
			8921	体育场馆管理	指对可用于体育竞赛、训练、表演、教学及全民健身活动的体育建筑和室内外体育场地及相关设施等管理活动，如体育场、田径场、体育馆、游泳馆、足球场、篮球场、乒乓球场等
			8929	其他体育场地设施管理	指设在社区、村庄、公园、广场等对可提供体育服务的固定安装的体育器材、临时性体育场地设施和其他室外体育场地设施等管理活动，如全民健身路径、健身步道、拼装式游泳池等
		893	8930	健身休闲活动	指主要面向社会开放的休闲健身场所和其他体育娱乐场所的管理活动
		899		其他体育	指上述未包括的体育活动
			8991	体育中介代理服务	指各类体育赞助活动、体育招商活动、体育文化活动推广，以及其他体育音像、动漫、影视代理等服务
			8992	体育健康服务	指国民体质监测与康体服务，以及科学健身调理、社会体育指导员、运动康复按摩、体育健康指导等服务
			8999	其他未列明体育	指其他未包括的体育活动
	90			娱乐业	
		901		室内娱乐活动	指室内各种娱乐活动和以娱乐为主的活动
			9011	歌舞厅娱乐活动	
			9012	电子游艺厅娱乐活动	

续表

代码				类别名称	说明
门类	大类	中类	小类		
			9013	网吧活动	指通过计算机等装置向公众提供互联网上网服务的网吧、电脑休闲室等营业性场所的服务
			9019	其他室内娱乐活动	
		902	9020	游乐园	指配有大型娱乐设施的室外娱乐活动及以娱乐为主的活动
		903	9030	休闲观光活动	指以农林牧渔业、制造业等生产和服务领域为对象的休闲观光旅游活动
		904		彩票活动	指各种形式的彩票活动
			9041	体育彩票服务	
			9042	福利彩票服务	
			9049	其他彩票服务	
		905		文化体育娱乐活动与经纪代理服务	
			9051	文化活动服务	指策划、组织、实施各类文化、晚会、娱乐、演出、庆典、节日等活动的服务
			9052	体育表演服务	指策划、组织、实施各类职业化、商业化、群众性体育赛事等体育活动的服务
			9053	文化娱乐经纪人	
			9054	体育经纪人	
			9059	其他文化艺术经纪代理	指除文化娱乐经纪人、体育经纪人、艺术品、收藏品经纪代理以外的其他文化艺术经纪代理
		909	9090	其他娱乐业	指公园、海滩和旅游景点内小型设施的娱乐活动及其他娱乐活动
S				**公共管理、社会保障和社会组织**	本类包括91~96大类
	91			**中国共产党机关**	
		910	9100	中国共产党机关	
	92			**国家机构**	
		921	9210	国家权力机构	指宪法规定的全国和地方各级人民代表大会及常委会机关的活动
		922		国家行政机构	指国务院及所属行政主管部门的活动；县以上地方各级人民政府及所属各工作部门的活动；乡（镇）级地方人民政府的活动；行政管理部门下属的监督、检查机构的活动
			9221	综合事务管理机构	指中央和地方人民政府的活动，以及依法管理全国或地方综合事务的政府主管部门的活动，还包括政府事务管理
			9222	对外事务管理机构	
			9223	公共安全管理机构	指除消防服务以外的公共安全管理机构
			9224	社会事务管理机构	
			9225	经济事务管理机构	
			9226	行政监督检查机构	指依法对社会经济活动进行监督、稽查、检查、查处等活动，包括独立（或相对独立）于各级行政管理机构的执法检查大队的活动
		923		人民法院和人民检察院	指宪法规定的人民法院和人民检察院的活动
			9231	人民法院	指各级人民法院的活动
			9232	人民检察院	指各级人民检察院的活动
		929		其他国家机构	指其他未另列明的国家机构的活动
			9291	消防管理机构	
			9299	其他未列明国家机构	

续表

门类	代码 大类	中类	小类	类别名称	说明
	93			人民政协、民主党派	
		931	9310	人民政协	指全国人民政治协商会议及各级人民政协的活动
		932	9320	民主党派	
	94			社会保障	
		941		基本保险	指依据国家有关规定开展的各种社会保障活动
			9411	基本养老保险	指职工基本养老保险、城乡居民基本养老保险的基金、经办、投资、管理等有关活动
			9412	基本医疗保险	指职工基本医疗保险、城乡居民基本医疗保险的基金、经办、投资、管理等有关活动
			9413	失业保险	指失业保险的基金、经办、投资、管理等有关活动
			9414	工伤保险	指工伤医疗保险的基金、经办、投资、管理等有关活动
			9415	生育保险	指生育保险的基金、经办、投资、管理等有关活动
			9419	其他基本保险	指其他基本保险活动
		942	9420	补充保险	指企业年金、职业年金、补充医疗和其他补充保险
		949	9490	其他社会保障	
	95			群众团体、社会团体和其他成员组织	
		951		群众团体	指不在社会团体登记管理机关登记的群众团体的活动
			9511	工会	
			9512	妇联	
			9513	共青团	
			9519	其他群众团体	
		952		社会团体	指依法在社会团体登记管理机关登记的单位的活动
			9521	专业性团体	指由同一领域的成员、专家组成的社会团体（如学科、学术、文化、艺术、体育、教育、卫生等）的活动
			9522	行业性团体	指由一个行业，或某一类企业，或不同企业的雇主（经理、厂长）组成的社会团体的活动
			9529	其他社会团体	指未列明的其他社会团体的活动
		953	9530	基金会	指利用自然人、法人或者其他组织捐赠的财产，以从事公益事业为目的，按照国务院颁布的《基金会管理条例》的规定成立的非营利性法人的活动
		954		宗教组织	指在民政部门登记的宗教团体的活动和在政府宗教事务部门登记的宗教活动场所的活动
			9541	宗教团体服务	
			9542	宗教活动场所服务	
	96			基层群众自治组织及其他组织	指通过选举产生的社区性组织，该组织为本地区提供一般性管理、调解、治安、优抚、计划生育等服务
		961	9610	社区居民自治组织	指城市、镇的居民通过选举产生的群众性自治组织的管理活动
		962	9620	村民自治组织	指农村村民通过选举产生的群众性自治组织的管理活动
T				国际组织	本门类包括97大类
	97			国际组织	
		970	9700	国际组织	指联合国和其他国际组织驻我国境内机构等活动